U0517741

2022
中国水利发展报告

中华人民共和国水利部　编

中国水利水电出版社
www.waterpub.com.cn
·北京·

图书在版编目（CIP）数据

2022中国水利发展报告 / 中华人民共和国水利部编
. -- 北京 : 中国水利水电出版社，2022.3
　　ISBN 978-7-5226-0554-8

　　Ⅰ．①2… Ⅱ．①中… Ⅲ．①水利建设－研究报告－
中国－2022 Ⅳ．①F426.9

中国版本图书馆CIP数据核字(2022)第041843号

书　　名	**2022 中国水利发展报告** 2022 ZHONGGUO SHUILI FAZHAN BAOGAO	
作　　者	中华人民共和国水利部　编	
出版发行	中国水利水电出版社 （北京市海淀区玉渊潭南路 1 号 D 座　100038） 网址：www. waterpub. com. cn E - mail：sales@ mwr. gov. cn 电话：(010) 68545888（营销中心）	
经　　售	北京科水图书销售有限公司 电话：(010) 68545874、63202643 全国各地新华书店和相关出版物销售网点	
排　　版	中国水利水电出版社微机排版中心	
印　　刷	天津嘉恒印务有限公司	
规　　格	170mm×240mm　16 开本　35.75 印张　550 千字	
版　　次	2022 年 3 月第 1 版　2022 年 3 月第 1 次印刷	
印　　数	0001—2000 册	
定　　价	**168. 00** 元	

凡购买我社图书，如有缺页、倒页、脱页的，本社营销中心负责调换
版权所有·侵权必究

《2022中国水利发展报告》
编 委 会

主　　　任	魏山忠				
副　主　任	吴文庆				
委　　　员	唐　亮	张祥伟	杨昕宇	侯京民	杨得瑞
	许文海	王胜万	阮利民	祖雷鸣	蒲朝勇
	陈明忠	卢胜芳	王松春	姚文广	林祚顶
	罗元华	李鹏程	朱程清	刘志广	张向群
	王　鑫	刘云杰	蔡　阳	王厚军	李国隆
	陈茂山	营幼峰	李肇桀	吴浓娣	胡昌支
	戴润泉	苏茂林	刘冬顺	王文生	王宝恩
	齐玉亮	朱　威			

主　　　编	魏山忠				
副　主　编	吴文庆	唐　亮	张祥伟	陈茂山	营幼峰

编写组组长	陈茂山			
副　组　长	王　鑫	李肇桀	吴浓娣	胡昌支
执行负责人	贺　骥	张闻笛	郭利娜	
编写组成员	王贵作	庞靖鹏	戴向前	陈金木	张　旺
	刘定湘	李　森	刘小勇	贺　骥	张闻笛
	郭利娜	罗　琳	李发鹏	王俊杰	王亦宁
	夏　朋	张　岚	郎劢贤	王　璐	王　晶
	李　佼	周　飞	王丽艳	李新月	陈　琛
	马毅鹏	陈　晓	康　健		

责任编辑	王　璐	康　健	尹美娥	韩丽宇	陈海燕

前　言

　　2021 年是中国共产党成立 100 周年，是党和国家历史上具有里程碑意义的一年。党中央、国务院高度重视水利工作。习近平总书记亲临南水北调工程、黄河入海口视察，主持召开推进南水北调后续工程高质量发展座谈会、深入推动黄河流域生态保护和高质量发展座谈会并发表重要讲话，多次就水旱灾害防御、水资源节约保护、河湖治理保护等作出重要指示批示。

　　一年来，在党中央、国务院的坚强领导下，各级水利部门心怀"国之大者"，完整、准确、全面贯彻新发展理念，深入落实习近平总书记"节水优先、空间均衡、系统治理、两手发力"治水思路和关于治水重要讲话指示批示精神，真抓实干、克难奋进，推动新阶段水利高质量发展迈出有力步伐，实现了"十四五"良好开局。全面深入开展"政治对标、思路对标、任务对标，科学编制'十四五'水利发展规划体系"专项行动，形成以 69 项水利专业规划为主体的"十四五"水利发展规划体系，推动新阶段水利高质量发展六条实施路径的指导意见和实施方案全部出台。全力以赴打赢抗击严重水旱灾害硬仗，战胜了黄河中下游新中国成立以来最严重秋汛、海河南系漳卫河有实测资料以来最大秋季洪水和汉江 7 次超过 1 万 m^3/s 的秋季大洪水，成功应对珠江流域东江、韩江 60 年来最严重旱情，确保香港、澳门及珠江三角洲城乡供水安全。

一年来，各级水利部门认真贯彻落实党中央、国务院决策部署，着眼保安全、促发展、惠民生，相关重点工作取得显著成效。扎实推进水利基础设施建设，全年完成水利建设投资7576亿元，150项重大水利工程累计开工62项，农村自来水普及率达到84%，创历史新高。全面加强水利工程运行管护，三峡水库连续12年实现175m满蓄目标，南水北调东、中线一期工程累计调水498.7亿m^3，丹江口水库大坝加高后首次实现170m满蓄目标。持续加大水资源节约和管理力度，全面推动国家节水行动，新发布实施1966项国家和省级用水定额，推进31条跨省江河水资源统一调度。全面加强水生态保护治理，首次明确120万km河流、1955个湖泊的管控边界，实现永定河26年以来首次全线通水，潮白河22年以来首次贯通入海，白洋淀生态水位保证率达到100%，基本完成第一批55个水美乡村试点县建设任务。着力提升水利行业发展能力，《中华人民共和国长江保护法》《地下水管理条例》颁布施行，黄河保护法（草案）提请全国人大常委会审议，节约用水条例等提请国务院审议，查处水事违法案件2.1万余件，出台水利相关管理办法24项，行政许可事项由37项合并为24项。

2022年将召开党的二十大。我们要更加紧密地团结在以习近平同志为核心的党中央周围，坚持以习近平新时代中国特色社会主义思想为指导，全面贯彻党的十九大和十九届历次全会精神，深入落实习近平总书记"十六字"治水思路和关于治水重要讲话指示批示要求，弘扬伟大建党精神，按照中央经济工作会议、中央农村工作会议部署，坚持稳中求进工作总基调，完整、准确、全面贯彻新发展理念，加快构建新发展格局，统筹发展和安全，统筹水灾害、水资源、水生态、水环境系统治理，推动新阶段水利高质量发展，为全面建设社会主义现代化国家提供有力的水安全保障，以优异成绩迎接党的二十大胜利召开。

　　《2022 中国水利发展报告》聚焦推动新阶段水利高质量发展，突出年度重点、亮点工作，全景式展现了水利各领域发展情况。本书在编辑及出版过程中，得到了许多领导的关心，凝聚了许多专家学者的心血，我谨代表编委会表示衷心的感谢！

水利部副部长　党组成员　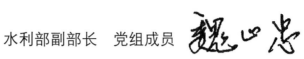

2022 年 3 月

目　录

前言

水旱灾害防御篇 {#169}

水资源节约与管理篇 {#197}

465　流域管理篇

519 水文化建设与水情教育篇

535 党的建设篇

综　述　篇

在 2022 年全国水利工作会议上的讲话

李国英

一、2021 年工作回顾

2021 年是中国共产党成立 100 周年，是党和国家历史上具有里程碑意义的一年。党中央、国务院高度重视水利工作。习近平总书记亲临南水北调工程、黄河入海口视察，主持召开推进南水北调后续工程高质量发展座谈会、深入推动黄河流域生态保护和高质量发展座谈会并发表重要讲话，多次就水旱灾害防御、水资源节约保护、河湖治理保护等作出重要指示批示。李克强总理多次主持召开会议对防汛救灾、水库除险加固、重大水利工程建设等进行安排部署，并赴河南防汛救灾一线考察指导工作。韩正副总理多次部署推动黄河流域生态保护和高质量发展、长江经济带发展、长三角一体化发展、南水北调后续工程高质量发展等工作。胡春华副总理多次召开会议并赴现场考察南水北调、全面推行河湖长制、华北地下水超采综合治理等工作。王勇国务委员多次赴一线检查指导防汛抗旱工作。

一年来，在党中央、国务院的坚强领导下，各级水利部门心怀"国之大者"，完整、准确、全面贯彻新发展理念，深入落实习近平总书记"节水优先、空间均衡、系统治理、两手发力"治水思路和关于治水重要讲话指示批示精神，真抓实干、克难奋进，推动新阶段水利高质量发展迈出有力步伐，实现了"十四五"良好开局。

——全面深入开展"三对标、一规划"专项行动。去年 2 月下旬，水利部党组决定在水利部机关和直属单位全面开展"政治对标、思路对标、任务对标，科学编制'十四五'水利发展规划体系"专项行动。各司局各单位全员参与，分层次、分阶段、分主题，深入学习领会习近平总书记关于学习贯彻党的十九届五中全会精神的重要讲话精神、习近平总书记"十六字"治水思路和关于治水重要讲话指示批示精神、党中央"十四五"规划建议和国家"十四五"规划纲要，历时 4 个多月，反复对表对标、深入讨论研究，进一步提高了把握新发展阶段、贯彻新发展理念、构建新发展格局、推动高质量发展的政治判断力、政治领悟力、政治执行力，进一步找准了落实"十六字"治水思路的方向、目标、举措，进一步明确了推动新阶段水利高质量发展的主题、路径、步骤，形成了以 69 项水利专业规划为主体的定位准确、边界清晰、功能互补、统一衔接的"十四五"水利发展规划体系。完善流域防洪工程体系、实施国家水网重大工程、复苏河湖生态环境、推进智慧水利建设、建立健全节水制度政策、强化体制机制法治管理等 6 条实施路径的指导意见和实施方案全部出台，部分工作取得重要进展。

——全力以赴打赢抗击严重水旱灾害硬仗。2021 年我国水旱灾害多发重发，一些流域雨情汛情旱情历史罕见。面对持续时间长、洪水量级大、防御战线广的严峻洪涝灾害形势，各级水利部门把防汛作为重大政治责任和头等大事来抓，坚持人民至上、生命至上，锚定"人员不伤亡、水库不垮坝、重要堤防不决口、重要基础设施不受冲击"目标，全力投入大战大考。水利部及时研判全国雨情水情汛情工情，逐流域、逐工程研究应对举措，启动 11 次水旱灾害防御应急响应，及时派出 122 个工作组赴一线技术指导。加密雨水情监测，落实预报、预警、预演、预案措施，发布洪水预报 44.2 万站次、水情预警 1653 次、山洪灾害预警信息 12.19 亿条、淤地坝风险预警 4069 坝次，洪水情报预报及应对措施建议直发一线。按照系统、统筹、科学、安全原则，以流域为单元科学精细调度水工程，流域、省、市、县四级共下达调度令 2.3 万道，嫩江尼尔基水库、漳河岳城水库关键时刻零下泄。成功抵御长江、黄河、漳卫河、嫩江、松花江、太湖等大江大河大湖 12 次编号洪水、571 条河流超警以上洪水，有效应对黑龙江上游、卫河上游特大洪水以及松花江流域性较大洪水，有效应对超强台风"烟花"登陆北上形成的大范围长历时强降雨洪水，有效应对特大暴雨洪水对南水北调中线工程的冲击，确保了工程安全、供水安全。特别是入秋以后，提前预置抢险力量、料物、设备，下足"绣花"功夫，"一个流量、一方库容、一厘米水位"地精细调度水库，战胜了黄河中下游新中国成立以来最严重秋汛、海河南系漳卫河有实测资料以来最大秋季洪水和汉江7次超过1万 m^3/s 的秋季大洪水。汛期4347座（次）大中型水库投入拦洪运用、拦洪量1390亿 m^3，11个国家蓄滞洪区投入分蓄洪运用、分蓄洪水13.28亿 m^3，减淹城镇1494个次，减淹耕地2534万亩，避免人员转移1525万人，最大程度保障了人民群众生命财产安全。面对南方地区冬春连旱、西北地区夏旱和华南地区秋冬旱，有力有序有效实施抗旱措施，特别是面对珠江流域东江、韩江60年来最严重旱情，构筑当地、近地、远地供水保障三道防线，精细调度流域骨干水库，确保香港、澳门及珠江三角洲城乡供水安全。

——扎实有效开展党史学习教育。认真贯彻党中央决策部署，按照学史明理、学史增信、学史崇德、学史力行的要求，精心组织实施、有力有序推进水利系统党史学习教育。部党组示范引领，带头深入学习，开展16次党组理论学习中心组集体学习，党组成员带头讲党课，赴李大钊烈士陵园、香山革命纪念馆、中国共产党历史展览馆等地接受教育，组织部属系统2810个基层党组织、4.5万余名党员开展研讨交流、主题党日、专题培训、现场教育、辅导讲座、演讲比赛、调研实践、网络答题、志愿服务等系列活动，深入领悟党的百年奋斗重大成就和历史经验，深刻理解"两个确立"的决定性意义。按照"切口小、发力准、效果好"和"可量化、可办成、可考核"要求，聚焦群众反映突出的涉水问题，部党组直接组织和推动四批42项"我为群众办实事"项目，示范带动部属系统推出380项办实事项目，水利干部职工深入一线推动，直接听取群众意见，切实解决了群众急难愁盼的一批民生水利问题。通过党史学习教育，水利系统党员干部普遍受到全面深刻的政治教育、思想淬炼、精神洗礼，进一步增强了做到"两个维护"的自觉性和坚定性，达到了学党史、悟思想、办实事、开新局的目标。

一年来，各级水利部门认真贯彻落实党中央、国务院决策部署，着眼保安全、促发展、惠民生，重点做了以下工作。

一是扎实推进水利基础设施建设。全年完成水利建设投资 7576 亿元，为做好"六稳""六保"工作、稳定宏观经济大盘作出了水利贡献。按照建设一批、开工一批、论证一批、储备一批的安排，加快水利基础设施建设，150 项重大水利工程已批复 67 项，累计开工 62 项，水利基础设施投资惠民面大、带动力强的优势充分显现。深入开展南水北调后续工程高质量发展重大问题研究和重大专题论证，积极推进东线二期、中线引江补汉工程前期工作，南水北调东、中线一期工程累计完成设计单元完工验收 146 个，占全部 155 个设计单元的 94.2%。玉龙喀什、引汉济渭二期等 6 项工程初步设计报告获批，一批重大工程实现重要节点目标，内蒙古东台子、陕西东庄实现截流，安徽江巷、四川红鱼洞、贵州黄家湾、广东高陂、新疆大石门等水库下闸蓄水，甘肃引洮供水二期、湖北鄂北水资源配置工程全线通水，荆江大堤综合整治工程、嫩江尼尔基水利枢纽、山东庄里水库、河南出山店水库等 20 项重大水利工程通过竣工验收。推进防汛抗旱水利提升工程建设，完成中小河流治理 1.1 万 km，实施重点山洪沟治理 175 条。巩固拓展水利扶贫成果同乡村振兴水利保障有效衔接，脱贫地区水利项目稳步推进，提升了 4263 万农村人口供水保障水平，农村自来水普及率达到 84%，创历史新高，完成 9.9 万处农村供水工程维修养护，开展 512 处大中型灌区续建配套与现代化改造。开展水利工程建设质量管理提升活动，强化质量终身责任，加大工程稽察核查力度，扎实开展水利行业安全生产专项整治三年行动集中攻坚。做好在建工程移民安置工作。

二是全面加强水利工程运行管护。持续抓好三峡后续工作规划实施，开展三峡水库运行安全监管行动，三峡水库连续 12 年实现 175 m 满蓄目标，全年为下游补水 138 天、补水总量 220.8 亿 m^3。南水北调东、中线一期工程年度调水 97.28 亿 m^3，累计调水 498.7 亿 m^3，东线各监测断面水质稳定在Ⅲ类及以上，中线水质稳定在Ⅱ类及以上。丹江口水库大坝加高后首次实现 170 m 满蓄目标，小浪底、岳城水库拦蓄运用至建库以来最高水位。加快病险水库除险加固，实施大中型病险水库除险加固 129 座、小型病险水库除险加固 4295 座、病险淤地坝除险加固 556 座。推动水利工程运行管理标准化，加快国有水利工程管理与保护范围划定，健全工程信息档案，积极推广区域集中管护、政府购买服务、"以大带小"等专业化管护模式。

三是持续加大水资源节约和管理力度。全面推进国家节水行动，建立节水工作部际协调机制，研究建立水资源刚性约束制度。明确了"十四五"全国及分省的用水总量和强度控制目标，推动万元 GDP 用水量指标纳入国家高质量发展综合绩效评价体系，公布《公民节约用水行为规范》，新发布实施 1966 项国家和省级用水定额，计划用水覆盖水资源超载区 99%的工业企业，开展 8474 个规划和建设项目节水评价，从严叫停 222 个项目。建成第四批 478 个节水型社会建设达标县（区）、262 所节水型高校、1914 家水利行业节水型单位，发布 168 家公共机构水效领跑者、15 家灌区水效领跑者。实施合同节水管理项目 93 项。征集发布 192 项成熟适用节水技术、工艺和装备。对黄河流域 13 个地表水超载地市、62 个地下水超载县暂停新增取水许可审批。累计批复 63 条跨省江河水量分配方案、230 条跨地市江河水量分配方案，确定 118 条跨省重点河湖、307 条跨市河流生态流量目标，加强行政区界和生态流量监测，推进 31 条跨省江河水资源统一调度，完善国家、省、市三级重点监控用水单位名录，加强取水口监测计量，完成取水口核查登记 580 万个，实际监控用水量超过全国用水总量的 50%。开展京津冀水资源专项执法行动，查办水资源违法案件 824 件。加快推进地下水管控指标确定工作，开展新一轮地下水超采区划定。启动典型地区再生水利用配置试点。

四是全面加强水生态保护治理。全面强化河湖长制，建立长江、黄河流域省级河湖长联席会议机制，建立完善流域管理机构与省级河长办协作机制，进一步完善河湖长履职尽责、监督检查、总结评估、考核问责、正向激励等制度。清理整治河湖乱占、乱采、乱堆、乱建问题 2.6 万个。全面完成水利普查名录内河湖管理范围划界工作，首次明确 120 万 km 河流、1955 个湖泊的管控边界。持续推进华北地区地下水超采综合治理，治理区地下水位总体回升，滹沱河、子牙河、子牙新河以及南拒马河、大清河等多年断流河道全线贯通，永定河实现 26 年以来首次全线通水，潮白河实现 22 年以来首次贯通入海。22 个补水河湖有水河长同比增加约 94 km，水面面积增加约 57 km²。补水河湖周边 10 km 范围内浅层地下水位平均同比回升 2.9 m，地下水亏空得到有效回补。白洋淀生态水位保证率达到 100%。印发实施长江、黄河、淮河、海河、珠江、松辽流域重要河道岸线保护与利用规划、采砂管理规划。开展全国河道非法采砂整治、长江河道采砂综合整治和采砂船舶治理专项行动，拆解非法采砂船舶 1559 艘，整改长江干流违法违规岸线利用项目 2441 个，腾退长江岸线 162 km，清理整治长江干流及洞庭湖、鄱阳湖非法矮围，恢复水域面积 6.8 万亩，核定黄河及重要支流岸线违法违规项目 1643 个并已整改销号 1638 个。完成水土流失治理面积 6.2 万 km²，依法查处违法违规项目 2.4 万个。巩固长江经济带小水电清理整改成果，累计退出小水电站 3500 多座，修复减水河段 9 万多 km，累计创建绿色小水电示范电站 870 座。基本完成第一批 55 个水美乡村试点县建设任务，治理农村河道 3800 多 km、湖塘 1300 多个，受益村庄 3300 多个，农村河湖生态环境明显改善。开展向乌梁素海应急生态补水、望虞河引江济太调水，河湖生态环境稳定向好。新增国家水利风景区 24 家。

五是着力提升水利行业发展能力。水利立法进程明显加快，长江保护法、地下水管理条例颁布施行，黄河保护法（草案）提请全国人大常委会审议，节约用水条例等提请国务院审议。强化水事案件的源头防控、动态巡查，查处水事违法案件 2.1 万余件。全面加强重大决策和规范性文件合法性审核，出台水利相关管理办法 24 项。大力推动长江经济带发展、黄河流域生态保护和高质量发展等国家重大战略水利重点工作。重大水利规划体系不断完善，国家水网建设规划纲要、黄河流域生态保护和高质量发展水安全保障规划、粤港澳大湾区水安全保障规划、重点流域综合规划编制取得重要进展。建立健全太湖流域调度协调组工作制度。加强部管干部队伍建设，大力推进人才创新行动，新选拔 20 名水利领军人才、10 名水利青年科技英才、100 名水利青年拔尖人才，打造 10 个水利人才创新团队、10 个水利人才培养基地，1 人入选工程院院士，2 人入选全国勘察设计大师，1 家单位入选创新人才培养示范基地，11 人次入选其他国家重点人才工程，创近年最好成绩。深化"放管服"改革，行政许可事项由 37 项合并为 24 项，取水许可电子证照全面推广应用，配合做好水资源税、生态保护补偿改革，深化农业水价综合改革，积极培育用水权交易市场，中国水权交易所交易 1443 单，交易水量 3.02 亿 m³，单数、水量实现双增长。举办线上多双边交流活动 30 余场，"一带一路"建设、中欧、澜湄水资源合作稳步推进，4 位中国专家当选重要涉水国际组织领导职务。启动 42 项水利重大关键技术研究项目，立项实施 48 项长江、黄河水科学研究联合基金项目，改革重组 10 家部级重点实验室，新筹建 5 家部级重点实验室。遴选 104 项成熟适用水利科技成果推广应用。启动数字孪生流域及数字孪生工程建设，推进北斗水利应用。有力有序做好综合政务、宣传教育、水文化建设、离退休干部、社团管理、后勤保障等工作，《中国黄河文化大典》编纂全面启动。

六是深入推进全面从严治党。认真落实管党治党政治责任。抓好中央巡视反馈意见整改，按照"基本+"工作思路，建立问题、任务、责任三个清单，完善并落实整改周（月）调度机制、对账销号机制、工作专报机制，推动整改件件有着落、事事有结果。加大审计整改力度，将整改任务逐项细化分解成可操作、可落实、可评估的清单，加强督导落实，严格验收销号，确保整改到位。扎实开展部党组第九轮、第十轮巡视，稳步推进巡视巡察上下联动工作。开展建党 100 周年系列庆祝活动。对照"四强"党支部要求，广泛开展"水利先锋党支部"创建工作，不断提高基层党组织建设质量，评选表彰 19 个创建模范机关先进单位、54 个"水利先锋党支部"和 30 个先进基层党组织。始终保持严的主基调不放松，加强对"一把手"和领导班子的考核与监督，全面完成规范领导干部配偶、子女及其配偶经商办企业行为工作，开展部属系统干部职工非职务违法犯罪专项整治和贯彻执行中央八项规定精神专项检查，持续整治形式主义官僚主义，推动为基层减负常态化。强化监督执纪问责，深化运用"四种形态"，处分违纪司局级干部 12 人，一体推进不敢腐、不能腐、不想腐。确定 76 家第九届全国水利文明单位，推选出 10 名第三届"最美水利人"，积极宣传东深供水等先进典型，激发了全行业干事创业的精气神。

二、形势与任务

2022 年将召开党的二十大，这是党和国家政治生活中的一件大事，保持平稳健康的经济环境、国泰民安的社会环境、风清气正的政治环境，具有特殊重要的意义。各级水利部门要深刻认识、准确把握当前水利工作面临的形势，在以习近平同志为核心的党中央坚强领导下，坚持以习近平新时代中国特色社会主义思想为指导，全面贯彻党的十九大、十九届历次全会精神和中央经济工作会议、中央农村工作会议精神，深入落实习近平总书记"十六字"治水思路和关于治水重要讲话指示批示要求，弘扬伟大建党精神，坚持稳中求进工作总基调，完整、准确、全面贯彻新发展理念，加快构建新发展格局，统筹发展和安全，统筹水灾害、水资源、水生态、水环境系统治理，推动新阶段水利高质量发展，为全面建设社会主义现代化国家提供有力的水安全保障，以优异成绩迎接党的二十大胜利召开。

从高质量发展要求看。 习近平总书记强调，新时代新阶段的发展必须贯彻新发展理念，必须是高质量发展；经济、社会、文化、生态等各领域都要体现高质量发展的要求。党的十九届五中全会和六中全会都对立足新发展阶段、贯彻新发展理念、构建新发展格局、推动高质量发展提出了明确要求。面对当前我国经济发展的困难和挑战，中央经济工作会议强调，必须坚持高质量发展，推动经济实现质的稳步提升和量的合理增长。当前，水利发展的总体态势向好，但水利发展不平衡不充分问题依然突出。一方面，水资源水环境承载能力面临瓶颈制约，河湖生态环境问题长期累积凸显，流域和区域水资源情势动态演变，水旱灾害、病险水库等风险隐患带来严峻挑战；另一方面，应对经济发展风险挑战、保障经济发展稳中求进对水利的要求更高，人民群众对水旱灾害防御的安全性及良好水资源水生态水环境需求日益增长。推动新阶段水利高质量发展，成为多重约束条件下寻求最优解的过程。我们要完整、准确、全面贯彻新发展理念，坚定不移落实"十六字"治水思路，更加自觉地走好水安全有力保障、水资源高效利用、水生态明显改善、水环境有效治理的集约节约发展之路，全力以赴推动新阶段水利高质量发展。

从统筹发展和安全看。 习近平总书记指出，安全是发展的前提，发展是安全的保障。党的十九届五中全会将统筹发展和安全写入"十四五"时期经济社会发展指导思想，明确要求把安全发展贯穿国家发展各领域和全过程，防范和化解影响我国现代化进程的各种风险，筑牢国家安全屏障。水安全是国家安全的重要组成部分。习近平总书记多次强调，水安全是生存的基础性问题，不能觉得水危机还很遥远，要高度重视水安全风险。水利既面临着水旱灾害、工程失事等直接风险，也影响到经济安全、粮食安全、能源安全、生态安全。我国自然气候地理的本底条件，水资源时空分布与经济社会发展需求不匹配的基本特征，以及流域防洪工程体系、国家水网重大工程尚不健全的现状，决定了当前和今后一个时期防洪安全、供水安全、水生态安全中的风险隐患仍客观存在。对此，必须始终保持高度警惕。我们要进一步增强风险意识，树牢底线思维，把困难估计得更充分一些，把风险查找得更深入一些，深入分析致险要素、承险要素、防险要素，下好先手棋、打好主动仗，扎实做好防汛抗洪减灾、城乡供水保障、水生态保护等工作，牢牢守住水利安全底线。

从极端天气变化风险看。习近平总书记强调，要高度重视全球气候变化的复杂深刻影响，从安全角度积极应对，全面提高灾害防控水平，守护人民生命安全。我国是全球气候变化的敏感区和显著影响区。近年来，受全球气候变化和人类活动影响，我国气候形势愈发复杂多变，水旱灾害的突发性、异常性、不确定性更为突出，局地突发强降雨、超强台风、区域性严重干旱等极端事件明显增多。2021 年，郑州"7·20"暴雨最大小时降雨量达 201.9 mm，突破了我国大陆小时降雨量的历史极值；黄河中下游秋汛时间之长、洪量之大，历史罕见；塔克拉玛干沙漠地区发生洪水，淹没面积达到 300 多 km^2；与此同时，南方丰水地区的珠江流域降雨持续偏少，珠江三角洲部分地区遭遇 60 年来最严重旱情。在极端天气的超标准载荷下，水利工程隐患极易集中暴发，形成灾害链放大效应。随着全球气候变化加剧、极端天气增多，我国水旱灾害多发重发的态势只会加强、不会减弱。对此，务必要有清醒的认识，决不能因为局部地区短系列的降水变化就盲目乐观认为水旱灾害将减轻。我们要主动适应和把握全球气候变化下水旱灾害的新特点新规律，坚持以防为主、防抗救相结合，坚持常态减灾与非常态救灾相统一，努力实现从注重灾后救助向注重灾前预防转变，从减少灾害损失向减轻灾害风险转变，从应对单一灾种向综合减灾转变，强化预报、预警、预演、预案措施，做好各方面充分准备，有力有序有效应对极端天气事件风险。

从防汛查漏补缺找出的问题看。 习近平总书记强调，要加快构建抵御自然灾害防线，立足防大汛、抗大灾，针对防汛救灾暴露的薄弱环节，迅速查漏补缺，补好灾害预警监测短板，补好防灾基础设施短板。水利部迅速贯彻落实习近平总书记重要指示，对去年汛情和防汛工作进行全面复盘、深入检视，查找出一批突出薄弱环节和短板。在水库安全方面，病险水库数量多、除险加固任务重，部分水库泄洪能力不足、安全监测设施不全、管理体制机制不顺，一些小型水库运行管理责任落实不到位；防洪库容调度运用淹没损失补偿机制和政策缺失，一些水库部分防洪库容运用受限，无法充分发挥调蓄功能。在河道及堤防方面，中小河流缺乏系统治理，人类活动缩窄或压缩河道空间，阻水建筑物、阻水片林、高秆作物等阻塞河道，影响行洪安全；一些河流行洪能力底数不清，河道安全下泄流量测算不足，难以支撑防洪精准调度；部分河流堤防未达到设计标准，一些河段堤防质量差、险工险段多，维修养护不到位。在蓄滞洪区方面，一些蓄滞洪区建设严重滞后，围堤普遍标准低、质量差、豁口多，穿堤建筑物年久失修、老化病险，围村堤、避水台、撤退路等安全设施严重不足；缺乏实时监测和进退洪设施，调度运用决策程序复杂，难以安全、精确、及时启运用；长江流域洲滩民垸众多，单退双退垸启用难。在"四预"措施方面，局地极端暴雨预报准确率不高，山洪灾害预警精度不够、发布渠道不畅、信息传递受阻、预警覆盖面不足；防洪调度预演能力不足、模拟验算功能不强，一些预案修订不及时、可操作性差，难以满足实践需要。在法规制度方面，水法规体系不完善，安全度汛制度不健全，有法不依、执法不严、违法不究现象依然存在；流域区域统一调度机制不顺畅，多目标调度统筹协调难度大、水工程调度运用决策难；应急响应启动条件设置不合理，预判不足、响应滞后、联动不够；水旱灾害防御日常监督检查不到位，部分地区对监管发现问题重视不够、整改不力。我们要坚持问题导向、目标导向、效用导向，统筹体制机制法治、统筹规划工程技术、统筹目标任务责任、统筹近期中期长期，分类施策、精准施策，切实增强水旱灾害防御能力，为打好今后更加艰巨的水旱灾害防御硬仗提供有力支撑和有效保障。

三、2022 年重点工作

2022 年水利工作任务重、挑战多、要求高，要突出重点、把握关键，扎实有效做好以下工作。

（一）做好水旱灾害防御准备，确保人民群众生命财产安全。防汛抗旱是水利部门的天职，是必须牢牢扛起的政治责任。要坚持人民至上、生命至上，增强底线意识、忧患意识、责任意识、担当意识，立足防大汛、抗大旱，坚持防住为王、"预"字当先、"实"字托底，锚定"人员不伤亡、水库不垮坝、重要堤防不决口、重要基础设施不受冲击"目标，落实预报、预警、预演、预案"四预"措施，贯通雨情、水情、险情、灾情"四情"防御，抓紧补短板、堵漏洞、强弱项，从最坏处着想，向最好处努力，做好迎战更严重水旱灾害的准备。

提高水旱灾害监测预报预警水平。改进水文测报技术和手段，积极推进测雨雷达试点应用，实现超高时空分辨率短临暴雨预警。加强降雨预报、洪水预警与水利一张图基础数据叠加分析和深度融合，并将预警信息直达一线，直达工程管理单位，直达病险水库"三个责任人"。完成全国水库、堤防、水闸、国家蓄滞洪区基础数据整合集成，建设部省两级雨水情测报和大坝安全监测平台。

优化防汛抗旱应急响应机制。修订《水利部水旱灾害防御应急响应工作规程（试行）》，科学设置应急响应条件，量化响应启动标准，健全完善联动响应机制。各流域、各地都要结合实际，修订完善水旱灾害防御应急预案或应急响应工作规程，关口前移，变"过去完成时"为"将来进行时"。强化应急响应执行，对不响应、响应打折扣的，严肃追责问责。

强化水库安全管理。健全水库大坝安全责任制。建立覆盖所有水库的信息档案，全面、精准、动态掌握水库基本情况。严格水库运行监管，统筹病险水库除险加固与安全度汛，加快小型水库雨水情测报和大坝安全监测设施建设，逐库修订完善调度方案、应急预案。主汛期病险水库原则上一律空库运行。每一座水库都必须落实安全运行管理责任，都必须责任到机构、责任到岗、责任到人。

开展妨碍河道行洪突出问题大排查大整治。将确保河道行洪安全纳入河湖长制目标任务，依法依规严肃处理侵占河道、湖泊等行为，违法违规建筑物、阻水障碍等突出问题清理整治要在汛前基本完成，确保河道行洪畅通。

提升山洪灾害防御能力。汛前开展山洪风险隐患排查整治，建立危险区动态管理清单。优化山洪灾害监测站网布局，完善省级监测预报预警平台，规范预警信息发布，畅通预警信息"最后一公里"，实现风险预警信息及时直达受影响区域人员。完善山洪灾害防御责任机制、动员机制，从针对性、可行性、有效性全面检视和完善县乡村三级山洪灾害防御预案。

强化工程调度运用管理。精准掌握重要江河骨干河道行洪能力，精准掌握蓄滞洪区分洪运用风险隐患，精准掌握控制性水库影响区居民分布、重要基础设施、防洪高水位下居民及生产设施情况，研究完善超征地移民线防洪库容调度运用补偿机制和政策，分级负责强化工程日常管理和监督检查，及时完善水工程调度方案，牢牢掌握汛期工程调度决策主动权。

全面开展汛前隐患排查。针对防汛薄弱环节，组织开展汛前全面检查，各地要对辖区内各类水库逐一进行检查，重点对"三个责任人"落实情况和水库大坝、溢洪道、放空设施等关键部位安全隐患进行排查，对发现的问题建立台账，限期整改。汛前不能整改完成的，要采取临时安全度汛措施。水利部将按不低于 10% 的比例进行抽查，并建立考核奖惩机制。

抓好水利工程安全度汛。健全在建水利工程安全度汛工作监管体系、责任体系、标准体系，水利部直管工程由各流域管理机构负责，各地在建水利工程由省级水行政主管部门负责，汛前分级开展全覆盖闭环检查。抓好南水北调工程安全度汛，以渠道与河流交叉部位为重点，全面排查防范沿线安全风险。强化淤地坝安全度汛，管住增量，改造存量，加快实施病险淤地坝除险加固。抓好灾损水利工程设施修复，倒排工期、压茬推进，主汛期前基本完成修复任务。强化水库、堤防等工程汛期巡查防守，险情抢早、抢小，及时处置，确保安全。

提升流域水工程联合调度水平。 统筹运用河道及堤防、水库、蓄滞洪区等各类水工程，综合采取"拦、分、蓄、滞、排"等措施，充分发挥流域水工程体系减灾效益。要充分发挥流域防总办公室作用，强化水工程联合调度，实现协同作战、集团作战，做到联调联控、共同发力，科学、精细调控洪水。

（二）提升农村供水保障水平，确保农村供水安全。 保障农村供水，事关亿万农民群众重大民生福祉。要加快提升农村供水工程建设管理水平，为巩固拓展脱贫攻坚成果、全面推进乡村振兴提供有力支撑保障。

加快农村供水工程改造提升。 锚定2022年底全国农村自来水普及率达到85%的目标，推进城乡供水一体化、农村供水规模化发展及小型供水工程标准化改造，减少小型分散供水人口数量。严把工程建设质量关，优先利用大中型水库和引调水等骨干水源作为农村供水水源，因地制宜建设一批中小型水库。加强水源保护和水质监测，加快划定农村饮用水水源保护区或保护范围，配套完善净化消毒设施设备，加强水源水、出厂水和末梢水水质检测监测，着力提升农村供水水质。

健全运行管理长效机制。 落实农村供水管理"三个责任"，确保有名有实有效。推进农村供水工程统一运行管理，以县为单元，整体提升工程运行管理和技术服务水平。有条件的地区，要积极推进城乡供水区域统筹管理。强化数字赋能，以规模化供水工程为重点，加强智慧应用系统建设，构建农村供水信息化管理一张图。

守住农村饮水安全底线。 去年水利部12314监督举报服务平台转办核查的问题线索中，79.6%是农村饮水安全问题。要持续做好农村饮水安全监测排查，发挥乡镇、村组干部和管水员作用，实行农村饮水状况全覆盖排查，不漏一村一户；对脱贫地区和供水薄弱地区加大监测频次。健全农村供水问题快速发现和响应机制，继续用好水利部12314监督举报服务平台等监督渠道，建立问题清单、整改台账，动态清零。将农村供水问题及处置情况作为最严格水资源管理考核评分依据，推动列入脱贫攻坚后评估分省问题清单。要做实做好县级和千吨万人供水工程应急供水预案，储备应急物资，健全抢修队伍，加强应急演练，逐县逐处落实，坚决防止发生规模性、系统性、碰底线的饮水安全问题。

推进乡村振兴水利工作。 推动脱贫地区、革命老区、民族地区、边疆地区巩固拓展水利扶贫成果同乡村振兴水利保障有效衔接，加大对国家乡村振兴重点帮扶县在项目、资金、人才、技术等方面支持力度，持续推进水利援疆、援藏工作，强化"一对一"监督检查，扎实抓好定点帮扶各项工作，打牢乡村振兴的水利基础。

（三）完善流域防洪工程体系，加快构建抵御水旱灾害防线。 坚持建重于防、防重于抢、抢重于救，从流域整体着眼把握洪水发生和演进规律，加快完善以河道及堤防、水库、蓄滞洪区为主要组成的流域防洪工程体系，提升水旱灾害防御能力。

提高河道泄洪及堤防防御能力。 加快长江干流河道整治及堤防达标建设和提质升级、黄河干流河道和滩区综合提升治理、淮河下游入海水道二期、海河河道治理、西江干流和辽河干流堤防达标建设、太湖环湖大堤后续、吴淞江及扩大杭嘉湖南排新通道等重点工程建设，保持河道畅通和河势稳定，解决平原河网地区洪水出路不畅问题。以防洪任务重、存在安全隐患、遭洪水冲毁直接威胁人民群众生命财产安全的河段为重点，加快实施大江大河主要支流和中小河流治理，确保重点河段达到规划确定的防洪标准，实现治理一条、见效一条。

增强洪水调蓄能力。 以提高流域洪水整体调控能力为目标，加快珠江流域大藤峡，松辽流域阁山，长江流域牛岭、跳蹬、黄石盘、江家口，黄河流域东庄等控制性枢纽建设；推进黄河古贤，柳江洋溪等水利枢纽前期工作；开展黄河黑山峡、桃花峪水库，交溪上白石水利枢纽等前期论证。大力推进 100 余座大中型、3400 余座小型病险水库除险加固，确保高质量完成年度建设任务，及时消除安全隐患。

确保蓄滞洪区功能。 加快长江、淮河、海河等流域蓄滞洪区布局优化调整和建设，重点推进启用几率大、分洪滞洪作用明显的蓄滞洪区建设。推动长江杜家台、华阳河、康山等蓄滞洪区建设，继续实施珠江流域潖江蓄滞洪区工程和安全建设，优化松花江流域胖头泡、月亮泡蓄滞洪区启用方式。加强洲滩民垸分类管理，推进长江中下游干流及洞庭湖、鄱阳湖综合治理，推进黄河滩区居民迁建，做好淮河干流行蓄洪区和滩区居民迁建工作。加快进退洪闸建设，确保蓄滞洪区"分得进、蓄得住、退得出"，确保关键时刻能够发挥关键作用。

（四）**实施国家水网重大工程，提升水资源优化配置能力。**立足流域整体和水资源空间均衡配置，科学谋划"纲""目""结"工程布局，统筹存量和增量，加强互联互通，加快构建"系统完备、安全可靠，集约高效、绿色智能，循环通畅、调控有序"的国家水网，增强我国水资源统筹调配能力、供水保障能力、战略储备能力。

加快国家水网建设。编制完成《国家水网建设规划纲要》，加快构建国家水网主骨架和大动脉。科学有序推进南水北调东、中线后续工程高质量发展，深入开展西线工程前期论证。加快推进滇中引水、引汉济渭、引江济淮、内蒙古引绰济辽、福建平潭及闽江口水资源配置、广东珠三角水资源配置等引调水工程，以及内蒙古东台子、福建白濑、海南天角潭、贵州凤山、西藏湘河、新疆库尔干等重点水源工程建设。加快环北部湾水资源配置、河北雄安干渠引水、澳门珠海水资源保障、湖北姚家平、河南张湾、重庆福寿岩、四川三坝等重大水利工程前期工作，完善国家骨干供水基础设施网络。

推进省级水网建设。各地要切实谋划和实施好本地区水网建设任务，做好与国家水网建设布局和重点任务的有效衔接，按照"确有需要、生态安全、可以持续"的原则，重点推进省内骨干水系通道和调配枢纽建设，加强国家重大水资源配置工程与区域重要水资源配置工程的互联互通。做好北京冬奥会、冬残奥会水安全保障工作。

打通国家水网"最后一公里"。依托国家骨干网及省级水网的调控作用，优化市县河湖水系布局。加强大中型灌区续建配套和现代化改造，完善灌溉水源工程、渠系工程和计量监测设施，推进标准化规范化管理，打造一批现代化数字灌区。推动在东北三江平原、黄淮海平原、长江中下游地区、西南地区等水土资源条件适宜地区，新建一批现代化灌区，夯实保障国家粮食安全水利基础。

（五）**复苏河湖生态环境，维护河湖健康生命。**坚持绿水青山就是金山银山理念，坚持山水林田湖草沙综合治理、系统治理、源头治理，提升江河湖泊生态保护治理能力，维护河湖健康生命，实现人水和谐共生。

开展母亲河复苏行动。全面排查确定断流河流、萎缩干涸湖泊修复名录，制定"一河一策""一湖一策"，从各地的母亲河做起，开展母亲河复苏行动，让河流流动起来，把湖泊恢复起来。推进京津冀地区河湖复苏，恢复白洋淀，恢复永定河、潮白河、大清河、滹沱河等，统筹上下游用水，实现水流贯通。实施大运河、西辽河水生态保护修复，推进北运河、南运河具备条件的河段通水，逐步复苏西辽河生态环境。推动实施新一轮太湖流域水环境综合治理，巩固黄河、塔里木河、黑河、石羊河等水资源优化配置和修复治理成果。

保障河湖生态流量。全面确定全国重点河湖名录明确的 477 条河湖基本生态流量保障目标，有序开展已建水利水电工程生态流量复核，研究新建水利水电工程生态流量标准。将河湖生态流量目标纳入江河流域水资源调度方案及年度调度计划，作为流域水量分配、水资源统一调度、取用水总量控制的重要依据。加强生态流量日常监管，严格跨省江河流域省界断面、重要控制断面和生态流量控制断面下泄流量水量考核和监督检查。推进小水电分类整改，逐站落实生态流量，实施小水电绿色改造和现代化提升工程，持续开展绿色小水电示范创建。

加强河湖保护治理。深入落实国家"江河战略"，大力推进黄河流域生态保护和高质量发展、长江经济带发展水利工作。纵深推进河湖"清四乱"常态化规范化，坚决遏增量、清存量，将清理整治重点向中小河流、农村河湖延伸。全面完成各行政区域内河湖划界工作，划定落实河湖管理范围。加强河湖水域岸线空间分区分类管控，确保重要江河湖泊规划岸线保护区、保留区比例总体达到 50% 以上。开展丹江口"守好一库碧水"专项整治行动，全面清理整治破坏水域岸线的违法违规问题。严格依法依规审批涉河建设项目和活动，严禁未批先建、越权审批、批建不符。因地制宜实施河湖空间带修复，加快推进长江、嘉陵江、乌江、岷江、涪江、沱江等生态廊道建设。以长江、黄河等大江大河为重点，完善部际协作机制，开展全国河道非法采砂综合整治。

强化地下水超采治理。贯彻地下水管理条例，制定地下水开发利用管理办法，启动地下水回补、地下水管控指标确定等标准制定修订工作。加快推进新一轮地下水超采区划定，推进禁采区、限采区划定，强化分区管控。完善地下水监测站网，加快确定地下水管控指标，实施地下水取水总量、水位双控管理，完善地下水水位变化通报机制。统筹华北地区地下水超采综合治理、南水北调东中线一期工程受水区地下水压采、晋鲁豫地下水超采综合治理，落实地下水压采和河湖生态补水任务。不折不扣完成《华北地区地下水超采综合治理行动方案》确定的近期目标任务，全面总结评估任务落实情况和治理成效，编制华北地区地下水超采综合治理实施方案（2023—2025 年）。实施好三江平原、松嫩平原、辽河平原、西辽河流域、黄淮地区、鄂尔多斯台地、汾渭谷地、河西走廊、天山南北麓与吐哈盆地、北部湾地区等 10 个重点区域地下水超采治理工作。

推进水土流失综合防治。全面完成年度 6.2 万 km^2 水土流失治理任务，突出抓好黄河多沙粗沙区特别是粗泥沙集中来源区综合治理，实施淤地坝、拦沙工程和沙棘生态建设工程，加大长江上中游、黄河中上游、东北黑土区等重点区域水土流失治理力度。以山青、水净、村美、民富为目标，打造一批生态清洁小流域。优化国家水土保持监测站点布局，实施全国水土流失动态监测，依法严格查处水土保持违法违规行为，整体提升水土保持监测、评价、决策、管理水平。落实水土保持工程建设以奖代补政策。推进全国水土保持高质量发展先行区建设和国家水土保持示范创建。

（六）加快建设数字孪生流域和数字孪生工程，强化预报预警预演预案功能。按照"需求牵引、应用至上、数字赋能、提升能力"要求，全面推进算据、算法、算力建设，对物理流域全要素和水利治理管理全过程进行数字化映射、智能化模拟。

做好顶层设计。出台《数字孪生流域建设技术大纲》《数字孪生水利工程建设技术导则》《水利业务"四预"功能基本技术要求》和成果共建共享制度办法，以流域为单元，编制七大江河数字孪生流域建设方案。三峡、南水北调、小浪底、丹江口、岳城、尼尔基、万家寨、大藤峡等工程管理单位要编制数字孪生工程建设方案。鼓励和支持有条件的流域管理机构、工程管理单位、地方水利部门先行实施建设。

构建数字化场景。优化完善监测站网布局，建立与防汛调度和国家水网相匹配的水文站网，重点提高洪水来源区、水资源来源区、行政管理边界、重要防御对象、重要用水对象等重要节点覆盖率，加大天、空、地遥感技术应用力度，构建天、空、地一体化水利感知网。在完善全国水利一张图的基础上，抓紧细化流域水利专题图、定制水利工程实体场景，构建全国统一的数据底板。建立健全物理流域及水利工程等基础数据更新机制，实时更新重要站点监测信息、发生洪水的河道遥感信息、参与调度运用的工程安全监控信息，及时更新流域下垫面、重要水文站大断面、重点河段河道地形、模型参数等信息，及时定期更新影响区经济社会信息。

开展智慧化模拟。深入研究流域自然规律，融合流域多源信息，升级改造流域产汇流、土壤侵蚀、水沙输移、水资源调配、工程调度等水利专业模型，研发新一代具有自主知识产权的通用性水利专业模型，实现变化流场下数字孪生流域多维度、多时空尺度的高保真模拟。聚焦水利工程体系科学精细调度，推进预报调度一体化智能化、实体工程与数字孪生水利工程同步交互调度。构建水利业务遥感和视频人工智能识别模型，不断提高河湖"四乱"问题、水利工程运行和安全监测、应急突发水事件等自动识别准确率。

构建水利智能业务应用体系。坚持大系统设计、分系统建设、模块化链接，全面构建"2+N"应用体系。加快推进水工程防灾联合调度等流域防洪应用系统建设，以流域为单元，构建下垫面动态变化的数字流场，结合防洪工程数字孪生成果，升级流域防洪预报、预警功能，增强预演功能，支撑科学制定预案。建设水资源管理调配应用系统，整合水资源总量、水权分配、取用水量、省界断面监测以及经济社会等数据，完善数字孪生平台中红线预警等模型和功能，支撑水资源监管、调配决策预演等业务。结合各级数字孪生平台建设，同步抓好其他各业务应用系统建设。

（七）建立健全节水制度政策，提升水资源集约节约利用能力。坚持节水优先，全方位贯彻"四水四定"（以水定城、以水定地、以水定人、以水定产）原则，守住生态保护红线，严守水资源开发利用上限，精打细算用好水资源，从严从细管好水资源，把节水作为根本出路，全面提升水资源集约节约安全利用能力和水平。

健全初始水权分配和交易制度。加快推动建立水资源刚性约束制度，强化用水总量强度双控，建立健全省级行政区双控指标体系，各地要进一步分解明确到地市。新批复 10 条以上跨省江河水量分配方案。加快明确各地区可用水量，明晰初始水权，制定出台推进用水权改革的指导意见，建立健全统一的水权交易系统，推进区域水权、取水权、灌溉用水户水权等用水权交易。鼓励通过用水权回购、收储等方式促进用水权交易。在条件具备的地区探索实行用水权有偿取得。

严格水资源保护监管措施。深入推进取用水管理专项整治行动，全面完成整改提升工作，开展专项整治行动"回头看"。建立长效监管机制，严格建设项目水资源论证和取水许可管理，推进水资源超载地区暂停新增取水许可。全面推行取用水"双随机、一公开"监管，依法规范取用水行为及管理秩序。制订规划水资源论证管理办法，推动相关行业规划、重大产业和项目布局、各类开发区和新区规划开展水资源论证。推进建设项目水资源论证区域评估和取水许可告知承诺制。强化取水口取水监测计量，加快实现非农业取水口和大中型灌区渠首取水口计量全覆盖，5 万亩以上的大中型灌区渠首取水口全部实现在线计量。强化饮用水水源地监督管理。按照水资源刚性约束要求完善水资源管理考核内容，优化考核指标，改进考核机制。

深入实施国家节水行动。发挥节约用水工作部际协调机制作用，深入推进县域节水型社会达标建设，推动北方 50% 以上、南方 30% 以上县（区）级行政区达到节水型社会标准。全面强化计划用水管理，黄河流域和京津冀地区实现年用水量 1 万 m³ 及以上的工业和服务业用水单位计划用水管理全覆盖。大力推动农业节水，提高农田灌溉水有效利用系数。推动水利行业全面建成节水型单位，发挥示范引领作用。推动非常规水源纳入水资源统一配置，开展典型地区再生水利用配置试点。大力推广合同节水管理，严格用水定额管理，制定出台节水评价技术导则，严格规划和建设项目节水评价。强化节水宣传教育，向全社会宣传推介公民节约用水行为规范，增强全民节约用水意识。

打好黄河流域深度节水控水攻坚战。 推进黄河流域水资源节约集约利用，坚决抑制不合理用水需求，严把黄河流域建设项目节水评价关。大力发展节水产业和技术，督促不符合节水标准的已建项目加快节水改造。严控高耗水项目建设，建立高耗水工业项目台账，推动火电、钢铁等高耗水行业节水型企业建设。开展黄河流域高校节水专项行动，推进节水目标责任考核，推动用水方式由粗放向集约节约转变。

（八）强化体制机制法治管理，不断提升水利治理能力和水平。 坚持目标导向、问题导向、效用导向，深入推进水利重点领域和关键环节改革，加快破解制约水利发展的体制机制障碍，进一步完善水法规体系，善用体制机制法治，不断提升水利治理能力和水平。

强化流域统一治理管理。 突出流域治水单元，坚持流域系统观念，强化流域统一规划、统一治理、统一调度、统一管理。以流域综合规划为龙头，健全流域规划体系，建立流域规划实施责任制，完善监测、统计、评估、考核制度，强化流域规划法定地位和指导约束作用。七大流域管理机构牵头，建立流域工程项目库，统筹工程布局和项目实施。统筹防洪调度、水资源调度、生态调度，建立流域水工程多目标调度体系，充分发挥流域防总办公室的平台作用。建立流域层面河湖长制工作协作机制，加强流域综合执法，强化流域河湖、水资源管理。深化流域管理机构改革，推动"三定"规定报批，理顺流域管理事权，明确权责事项。流域管理机构要尽职履责，切实当好江河湖泊"代言人"。

推动河湖长制有能有效。 出台强化河湖长制指导意见，明确各部门河湖治理任务，形成党政主导、水利牵头、部门协同、社会共治的河湖管理保护机制。充分发挥全面推行河湖长制工作部际联席会议作用，在七大流域全面建立省级河湖长联席会议机制，完善流域管理机构与省级河长办协作机制，明确上下游、左右岸、干支流的管理责任，变"分段治"为"全域治"。全面建立南水北调工程河长制体系。开展河湖健康评价，把群众满意度作为重要考核指标，加强对河湖长履职情况的监督检查、正向激励和考核问责，推动河湖长考核评价与干部综合考核评价挂钩。完善基层河湖巡查管护体系，鼓励各地设立巡（护）河员等公益岗位，解决河湖管护"最后一公里"问题。

健全工程建设管理和运行管护机制。完善水利建设法规技术标准，开展水利工程建设质量提升行动，落实水利工程质量终身责任制，改进政府质量工作考核制度，深化水利建设市场信用体系建设，规范建设市场秩序，确保水利建设质量安全。严格落实水利工程注册登记和安全评价制度，强化工程检查监测和维修养护，突出病险工程安全管理，推进水利工程标准化管理和划界工作。完善水利工程安全保障制度，建立风险查找、研判、预警、防范、处置、责任等全链条管控机制。建立常态化水利设施运行管护机制，落实管护主体、经费、人员和措施，推广市场化、专业化管护模式。完善农村供水保障监管机制，探索建立小型水库"巡库员"机制。着眼"大时空、大系统、大担当、大安全"，强化三峡工程自身安全以及防洪、供水、生态等功能安全管理。强化南水北调工程沿线水资源保护，强化安全调度管理，加大东线一期北延应急供水工程调水力度，更好地满足华北部分地区生活、生产、生态用水需求。做好水库移民安置和后期扶持、对口支援工作。

深化水利重点领域改革。落实适度超前开展基础设施投资要求，健全多元化水利投融资机制，积极争取扩大中央水利投资规模，用好水利中长期贷款等金融信贷资金，推进水利领域不动产投资信托基金（REITs）试点，支持社会资本参与水利工程建设运营。深化农业水价综合改革。推动修订水利工程供水价格管理、定价成本监审办法，完善动态调整机制。研究建立水网区域综合定价机制。推动全面推开水资源税改革试点。研究推动建立水流生态保护补偿机制。

完善水利法治体系。加快推进水法、防洪法等基础性法律修订工作，推动黄河保护法、节约用水条例等尽早出台，抓好长江保护法、地下水管理条例等配套制度建设，健全完善水利重点领域规章制度。支持上下游、左右岸、干支流省份在水资源节约利用、河湖管理、防洪调度、生态水量管控等方面立法协同。实施水行政执法效能提升行动，完善水行政执法与刑事司法衔接机制，开展重点领域、敏感水域常态化排查整治，实施地下水管理、汛前"防汛保安"等专项执法行动，依法严厉打击重大水事违法行为。严格行政决策合法性审查。加强"以案释法"，推深做实水利普法，提升水利系统运用法治思维和法治方式解决问题的能力和水平。推动建立涉水领域公益诉讼制度，发挥公益诉讼保障监督作用。

（九）加强水利行业能力建设，夯实水利高质量发展基础。立足推动新阶段水利高质量发展需要，扎实做好打基础、利长远的工作，着力提升行业发展综合能力。

抓好水利干部人才队伍建设。选优配强领导班子，强化政治素质把关，加强年轻干部培养选拔和实践锻炼，不断优化专业结构和年龄结构，增强干部队伍整体效能，确保水利事业后继有人。加快人才创新团队、培养基地建设，加快培养水利领军人才、科技英才、重点领域人才、复合型人才、青年拔尖人才。推广水利人才"订单式"培养模式，加强基层人才队伍建设，强化领导干部水利专业化能力培训。全链条做好人才发现、培养、使用、激励、保障工作，让水利事业激励水利人才，让水利人才成就水利事业。

强化水利科技基础支撑。抓实水利科技创新平台建设，在智慧水利、国家水网建设、水生态环境保护等领域筹建、新建一批部级重点实验室。加强科技攻关，加大泥沙、地下水、土壤侵蚀等领域基础研究力度，实施水利重大关键技术研究和流域水治理重大关键技术研究项目，努力取得一批突破性进展。加快生态流量、中小型病险水库除险加固、智慧水利等相关标准制定修订工作，推进水利技术标准国际化。优化水利科技投入机制、研发机制、应用机制、激励机制，形成贯通产学研用的水利科技创新链条，推广应用100项左右成熟适用水利科技成果。

推动水利国际交流合作。积极推进"一带一路"水利基础设施建设，不断深化水利多双边合作，积极参与第九届世界水论坛等重要多边水事活动，持续深化澜湄水资源合作。充分发挥协调机制作用，积极推进跨界河流涉外合作和管理工作，巩固强化跨界河流水文报汛及重大水情灾情信息共享合作。

进一步转变政府职能。推进水利"放管服"改革，公布水利行政许可事项清单，编制水行政备案事项清单，在流域管理机构推行行政许可一次申报、一本报告、一次审查、一件批文"四个一"改革。健全事中事后监管制度，完善水利部"互联网+监管"系统。完善水利部12314监督举报服务平台、在线政务服务平台，开展移动端建设，推动政务服务事项"网上办""掌上办"。推进基层水利政务公开标准化规范化，扎实做好政务督办、信访、保密、档案、离退休干部、财务审计、后勤保障等工作，高质量完成电子政务工程建设。落实意识形态工作责任制，统筹做好新闻宣传、水情教育、水文化建设。毫不松懈抓好常态化疫情防控。

（十）纵深推进全面从严治党，引领保障新阶段水利高质量发展。推动新阶段水利高质量发展必须把加强党的建设贯穿水利工作各领域各方面各环节。要认真贯彻落实新时代党的建设总要求，坚定不移推进全面从严治党，以高质量党建工作引领保障新阶段水利高质量发展。

强化政治引领。深入学习贯彻习近平新时代中国特色社会主义思想、习近平总书记"十六字"治水思路和关于治水重要讲话指示批示精神，用以武装头脑、指导实践、推动工作，确保水利工作始终沿着习近平总书记指引的方向前进。巩固拓展党史学习教育成果，推动党史学习教育常态化、长效化。扎实开展模范机关创建，推动政治机关意识教育向基层单位延伸，严格执行党内政治生活、重大事项请示报告等制度，持续抓好中央巡视反馈意见整改落实，巩固深化整改成果，进一步增强"四个意识"、坚定"四个自信"、做到"两个维护"。

抓实组织建设。将基层组织建设作为机关党建工作的重中之重，进一步巩固完善党的组织体系，做到党的组织和党的工作全覆盖。深入推进党支部标准化规范化建设，开展第二届"水利先锋党支部"评选表彰，严格党员教育管理，开展党建督查并针对问题抓好整改、强基固本。

坚定不移推进党风廉政建设和反腐败斗争。坚定不移纠"四风"、树新风，深化整治形式主义官僚主义，切实为基层松绑减负。深入开展廉政警示教育，抓好"关键少数"，做实做好"一把手"和领导班子监督。保持反腐败高压态势，紧盯要害部门、重点领域和关键岗位，坚决查处违规违纪违法问题，纠治侵害群众利益问题，一体推进不敢腐、不能腐、不想腐。深化内部巡视巡察，加快构建上下联动、贯通融合的巡视巡察工作体系，进一步提升巡视巡察监督质量。

推动新阶段水利高质量发展对党员干部职工综合素质和能力提出了更高要求。水利系统广大党员干部职工要自觉加强思想淬炼、政治历练、实践锻炼、专业训练，特别是要悟透以人民为中心的发展思想，坚持正确的政绩观，敬畏历史、敬畏文化、敬畏生态，提高政治判断力、政治领悟力、政治执行力。要坚持系统思维、科学谋划，加强调查研究，坚持"三严三实"，崇尚实干、力戒空谈，不驰于空想，不骛于虚声，做到守土有责、守土担责、守土尽责，坚决防止简单化、乱作为，坚决反对不担当、不作为。要抓细抓实迎接党的二十大和学习贯彻工作，做到统一思想、统一意志、统一行动，意气风发迈进新征程、建功新时代。

（编者注：本文选自水利部部长李国英2022年1月6日在全国水利工作会议上的讲话）

推动新阶段水利高质量发展
为全面建设社会主义现代化国家
提供水安全保障

——在水利部"三对标、一规划"专项行动
总结大会上的讲话

李国英

一、推动新阶段水利高质量发展

习近平总书记指出，全面建成小康社会、实现第一个百年奋斗目标之后，我们要乘势而上开启全面建设社会主义现代化国家新征程、向第二个百年奋斗目标进军，这标志着我国进入了一个新发展阶段。经过新中国成立以来特别是改革开放40多年的不懈奋斗，我们已经拥有开启新征程、实现新的更高目标的雄厚物质基础。新中国成立不久，我们党就提出建设社会主义现代化国家目标，未来30年是我们完成这个历史宏愿的新发展阶段。水利是经济社会发展的基础性行业，是党和国家事业发展大局的重要组成。对表对标习近平总书记重要讲话精神，水利发展所处的历史方位亦进入新发展阶段。

党的十九届五中全会在"十四五"时期经济社会发展指导思想中确立了"以推动高质量发展为主题"。习近平总书记指出，当前我国社会主要矛盾已经转化为人民日益增长的美好生活需要和不平衡不充分的发展之间的矛盾，发展中的矛盾和问题集中体现在发展质量上。这就要求我们必须把发展质量问题摆在更为突出的位置，着力提升发展质量和效益。经济、社会、文化、生态等各领域都要体现高质量发展的要求。对表对标习近平总书记重要讲话精神，新阶段水利工作的主题为推动高质量发展。

第一，推动新阶段水利高质量发展的历史使命。

从发展阶段看，我国发展进入了全面建设社会主义现代化国家的新阶段，社会主要矛盾发生了历史性变化。习近平总书记指出，推动高质量发展，是适应我国社会主要矛盾变化和全面建成小康社会、全面建设社会主义现代化国家的必然要求。水利与生活、生产、生态密切相关。当前，与人民群众对水安全、水资源、水生态、水环境的需求相比，水利发展不平衡不充分问题依然突出，包括区域、城乡、建设与管理、开发利用与节约保护等发展不平衡的问题，也包括水利基础设施网络覆盖、水旱灾害防御能力、水资源优化配置、治理体系和治理能力现代化等发展不充分的问题。水利发展中的矛盾和问题集中体现在发展质量上。这就要求我们把发展质量问题摆在更为突出位置，全面提高水安全、水资源、水生态、水环境治理和管理能力，实现从"有没有"到"好不好"的发展，更好支撑我国社会主义现代化建设，更好满足人民日益增长的美好生活需要。

从发展环境看，我国经济社会发展发生深刻变化，新发展格局正在加快构建，对水利发展布局产生了重大影响。一方面，我国经济实力、科技实力、综合国力跃上了新的台阶，加快推动全面绿色转型已经形成高度共识，产业数字化、网络化、智能化转型升级加速，区域重大战略、区域协调发展战略深入推进，统筹发展和安全意识更加强烈，对水利发展提出了更高要求。另一方面，我国旧的生产函数组合方式已经难以持续，生产要素相对优势出现变化，水资源水环境承载能力达到瓶颈，河湖生态环境问题长期积累凸显，流域和区域水资源情势动态演变，水旱灾害、病险水库等风险隐患依然突出，新阶段水利发展直面严峻挑战。这就要求我们准确识变、科学应变、主动求变，完整、准确、全面贯彻新发展理念，抓住机遇，应对挑战，有效化解矛盾，努力实现供给与需求在更高水平的动态平衡。

从发展条件看，在党中央、国务院的坚强领导下，新中国成立70多年来水利发展取得了重大历史性成就。大规模建设了江河防洪、农田灌溉、城乡供水等水利基础设施，具备了由点向网、由分散向系统转变的工程基础；构建了水法规制度和水资源管理、河湖管理、工程管理的体制机制，具备了从粗放式管理向精细化、规范化、法治化管理转变的制度基础；水利科技创新能力和信息化水平持续提升，具备了由传统向数字化、网络化、智能化转变的科技基础。我国水利发展已经站到了新的起点，这就要求我们把发展着力点转向提升发展质量，推动水利向形态更高级、基础更牢固、保障更有力、功能更优化的阶段演进。

总之，推动新阶段水利高质量发展，是对表对标习近平总书记重要讲话精神，把握党和国家事业发展大势大局和水利行业发展规律，研判水利发展历史方位，分析水利发展客观要求，综合深入判断作出的战略选择。

第二，推动新阶段水利高质量发展的体系构造。推动新阶段水利高质量发展，其根本目的是满足人民日益增长的美好生活需要，其根本要求是完整、准确、全面贯彻新发展理念。

一是以创新为第一动力。科技自立自强成为水利高质量发展的战略支撑，科技创新的引领和支撑作用充分发挥，理论创新、实践创新、体制机制创新、管理创新活力竞相迸发，为水利发展质量变革、效率变革、动力变革提供源源不断的牵引力和驱动力。

二是以协调为内生特点。在水利规划编制、项目布设、政策制度制定、体制机制设计等各项工作中，更加注重统筹协调，水利基础设施布局、水生态产品供给、水资源配置更加均衡，水利发展整体效能进一步提升。

三是以绿色为普遍形态。生态优先、绿色发展理念贯穿水利高质量发展始终，水资源刚性约束制度效能充分发挥，用水方式向集约节约转变，水生态水环境持续改善，河湖健康生命得以维护，绿色发展方式和生活方式加快形成，实现人水和谐共生。

四是以开放为必由之路。主动融入全球水治理体系，充分借鉴国际先进科技成果和有益管理经验，一方面办好自己的事，另一方面为解决人类共同面对的水问题提供中国智慧和中国方案。

五是以共享为根本目的。坚持以人民为中心的发展思想，始终把人民对美好生活的向往作为发展目标，在发展中解决人民群众最关心最直接最现实的涉水利益问题，实现发展为了人民、发展依靠人民、发展成果由人民共享，人民群众获得感、幸福感、安全感进一步增强。

六是以安全为底线要求。统筹发展和安全，坚持人民至上、生命至上，把保护人民生命安全摆在首位，全面提升水安全保障能力。强化底线思维、增强忧患意识，努力提高预报、预警、预演、预案能力，从被动应对水安全风险转向主动防控。

第三，推动新阶段水利高质量发展的目标任务。发展的主题决定发展的目标和方向。新阶段水利高质量发展的总体目标是全面提升国家水安全保障能力，为全面建设社会主义现代化国家提供有力的水安全保障。

围绕实现这一总体目标，设定以下四个次级目标。

一是提升水旱灾害防御能力。进一步完善流域防洪减灾工程体系，固底板、补短板、锻长板，水旱灾害防御能力大幅提升，水旱灾害损失率大幅降低。

二是提升水资源集约节约利用能力。建立水资源刚性约束制度，节水型生产方式和生活方式基本形成，全国用水总量得到有效控制，水资源集约节约利用效率和效益大幅提高。

三是提升水资源优化配置能力。加快构建国家水网主骨架和大动脉，水资源配置体系更加完善，水资源要素与经济社会生态要素适配性明显提升。

四是提升大江大河大湖生态保护治理能力。建立健全涉水空间管控制度，重点河湖基本生态流量达标率大幅提升，人为水土流失得到控制，重点地区地下水超采状况有效遏制。

展望2035年，要按照党中央确定的远景目标和总体战略安排，实现水旱灾害防御能力、水资源集约节约利用能力、水资源优化配置能力、大江大河大湖生态保护治理能力的显著提升，建成与基本实现社会主义现代化国家相适应的水安全保障体系。

二、推动新阶段水利高质量发展要坚持以"十六字"治水思路为指导

习近平总书记站在战略和全局的高度，深刻洞察我国国情水情，深刻

分析经济社会发展大势，提出"节水优先、空间均衡、系统治理、两手发力"治水思路，指导治水工作实现了历史性转变，彰显出巨大的思想伟力。推动新阶段水利高质量发展，必须坚持以"十六字"治水思路为指导，把"十六字"治水思路不折不扣落实到水利高质量发展各环节全过程。

第一，完整、准确、全面理解和贯彻"十六字"治水思路。习近平总书记高度重视治水工作。党的十八大以来，习近平总书记专门就保障国家水安全发表重要讲话并提出"十六字"治水思路，先后主持召开会议研究部署推动长江经济带发展、黄河流域生态保护与高质量发展、推进南水北调后续工程高质量发展以及防汛抗旱、河湖长制、饮水安全等工作并发表一系列重要讲话，作出一系列重要指示批示，都始终贯穿了"十六字"治水思路这条主线。比如，总书记强调，要长期深入做好节水工作，根据水资源承载能力优化城市空间布局、产业结构、人口规模；要立足流域整体和水资源空间均衡配置，科学推进工程规划建设，提高水资源集约节约利用水平；要从生态系统整体性和流域系统性出发，追根溯源、系统治疗；要加快建立生态产品价值实现机制，让保护修复生态环境获得合理回报，等等。这些重要论述都充分体现了"十六字"治水思路的内涵要义。我们要融会贯通地学习习近平总书记关于治水的重要讲话指示批示精神，深入领会其中一以贯之、一脉相承的精神实质，完整、准确、全面抓好贯彻落实。

第二，"十六字"治水思路是逻辑严密的治水理论体系。"十六字"治水思路内涵丰富而深邃，贯穿辩证唯物主义和历史唯物主义，把握人与自然关系的统一性，深化对自然规律、经济规律、社会规律的认识，明确了新时代治水的方针、原则、方法、路径，科学回答了如何处理好水资源开发利用增量与存量的关系、水资源与经济社会发展的关系、治水要素之间的关系、治水中政府与市场的关系等重大问题，各个方面主旨相通、目标一致，既各有侧重，又相互支撑，具有鲜明的思想性、理论性、战略性、指导性、实践性。从理论逻辑来看，"十六字"治水思路坚持人与自然和谐共生，更加注重尊重自然、顺应自然、保护自然，更加突出节约优先、保护优先、生态优先，是习近平生态文明思想的重要组成，深刻阐释了人与水、人与自然辩证统一的关系。从历史逻辑来看，"十六字"治水思路深刻论述了治水与治国的内在关系，鲜明指出了治水对我国的特殊重要性，明确水安全是涉及国家长治久安的大事，是在纵览中华民族五千年治水史基础上对治水规律的科学把握。从实践逻辑来看，"十六字"治水思路针对新老水问题相互交织的国情水情，面向经济社会发展对水利的实践需求，为统筹解决新老水问题，为全面建设社会主义现代化国家提供有力支撑和保障提供了科学指南。"十六字"治水思路是科学严谨、逻辑严密的治水理论体系。我们要完整地而不是零碎地、准确地而不是模糊地、全面地而不是片面地理解和掌握，更加自觉地用"十六字"治水思路指导推动新阶段水利高质量发展。

第三，"十六字"治水思路是新发展理念在治水领域的集中体现。"十六字"治水思路贯穿了创新、协调、绿色、开放、共享的发展理念，集中体现了新发展理念在治水领域的精准要求。从根本宗旨看，"十六字"治水思路根植于对人民美好生活向往和对中华民族伟大复兴要求的准确把握，指导推进治水为民、兴水惠民的水利实践；从问题导向看，"十六字"治水思路产生于对水灾害、水资源、水生态、水环境问题的深刻认识和剖析，指导解决水利发展不平衡不充分问题；从忧患意识看，"十六字"治水思路来源于对河川之危、水源之危的深沉忧患意识，指导保障国家水安全。这些都充分体现了新发展理念的内涵和要求，贯彻落实"十六字"治水思路是对贯彻新发展理念的具体检验。我们要从贯彻新发展理念的高度理解和把握"十六字"治水思路，不断增强贯彻落实"十六字"治水思路的自觉性和坚定性，做到学思用贯通、知信行统一。

三、推动新阶段水利高质量发展的实施路径

推动新阶段水利高质量发展是一项复杂的系统工程。我们要锚定目标，加强前瞻性思考、全局性谋划、战略性布局、整体性推进。重点抓好六条实施路径。

第一，完善流域防洪工程体系。洪水产流—汇流—演进以流域为单

元，防洪工程体系必须按照流域单元来规划建设和调度运用。要从流域整体着眼，把握洪水发生和演进规律，进一步优化流域防洪工程布局，以流域为单元构建现代化防洪工程体系，该工程体系主要由水库、河道及堤防、分蓄滞洪区组成。

一是提高河道泄洪能力。以河道堤防达标建设和河道整治为重点，加快大江大河大湖治理，保持河道畅通，提高其泄洪能力。

二是增强洪水调蓄能力。加快实施一批流域控制性水库工程建设，提高江河洪水调蓄能力，努力争取流域洪水防控的主动权。

三是确保分蓄洪区分蓄洪功能。从流域洪水整体考虑，当上游水库调蓄洪水作用充分发挥后，仍有洪水不能通过下游河道安全排泄，此时就必须使用分蓄洪区。因此，要坚定地推进分蓄洪区建设，使之在关键时刻能发挥关键作用。

第二，实施国家水网重大工程。水资源是经济社会发展的基础性、先导性、控制性要素，水的承载空间决定了经济社会的发展空间。我国人多水少，水资源时空分布不均、与生产力布局不相匹配，破解水资源配置与经济社会发展需求不相适应的矛盾，是新阶段我国发展面临的重大战略问题。要立足流域整体和水资源空间配置，遵循确有需要、生态安全、可以持续的重大水利工程论证原则，以重大引调水工程和骨干输配水通道为纲、以区域河湖水系连通工程和供水渠道为目、以控制性调蓄工程为结，构建"系统完备、安全可靠，集约高效、绿色智能，循环通畅、调控有序"的国家水网，全面增强我国水资源统筹调配能力、供水保障能力、战略储备能力。

一是做好"纲"的文章。统筹存量和增量，加强互联互通，加快构建国家水网主骨架和大动脉。准确把握南水北调东线、中线、西线三条线路的各自特点，抓紧做好南水北调后续工程规划设计，推进南水北调后续工程高质量发展。

二是做好"目"的文章。结合国家、省区市水安全保障需求，加强国家重大水资源配置工程与区域重要水资源配置工程的互联互通，开展水源工程间、不同水资源配置工程间水系连通，提升水资源调配保障能力。

三是做好"结"的文章。加快推进列入流域及区域规划，符合国家区域发展战略的重点水源工程建设，提升水资源调蓄能力。

第三，复苏河湖生态环境。良好的生态环境是最公平的公共产品，是最普惠的民生福祉。进入新发展阶段，人民群众对优美生态环境的需求日益增长。要以提升水生态系统质量和稳定性为核心，树立尊重自然、顺应自然、保护自然的生态文明理念，坚持山水林田湖草沙系统治理，维护河湖健康生命，实现河湖功能永续利用，实现人水和谐共生。

一是加强河湖生态保护治理。河流生命的核心是水，命脉在于流动。要按照重塑和保持河流健康生命形态的要求，分区分类确定河湖生态流量目标，复苏河湖生态环境。加快划定落实河湖空间保护范围，加强河湖水域岸线空间分区分类管控，实施河湖空间带修复，打造沿江沿河沿湖绿色生态廊道。

二是加快地下水超采综合治理。在确定地下水取用水量水位控制指标的基础上，严控地下水开发强度，压减地下水超采量，多渠道增加水源补给，实施超采区地下水回补，逐步实现采补平衡。

三是科学推进水土流失综合治理。以长江和黄河上中游、东北黑土区、西南岩溶区为重点，因地制宜推进坡耕地、淤地坝、侵蚀沟治理等工程，提升治理效益。以流域为单元，以山青、水净、村美、民富为目标，统筹配置沟道治理、生物过滤带、水源涵养、封育保护、生态修复等措施，打造生态清洁小流域。

第四，推进智慧水利建设。按照"需求牵引、应用至上、数字赋能、提升能力"要求，以数字化、网络化、智能化为主线，以数字化场景、智慧化模拟、精准化决策为路径，全面推进算据、算法、算力建设，加快构建具有预报、预警、预演、预案功能的智慧水利体系。

一是构建数字孪生流域。以自然地理、干支流水系、水利工程、经济社会信息为主要内容，对物理流域进行全要素数字化映射，并实现物理流域与数字流域之间的动态实时信息交互和深度融合，保持两者的同步性、孪生性。

二是开展智慧化模拟。在数字孪生流域的基础上，集成耦合多维多时空尺度高保真数学模型，构建数字孪生流域模拟仿真平台，支撑水安全全要素预报、预警、预演、预案的模拟分析。

三是支撑精准化决策。构建水利智能业务应用体系，在流域防洪调度、水资源管理与调配、水生态过程调节等预演基础上，生成决策建议方案。

第五，建立健全节水制度政策。节约用水涉及各行业各部门，涉及生产、生活、生态各领域。要坚持量水而行、节水为重，从观念、意识、措施等各方面把节水摆在优先位置，建立健全水量分配、监督、考核的节水制度政策，全面提升水资源集约节约安全利用水平。

一是建立健全初始水权分配和交易制度。合理确定重要河湖主要控制断面基本生态流量（水量），加快江河流域水量分配、地下水管控指标确定，健全区域用水总量管控指标体系，规范明晰区域、取用水户的初始水权，控制水资源开发利用总量。建立完善水权市场化交易平台和相关制度，培育和发展用水权交易市场，引导推进流域间、地区间、行业间、用水户间开展多种形式的用水权交易。创新完善用水价格形成机制，深入推进水资源税改革、农业水价综合改革、水利工程供水价格改革。

二是建立水资源刚性约束制度。建立水资源刚性约束指标体系，强化规划和建设项目水资源论证，完善取水许可制度，规范取水许可管理，严格水资源用途管制，暂停水资源超载地区新增取水许可。严格用水强度控制，完善水资源监督考核，推动将节水主要指标纳入经济社会发展综合评价体系。

三是建立健全全社会节水制度。深入实施国家节水行动，大力推进农业节水增效、工业节水减排、城镇节水降损，推动形成节水型生产生活方式和消费模式。研究建立节水激励机制，加强节水基础研究和应用技术研究，健全节水技术转化推广机制。加强节水宣传教育、知识普及、信息公开和政策解读，鼓励引导社会公众自觉参与爱水、惜水、节水行动。

第六，强化体制机制法治管理。推动水利高质量发展需要以健全的体制机制法治管理为保障。要深入推进水利重点领域和关键环节改革，加快破解制约水利发展的体制机制障碍，进一步完善水法规体系，促进各方面制度更加成熟更加定型，不断提升水利治理能力和水平。

一是强化河湖长制。充分发挥全面推行河湖长制工作部际联席会议制度作用，统筹协调全国河湖长制工作。完善流域管理机构与省级河长办协作机制，推进联防联控联治。按照河湖长履职规范，强化监督检查和评价考核，压实各级河湖长责任，建立河湖健康档案，科学编制"一河一策"，因地制宜设立巡（护）河员公益性岗位，完善河湖巡查管护体系，推动解决河湖管理保护"最后一公里"问题。

二是完善管理机制。建立健全多元化水利投融资机制，优化项目安排和投资结构，用好水利中长期贷款等金融信贷资金，推进水利领域不动产投资信托基金（REITs）试点。支持社会资本采取股权合作、特许经营、PPP 等方式参与水利工程建设运营。探索建立水生态产品价值实现机制和水流生态保护补偿机制。健全水利工程安全保护制度，建立风险查找、研判、预警、防范、处置、责任等全链条管控机制，确保水利工程安全。

三是夯实法治基础。积极推动黄河保护立法，抓好长江保护法配套法规建设，推进节约用水、地下水管理、河道采砂管理等重点领域立法进程，做好立法储备，提高立法质量，进一步完善水利法律法规体系。坚持严格规范公正文明执法，全面推行行政执法"三项制度"，开展重点领域、敏感水域常态化滚动排查整治，完善行政执法与刑事司法衔接机制，依法严厉打击重大水事违法行为。

（编者注：本文选自水利部部长李国英 2021 年 6 月 28 日在水利部"三对标、一规划"专项行动总结大会上的讲话）

为全面建成小康社会提供水利支撑

中共水利部党组

水的问题能不能解决好，直接关系到小康路上群众的幸福感、获得感、安全感。习近平总书记指出："全面建成小康社会，关键是要把经济社会发展的'短板'尽快补上，否则就会贻误全局。"党的十八大以来，水利部门紧紧围绕打赢脱贫攻坚战、全面建成小康社会来部署、来落实、来推进工作，取得了历史性成就。以全面解决农村贫困人口饮水安全问题为标志，水利为全面打赢脱贫攻坚战提供了重要支撑和保障，为如期全面建成小康社会、实现第一个百年奋斗目标提供了有利条件。

一、坚持把全面解决贫困人口饮水安全问题作为全面建成小康社会的底线任务和标志性指标

民以食为天，食以水为先。喝水难，曾困住很多贫困地区百姓的生活。2015年中央明确要求：到2020年，全面解决农村贫困人口饮水安全问题。习近平总书记十分牵挂贫困地区的饮水安全问题，多次深入贫困地区实地调研察看群众有没有水吃、吃水方便不方便。各级水利部门坚决扛起历史重任，尽锐出战，强力推进。

坚持目标标准不动摇。到2020年稳定实现农村贫困人口不愁吃、不愁穿，义务教育、基本医疗、住房安全有保障，是贫困人口脱贫的基本要求和核心指标，直接关系脱贫攻坚战质量。全面解决贫困人口饮水安全问题是"两不愁三保障"的重要指标之一。习近平总书记指出，饮水安全有保障主要是让农村人口喝上放心水，统筹研究解决饮水安全问题。这是国家统一的基本标准，但各地情况不一样。对饮水安全有保障，西北地区重点解决有水喝的问题，西南地区重点解决储水供水和水质达标问题。水利部及时组织编制发布了《农村饮水安全评价准则》，明确了水量、水质、供

水保证率、用水方便程度等四项评价指标。各地针对工程性缺水、季节性缺水、水质性缺水等多种缺水问题，严格标准、因地制宜，采取集中供水、分散式供水等模式，解决农村贫困人口饮水安全问题。

下决心解决饮水型氟超标和苦咸水问题。我国部分地区饮水型氟超标和苦咸水问题突出，严重影响当地群众的身体健康。习近平总书记十分关心饮水型氟超标和苦咸水问题，多次做出重要指示批示。甘肃的河西、定西以及宁夏的西海固，被称作"三西"，古来就有"苦瘠甲于天下"之称。缺水干旱是制约这里经济社会发展和人民生活改善的一个主要难题。2013年2月，习近平总书记来到甘肃定西、临夏等地，走进贫困农户，特意端起一瓢水品尝，感受村民真实的生活状况。之后专程来到渭源县引洮供水工程工地视察，对当地和随行的负责同志讲"民生为上、治水为要"。各地遵照习近平总书记的嘱托，综合采取水源置换、净化处理和易地搬迁等方式，妥善解决了1095万农村人口饮水型氟超标和苦咸水问题，群众的获得感、幸福感显著增强。在河北，八成以上饮水型氟超标人口通过南水北调工程调水置换水源彻底解决饮水问题；在新疆南疆，380万农村群众通过脱贫攻坚喝上甘甜的幸福水。墨玉县古稀老人伊敏·吐尔逊回忆说，自己喝过三种水：40年涝坝水，20年地下水，现在则是通到家里的自来水。

开展挂牌督战攻克最后堡垒。脱贫攻坚工作艰苦卓绝，收官之年又遭遇新冠肺炎疫情影响。2020年3月，习近平总书记在决战决胜脱贫攻坚座谈会上强调，对52个未摘帽贫困县和1113个贫困村实施挂牌督战，国务院扶贫开发领导小组要较真碰硬"督"，各省区市要凝心聚力"战"，啃下最后的硬骨头。各级水利部门通过"拉网式"排查，摸清了底数。截至2018年年底，全国还有大约104万贫困人口饮水安全问题没有解决，全国农村还有6000万人饮水安全需要巩固提升。而新疆伽师县和四川凉山彝族自治州是最后最难啃的硬骨头。"无论这块硬骨头有多硬都必须啃下，无论这场攻坚战有多难打都必须打赢，全面小康路上不能忘记每一个民族、每一个家庭。"各级水利部门牢记习近平总书记的嘱托，从2020年3月起，抽调400余人，对新疆伽师县和四川凉山彝族自治州开展挂牌督战，问实情、查水源、核整改，推动相关工作跑出加速度。新疆伽师县创造了3年工程8个月完成的奇迹，47.5万各族群众喝上安全水、幸福水。凉山彝族自治州布拖县火烈乡菲土村村委会主任伟什扯拉高兴地说："农村饮水问题的解决，不仅改善了村民的生活用水条件，而且改变了村民的思想观念。""十三五"期间，我国累计巩固提升了2.7亿农村人口供水保障水平，解决了1710万贫困人口饮水安全问题，彻底改变了农村为吃水发愁、缺水找水的历史。

二、坚持精准施策、加大投入，夯实水利基础设施

新中国成立以来，我们党领导全国人民开展了波澜壮阔的治水兴水事业，取得了伟大成就。但是受历史、自然条件制约，中西部地区水资源开发难度大，水生态环境脆弱，水利基础设施薄弱，供水保障能力较低，水旱灾害频发，一定程度上制约了当地经济社会发展。习近平总书记高度重视水利工作，2014年3月在听取水安全保障工作汇报时强调，治水要坚持"节水优先、空间均衡、系统治理、两手发力"的思路，为新时代解决新老水问题、保障水安全提供了根本遵循。2015年2月，习近平总书记在陕甘宁革命老区脱贫致富座谈会上强调，要把基础设施建设放在重要位置，加快水利、能源、通信、市场等建设，从根本上改善生产生活条件。2021年5月，习近平总书记在推进南水北调后续工程高质量发展座谈会上指出，进入新发展阶段、贯彻新发展理念、构建新发展格局，形成全国统一大市场和畅通的国内大循环，促进南北方协调发展，需要水资源的有力支撑。党的十八大以来，各级水利部门发挥行业优势，挖掘潜力，精准施策，加大投入，全力推动水利基础设施建设。

坚持因地制宜，着力提升供水保障能力。 从西北大漠到西南山区，在很多地方，水是制约发展的瓶颈。2012年12月底，习近平总书记在河北阜平县考察扶贫开发工作时指出，各项扶持政策要进一步向革命老区、贫困地区倾斜，国家大型项目、重点工程、新兴产业在符合条件的情况下优先向贫困地区安排。2014年，党中央、国务院作出加快推进172项节水供水重大水利工程的决策部署，其中70%的工程位于贫困地区。"十三五"

期间，贫困地区新增供水能力 181 亿 m³，越来越多的老百姓"因水致富"。陇中干旱地区是甘肃省贫困人口最多、贫困程度最深的地区，拔穷根的关键在水。2013 年 2 月，习近平总书记考察引洮供水一期工程时指出，"尊重科学、审慎决策、精心施工，把这项惠及甘肃几百万人民群众的圆梦工程、民生工程切实搞好"。2020 年 1 月，引洮供水一期工程建成并顺利通过验收，彻底解决了甘肃中部 4 市 8 县严重干旱缺水地区 328 万人饮水和近 30 万亩农田灌溉问题。随着汩汩的洮河水流淌到定西市安定区，15 个乡镇配套了农用水渠和管道，昔日"种一坡、收一车"的荒山秃岭，变成了"菜满地、薯满坡"的绿色梯田。

坚持改造为主，着力解决农田灌排问题。我国大中型灌区大部分建于 20 世纪 50—70 年代，经过几十年运行，一些设施老化失修严重"带病"运行，灌排能力下降，特别是"最后一公里"问题突出，效益难以正常发挥。发展产业，水是命根子。各级水利部门坚持改造为主，统筹解决贫困地区灌溉水源、农田灌排骨干和田间工程"最后一公里"问题。"十三五"期间，贫困地区累计新增、改善农田有效灌溉面积 8029 万亩，许多地方改变了因缺水而造成的贫困面貌。湖南省宜章县天塘镇台霄村村委会主任袁远牛说："以前一到汛期，农田里的作物都泡在水里，很多农田几乎颗粒无收，损失惨重。"如今该村经过灌排设施配套改造，建成高标准农田 944 亩，土地综合效益显著增加，村民收入也跟着显著提高。

坚持防治结合，做好水旱灾害防御工作。水安则民安，民安则国昌。2016 年 7 月，习近平总书记在河北唐山市考察时指出，防灾减灾救灾事关人民生命财产安全，事关社会和谐稳定，是衡量执政党领导力、检验政府执行力、评判国家动员力、体现民族凝聚力的一个重要方面。我国自然灾害频发，根治因灾致贫、防止因灾返贫是守住脱贫攻坚成果、让人民安居乐业的关键之举。"十三五"期间，各级水利部门从防汛抗旱责任落实、监测预报预警、避险撤离转移、防洪工程调度、山洪灾害防御、险情巡查抢护、应急补水调水等方面强化防汛抗旱工作，共支持贫困县建设抗旱应急备用井 1020 眼、引调提水工程 680 处；对 56 座大中型水库和 3883 座小型水库进行除险加固；开展中小河流治理项目 2484 个，治理河长 1.7 万 km；

安排实施258条重点山洪沟防洪治理。这些措施有力保障了群众生命财产安全和供水安全。2020年，我国多地出现暴雨洪涝和干旱缺水等灾害，部分贫困地区群众因灾返贫、因灾致贫的风险加大。各地水利部门全力以赴做好水旱灾害防御工作，发挥工程作用，为如期夺取脱贫攻坚全面胜利提供了重要保障。

三、坚持发挥水利工程促就业稳增收保民生作用

习近平总书记指出，不断提高人民生活质量和水平，是我们一切工作的出发点和落脚点，也是全面建成小康社会的根本目的。水利既可为产业发展、促进增收提供基础条件，本身也具有发展产业、促进就业的优势。各级水利部门充分发挥水利工程带扶贫的独特作用，在水利基础设施建设与助推贫困人口脱贫"结合"上挖掘潜力、做足文章，让贫困百姓"借水"发展产业、实现就业、稳定增收。

加强水土保持生态治理，助推贫困人口脱贫。贫困地区绝大多数属于水土流失严重区域。各级水利部门坚持生态优先、绿色发展，坚持山水林田湖草沙系统治理，大力实施小流域综合治理、坡耕地综合整治、病险淤地坝除险加固、东北黑土区侵蚀沟治理和黄土高原塬面保护等国家水土保持重点工程。"十三五"期间，贫困地区累计完成坡耕地治理面积460万亩，治理水土流失面积6.35万 km²。有646个贫困县每年超过100万名群众从水土流失治理中受益，过去跑水、跑土、跑肥的"三跑田"变成了保水、保土、保肥的"三保田"，实现了整治一块水土、种植一片林果、扶持一方群众的多重效应。贵州省黔西县新法村以前石漠化较为严重，经济发展滞后，曾是黔西县深度贫困村之一。如今，通过实施坡耕地水土流失综合治理，使原来零星的土地连片成块，通过"公司+合作社+农户"的模式，大力发展抗旱能力强的头花蓼中药材产业，一举实现整村脱贫。

实施农村水电扶贫工程，促进贫困人口增收。一些贫困地区水能资源丰富，是实施产业扶贫的有利条件。"十三五"期间，国家支持部分地区实施农村水电扶贫工程，将中央预算内资金投入形成的资产收益量

化给贫困村和贫困户，建立"国家引导、市场运作、贫困户持续受益"的扶贫模式，解决贫困户兜底保障问题。2016 年以来，安排中央补助投资 23 亿元，共新增或改善农村水电装机容量 71.9 万 kW。扶贫电站收益主要用于直接补助贫困户，共有 9.8 万多户建档立卡贫困户受益；其余收益用于改善贫困村基础设施建设。同时农村水电扶贫工程产业链长，既增加建材、机电设备需求，又增加就业机会，促进家电下乡，繁荣了农村市场。

落实水利劳务扶贫政策，帮助贫困人口就近就业。习近平总书记强调，要支持贫困地区农民在本地或外出务工、创业，这是短期内增收最直接见效的办法。脱贫攻坚，资金投入是保障。据研究机构分析，水利工程每投资 1000 亿元，可以带动 GDP 增长 0.15 个百分点，可新增就业岗位 49 万个。贫困地区巨大的水利投入带来显著的民生效益，2017 年以来，累计安排 108 万人实现就业，人均增收 1 万元左右。山西省在 58 个贫困县组建农田水利和水土保持工程建设专业队伍，吸纳贫困人口参与工程建设。江西省通过"公益岗位+贫困户"模式，为无就业、无致富产业"双无"贫困户劳动力提供河道保洁员公益岗位。2020 年因受新冠肺炎疫情影响，很多依赖打工收入的农民工没法去城市、工地打工，生活面临困难。水利工程迅速复工复产，积极吸纳当地劳动力就业。因能加入青海省那棱格勒河水利枢纽工程劳务队，海西蒙古族藏族自治州格尔木市柴开村牧民妥正福高兴地说："收到那河项目部招工的通知，我就放心地来了，每天有 200 多块钱的收入，离家还近，真是太好了！"这样的举措，不仅畅通了贫困劳动力外出务工之路，也稳住了贫困家庭脱贫的信心。

四、坚持把培养建设基层水利人才队伍作为重要支撑

全面建成小康社会，关键在人，在人的观念、能力、干劲。习近平总书记指出，办好中国的事情，关键在党，关键在人，关键在人才，并强调要鼓励引导人才向边远贫困地区、边疆民族地区、革命老区和基层一线流动。这几年，各级水利部门把人才队伍建设作为水利工作的重要内容和优先领域，推进人才帮扶、教育培训、干部培养、能力提升，探索走出了

一条水利人才队伍建设培养的新路子。

创新人才培养模式。针对青海涉藏州县水利基层人才队伍建设存在专业人才短缺，引不进、留不住、提升难等问题，探索推广"订单式"人才培养模式。"订单式"培养模式，打通了本土人才通过专业化培养服务当地水利建设的通道，确保学生回生源地就业，有效解决了"引不进、留不住、用不上"的问题。在青海经验的基础上，指导推动广西、湖南、湖北等地开展基层水利人才"订单式"培养，目前规模达到3000多人。2020年青海玉树"订单式"水利人才培养案例在世界银行等7家国际组织开展的"全球减贫案例有奖征集活动"中荣获最佳减贫案例。

实施"组团式"帮扶。针对西藏阿里、那曲地区水利扶贫建设任务繁重，"有项目无人才"的突出问题，量身定制了"行业统筹、精准选派、组团援助"的人才帮扶新模式，每年从水利部所属单位选派30名左右不同领域专家，赴阿里、那曲工作3个月左右，指导当地制定水利业务制度120余项，集中攻坚了一批制约当地水利发展的关键性技术和管理难题，带动培养了一批当地专业技术干部。近几年，先后推动在滇桂黔石漠化片区和重庆、新疆、西藏、青海等地成立区域"组团式"援派工作组，集中力量、集中时间解决贫困地区重大水利项目推进过程中的"卡脖子"问题。

提升人员素质能力。贫困地区水利人才学历低、技术水平低、非专业人员占比高"两低一高"问题突出。各级水利部门改变过去"普惠式"教育培训模式，把教育培训落在急需解决的重点问题和重点对象上，采取水利部示范班和部省联合办班方式，累计培训县（市）水利局局长和乡镇水利站所长2.2万余名，为1100多名干部免费开通网络学习账号，协调推动1600名干部到水利院校参加学历提升教育，专题培训贫困地区水利干部9300多人次。同时，通过下派上挂干部实施传帮带，党的十八大以来共选派209名干部到脱贫攻坚一线挂职扶贫，接收330余名贫困地区干部到部机关、部属单位交流学习锻炼。

当前，全面建成小康社会取得伟大历史性成就，脱贫攻坚战取得全面胜利，全面建设社会主义现代化国家新征程顺利开启。站在"两个一百年"奋斗目标的历史交汇点上,水利工作将立足新发展阶段,贯彻新发展理念,构建新发展格局,为实现高质量发展贡献更多力量,以优异成绩迎接中国共产党成立 100 周年!

(编者注:原文刊载于《求是》2021 年第 12 期)

党领导新中国水利事业的
历史经验与启示

中共水利部党组

中国共产党领导下的治水历史是中国共产党百年历史的重要组成部分。不论是革命、建设、改革时期，还是新时代，党领导下的水利事业始终坚持以人民为中心，始终以服务保障国民经济和社会发展为使命，适应我国国情水情特点，适应各个时期国家中心工作需要，不断优化调整治水方针思路和主要任务，革故鼎新、攻坚克难，以治水成效支撑了中华民族从站起来、富起来到强起来的历史性飞跃。

一、党领导下水利事业的辉煌成就

党领导下的百年治水史大体上可以划分为四个历史时期：新民主主义革命时期、社会主义革命和建设时期、改革开放和社会主义现代化建设新时期、中国特色社会主义新时代。历经四个时期的不懈努力和艰苦奋斗，党领导下的水利事业发生了翻天覆地的变化，取得了历史性成就。

（一）新民主主义革命时期

这一时期，党领导我国的革命事业从"星星之火"发展成"燎原之势"，在江西瑞金、陕西延安，党领导建立了革命政权，开始有组织有计划地发展红色根据地的水利事业，极大地促进了农业生产连年丰收，有效解决了广大军民的粮食问题，为根据地建设、红色政权巩固和革命事业发展作出了巨大贡献。

在中央苏区，党和苏维埃政府就对水利工作非常重视。1931年，中华苏维埃共和国临时中央政府成立，在中央土地人民委员部专门设立山林水利局，这是中国共产党领导建立的第一个负责水利建设事业的机构。从此，苏区的山林水利工作朝着有计划有规模的方向发展。临时中央政府先后颁布《中华苏维埃共和国土地法》《山林保护条例》《怎样分配水利》等法律和条例，合理分配山林水利资源，促进水利和农业的发展。《中华苏维埃共和国地方苏维埃组织法》规定从乡至省均设立水利机构，"管理陂圳、河堤、池塘的修筑与开发，水车的修理和添置，山林的种植、培育、保护与开垦等"。这一时期，毛泽东首次提出著名的"水利是农业的命脉"科学论断，亲自带领区乡政府干部，勘山察水寻找水源，修筑水陂水圳，开挖水井。苏区干部身体力行，带动广大军民开渠筑坝，打井抗旱，车水润田，解决了许多水利问题。

延安十三年，党领导下的水利事业迅猛发展。1937 年陕甘宁边区政府成立后，治水问题被提上议事日程，水利工作从一家一户的传统模式转变为政府有组织地推进水利工程建设。1939 年《陕甘宁边区抗战时期施政纲领》规定，"开垦荒地，兴修水利，改良耕种，增加农业生产，组织春耕秋收运动"。边区政府每年制定年度经济建设计划都强调，要"广泛发展水利""多修水利""把修水利作为重要工作之一"。特别是随着大生产运动进入高潮，水利工程规模从小微化向适应生产力发展要求的小中型方向转变，极大地促进了农业生产发展。各级党委政府在非常困难的情况下，拨出专款修建水利工程，大力倡办民间小型水利，建成延安裴庄渠（幸福渠）、子长渠、靖边杨桥畔渠、绥德绥惠渠等一批重点水利工程和数量众多的小型水利工程。南泥湾从荒无人烟的"烂泥湾"开发成陕北的"好江南"，水利建设发挥了关键作用。得益于兴修水利，边区水利灌溉的耕地面积、粮食产量迅速增加，水浇地从 1937 年 801 亩增加到 1943 年 41109 亩，粮食产量由 100 万石左右增加到 200 万石以上，边区军民基本实现丰衣足食。1946—1949 年解放战争期间，山东解放区与冀鲁豫解放区的人民在党的正确领导下，克服困难，修复黄河堤防，组织防汛，开启了"人民治黄"新篇章。

（二）社会主义革命和建设时期

这一时期，面对严重的水旱灾害和日益增大的粮食生产压力，党领导全国人民开展了轰轰烈烈的"兴修水利大会战"，建成一大批防洪灌溉基础设施，有力支撑了国民经济的恢复和发展。

新中国成立之初，面对水利残缺不全、江河泛滥成灾的落后局面，治理水旱灾害，保障人民生命财产安全、恢复农业生产，成为摆在党和政府面前十分紧迫而艰巨的任务。1949年9月，中国人民政治协商会议第一届全体会议把兴修水利、防洪抗旱、疏浚河流等写入《中国人民政治协商会议共同纲领》。1957年，党中央、国务院对水利建设提出"必须切实贯彻执行小型为主，中型为辅，必要和可能的条件下兴修大型工程"方针。这一时期，水利工作的重点是防洪排涝、整治河道、恢复灌区。1949年和1950年，淮河接连发生流域性洪水，中央人民政府发布《关于治理淮河的决定》，明确"蓄泄兼筹"治淮方针，这是新中国成立后中央政府就大江大河治理作出的第一个决定。1951年，毛泽东发出"一定要把淮河修好"的号召，把大规模治淮推向高潮。1950年，我国在黄河下游实施大堤加培工程，每年投入劳力20万~25万人，宽河固堤，废除民埝，扩大河道排洪能力。1952年，毛泽东视察黄河时指出"要把黄河的事情办好"，由此掀起大规模治理黄河的高潮。"万里长江，险在荆江。"1952年，中央人民政府作出《关于荆江分洪工程的决定》，开启了荆江治理的大幕，毛泽东指出，要"为广大人民的利益，争取荆江分洪工程的胜利"。1953年，荆江分洪工程全面建成，并于1954年首次运用，为有效抵御长江出现的流域性特大洪水发挥了重要作用。为根治汉江下游洪水泛滥成灾的隐患，1956年，我国建成杜家台分洪工程，大大提升了汉水下游的防洪能力。此外，各级政府积极引导开展中小型水利设施建设，依靠群众广泛兴修农田水利，全国灌溉面积发展到4亿亩。

"大跃进"和国民经济调整时期，是党对中国社会主义建设道路艰辛探索的十年，农田水利建设等开始布局。在党中央《1956年到1967年全国农业发展纲要（修正草案）》的鼓舞下，农村率先大搞水利建设。1958年《中共中央关于水利工作的指示》明确提出水利建设"以小型工程为主、以蓄水为主、以社队自办为主"的"三主"建设方针，成为"大跃进"时期水利建设的发展方略。1960年，党和国家实行"调整、巩固、充实、提高"方针，水利工作提出了"发扬大寨精神，大搞小型，全面配套，狠抓管理，更好地为农业增产服务"的"大、小、全、管、好"工作方针。全国性规模空前的群众性水利建设运动取得很大成绩，新中国水利建设史上许多重大工程，如丹江口水利枢纽、青铜峡水利枢纽、刘家峡水利枢纽、北京密云水库等，都是在这一时期开工建设的。约上亿劳动力投身水利建设，共修建九百多座大中型水库，农田灌溉面积达 5 亿亩。

"文化大革命"期间，在党和人民的共同努力下，包括水利在内的各项工作在艰难中取得重要进展。在"农业学大寨"和"以粮为纲"精神带动下，水利建设继续贯彻"三主"建设方针和"大、小、全、管、好"工作方针，治水规模扩大、投入增加。水利建设在三线建设中成果显著，甘肃刘家峡水利枢纽、湖北丹江口水库建成投产，葛洲坝水电站开工建设。全国范围大规模的农田水利建设广泛开展，治水和改土相结合，山、水、田、林、路综合治理，旱涝保收、高产稳产农田建设取得很大成绩，农田灌溉面积增加到 6.7 亿亩。

（三）改革开放和社会主义现代化建设新时期

这一时期，我国经历了从计划经济向市场经济体制的伟大转型，水利战略地位不断强化，从支撑农业发展向支撑整个国民经济发展转变，可持续水利、民生水利得到重视和发展，水利事业取得长足进步。

改革开放初期，我国逐步明确了"加强经营管理，讲究经济效益"的水利工作方针，确立了"全面服务，转轨变型"的水利改革方向，提出以"两个支柱（调整水费和开展多种经营）、一把钥匙（实行不同形式的经济责任制）"作为加强水利管理、提高工程经济效益的中心环节，农村水利、水价、水库移民等领域探索出台改革措施。1985 年，国务院发布《水利工程水费核订、计收和管理办法》，标志着水利工程从无偿供水转变为有偿供水。1986 年，国务院办公厅转发水利电力部《关于抓紧处理水库移民问题的报告》，明确开发性移民的方向。1988 年，《中华人民共和国水法》颁布实施，这是新中国成立以来第一部水的基本法，标志着我国水利事业开始走上法治轨道。

20 世纪 90 年代，随着我国向市场经济体制转型，水资源的经济资源属性日益凸显，水利对整个国民经济发展的支撑作用越来越明显。1991

年，国家"八五"计划提出，要把水利作为国民经济的基础产业，放在重要战略位置。1995年，党的十四届五中全会强调，把水利摆在国民经济基础设施建设的首位。在建设市场经济大背景下，水利投资由国家投资、农民投劳的单一模式转变为中央、地方、集体、个人多元化共同投入，水利投入不足矛盾得到一定程度缓解。这一时期，大江大河治理明显加快，长江三峡、黄河小浪底、万家寨等重点工程相继开工建设，治淮、治太、洞庭湖治理工程等取得重大进展，农田水利建设蓬勃发展，新增灌溉面积8000多万亩。依法治水加快推进，《中华人民共和国水土保持法》《淮河流域水污染防治暂行条例》相继颁布施行。

世纪之交，我国进入全面建设小康社会、加快推进社会主义现代化建设的关键时期，经济社会发生深刻变化，水利发展进入传统水利向现代水利加快转变的重要时期。1998年，党的十五届三中全会提出，"水利建设要实行兴利除害结合，开源节流并重，防洪抗旱并举"的水利工作方针。2000年，党的十五届五中全会把水资源同粮食、石油一起作为国家重要战略资源，提高到可持续发展的高度予以重视。2011年，中央一号文件聚焦水利，中央水利工作会议召开，强调要走出一条中国特色水利现代化道路。这一时期，水利投入快速增长，水利基础设施建设大规模开展，南水北调东线、中线工程相继开工，新一轮治淮拉开帷幕，农村饮水安全保障工程全面推进。水利改革向纵深推进，水务一体化取得重要进展，东阳义乌水权协议开启我国水权交易的先河，农业水价综合改革试点实施。

（四）中国特色社会主义新时代

习近平总书记高度重视治水工作。党的十八大以来，习近平总书记专门就保障国家水安全发表重要讲话并提出"节水优先、空间均衡、系统治理、两手发力"治水思路（以下简称"十六字"治水思路），为水利改革发展提供了根本遵循和行动指南。习近平总书记多次赴长江沿线考察，就推动长江经济带发展召开座谈会，推动沿江省市共抓大保护、不搞大开发。习近平总书记多次考察黄河，主持召开黄河流域生态保护和高质量发展座谈会，强调"让黄河成为造福人民的幸福河"。2021年，习近平总书记在河南省南阳市主持召开推进南水北调后续工程高质量发展座谈会，为推进南水北调后续工程高质量发展指明了方向，提供了根本遵循。习近平总书记还亲自考察了安徽淮河治理、吉林查干湖南湖生态保护、昆明滇池保护治理和水质改善情况，以及三峡工程等"国之重器"发挥作用情况。

全新的治水思路引领水利改革发展步入快车道。在水利建设方面，三峡工程持续发挥巨大综合效益，南水北调东线、中线一期工程先后通水，淮河出山店、西江大藤峡、河湖水系连通、大型灌区续建配套、农村饮水安全保障工程等加快建设，进一步完善了江河流域防洪体系，优化了水资源配置格局，筑牢了国计民生根基。2014 年国务院确定 172 项节水供水重大水利工程建设，2020 年国务院部署推进 150 项重大水利工程建设，水利投资为经济高质量发展注入强劲动能，水利工程促就业稳增长保民生作用凸显。在水利改革方面，最严格水资源管理制度全面建立，从宏观到微观的水资源管控体系基本建成，水资源刚性约束作用明显增强；2014 年全国水权改革试点启动，2016 年国务院办公厅印发《关于推进农业水价综合改革的意见》，水权水价水市场改革深入推进；水利投融资机制改革取得积极进展，投融资规模创历史新高，结构更趋合理；《中华人民共和国长江保护法》颁布实施，开启了流域管理有法可依的崭新局面。

这一时期，党领导统筹推进水灾害防治、水资源节约、水生态保护修复、水环境治理，解决了许多长期想解决而没有解决的水问题。我国水旱灾害防御能力持续提升，有效应对 1998 年以来最严重汛情，科学抗御长江、淮河、太湖流域多次大洪水、特大洪水；农村贫困人口饮水安全问题全面解决，83% 以上农村人口用上安全放心的自来水，农村为吃水发愁、缺水找水的历史宣告终结；华北地区地下水超采综合治理全面实施，"节""控""调""管"多措并举，地下水水位下降趋势得到有效遏制；河长制湖长制全面建立，上百万名党政领导干部参加到江河治理中，河湖面貌焕然一新。

历经百年，党领导下的水利事业成就辉煌、举世瞩目。在防洪减灾方面，基本建成以堤防为基础、江河控制性工程为骨干、蓄滞洪区为主要手段、工程措施与非工程措施相结合的防洪减灾体系，洪涝和干旱灾害年均损失率分别降低到 0.28%、0.05%，水旱灾害防御能力明显增强。在水资源配置方面，以跨流域调水工程、区域水资源配置工程和重点水源工程为框架的"四横三纵、南北调配、东西互济"的水资源配置格局初步形成，全国水利工程供水能力超过 8700 亿 m³，城乡供水保障能力显著提升，全国农村集中供水率达到 88%。在农田水利方面，全国农田有效灌溉面积增加到 10.3 亿亩，有力保障了国家粮食安全。在水生态保护方面，地下水超采综合治理、河湖生态补水、水土流失防治等水生态保护修复工程扎实推进，水生态环境面貌呈现持续向好态势。在水利管理方面，初步形成以水法为核心的水法规体系，基本形成统一管理与专业管理相结合、流域管理与行政区域管理相结合以及中央与地方分级管理的水利管理体制机制，依法治水、科学治水更加有力。在水利改革方面，水权水市场制度建设、水价改革、水利工程建设管理等领域的改革深入推进，成效显现。在水利科技方面，科技创新能力不断增强，科技进步贡献率达到 60%，在泥沙研究、坝工技术、水文监测预报预警、水资源配置等诸多领域处于国际领先水平。

二、党领导下治水的基本经验

中国共产党领导人民的治水经验弥足珍贵，对于推进新阶段水利高质量发展，开启全面建设社会主义现代化国家新征程具有重要意义。

（一）**必须坚持党对水利工作的领导**。水利是经济社会发展的基础性行业，是党和国家事业发展大局的重要组成部分。党中央历来高度重视水利工作，新中国成立后，党领导人民开展了气壮山河的水利建设，取得了巨大的治水兴水成就，一大批重大水利工程相继建成并发挥效益，为经济社会发展、人民安居乐业提供了重要保障。中国共产党领导是中国特色社会主义最本质的特征。只有在中国共产党领导和社会主义制度下，才能找到符合国情水情的治水兴水道路，确保水利工作始终沿着正确方向前进。

（二）**必须坚持以人民为中心**。为人民谋幸福、为民族谋复兴，是建党百年始终不渝的初心和使命，也是党领导下治水事业不变的追求。人民就是江山，共产党打江山、守江山，守的是人民的心，为的是让人民过上好日子。我们必须坚持以人民为中心的发展思想，牢记水利行业为人民造福的历史使命，自觉站在人民立场，尊重人民的首创精神，下大力气解决人民群众最关心最直接最现实的涉水问题，以实实在在治水成效造福于民。

（三）**必须坚持服务国家经济社会发展大局。**水是生存之本、文明之源，是经济社会发展的重要支撑和基础保障。不同历史时期，针对国家宏观需求和面临的水问题，党领导确定了不同的治水方略和重点，但其共同点都是为经济社会发展创造稳定的环境和条件，服务经济社会发展大局，保障国家重大战略实施。进入新发展阶段、贯彻新发展理念、构建新发展格局，形成全国统一大市场和畅通的国内大循环，促进南北方协调发展，需要水资源的有力支撑。我们必须完整、准确、全面贯彻新发展理念，推动新阶段水利高质量发展，以提升水安全保障能力为目标，大力提高水旱灾害防御能力、水资源集约安全利用能力、水资源优化配置能力、大江大河大湖生态保护治理能力，更好支撑经济高质量发展和国家重大战略实施。

（四）**必须坚持保障国家安全。**建设防洪减灾工程，最大程度减少人员伤亡和财产损失，事关人民生命财产安全；兴修农田水利基础设施，把14亿多中国人的饭碗牢牢端在自己手中，事关粮食安全；提高城乡供水能力和用水效率，推动经济绿色发展，事关经济安全；大力推进水土流失、水生态治理，提升生态系统质量和稳定性，事关生态安全。习近平总书记创新性提出总体国家安全观，强调"水安全是涉及国家长治久安的大事"。我们必须站在全局高度认识国家安全，完善流域防洪工程体系，优化水资源配置战略格局，大力推进农田水利建设，提升水资源涵养修复能力，打破水资源的瓶颈制约，守护好国家水安全。

（五）**必须坚持遵循自然规律。**从革命年代党领导群众在中央苏区开展大规模植树运动以保护和利用有限的水利资源，到秉持可持续发展理念治理水污染、修复水生态，再到新时代实行山水林田湖草系统治理，认识自然规律、遵循自然规律是党领导下治水事业的鲜明底色。习近平总书记强调，"要做到人与自然和谐，天人合一，不要试图征服老天爷"。我们必须坚持"人与自然是生命共同体"的理念，准确把握治水的规律性，落实

"十六字"治水思路,推动实现人水和谐共生。

(六)必须坚持问题导向。 水资源时空分布极不均衡是我国的基本水情。针对不同历史时期面临的主要水问题,党领导下的治水方针和治水思路不断调整完善。习近平总书记反复强调,"要坚持问题导向,坚持底线思维,把问题作为研究制定政策的起点,把工作的着力点放在解决最突出的矛盾和问题上"。我们必须坚持问题导向,准确把握治水的阶段性特征,增强破解水利改革发展深层次矛盾和问题的能力和水平,统筹解决好新老"水问题"。

(七)必须坚持底线思维。 自古以来,防汛抗旱减灾是治水的重大课题。建党百年以来,党领导下的治水事业始终秉持人民至上、生命至上的信念,始终将确保人民生命安全作为治水工作的底线。习近平总书记强调,要善于运用底线思维的方法,凡事从坏处准备,努力争取最好的结果,这样才能有备无患、遇事不慌,增强自信,牢牢把握主动权。我们必须坚持底线思维,增强忧患意识和风险意识,落实好"两个坚持、三个转变"防灾减灾救灾新理念,在工程建设和管理、水资源管理、水生态水环境治理中,对可能出现的极端情形进行科学分析研判,强化预报、预警、预演和预案措施,切实保障人民群众生命财产安全。

(八)必须坚持改革创新。 纵观党领导下的治水史,以创新促改革、以改革促发展是永恒的主线。带有中国特色的河湖长制从地方探索实践到全面部署实施并发挥巨大作用,充分彰显出了制度创新的强大推动力。改革开放是决定当代中国命运的关键一招,改革开放只有进行时,没有完成时,创新是改革开放的生命。我们必须坚持把改革创新作为发展的根本动力,加强顶层设计,更加注重改革的系统性、整体性、协调性,打好改革"组合拳",运用好政策创新"工具包",通过改革创新推动新阶段水利高质量发展。

(九)必须坚持科技驱动。 科技是发展的利器。从黄河4年3次断流到连续21年不断流,从研究黄河水沙关系到小浪底调水调沙取得成功,科技发挥了关键作用。"国之重器"三峡工程创造了一百多项世界之最,依托的是自强不息、科技创新。关键核心技术是要不来、买不来、讨不来的，只有把关键核心技术掌握在自己手中，才能从根本上保障国家经济安全、国防安全和其他安全。我们必须大力发展水利科技，坚定不移走自主创新之路，不断提升水利战略科技力量，加快破解涉水领域的关键问题和科技难题，构建智慧水利体系，为水利现代化建设提供科技支撑。

（十）**必须坚持体制机制法治管理**。建章立制，不仅是压实工作责任的重要做法，也是巩固工作成效的有力抓手。通过构建水法规制度和水资源管理、河湖管理、工程管理的体制机制，促进各方面制度更加成熟更加定型，才能实现水利精细化、规范化、法治化管理。依法治国是坚持和发展中国特色社会主义的本质要求和重要保障，推动水利高质量发展必须以健全的体制机制法治管理为保障，深入推进水利重点领域和关键环节改革，加快破解制约水利发展的体制机制障碍，进一步完善水法规体系，不断提升水利治理能力和水平，确保各项工作落地见效。

（编者注：原文刊载于 2021 年 8 月 31 日"学习强国"学习平台）

在水利部党史学习教育总结
会议上的讲话

李国英

一、党史学习教育开展情况

在中国共产党成立一百周年之际在全党开展党史学习教育，是以习近平同志为核心的党中央作出的一项重大战略决策。水利部党组坚决贯彻落实习近平总书记和党中央决策部署，把开展党史学习教育作为一项重大的政治任务，迅速成立领导机构和工作机构，及时召开4次水利部党组党史学习教育领导小组会议、11次水利部党组党史学习教育领导小组办公室会议，加强组织领导，强化督导落实。在党中央的坚强领导下，在党史学习教育中央第二十二指导组的有力指导下，水利部各级党组织认真落实学史明理、学史增信、学史崇德、学史力行的要求，有力有序、扎扎实实开展党史学习教育，引导广大党员干部职工学党史、悟思想、办实事、开新局。

一是扎扎实实学党史。党组示范引领学，充分发挥部党组理论学习中心组学习的示范带动作用，开展了16次集体学习研讨、42次党组会学习、5次辅导报告，第一时间学习习近平总书记关于党史学习教育的重要讲话精神、"七一"重要讲话精神、党的十九届六中全会精神，分四个阶段"每月一专题"认真学习党史，深刻领悟习近平总书记关于党史学习教育的系列重要论述，深入领会党的百年奋斗重大成就和历史经验，深刻认识党确立习近平同志党中央的核心、全党的核心地位，确立习近平新时代中国特色社会主义思想的指导地位，反映了全党全军全国各族人民共同心愿，对新时代党和国家事业发展、对推进中华民族伟大复兴历史进程具有决定性意义。基于这种深刻认识、深刻理解、深刻感悟，更加坚定了必须增强"四个意识"、坚定"四个自信"、做到"两个维护"的政治自觉、思想自觉、行动自觉。强化组织带动学，部党组成员带头讲专题党课，带头宣讲党的十九届六中全会精神。先后举办部党组学习习近平总书记"七一"重要讲话精神、学习党的十九届六中全会精神专题读书班和3期司局级干部党史学习教育专题培训班。组建4个巡回指导组，实现对指导单位3轮全覆盖现场督导。高标准、严要求开好专题组织生活会，组织10场宣讲会，处级以上党员干部全员参加中国干部网络学院党史课程学习，引导党员干部在学懂弄通做实上下功夫。丰富形式广泛学，部党组集体赴李大钊烈士陵园、香山革命纪念馆、中国共产党历史展览馆，部属系统2810个基层党组织全部走进红色教育基地，接受精神洗礼，重温入党誓词。部党组成员深入26个省区市走访调研，以调查研究助力学深悟透。开展学习党的十九届六中全会精神网络答题活动，4.5万余名干部职工参与答题。举办直属机关干部职工学习"四史"知识竞赛。组织青年党史学习教育"六个一"活动，广泛开展主题联学、专题培训、学习交流、演讲比赛等，推动党史学习教育全面覆盖，往深里走、往实里走。

二是对表对标悟思想。全面系统悟，部党组对表对标习近平总书记重要讲话指示批示精神和党中央决策部署，将深入开展党史学习教育与深化落实中央巡视整改结合起来，利用4个多月的时间组织部属系统全员开展"三对标、一规划"专项行动，举办4次集体学习研讨、5场辅导讲座，近30万人次参与，确保水利工作始终沿着习近平总书记指引的方向前进。牢记"国之大者"悟，部党组结合党史学习教育，深入思考水利工作中什么是党和国家最重要的利益、什么是最需要坚定维护的立场，发表了5项党史学习教育理论研究成果。举办"治水百年路、牢记为民心"主题展览，开展主题党日，组织学习弘扬红旗渠精神"一报告、两展览"专题活动和东深供水工程建设者群体先进事迹展览，近2万名干部职工聆听辅导报告。落实最新要求悟，部党组及时跟进学习习近平总书记在推进南水北调后续工程高质量发展、深入推动黄河流域生态保护和高质量发展座谈会上的重要讲话以及关于水旱灾害防御、水资源节约保护、河湖治理保护等指示批示精神，把防汛作为重大政治责任和头等大事来抓，全力以赴打赢抗击严重水旱灾害硬仗；开展黄河流域生态保护和高质量发展、南水北调后续工程高质量发展重大问题专题研究，实施重点任务清单管理，全部列入重点督办事项；成立南水北调后续工程高质量发展工作领导小组，强化督促检查，建立评估机制，确保习近平总书记重要讲话指示批示涉及任务件件落地、事事见效。

三是践行宗旨办实事。分批次谋划，部党组聚焦人民群众急难愁盼问题，确定四批 42 项"我为群众办实事"实践活动项目，示范带动部属系统推出 380 项"我为群众办实事"实践活动项目。目前，部党组 36 项、司局单位 377 项应在 2021 年度完成的办实事项目已全部完成，其余项目正按计划有序推进。实打实推进，部党组明确提出，要突出"实"字，严格办实事项目选取、办理、验收，全面实施台账管理、动态监控和按月调度。部领导 14 人次带头深入新疆、西藏等地调研检查项目推进情况，面对面倾听群众意见；司局级干部深入办实事项目一线 1582 人次。让群众检验，坚持"检验办实事成效必须由群众说了算"，制定验收评估方案，将受益群众或服务对象满意度作为关键要素。成立 9 个部党组"我为群众办实事"实践活动评估组，逐一现场组织验收，直接听取群众意见、请群众评判。

四是科学谋划开新局。贯彻新发展理念开新局，将新发展理念贯彻落实到水利工作各方面，科学谋划水利事业发展蓝图，编制形成定位准确、边界清晰、功能互补、统一衔接的"十四五"水利发展规划体系。抓住高质量发展主题开新局，明确推动新阶段水利高质量发展主题，不断提升水旱灾害防御能力、水资源集约节约利用能力、水资源优化配置能力、大江大河大湖生态保护治理能力，不断完善水安全保障体系，更好地支撑保障我国社会主义现代化建设。坚持系统观念开新局，加强前瞻性思考、全局性谋划、战略性布局、整体性推进，统筹发展和安全，制定出台完善流域防洪工程体系、实施国家水网重大工程、复苏河湖生态环境、推进智慧水利建设、建立健全节水制度政策、强化体制机制法治管理等六条实施路径的指导意见和实施方案，部分工作取得重要进展。

二、党史学习教育主要收获

水利部各级党组织着力推动党史学习教育走深走实，广大党员干部职工受到了一次全面深刻的政治教育、思想淬炼、精神洗礼。

一是捍卫"两个确立"、做到"两个维护"更加坚定。各级党组织围绕深入学习习近平总书记在党史学习教育动员大会上的重要讲话精神，广大党员干部职工在深学细悟中深刻感受到"历史是最好的教科书、中国革命历史是最好的营养剂"。围绕深入学习习近平总书记"七一"重要讲话精神，广大党员干部职工在深学细悟中把对共产党执政规律、社会主义建设规律、人类社会发展规律的认识提升到了新高度。围绕深入学习党的十九届六中全会精神，广大党员干部职工深刻感悟党确立习近平同志党中央的核心、全党的核心地位，确立习近平新时代中国特色社会主义思想的指导地位，对新时代党和国家事业的发展、对推进中华民族伟大复兴进程具有决定性意义，并切实转化为坚决做到"两个维护"的高度自觉。

二是强化理论武装、开展对表对标更加主动。水利部广大党员干部职工在党史学习教育过程中，对表对标感悟思想伟力，把学习党史和学习习近平新时代中国特色社会主义思想相结合，深刻感受到"坚持将马克思主义基本原理同中国实际和时代特征相结合，不断推进马克思主义中国化时代化"是我们党不断从胜利走向新的胜利的成功密码。对表对标跟进学习贯彻，及时跟进制定贯彻落实党中央决策部署的工作方案，努力掌握"学习领会党的创新理论最新成果同学习马克思主义基本原理贯通起来，同学习'四史'结合起来，同新时代我们进行伟大斗争、建设伟大工程、推进伟大事业、实现伟大梦想的丰富实践结合起来"的科学方法。对表对标树牢"国之大者"，同步开展"三对标、一规划"专项行动，找准了落实习近平总书记"十六字"治水思路的方向、路径、举措，明确了新阶段水利工作的路线图、时间表、任务书。

三是践行性质宗旨、赓续红色血脉更加自觉。水利部广大党员干部职工聚焦"全党要牢记中国共产党是什么、要干什么这个根本问题"，深刻把握党的性质宗旨和初心使命，更加清晰地认识到江山就是人民、人民就是江山。聚焦解决人民群众急难愁盼的涉水问题，各级领导干部把察民情访民意作为"我为群众办实事"实践活动第一步，下沉一线、扎根蹲点，更加深刻感受到只有与群众面对面、心贴心，全面了解群众所思所盼，才能更好满足人民群众日益增长的美好生活需要。聚焦办实事成效由人民群众说了算，切实把实事办实、把好事办好，各级领导干部在为民纾解难题中强化公仆意识、为民情怀，更加坚定地践行以人民为中心的发展思想。

四是担当时代责任、推动改革发展更加笃定。水利部广大党员干部职工展现出更加清醒的认识，立足新发展阶段、贯彻新发展理念、构建新发展格局，围绕提升国家水安全保障能力，举全部之力科学谋划"十四五"水利发展蓝图，矢志不渝推动新阶段水利发展新局面。展现出更加昂扬的斗志，将党史学习教育同破解水利改革发展突出问题相结合，特别是面对防汛抗洪大战大考，强化"四预"措施，科学精细调度水工程，高效处置工程险情，及时排除安全隐患，在攻坚克难、真抓实干中体现出新担当新作为。展现出更加坚定的信心，统筹发展和安全，统筹水灾害、水资源、水生态、水环境系统治理，奋力书写新阶段水利高质量发展新篇章。

三、奋力走好新时代赶考之路

习近平总书记强调，要认真总结这次党史学习教育的成功经验，建立常态化、长效化制度机制，不断巩固拓展党史学习教育成果。我们要认真领会、深入贯彻，切实总结好、巩固好、拓展好党史学习教育成果，走好新时代赶考之路。

一是以最坚定的思想自觉学懂弄通做实习近平新时代中国特色社会主义思想。要深学细悟习近平新时代中国特色社会主义思想，把学习宣传贯彻党的十九届六中全会精神不断引向深入，坚决捍卫"两个确立"、做到"两个维护"，不断坚定马克思主义、共产主义信仰和对中国特色社会主义的信念、对实现中华民族伟大复兴的信心。要深学细悟习近平总书记关于党史学习教育的重要指示精神，不断建立健全党员教育相关制度机制，推动党史学习教育常态化、长效化。要深学细悟习近平总书记"十六字"治水思路和关于治水重要讲话指示批示精神，精准研判水利发展历史方位、把握水利行业发展规律，坚决把党中央决策部署落到实处，确保水利工作始终沿着习近平总书记指引的方向前进。

二是以最鲜明的政治自觉持续推进全面从严治党向纵深发展。要层层压实责任。坚持严的主基调不放松，以上率下、压紧压实各级党组织书记第一责任人责任和班子成员"一岗双责"，加强对党员干部职工的思想淬炼、政治历练、实践锻炼、专业训练，加强对青年干部的教育培养。要强化党内监督。持续加强对"一把手"和领导班子的监督，深化政治巡视巡察，保持反腐败工作高压态势，坚持不懈纠治"四风"，把不敢腐、不能腐、不想腐一体推进的理念、思路和方法贯穿于党风廉政建设的全过程。要坚持纠建并举。在持续加大查处问题和通报曝光力度的同时，深入开展党的优良传统和作风教育，大力弘扬伟大建党精神，充分挖掘水利系统涌现出的先进典型事迹，多措并举涵养水利行业新风正气。

三是以最扎实的行动自觉推动新阶段水利高质量发展。要坚持围绕中心抓党建、抓好党建促业务，深刻把握新时代党的建设总要求，将党建工作和业务工作同谋划、同部署、同落实、同检查，以高质量党建引领推动新阶段水利高质量发展。要坚持应变局、开新局，在新的伟大征程中始终把学习科学理论与坚持埋头苦干紧密结合起来，把党史学习教育中形成的好作风转化为推动新阶段水利高质量发展的强大动力，做到学思用贯通、知信行统一。要坚持治水为民、兴水惠民，全面总结"我为群众办实事"实践活动的经验做法，聚焦人民群众对美好生活的需要，努力创造无愧于时代、人民和历史的水利新业绩。

（编者注：本文选自水利部部长李国英 2022 年 1 月 7 日在水利部党史学习教育总结会议上的讲话）

在强化流域治理管理工作
会议上的讲话

李国英

一、为什么要强化流域治理管理

流域是降水自然形成的以分水岭为边界、以江河湖泊为纽带的空间单元。水的自然属性决定了流域内上下游、左右岸、干支流、地上地下的自然联系，形成了天然的水系整体。流域内山水林田湖草沙等各生态要素紧密联系、相互影响、相互依存，构成了流域生命共同体。流域内不同区域、行业对水的需求多样、诉求各异，防洪、供水、灌溉、发电、航运、生态、环境等多目标相互交织，组成了复杂的利益相关体。流域性是江河湖泊最根本、最鲜明的特性。这种特性决定了治水管水的思维和行为必须以流域为基础单元，坚持流域系统观念，坚持全流域"一盘棋"。

第一，强化流域治理管理是对表对标总书记重要讲话指示批示的政治要求。习近平总书记关于治水重要讲话指示批示，对强化流域治理管理提出了一系列明确而具体的要求。总书记在"3·14"重要讲话中强调，要统筹上下游、左右岸、地上地下、城市乡村；要建立完善适应新的治水形势的水治理体制。在研究部署长江经济带发展时，总书记强调，要从生态系统整体性和流域系统性出发，追根溯源、系统治疗；要推进上中下游、江河湖库、左右岸、干支流协同治理。在研究部署黄河流域生态保护和高质量发展时，总书记强调，黄河的问题，表象在黄河，根子在流域；要坚持上下游、干支流、左右岸统筹谋划，共同抓好大保护，协同推进大治理；要着力创新体制机制，完善流域管理体系，完善跨区域管理协调机制，加强流域内水生态环境保护修复联合防治、联合执法。在研究部署推进南水北调后续工程高质量发展时，总书记强调，要立足流域整体和水资源空间均衡配置，科学推进工程规划建设，提高水资源集约节约利用水平。对表对标总书记系列重要讲话指示批示精神，完整、准确、全面贯彻落实总书记"十六字"治水思路，必须切实强化流域治理管理，推进流域综合治理、系统治理、源头治理。

第二，强化流域治理管理是遵循自然规律的客观要求。"禹之决渎也，因水以为师"，治水必须顺应自然、遵循规律。降水以流域为单元产流、汇流、演进，这是不以人的意志为转移的客观规律。治水管水如果能够抓住这一基本规律，强化流域治理管理，就会事半功倍；如果抓不住这一基本规律，淡化流域治理管理，就会事倍功半。事实上，流域的特点决定了水问题牵一发而动全身，如果把某一行政区域当作孤立单元进行保护治理，极易出现头痛医头脚痛医脚、碎片化治理、治标不治本、首尾不相顾等情况，甚至产生各种水事矛盾纠纷。遵循流域自然规律，就必须从流域整体出发、跳出区域单元划分，强化流域治理管理，统筹规划实施各项措施，促进上下游统筹、左右岸协同、干支流联动，实现流域持续、协调、健康发展。

第三，强化流域治理管理是坚持系统观念的必然要求。党的十九届五中全会把"坚持系统观念"列为"十四五"时期经济社会发展必须遵循的重要原则。系统观念是具有基础性的思想和工作方法。流域既是气候、土壤、水、生物等自然生态因子的分布区域，也是人类经济社会活动的承载区域，流域内自然要素、经济要素、社会要素、文化要素紧密关联，共同构成了复合大系统。在治水管水中坚持系统观念，关键的一条就是要坚持流域单元，加强前瞻性思考、全局性谋划、战略性布局、整体性推进。党的十八大以来，党中央、国务院多次从全流域出发，研究部署重大国家战略，印发实施了《长江经济带发展规划纲要》《黄河流域生态保护和高质量发展规划纲要》，对长江流域、黄河流域保护治理和高质量发展作出了系统部署。我们要坚持系统观念，以流域为单元，打破一地一段一岸治理的局限，统筹全要素治理、全流域治理、全过程治理，一体强化流域水安全保障能力。

第四，强化流域治理管理是涉水法律法规的法定要求。我国涉水法律法规均将流域治理管理作为一项基本制度。《中华人民共和国水法》明确规定，国家对水资源实行流域管理与行政区域管理相结合的管理体制；国务院水行政主管部门在国家确定的重要江河、湖泊设立的流域管理机构，在所管辖的范围内行使法律、行政法规规定的和国务院水行政主管部门授予的水资源管理和监督职责。《中华人民共和国防洪法》明确规定，防洪工作按照流域或者区域实行统一规划、分级实施和流域管理与行政区域管理相结合的制度；国务院水行政主管部门在国家确定的重要江河、湖泊设立的流域管理机构，在所管辖的范围内行使法律、行政法规规定和国务院水行政主管部门授权的防洪协调和监督管理职责。《中华人民共和国水土保持法》明确规定，水土保持规划包括对流域或者区域预防和治理水土流失、保护和合理利用水土资源作出的整体部署；国务院水行政主管部门在国家确定的重要江河、湖泊设立的流域管理机构，在所管辖范围内依法承担水土保持监督管理职责。《中华人民共和国长江保护法》、黄河保护法（草案）以及《太湖流域管理条例》《地下水管理条例》等都对流域治理管理作出了更加具体的规定，并进一步明确了流域管理机构的管理职责。法定职责必须为，我们要强化法治思维，严格执行各项涉水法律法规，确保法律法规授予的流域治理管理职责落到实处、见到实效。

第五，强化流域治理管理是总结历史经验教训的迫切要求。党和国家历来高度重视大江大河大湖流域治理管理，在七大流域相继设立黄委、长江委、淮委、海委、珠江委、松辽委、太湖局，实施了一系列流域综合治理重大举措。新疆、广东、山东等地积极探索实践，也相继形成了一批行之有效的流域治理管理模式，有力提升了流域治理管理能力和水平。实践证明，强化流域治理管理，以流域为单元统筹实施各项措施，治水管水就能取得显著成效。比如，在规划方面，1950年党中央作出《关于治理淮河的决定》，1954年制定出台《黄河综合利用规划技术经济报告》，1957年编制完成《海河流域规划》，1959年编制完成《长江流域综合利用规划要点报告》，等等，为我国大江大河流域保护治理描绘了蓝图，至今仍发挥重要引领指导作用。在调度方面，黄河流域实施全流域水资源统一调度，成功实现黄河连续22年不断流；长江流域实施107座控制性水工程联合综合调度，实现了防洪、供水、生态、发电、航运等效益多赢；珠江流域连续 17 年实施枯水期水量调度，保障了珠江下游特别是澳门的供水安全；太湖流域探索多目标统筹优化科学调度，连续 13 年实现"确保饮用水安全、确保太湖水体不发生大面积水质黑臭"目标；淮河流域在流域性洪水防御中，科学调度使用蓄滞洪区，既保上游洪水顺畅下泄，又保下游防洪安全；松辽流域科学调度运用上游水库拦洪削峰，确保流域中下游地区防洪安全；永定河强化流域生态水量统一调度管理，实现 26 年来首次全线通水。面对 2021 年严重汛情，水利部门坚持流域单元，统筹调度水库、河道及堤防、分蓄洪区，打赢防汛抗洪这场硬仗，最大程度保障了人民群众生命财产安全。在管理方面，塔里木河、黑河等河湖生态危机应对，漳河上游、南四湖等省际水事纠纷处理，山东小清河流域防洪综合治理，等等，都是立足流域全局、协调各方需求后取得的丰硕成果。但我们也要清醒地看到，流域治理管理在不少方面还存在弱化虚化边缘化问题，有的流域规划统领性不强，有的流域事权划分不清晰，有的流域水资源统一管理不到位。特别是经过 2021 年防汛工作的检视，暴露出一些地方流域治理管理还存在不少突出问题，教训深刻。比如，有的河道治理只治城区不治郊区、只治上游不治下游、只治局部不顾整体，导致行洪不畅，付出了惨痛代价；有的防洪工程建设缺乏流域统筹，分蓄洪区建设管理严重缺失，防汛工作十分被动；有的地方只站在局部看问题，违法违规侵占河道，降低河道行洪能力，严重影响流域防洪安全；有的地方执行上级防汛指令不及时不到位，存在各自为战打乱仗的情况，等等。我们要及时认真总结流域治理管理的经验教训，深入查找流域治理管理的短板弱项，坚定不移强化流域治理管理，推动新阶段水利高质量发展。

二、怎样强化流域治理管理

基于流域治理管理的特性，其重点任务是强化"四个统一"，即强化流域统一规划、统一治理、统一调度、统一管理。

第一，统一规划。《中华人民共和国水法》规定，开发、利用、节约、保护水资源和防治水害，应当按照流域、区域统一制定规划；流域范围内的区域规划应当服从流域规划，专业规划应当服从综合规划。要强化流域统一规划，整体谋划流域保护治理格局。一要完善流域综合规划。流域综合规划是流域保护治理的重要依据，具有战略性、宏观性、基础性。要立足流域整体，科学把握流域自然本底特征、经济社会发展需要、生态环境保护要求，根据形势变化及时修订完善流域综合规划，正确处理需要与可能、除害与兴利、开发与保护、上下游、左右岸、干支流、近远期的关系，对流域开发、利用、节约、保护水资源和防治水害作出总体部署，构建流域保护治理的整体格局。二要完善流域专业规划体系。以流域综合规划为遵循，细化深化实化综合规划的有关要求，形成定位准确、边界清晰、功能互补、统一衔接的流域专业规划体系。要把握洪水发生和演进规律，完善流域防洪规划，系统部署流域内水库、河道及堤防、分蓄洪区建设，统筹安排洪水出路。要立足流域水资源时空分布，研判把握水资源长远供求趋势，完善流域水资源规划，增强流域水资源统筹调配能力、供水保障能力、战略储备能力。要充分考虑流域防洪安全、河势稳定、供水安全、生态安全等要求，统筹岸线资源、砂石资源保护与经济社会发展需求，完善流域岸线保护利用和采砂规划，对岸线、砂石开发利用实行严格的规划管控。三要强化流域规划权威性。规划一经批准，必须严格执行。要建立健全流域规划实施责任制，完善流域规划相关指标监测、统计、评估、考核制度，强化结果运用，确保流域规划目标任务全面落实。严格依据相关法律法规和流域规划开展水工程规划同意书、河道管理范围内建设项目工程建设方案、建设项目水土保持方案、工程建设影响水文监测等许可审批，对不符合法律法规和流域规划要求的，不予行政审批。

第二，统一治理。要充分发挥流域规划的引领、指导、约束作用，推进流域协同保护治理，做到目标一致、布局一体、步调有序。一要统筹工程布局。坚持区域服从流域的基本原则，统筹协调上下游、左右岸、干支流关系，综合考虑工程功能定位、区域分布，科学确定工程布局、规模、标准，着力完善流域防洪工程体系和水资源配置体系。流域内的水利工程建设，必须算系统账、算长远账、算整体账，每个单点工程的论证和方案比选，都要充分考虑对全流域的影响，在流域规划的总体框架下进行。特别是防洪工程，要根据流域上下游防洪保护对象的不同，科学确定防洪标准、工程规模、运行方式等，防止治理不当而产生系统性不利影响。二要统筹项目实施。从流域全局着眼，更加注重工程项目的关联性和耦合性，合理区分轻重缓急，统筹安排工程实施优先序，做到流域和区域相匹配、骨干和配套相衔接、治理和保护相统筹，坚决避免上下游相互掣肘、左右岸以邻为壑，坚决避免因局部利益至上而不顾流域整体利益擅自上马工程项目。对未取得许可擅自建设或违反许可要求建设水工程的行为，依法依规严肃查处。

第三，统一调度。要主动充分发挥流域防汛抗旱总指挥部办公室的平台作用，扛好支撑流域防汛抗旱工作的重大责任，强化流域多目标统筹协调调度，建立健全各方利益协调统一的调度体制机制，保障流域水安全，努力实现流域涉水效益"帕累托最优"。一要强化流域防洪统一调度。始终把保障人民群众生命财产安全放在第一位，按照洪水发生和演进规律，以流域为单元，综合分析洪水行进路径、洪峰、洪量、过程，系统考虑上下游、左右岸、干支流的来水、泄水、蓄水、分水，全面考虑不同防洪保护对象的实际需求，在数字孪生流域上落实预报、预警、预演、预案措施，精准确定拦、排、分措施，做到全流域统筹、点线面结合，以系统性调度应对流域性洪水。二要强化流域水资源统一调度。以流域为单元，统筹供水、灌溉、生态、发电、航运等需求，根据雨情、水情、旱情、水库蓄水量等，按照节水优先、保护生态、统一调度、分级负责的原则，加强区域间、行业间不同调度需求统筹，构建目标科学、配置合理、调度优化、监管有力的流域水资源调度管理体系，实施流域水资源统一调度。三要强化流域生态统一调度。从全流域出发，依据生态保护对象确定生态调度目标，优化调度方案，保障生物多样性合理用水需求。加强生态流量管理，保障河湖生态流量，坚决遏制河道断流和湖泊萎缩干涸态势，维护河湖健康生命。

第四，统一管理。要构建流域统筹、区域协同、部门联动的管理格局，加强流域综合执法，打破区域行业壁垒，一体提升流域水利管理能力和水平。一要强化河湖统一管理。充分发挥河湖长制作用，建立流域层面河湖长制工作协作机制，完善流域管理机构与省级河长办协作机制，协调解决流域江河湖泊保护治理的重大问题，推进上下游、左右岸、干支流联防联控联治。严厉打击河道乱占、乱采、乱堆、乱建等违法违规行为，严肃查处非法围垦河湖、人为水土流失等问题，依法依规推进小水电清理整改，加大对侵占或毁坏堤防、护岸、水文监测等工程设施的处罚力度，坚决遏制侵占河湖躯体、损害河湖健康生命的行为。二要强化水权水资源统一管理。做好初始水权分配，把江河水量逐级分解到流域内的行政区域。强化水资源刚性约束，落实用水总量和强度双控，严格水资源用途管制，对流域内水资源超载地区暂停新增取水许可，及时制止和纠正无证取水、超许可取水、超计划取水、超采地下水、擅自改变取水用途等行为。建立完善用水权市场化交易平台和相关制度，培育和发展用水权交易市场，引导推进地区间、行业间、用水户间开展多种形式的用水权交易。

三、强化流域治理管理的保障措施

强化流域治理管理是推动新阶段水利高质量发展的重要保障，是强化体制机制法治管理的应有之义。流域管理机构是江河湖泊的"代言人"。强化流域统一规划、统一治理、统一调度、统一管理，必须着力提升流域管理机构能力和水平，更好发挥流域管理机构在流域治理管理中的主力军作用。

一要强化职能。水利部"三定"规定，明确七大流域管理机构是水利部的派出机构，代表水利部在所管辖的范围内依法行使水行政管理职责。流域管理机构人员队伍完备、技术力量雄厚、物资装备齐全，是水利系统的特殊优势。必须立足"四统一"明确职责定位，增强流域管理机构相应职能和权限。在规划方面，流域管理机构要承担本流域综合规划及专业规划的编制任务，建立健全规划编制目录清单，实行"区域规划服从流域规划"合规性审核制度，对影响流域水旱灾害防御和水资源优化配置的区域规划，须经流域管理机构审核同意后方可按程序批复实施。在项目建设方面，赋予流域管理机构对流域内水利建设项目审查审批权，增强流域管理机构对流域内中央水利固定资产投资年度建议计划的话语权，加强投资计划、水利发展资金执行情况的指导和监督。突出流域管理机构对流域内重要水利工程项目前期工作、建设过程、运行管理等全链条指导监督。在考核激励方面，明确流域管理机构在流域内有关地方水行政管理考核中的牵头地位，在水资源刚性约束、河湖长制管理、水利建设质量等考核和督查激励工作中，提高流域管理机构的测评权重。

二要落实责任。有权必有责，有责须担当。流域管理机构要担当负责、主动作为，充分发挥自身优势，履行好法定和授权的各项职责。流域管理机构要建立完善流域水利工作"一本账"，聚焦防洪、水资源、河湖管理、水土保持、农村水利、工程建设和运行管理等涉水重点工作领域开展精准高效监管，定期跟踪工作进展情况，实时掌握流域内水利工作动态信息。要根据流域管理机构实际，结合流域特点，明确权责事项，强化责任落实。各级水行政主管部门要切实增强以流域为单元谋划推进水利工作的意识，加大指导支持力度，严格落实流域管理机构"三定"规定，能够依法授权流域管理机构的事项要全部授权，善于通过流域管理机构推动各项工作落实落地。要避免对流域管理机构工作随机部署"一事一议"或不考虑流域界限的做法，让流域管理机构在本流域片内充分发挥治理管理职责。

三要提升能力。把党的领导始终贯穿于流域治理管理各方面全过程各环节，流域管理机构各级党组织要切实扛起管党治党政治责任，以全面从严治党引领保障流域治理管理新发展。认真落实新时代党的组织路线，加强干部培养选拔和监督管理，有计划引进、培养、储备高层次技术人才、高技能人才和专业人才，优化干部人才队伍年龄结构和专业结构，打造一支适应流域治理管理和高质量发展需求的高素质专业化干部人才队伍。加强流域水情测报能力建设，实现监测统一化、标准化、规范化，优化流域水文监测网络，推进信息数据共享整合，全面准确掌握全流域实时水利基础信息数据，构建流域水利"一张图"。加快推进数字孪生流域建设，通过数字化、网络化、智能化手段，实现物理流域与数字流域全要素信息交互和深度融合，强化预报、预警、预演、预案功能，提升流域治理管理能力和水平。加强科研平台建设，推动流域保护治理重大问题研究和成熟适用技术推广运用。

四要严格考核。 加强对流域管理机构履职责任考核，建立目标明确、指标合理、方法适宜、奖惩到位的考核制度，强化流域管理机构履职尽责情况督查，严格落实责任追究机制，切实保障各项流域涉水职责充分履行，确保流域治理管理工作目标任务全面落实。流域管理机构要加强与地方水行政主管部门的沟通，主动听取地方水行政主管部门的意见。各地要牢固树立流域系统观念，自觉支持和服从流域治理管理，形成治水管水合力，同时要围绕强化流域统一规划、统一治理、统一调度、统一管理，积极探索建立符合本地实际的流域治理管理体制机制。

（编者注：本文选自水利部部长李国英2021年12月3日在强化流域治理管理工作会议上的讲话）

在推进数字孪生流域建设工作
会议上的讲话

李国英

一、为什么要建设数字孪生流域

数字孪生流域是以物理流域为单元、时空数据为底座、数学模型为核心、水利知识为驱动，对物理流域全要素和水利治理管理全过程的数字化映射、智能化模拟，实现与物理流域同步仿真运行、虚实交互、迭代优化。以数字孪生流域建设带动智慧水利建设，通过数字化、网络化、智能化的思维、战略、资源、方法，提升水利决策与管理的科学化、精准化、高效化能力和水平。

第一，推进数字孪生流域建设，是贯彻习近平总书记重要讲话指示批示精神和党中央、国务院决策部署的明确要求。习近平总书记高度重视网络强国、数字中国建设，对数字化、网络化、智能化提出了一系列明确要求。习近平总书记强调，没有网络安全就没有国家安全，没有信息化就没有现代化；网信事业代表新的生产力和新的发展方向，应该在践行新发展理念上先行一步；虚拟现实技术逐步走向成熟，拓展了人类感知能力。习近平总书记在部署加快构建抵御自然灾害防线时，强调要补好灾害预警监测短板，并对建设国家水网提出了"绿色智能、调控有序"的明确要求。党中央"十四五"规划建议提出，要加强数字社会、数字政府建设，提升公共服务、社会治理等数字化智能化水平。国家"十四五"规划纲要明确提出，构建智慧水利体系，以流域为单元提升水情测报和智能调度能力。国家"十四五"新型基础设施建设规划明确提出，要推动大江大河大湖数字孪生、智慧化模拟和智能业务应用建设。黄河流域生态保护和高质量发展规划纲要、长江三角洲区域一体化发展规划纲要等，都对数字孪生流域建设提出更加具体而明确的要求。我们要坚决贯彻落实习近平总书记重要讲话指示批示精神，落实落细党中央、国务院重大决策部署，就必须大力推进数字孪生流域建设。

第二，推进数字孪生流域建设，是适应现代信息技术发展形势的必然要求。 进入新发展阶段，云计算、大数据、人工智能技术快速发展，推动水利发展向数字化、网络化、智能化转变的技术条件已经完全具备。从数字化来看，现代空间对地观测的新技术不断涌现，卫星遥感、航空遥感、无人机倾斜摄影、智能传感器、物联网等现代遥感和监测技术，为江河水系、水利工程、水利管理运行体系动态在线监测提供了先进的感知手段；从网络化来看，信息网络技术的迅猛发展和移动终端广泛应用，互联网特别是移动互联网以其泛在、连接、智能、普惠等突出优势，成为水利管理创新发展新领域、信息获取新渠道、决策支持新平台；从智能化来看，理论建模、技术创新、软硬件升级的整体推进正在引发链式突破，为实现水利智能分析研判和科学高效决策提供了强大的技术驱动。近年来，水利信息化建设取得了积极成效，水利系统的数字化、网络化、智能化技术应用不断取得新的进展，但我们要清醒地看到，与水利高质量发展的需求相比，流域透彻感知算据不足，模型算法距高保真的目标尚有差距，计算存储能力还不强，网络安全防护能力仍然偏弱，业务智能程度比较低。我们要切实增强使命感、责任感、紧迫感，充分发挥新一代信息技术支撑驱动作用，加快推进以数字孪生流域为重点的智慧水利建设，赋能水旱灾害防御、水资源集约节约利用、水资源优化配置、大江大河大湖生态保护治理，推动新阶段水利高质量发展。

第三，推进数字孪生流域建设，是强化流域治理管理的迫切要求。 强化流域治理管理，实现流域统一规划、统一治理、统一调度、统一管理，必须由数字孪生流域作为强大的技术支撑。统一规划方面，需要在数字孪生流域中，将流域自然本底特征、经济社会发展需要、生态环境保护要求等作为条件或约束，对规划内容、目标、指标等要素进行预演分析，全面、快速比对不同规划方案的目标、效果和影响，确定最优规划方案，提高规划的科学性、合理性、可行性，实现流域综合规划、专项规划、区域规划衔接协调。统一治理方面，需要在数字孪生流域中预演工程项目建设方案，评估工程与规划方案的符合性，分析工程对周边环境和流域的整体影响，辅助确定工程布局、规模标准、运行方式、实施的优先序等。统一调度方面，需要在数字孪生流域中预演洪水行进路径、洪峰、洪量、过程，动态调整防洪调度方案；根据流域内不同区域生产、生活、生态对水位、水量、水质等指标的要求，预演工程体系调度，动态调整和优化水资源调度方案；发电、航运、生态、泥沙等调度方案也需要在数字孪生流域中预演，确保工程体系多目标联合调度做到整体最优。统一管理方面，需要通过数字孪生流域动态掌握水资源利用、河湖"四乱"、河湖水系连通、复苏河湖生态环境、生产建设项目水土流失、水利设施毁坏等情况，实现权威存证、精准定位、影响分析，加强信息共享和业务协同，支撑上下游、左右岸、干支流联防联控联治，为依法实施流域统一管理提供技术支持。

二、数字孪生流域建设的重点任务

推进数字孪生流域建设，要按照需求牵引、应用至上、数字赋能、提升能力的要求，以数字化、网络化、智能化为主线，以数字化场景、智慧化模拟、精准化决策为路径，以算据、算法、算力建设为支撑，实现预报、预警、预演、预案功能。重点抓好六方面工作。

第一，获取算据。算据是物理流域及其影响区域的数字化表达，是构建数字孪生流域的基础，包括自然地理、干支流水系、水利工程、经济社会等信息。要锚定构建数字化场景的目标，在现有水利监测体系基础上优化站网布局、检视和提升标准档次、补充监测手段，构建全国统一、及时更新的数据底板，保持与物理流域的精准性、同步性、及时性。

一是构建天空地一体化水利感知网。要优化提档地面监测，在水文、水资源、水利工程、水土保持等现有监测站网基础上，检视并修订不符合及时监测下垫面变化要求的标准规范，增设监测要素、增加监测频次，升级改造传统监测系统，实现自动在线监测，推动信息采集系统提标升级，及时、准确采集物理流域信息，有效支撑数字孪生流域建设和运行。要强化遥感监测，通过卫星、无人机、无人船等遥感技术，及时掌握流域下垫面数字地形、植被覆盖、河道阻水建筑物、河滩占用、水文大断面、重要河段水下地形等信息，为水文、水动力学、水土保持等数学模型提供精准物理参数和现实约束条件。要提升水利应急监测装备能力，装备无人机、无人船、水下机器人、声学多普勒流速剖面仪（ADCP）等精准可靠的测报装备设备，快速掌握溃坝、决堤、滑坡、堰塞湖以及超标准洪水等险情发生现场情况。

二是构建水利数据底板。要完善全国水利一张图，建设覆盖全国的一级数据底板，汇聚流域和省区建设成果，满足整体形势分析、大区域情况研判以及分布式坡面产流、河网区汇流模型等需要，形成全国统一的时空基准。要细化流域水利专题图，在全国水利一张图的基础上，建设重点河段重点区域的二级数据底板，集成流域管理范围省区和工程管理单位建设成果，为流域和省区水利治理管理提供翔实的工作底图，满足河道洪水演进、重点对象水土保持模型计算等需要。要制定水利工程实体场景，建设覆盖重要水利工程的三级数据底板，构建实体场景模型，为工程管理单位提供精准的信息支撑，满足水利工程安全监测评估、精准调度控制等需要。

三是强化数据更新。建立健全物理流域及水利工程等基础数据的更新机制，实时更新重要站点水雨工灾等监测信息、发生洪水的河道遥感信息、参与调度运用的工程视频监控信息，及时更新汛前及汛期较大场次洪水之后的流域下垫面、重点河段中下游大断面、水下地形、模型参数等信息，及时定期更新影响区经济社会信息。

第二，优化算法。算法是物理流域自然规律的数学表达，是构建数字孪生流域的关键，包括水利专业模型、智能分析模型、仿真可视化模型等内容。要锚定智慧化模拟的目标，在现有算法模型基础上深化攻关、知识驱动、集成应用，构建多级协同的模型平台并实现迭代优化，确保数字孪生流域模拟过程和流域物理过程实现高保真。

一是推进水利专业模型技术攻关。深入研究流域自然规律，对降雨—产流—汇流—演进全过程洪水形成演变规律、河道泥沙演变趋势及江湖关系变化机理、水库群及引调水工程泥沙冲淤规律等进行技术攻关。创新升级现有模型，充分利用大数据、人工智能等新一代信息技术，融合流域多源信息，升级改造流域产汇流、土壤侵蚀、水沙输移、水资源调配、工程调度等模型，开展全链路、格网化、分布式的升级改造，研发新一代具有自主知识产权的通用性水利专业模型，实现变化流场下数字孪生流域多维度、多时空尺度的高保真模拟。

二是构建水利业务知识库。建设涵盖法律法规、标准规范、方案预案、调度规则、历史案例等内容的知识库，聚焦水利工程体系科学精细调度，集成应用各类知识，推进预报调度一体化智能化、实体工程与数字孪生工程同步交互调度。

三是建设水利业务智能仿真模型。构建水利业务遥感和视频人工智能识别模型，实现河湖"四乱"问题、水利工程运行和安全监测、应急突发水事件等自动识别，不断提高识别准确率。采用先进的虚拟现实、增强现实、轻量化展示等技术手段，实现物理流域在数字孪生流域中的同步直观形象表达。

第三，提升算力。算力是数字孪生流域高效稳定运行的重要支撑，包括计算、通信、会商等资源。要根据数据处理、模型计算的需要，在现有资源基础上提升高效快速、安全可靠的算力水平。

一是扩展计算资源。按照"集约高效、共享开放、按需服务"的原则，提升物理分布、逻辑集中、协同工作的高性能算力，重点满足分布式水文模型、格网化水力学模型等超大规模方程团迭代解算，以及精细化时空分析、海量数据挖掘分析、大场景渲染展示等情景所需的并行计算要求。

二是升级通信网络。实现水利系统网络无盲区无死角互联，满足各类信息及时高效传输，并充分利用北斗、5G等新一代网络技术，保障监测站网在极端恶劣环境下的安全可靠传输。

三是完善会商环境。充分利用现有资源，共享公共资源，构建各级水利部门随时随地无障碍会商视频会议系统，提供多专业值班、多业务会商、多领域决策的会商环境。

第四，建设数字孪生水利工程。数字孪生水利工程是数字孪生流域的重要组成部分，也是数字孪生流域建设的突破点，在数字孪生技术应用上要先行一步。要锚定安全运行、精准调度等目标，开展工程精细建模、业务智能升级，构建现代化的数字孪生水利工程，保持数字孪生水利工程与实体水利工程的融合性、交互性、同频性。

一是开展数字孪生工程示范建设。要聚焦流域防洪和水资源管理调配两个重点领域，率先在三峡、南水北调、小浪底、丹江口、岳城、尼尔基、万家寨、大藤峡等重大水利工程开展数字孪生工程建设。有关单位要立即行动、加快进度，2022 年要初见成效。

二是统筹工程安全和效益。要立足水利工程在流域防洪与水资源管理调配中的重要地位和控制作用，结合工程管理实际，补充完善工程安全监测、自动控制等设施设备，升级防洪兴利调度、生产运营管理等业务系统。

三是衔接数字孪生流域建设。要按照流域连通性要求，共享控制区域雨水情、上游工程调度运用、下游影响区域经济社会信息以及上游来水预报、流域联合调度、下游控泄条件等信息，与所在数字孪生流域无缝链接运行状态和调度结果，实现流域大系统整体最优条件下的水利工程精准调控。

第五，支撑业务应用。业务应用是数字孪生流域建设的出发点和落脚点，应用效果是检验建设成效的主要标准。在数字孪生流域基础上，重点建设流域防洪、水资源管理调配以及水利工程建设和运行管理、河湖管理、水土保持、农村水利水电等业务应用系统。要锚定精准化决策的目标，优化业务流程、创新业务模式，构建智能化业务应用和管理体系。

一是树立系统观念。要大系统设计，构建层次清晰、结构稳定、标准统一的总体框架，规范业务横向协同、纵向贯通，全面覆盖各项水利业务领域。要分系统建设，从实际操作和精准调控出发，分业务、分专业设计建设针对性强的智能系统，满足各项水利业务应用的实际需要。要模块化链接，统一业务流程、数据资源、互联互通等技术标准，形成标准统一、模块链接、互为融通、共享共用的技术体系，确保各分系统能链接形成大系统，实现业务协同、信息共享。

二是强化应用思维。要坚持需求牵引，数字孪生流域建设要从推动新阶段水利高质量发展出发，深入分析水利业务的目标、流程、功能、数据等需求，将需求作为数字孪生流域规划设计、建设管理的基本依据。要坚持应用至上，业务部门是数字孪生流域和业务系统的用户，负责需求分析、业务应用等工作，要善用数字孪生流域和业务系统为水利治理管理和决策提供支撑；信息技术部门要提供技术支持确保系统管用、实用、好用。

三是实现"四预"覆盖。 在预报上，要遵循自然规律，在总结分析典型历史事件和掌握现状的基础上，对未来发生的洪水、枯季径流、地下水位、墒情、泥沙、冰情、台风暴潮、水质等水安全要素进行预测预报，实现短期预报、中期预测、长期展望，努力提高预报精度、延长预见期。在预警上，要制定水利灾害风险阈值和指标，完善水利业务预警发布机制，及时把江河洪水、山洪灾害、渍涝灾害、工程灾害、干旱灾害、供水危机等风险预警信息直达工作一线，及时采取应急处置措施，做好防灾避险准备。在预演上，要集成耦合水工程预报信息与流域防洪调度、水资源管理调配、水工程调度运用、突发水事件处置、水生态过程调节等运行信息和其他边界条件，设定不同情景目标，实时分析水利工作面临的风险形势，对水利调度方案进行模拟仿真预演。在预案上，要结合水工程运行状况、经济社会发展现状等，对预演结果进行分析评估，滚动调整水工程运行、应急调度、人员防灾避险等应对措施，制定工程运行和优化调度等方案，有效提高预案的科学性和可操作性。

四是聚焦重点领域。 流域防洪方面，要以流域为单元，构建下垫面动态变化的数字流场，结合防洪工程数字孪生成果，收集影响区数字地形、基础设施、经济社会等数据，完善监测体系，升级流域防洪预报、预警功能，建设预演功能，支撑预案选择，实现流域防洪"四预"。水资源管理调配方面，要整合水资源总量、水权分配、取用水量、省界断面监测以及经济社会信息等数据，构建水资源管理调配数字化场景，完善数字孪生平台中红线预警等模型和功能，支撑水资源监管、调配决策预演等业务。N项业务方面，要结合各级数字孪生平台建设，改造水利工程建设与运行管理应用，升级完善河湖管理应用，扩展水土保持应用，整合农村水利水电应用，同步推进节水管理与服务、水行政执法、水利监督、水文管理、水利行政、水利公共服务等应用建设。

第六，守住安全底线。 按照网络安全法、关键信息基础设施保护条例等法律法规要求，加强体系化防护，确保数字孪生流域安全。

一是完善水利网络安全体系。健全网络安全制度，层层压实主管单位、建设单位、运行单位、使用单位的安全责任。通过实施体系化建设、实战化演练、常态化运营等措施，提升纵深防御能力、监测预警能力、应急响应能力。建立"查、改、罚"工作机制，及时发现和消除安全隐患。

二是构建国产化软硬件环境。要切实推进国产化软硬件系统建设，谋划和组织好相关后续工程建设。各级水利部门都要加快推进国产化工作，共同构建国产化软硬件环境下的数字孪生流域。

三是增强关键信息基础设施和重要数据防护能力。要按照网络安全防护与信息系统同步规划、同步建设、同步使用的原则，建立数字孪生水利工程关键信息基础设施名录、数字孪生流域重要数据清单，全面提升全方位感知网络安全威胁和告警能力，增强攻防对抗水平和溯源反制能力。

三、推进数字孪生流域建设的保障措施

数字孪生流域建设是一项复杂的系统工程，时间紧、任务重、难度大、要求高，全系统全行业必须迅速行动起来，有力有序有效推进建设工作。

一是加强组织领导。各级水利部门特别是各流域管理机构要把数字孪生流域建设列入重要议事日程，主要负责同志要亲自抓，协调解决本单位本地区数字孪生流域建设中的重要问题。要构建网信部门、综合部门、业务部门、技术部门分工协同推进的长效机制，明确任务分工、时间节点，实行清单管理、挂图作战。要加强督促检查和考核，确保各项任务按时保质完成。

二是落实工作责任。数字孪生流域建设必须在统一指挥下开展，确保建成标准化、规范化、系统化的体系，避免各自为政。水利部负责统筹协调、技术指导和国家平台建设，也是建设成果的根目录，负责集成流域、地方和工程管理单位建设成果，确保能够调用全国数字孪生流域和数字孪生水利工程建设成果。流域管理机构负责构建大江大河大湖及主要支流数字孪生流域，接入工程管理单位的数字孪生水利工程建设成果，接入流域内各地方水利部门的建设成果，集成流域管理机构数字孪生流域。地方水利部门负责省区数字孪生流域建设，集成区域内数字孪生水利工程建设成

果。工程管理单位负责建设数字孪生水利工程，新建大中型水利工程要推进数字孪生工程与实体工程同步建设。水利部2022年将推进数字孪生流域和数字孪生水利工程先行先试工作，建立奖惩机制，确保试点工作见到成效。各地2022年也要按照急用先建的原则选择重点河流和重点水利工程开展试点建设。

三是完善标准规范。要尽快出台《数字孪生流域建设技术大纲》《数字孪生水利工程建设技术导则》《水利业务"四预"功能基本技术要求》等技术文件。要全面梳理检视现有水利技术标准和技术规范，特别是监测感知、数据资源、模型计算、业务流程等方面的标准和规范，找出缺失以及不满足、不适应、不衔接数字孪生流域建设的标准规范，加快制定或修订。

四是加大资金投入。要多措并举筹措数字孪生流域、数字孪生水利工程的建设和运维资金，新建水利工程要在预算中统一安排数字孪生水利工程建设资金。

五是加强人才保障。要加大对数字孪生流域建设人才队伍的培训、培养、引进力度，将数字孪生流域建设相关知识纳入日常培训计划，充分发挥好智慧水利人才培养基地等载体作用，加快锻炼和培养一批既熟悉水利业务又精通网信技术的复合型人才。

（编者注：本文选自水利部部长李国英2021年12月23日在推进数字孪生流域建设工作会议上的讲话）

深入贯彻新发展理念
推进水资源集约安全利用

——写在 2021 年世界水日和中国水周到来之际

李国英

3 月 22 日是第二十九届"世界水日",第三十四届"中国水周"的宣传活动也同时拉开帷幕。联合国确定 2021 年"世界水日"的主题是"珍惜水、爱护水",我国纪念 2021 年"世界水日"和开展"中国水周"活动的宣传主题是"深入贯彻新发展理念,推进水资源集约安全利用"。

党的十八大以来,以习近平同志为核心的党中央从国家长治久安和中华民族永续发展的战略全局高度擘画治水工作。习近平总书记明确提出"节水优先、空间均衡、系统治理、两手发力"治水思路,就保障国家水安全、推动长江经济带发展、黄河流域生态保护和高质量发展等发表了一系列重要讲话,作出了一系列重要指示批示,为我们做好水利工作提供了科学指南和根本遵循。党的十九届五中全会作出了一系列重要部署,为我们提升水资源优化配置和水旱灾害防御能力,提高水资源集约安全利用水平指明了主攻方向、战略目标和重点任务。

水资源是经济社会发展的基础性、先导性、控制性要素,水的承载空间决定了经济社会的发展空间。我国人多水少,水资源时空分布不均、与生产力布局不相匹配,破解水资源配置与经济社会发展需求不相适应的矛盾,是新阶段我国发展面临的重大战略问题。水利工作必须心怀"国之大者",全面贯彻习近平总书记关于治水工作的重要讲话、重要指示批示精神,深入践行"节水优先、空间均衡、系统治理、两手发力"治水思路,完整准确全面贯彻新发展理念,科学谋划和扎实推进新阶段水利高质量发展,为全面建设社会主义现代化国家提供有力支撑。从根本宗旨把握新发展理念，水资源与人民群众的生命健康、生活品质、生产发展息息相关。要坚持以人民为中心的发展思想，准确把握人民群众对水的需求已从"有没有"转向了"好不好"，进一步提升水资源供给的保障标准、保障能力、保障质量，让人民群众有更多、更直接、更实在的获得感、幸福感、安全感。从问题导向把握新发展理念，我国水资源供需矛盾突出，超载区或临界超载区面积约占全国国土面积的 53%，资源性、工程性、水质性缺水问题在不同地区不同程度存在，部分地区还出现了河道断流、湖泊干涸、湿地萎缩、地面沉降等生态问题。要针对这些问题，深挖根源、找准病因，系统治理，采取更加精准务实的举措加快解决。从忧患意识把握新发展理念，水资源关系人民生命安全，关系粮食安全、经济安全、社会安全、生态安全、国家安全。要统筹发展与安全，树牢底线思维，增强风险意识，摸清水资源取、供、输、用、排等各环节的风险底数，有针对性地固底板、补短板、锻长板，下好风险防控先手棋。

一是坚持节水优先方针，深入实施国家节水行动。把节水作为水资源开发、利用、保护、配置、调度的前提，推动用水方式进一步向节约集约转变。完善节水标准和用水定额体系，强化高耗水行业用水定额管理，开展节水评价，抓好重要领域、重点地区深度节水控水，全面推进农业节水增效、工业节水减排、城镇节水降损，鼓励再生水利用。发挥制度、政策、科技的支点和杠杆作用，加快健全政府引导、市场调节、社会协同的节水工作机制，推动将节水作为约束性指标和目标，完善用水价格形成机制，推进用水权市场化交易和水资源税改革，推广合同节水管理等服务模式，加强节水宣传教育，营造全社会节水惜水的良好氛围。

二是建立刚性约束制度，严控水资源开发利用上限。坚持以水定城、以水定地、以水定人、以水定产，建立水资源刚性约束指标体系，实施最严格的水资源管理制度，倒逼发展规模、发展结构、发展布局优化，推动经济社会发展与水资源承载能力相适应。强化生态流量管控，加快推进跨省江河流域和省内跨市县江河初始水权分配，实施地下水开采总量与水位双控。深入推进全国取用水管理专项整治行动，高质量完成全国取水口核查登记，切实规范取用水行为。合理确定流域区域用水总量，严格水资源论证和取水许可管理，在水资源超载地区暂停新增取水许可，坚决遏制不合理用水需求。

三是加快国家水网建设，优化水资源配置战略格局。按照确有需要、生态安全、可以持续的原则，加快构建系统完备、功能协同，集约高效、绿色智能，调控有序、安全可靠的国家水网，全面增强我国水资源统筹调配能力、供水保障能力、战略储备能力。立足流域整体和水资源空间均衡配置，实施重大引调水工程建设，推动南水北调东、中线后续工程建设，深化南水北调西线工程方案比选论证，建设一批跨流域跨区域骨干输水通道，加强大中小微水利设施配套，逐步完善国家供水基础设施网络。推进综合性水利枢纽和调蓄工程建设，加强战略储备水源和城市应急备用水源工程建设，保障重点区域供水安全。加强灌溉供水管网建设，改善灌区水源条件，推进灌区续建配套与现代化改造。推进城市供水管网向农村延伸，促进农村供水工程与城市管网互联互通，推进农村水源保护和供水保障工程建设，实施小型农村供水工程标准化建设改造，畅通供水网络的"毛细血管"。

四是强化河湖保护治理，提升水资源涵养修复能力。坚持"绿水青山就是金山银山"，加大江河湖泊的保护治理力度，统筹做好水土保持、地下水超采治理、受损河湖生态修复等工作，保留和扩大河湖生态空间。强化河湖长制，推动河湖"清四乱"规范化常态化，巩固河湖管理范围划界成果，开展河道采砂综合整治和河湖执法行动，完善河湖管理保护机制，推进美丽河湖、健康河湖建设，持续改善河湖面貌。科学推进水土流失综合治理，积极开展小流域综合治理、旱作梯田和淤地坝建设，严控人为新增水土流失。开展生态脆弱河流和重点湖泊生态修复，加快华北地区及其他重点区域地下水超采综合治理，推进小水电站生态流量泄放设施改造，开展农村水系综合整治，维护水清岸绿的水生态体系。

五是坚持科技引领和数字赋能，提高水资源智慧管理水平。充分运用数字映射、数字孪生、仿真模拟等信息技术，建立覆盖全域的水资源管理与调配系统，推进水资源管理数字化、智能化、精细化。加强监测体系建设，优化行政区界断面、取退水口、地下水等监测站网布局，实现对水量、水位、流量、水质等全要素的实时在线监测,提升信息捕捉和感知能力。动态掌握并及时更新流域区域水资源总量、实际用水量等信息,通过智慧化模拟进行水资源管理与调配预演,并对用水限额、生态流量等红线指标进行预报、预警,提前规避风险、制定预案,为推进水资源集约安全利用提供智慧化决策支持。

(编者注:原文刊载于《人民日报》2021 年 3 月 22 日 10 版)

推进南水北调后续工程高质量发展

李国英

习近平总书记在推进南水北调后续工程高质量发展座谈会上的重要讲话中，充分肯定南水北调工程的重大意义，系统总结实施重大跨流域调水工程的宝贵经验，明确提出继续科学推进实施调水工程的总体要求，对做好南水北调后续工程的重点任务作出全面部署，为推进南水北调后续工程高质量发展指明了方向、提供了根本遵循。推进南水北调后续工程高质量发展，必须认真学习贯彻习近平总书记重要讲话、重要指示批示精神，科学推进实施调水工程，加强和优化水资源供给，为全面建设社会主义现代化国家提供有力水安全保障。

深刻认识南水北调工程的重大意义

水是生存之本、文明之源。为全面建设社会主义现代化国家提供有力水安全保障，必须心怀"国之大者"，从讲政治、谋全局、顾长远的战略高度深刻认识南水北调工程的重大意义，进一步强化推进南水北调后续工程高质量发展的责任担当。

习近平总书记强调："南水北调工程事关战略全局、事关长远发展、事关人民福祉。"南水北调工程是党中央决策建设的重大战略性基础设施，是优化水资源配置、保障群众饮水安全、复苏河湖生态环境、畅通南北经济循环的生命线和大动脉，功在当代、利在千秋。南水北调东线、中线一期主体工程建成通水以来，已累计调水 400 多亿 m^3，直接受益人口达 1.2 亿，在经济社会发展和生态环境保护方面发挥了重要作用。推进南水北调后续工程高质量发展，需要深入分析南水北调工程面临的新形势新任务，完整、准确、全面贯彻新发展理念，按照高质量发展要求，统筹发展和安全，坚持"节水优先、空间均衡、系统治理、两手发力"治水思路，遵循确有需要、生态安全、可以持续的重大水利工程论证原则，立足流域整体和水资源空间均衡配置，科学推进工程规划建设，提高水资源集约节约利用水平。

进入新发展阶段、贯彻新发展理念、构建新发展格局，形成全国统一大市场和畅通的国内大循环，促进南北方协调发展，需要水资源有力支撑。要立足全面建设社会主义现代化国家新征程，锚定全面提升水安全保障能力的目标，加强前瞻性思考、全局性谋划、战略性布局、整体性推进，在全面加强节水、强化水资源刚性约束的前提下，统筹加强需求和供给管理，坚持系统观念，坚持遵循规律，坚持节水优先，坚持经济合理，加强生态环境保护，加快构建国家水网，全面促进水资源利用和国土空间布局、自然生态系统相协调，不断增强我国水资源统筹调配能力、供水保障能力和战略储备能力。

传承发扬实施重大跨流域调水工程的宝贵经验

习近平总书记指出："南水北调等重大工程的实施，使我们积累了实施重大跨流域调水工程的宝贵经验。"新中国成立后，我们党领导开展了大规模水利工程建设。党的十八大以来，以习近平同志为核心的党中央统筹推进水灾害防治、水资源节约、水生态保护修复、水环境治理，建成了一批跨流域跨区域重大引调水工程，积累了丰富而宝贵的经验，对于更好推进南水北调后续工程规划建设具有重要意义。

坚持全国一盘棋。习近平总书记强调："要合理安排生产力布局，对关系国民经济命脉、规模经济效益显著的重大项目，必须坚持全国一盘棋，统筹规划，科学布局。"重大跨流域调水工程涉及多流域、多省市、多领域、多目标，规模宏大、系统复杂、任务艰巨。在南水北调工程实践中，党中央统一指挥、统一协调、统一调度。从中央层面优化资源配置，鲜明体现我国国家制度和国家治理体系的显著优势。实践证明，必须坚持局部服从全局、地方服从中央，实现各个方面良性互动、各项政策衔接配套、各项举措相互耦合，有序推进南水北调后续工程各级各项各环节工作，在统筹协调中提升整体效能。

集中力量办大事。习近平总书记指出："正是因为始终在党的领导下，集中力量办大事，国家统一有效组织各项事业、开展各项工作，才能成功应对一系列重大风险挑战、克服无数艰难险阻，始终沿着正确方向稳步前进。"在南水北调工程实施过程中，党中央统一推动，把方向、谋大局、定政策、促改革，集中保障资金、用地等建设要素，举全国之力规划论证和组织实施，广泛调动经济资源、人才资源、技术资源，统筹做好移民安置等工作；各地区各部门和衷共济，43.5万移民群众顾全大局，数十万建设者矢志奋斗，一大批科研单位攻坚克难，形成了实施重大跨流域调水工程的强大合力。实践证明，只要充分发挥社会主义集中力量办大事的制度优势，必定能战胜一切艰难险阻，推动治水事业不断取得新成效。

尊重客观规律。习近平总书记强调："要处理好尊重客观规律和发挥主观能动性的关系。"南水北调工程从规划论证到建设实施，始终坚持科学比选、周密计划，始终坚持生态优先、绿色发展，先后组织上百次国家层面会议，6000多人次专家参加论证，合理确定工程规模、总体布局和实施方案，最终实现经济、社会、生态效益相统一。实践证明，重大跨流域调水工程关系经济社会发展全局，必须遵循经济规律、自然规律、社会规律，科学审慎论证方案，重视生态环境保护，既讲人定胜天，也讲人水和谐。

规划统筹引领。从提出设想到实施建设，多年来南水北调工程始终把规划作为推进工作的重中之重。经过几代人广泛深入的勘测、研究、论证、比选，最终形成《南水北调工程总体规划》，统筹长江、淮河、黄河、海河四大流域水资源情势，兼顾各有关地区和行业需求，确定了"四横三纵、南北调配、东西互济"的总体格局。实践证明，实施重大跨流域调水工程，必须加强顶层设计，优化战略安排，充分发挥规划的先导作用、主导作用和统筹作用。

重视节水治污。南水北调工程始终把节水、治污放在突出位置。一方面，加强节水管理，倒逼产业结构调整和转型升级，受水区节水达到全国先进水平；另一方面，探索形成"政府主导、企业参与、社会监督、多方配合"的治污工作模式，强化东线治污和中线水源地保护。实践证明，调水工程是生态工程、绿色工程，必须坚持先节水后调水、先治污后通水、先环保后用水，促进人与自然和谐共生。

精准调度水量。水量调度是重大调水工程运行管理的重点内容。南水北调东线、中线一期工程通水后，通过多种措施全面掌握调水区来水情况和受水区用水需求，统筹经济社会发展和生态环境保护需要，科学编制年度水量调度计划，根据实时水情精准调度，确保优质水资源安全送达千家万户、江河湖泊。实践证明，面对工程沿线不同地域、不同受众、不同水情、不同需求，必须细化制定水量分配方案，加强从水源到用户的精准调度，不断增强人民群众的获得感、幸福感、安全感。

高质量推进调水工程，努力提升水安全保障能力

习近平总书记强调："继续科学推进实施调水工程，要在全面加强节水、强化水资源刚性约束的前提下，统筹加强需求和供给管理。"高质量推进调水工程，努力提升水安全保障能力，事关保持经济社会持续健康发展。必须从守护生命线的政治高度，扎实推进南水北调后续工程高质量发展，抓紧做好后续工程规划设计，继续加强东线、中线一期工程的安全管理和调度管理。

科学统筹指导和推进后续工程建设。深入分析南水北调工程面临的新形势新任务，准确把握东线、中线、西线三条线路的各自特点，审时度势、科学布局。认真评估《南水北调工程总体规划》实施情况，分析其依据的基础条件变化，研判这些变化对加强和优化水资源供给提出的新要求。处理好发展和保护、利用和修复的关系，继续深化后续工程规划和建设方案比选论证，科学确定工程规模和总体布局。准确研判受水区经济社会发展形势和水资源动态演变趋势，深入开展重大问题研究，创新工程体制机制，摸清底数、厘清问题、优化对策，确保拿出来的规划设计方案经得起历史和实践检验。

坚持和落实节水优先方针。从观念、意识、措施等各方面把节水放在优先位置，把节水作为受水区的根本出路，长期深入做好节水工作。加快建立水资源刚性约束制度，严格用水总量控制，根据水资源承载能力优化

城市空间布局、产业结构、人口规模。大力实施国家节水行动，统筹生产、生活、生态用水，大力推进农业节水增效、工业节水减排、城镇节水降损，提高水资源集约节约利用水平。处理好开源和节流、存量和增量、时间和空间的关系，坚决避免敞口用水、过度调水。依托南水北调工程等水利枢纽设施及各类水情教育基地，积极开展国情水情教育，增强全社会节水洁水意识。

确保南水北调工程安全、供水安全、水质安全。优化南水北调东线、中线一期工程运用方案，实现工程综合效益最大化。建立完善的安全风险防控体系和应急管理体系，加强对工程设施的监测、检查、巡查、维修、养护，确保工程安全。精确精准调水，科学制定落实水量调度计划，优化水量省际配置，最大程度满足受水区合理用水需求，确保供水安全。加大生态保护力度，加强水源区和工程沿线水资源保护，抓好输水沿线区和受水区污染防治和生态环境保护工作，完善水质监测体系和应急处置预案，确保水质安全。结合巩固拓展水利扶贫成果、推进乡村振兴，继续做好移民安置后续帮扶工作，确保搬迁群众稳得住、能发展、可致富。

加快构建国家水网。以全面提升水安全保障能力为目标，以优化水资源配置体系、完善流域防洪减灾体系为重点，统筹存量和增量，加强互联互通，加快构建国家水网主骨架和大动脉，加快形成"系统完备、安全可靠，集约高效、绿色智能，循环通畅、调控有序"的国家水网。立足流域整体和水资源空间均衡配置，遵循确有需要、生态安全、可以持续的重大水利工程论证原则，实施重大引调水、供水灌溉、防洪减灾等骨干工程建设。坚持科技引领和数字赋能，综合运用大数据、云计算、仿真模拟、数字孪生等科技手段，提升国家水网的数字化、网络化、智能化水平，更高质量保障国家水安全。

（编者注：原文刊载于《人民日报》2021年7月29日13版）

强化河湖长制　建设幸福河湖

李国英

全面推行河湖长制，是以习近平同志为核心的党中央，立足解决我国复杂水问题、保障国家水安全，从生态文明建设和经济社会发展全局出发作出的重大决策。习近平总书记亲自谋划、亲自部署、亲自推动这项重大改革。2016年11月、2017年12月，中共中央办公厅、国务院办公厅先后印发《关于全面推行河长制的意见》《关于在湖泊实施湖长制的指导意见》。5年来的实践充分证明，全面推行河湖长制完全符合我国国情水情，是江河保护治理领域根本性、开创性的重大政策举措，是一项具有强大生命力的重大制度创新。

全面推行河湖长制取得显著成效

5年来，在党中央、国务院的坚强领导下，水利部与各地区各部门共同努力，推动解决了一大批长期想解决而没有解决的河湖保护治理难题，我国江河湖泊面貌发生了历史性变化，人民群众的获得感、幸福感、安全感显著增强，河湖长制焕发出勃勃生机。

责任体系全面建立。按照党中央、国务院确定的时间节点，2018年如期全面建立河长制、湖长制。31个省（自治区、直辖市）党委和政府主要领导担任省级总河长，省、市、县、乡四级河湖长共30万名，村级河湖长（含巡河员、护河员）超90万名，实现了河湖管护责任全覆盖。

工作机制不断完善。国家层面成立由国务院分管领导同志担任召集人的全面推行河湖长制工作部际联席会议，建立完善河湖长履职、监督检查、考核问责、正向激励等制度，形成了一级抓一级、层层抓落实的工作格局。推动建立长江、黄河流域省级河湖长联席会议机制，各地探索建立上下游左右岸联防联控机制、部门协调联动机制、巡（护）河员制度、民间河长制度、社会共治机制，形成了强大工作合力。

河湖面貌持续向好。推动各地建立"一河一档"，编制"一河一策"。推进河湖管理范围划界，120 万 km 河流、1955 个湖泊首次明确管控边界。开展河湖"清四乱"（乱占、乱采、乱堆、乱建）专项行动、长江黄河岸线利用专项整治，集中清理整治河湖突出问题 18.5 万个，整治违建面积 4000 多万 m²，清除非法围堤 1 万多 km、河道内垃圾 4000 多万 t，清理非法占用岸线 3 万 km，打击非法采砂船 1.1 万多艘。实施华北地区地下水超采综合治理，部分地区地下水水位止跌回升，永定河、大清河、滹沱河、子牙河等多年断流河道实现全线贯通，白洋淀重放光彩。全国地级及以上城市黑臭水体基本消除，2020 年全国地表水 Ⅰ～Ⅲ类水水质断面比例较 2016 年提高近 16 个百分点。

全民关爱河湖意识显著增强。推进河湖长制进企业、进校园、进社区、进农村，各地涌现出一批"企业河长""乡贤河长""巾帼河长"等，全社会关心参与河湖保护治理的氛围日益浓厚。

全面推行河湖长制积累了宝贵经验

5 年来的实践，深化了我们对河湖保护治理的规律性认识，积累了全面推行河湖长制的宝贵经验。

一是坚持以人民为中心。江河湖泊与人民群众生产生活密切相关，人民群众对江河湖泊保护治理有着热切期盼。5 年来，通过全面推行河湖长制，着力解决人民群众最关心最直接最现实的涉水问题，打造河畅、水清、岸绿、景美、人和的亮丽风景线，河湖保护治理成效得到了人民群众的广泛认可。实践证明，全面推行河湖长制必须坚持以人民为中心的发展思想，满足推动高质量发展、创造高品质生活的现实要求，为扎实推动共同富裕构筑坚实的生态根基。

二是坚持生态优先。江河湖泊是自然生态系统的重要组成，也是经济社会发展的重要支撑。5 年来，通过全面推行河湖长制，促进各地坚持走生态优先、绿色发展之路，统筹经济社会发展与河湖保护治理，实现了江河湖泊面貌的历史性转变。实践证明，全面推行河湖长制必须完整准确全面贯彻新发展理念，维护河湖健康生命，为促进经济社会发展全面绿色转型、实现高质量发展提供有力支撑。

三是坚持问题导向。我国水灾害频发、水资源短缺、水生态损害、水环境污染等问题仍然突出。这些问题集中体现在江河湖泊上。5 年来，通过全面推行河湖长制，因地制宜，对症下药，重拳整治河湖乱象，依法管控水空间、严格保护水资源、精准治理水污染、加快修复水生态，有效解决了河湖保护治理突出问题。实践证明，全面推行河湖长制必须坚持问题导向，抓重点、补短板、强弱项，才能全面提升国家水安全保障能力。

四是坚持系统治理。山水林田湖草沙是生命共同体。5 年来，通过全面推行河湖长制，统筹河湖不同区域的功能定位和保护目标要求，综合运用各种措施，整体推进治水、治岸、治山、治污任务，河湖生态状况发生了历史性变化。实践证明，全面推行河湖长制必须树立系统观念，强化综合治理、系统治理、源头治理，才能实现河湖面貌的根本改善。

五是坚持团结治水。全面推行河湖长制是一项复杂的系统工程。5 年来，通过全面推行河湖长制，充分发挥集中力量办大事的制度优越性，强化河湖长制的组织领导和统筹协调作用，形成了推动河湖保护治理的强大合力。实践证明，全面推行河湖长制必须树立全局"一盘棋"思想，建立流域统筹、区域协同、部门联动的河湖管理保护格局，才能汇聚起各方面的智慧和力量。

努力建设造福人民的幸福河湖

河湖保护治理任重道远。全面贯彻落实党中央关于强化河湖长制、推进大江大河和重要湖泊湿地生态保护和系统治理的决策部署，必须咬定目标、脚踏实地，埋头苦干、久久为功，全力把河湖长制实施向纵深推进。

一要强化责任落实部门协同。进一步完善以党政主要领导为主体的责任体系，健全一级带一级、一级督一级，上下贯通、层层落实的河湖管护责任链，确保每条河流、每个湖泊有人管、有人护。加强河湖长履职、监督检查、正向激励和考核问责，层层传导压力。明确各地区各部门河湖保护治理任务，完善协调联动机制，形成党政主导、水利牵头、部门协同、社会共治的河湖保护治理机制。

二要强化水资源集约节约利用。全面贯彻以水定城、以水定地、以水定人、以水定产的原则，建立水资源刚性约束制度，规范取用水行为。全面实施国家节水行动，打好重要领域重点地区深度节水控水攻坚战，提高水资源集约节约利用水平。实施国家水网重大工程，优化水资源空间配置，全面增强水资源统筹调配能力、供水保障能力、战略储备能力。

三要促进河湖生态环境复苏。深入推进河湖"清四乱"常态化规范化，将清理整治重点向中小河流、农村河湖延伸。加快划定落实河湖空间保护范围，加强河湖水域岸线空间分区分类管控，实施河湖空间带修复，保障生态流量，畅通行洪通道，打造沿江沿河沿湖绿色生态廊道。坚持源头防控、水岸同治，严控各类污染源，加大黑臭水体治理力度，保持河湖水体清洁，保护河湖水生生物资源。持续开展河湖健康评价，强化地下水超采治理，科学推进水土流失综合治理。

四要强化数字赋能提升能力。按照"需求牵引、应用至上、数字赋能、提升能力"要求，以数字化、网络化、智能化为主线，以数字化场景、智慧化模拟、精准化决策为路径，加强数据监测和互联共享，加快构建具有预报、预警、预演、预案功能的数字孪生河湖。完善监测监控体系，打造"天、空、地、人"立体化监管网络，及时掌握河湖水量、水质、水生态和水域面积变化情况、岸线开发利用状况、河道采砂管理情况，强化部门间、流域与区域间、区域与区域间信息互联互通，为河湖智慧化管理提供支撑。

（编者注：原文刊载于《人民日报》2021年12月8日14版）

水利规划计划工作综述

水利部规划计划司

2021 年，水利规划计划工作深入落实习近平总书记"节水优先、空间均衡、系统治理、两手发力"治水思路（以下简称"十六字"治水思路）和关于治水重要讲话指示批示精神，立足新发展阶段，贯彻新发展理念，构建新发展格局，围绕推动新阶段水利高质量发展，圆满完成了水利规划、项目前期、投资计划、水利改革、水利统计等各项工作。

一、水利规划体系进一步完善

一是《"十四五"水安全保障规划》正式印发实施。深入贯彻落实习近平总书记关于"十四五"规划编制工作的重要指示批示精神，对表对标《中共中央关于制定国民经济和社会发展第十四个五年规划和二〇三五年远景目标的建议》《国民经济和社会发展第十四个五年规划和 2035 年远景目标规划纲要》，围绕贯彻落实"三新一高"战略要求，全面落实习近平总书记"十六字"治水思路，统筹发展和安全，编制完成《"十四五"水安全保障规划》，经国务院同意，与国家发展改革委联合印发实施。二是国家水网建设规划纲要编制取得重要进展。深入贯彻落实习近平总书记重要指示批示精神和党中央、国务院有关决策部署，会同国家发展改革委等有关部门在专题研究、调研讨论、专家咨询基础上，组织编制了国家水网建设规划纲要，研究提出国家水网建设总体思路、主要目标、建设布局、重点任务和重大工程，对推进国家水网高质量发展提出具体要求。三是一批水利重点规划加快推进。加快主要支流综合规划编制审批，批复了岷江、韩江、拉林河等 6 项流域综合规划；编制提出七大流域防洪规划修编任务书和技术大纲，做好七大流域防洪规划修编前期准备；编制完善流域防洪工程体系、实施国家水网重大工程实施方案和指导意见。

二、国家重大战略水安全保障能力进一步提升

一是黄河流域生态保护和高质量发展方面。编制完成黄河流域生态保护和高质量发展水安全保障规划，已通过推动黄河流域生态保护和高质量发展领导小组会议审议。联合国家发展改革委印发《黄河流域淤地坝建设和坡耕地水土流失综合治理"十四五"实施方案》。印发《水利部关于实施黄河流域深度节水控水行动的意见》《推动黄河流域水土保持高质量发展的指导意见》。落实2021年度中央水利投资54亿元支持黄河流域水土保持重点工程建设。扎实推进黄河流域生态环境突出问题警示片涉及水利突出问题整改，组织开展全覆盖的问题核查和调研。二是京津冀协同发展方面。深入贯彻习近平总书记关于雄安新区和白洋淀水问题的重要指示批示精神，支持协调推动雄安新区防洪、供水和白洋淀治理相关工作，全力做好雄安新区水利服务保障工作。指导支持北京市、河北省全面完成北京2022年冬奥会和冬残奥会水利设施建设，全力保障北京冬奥会和冬残奥会赛事供水安全。三是推动长江经济带发展方面。强化洞庭湖、鄱阳湖、太湖等沿江重要湖泊综合治理。扎实推进安澜长江建设。持续推进长江经济带生态环境突出问题整改水利相关工作，狠抓生态环境突出问题整改，对生态环境警示片实行清单化管理，组织开展三年生态环境警示片反映涉水问题"回头看"调研。四是推动长三角一体化发展、成渝地区双城经济圈建设、粤港澳大湾区建设等方面。编制长江三角洲区域一体化发展水安全保障规划、完善太湖治理协调机制工作方案。设立太湖流域调度协调组，召开协调组第一次全体会议，强化统筹太湖流域多目标调度。编制完成成渝地区双城经济圈水安全保障。联合粤港澳大湾区建设领导小组办公室印发《粤港澳大湾区水安全保障规划》，并推动实施。

三、国家区域协调发展战略水利重点工作全面推进

一是协调落实国家关于东中西部地区及东北地区发展战略水利重点工

作。制定水利部贯彻落实《西部大开发"十四五"实施方案》《中共中央国务院关于新时代推动中部地区高质量发展的意见》《东北全面振兴"十四五"实施方案》分工方案，细化工作措施，明确工作重点，为西部大开发、中部地区高质量发展和东北振兴提供水利支撑。二是协调落实国家关于民族地区、革命老区等特殊类型地区发展水利重点工作。贯彻落实习近平总书记关于加强和改进民族工作的重要思想和中央民族工作会议精神，深入推动民族地区"十四五"水利高质量发展重点工作。制定水利部贯彻落实《国务院关于新时代支持革命老区振兴发展的意见》重点任务分工方案，协调推动落实革命老区水利重点任务。三是协调落实国家乡村振兴战略有关水利重点工作。持续加大对原深度贫困地区水利倾斜支持，指导各地在农村水利基础设施领域积极推广以工代赈，促进脱贫人口就近就地就业增收。推进"十四五"巩固拓展水利扶贫成果同乡村振兴水利保障有效衔接规划编制，统筹谋划"十四五"推进欠发达地区水利工作。

四、水利前期工作有力有序

遵循"确有需要、生态安全、可以持续"的原则，以 2020 年及后续 150 项重大水利工程项目为重点，压茬推进重大项目前期工作。会同国家发展改革委提出 2021 年度重点推进的重大水利项目建设安排，压实各方责任，建立动态台账，跟踪督导检查。加快项目审查审批，向国家发展改革委报送引江补汉、洪湖东分块蓄滞洪区安全建设等 10 项可研审查意见，批复卫河干流（淇门—徐万仓）治理、陕西引汉济渭二期等 6 项工程初步设计。协调推进黄河古贤水库、南水北调东中线后续工程、广东环北部湾水资源配置工程等前期工作，及时研究协调解决有关问题。

五、水利投资规模持续保持高位

一是稳定保持水利建设投资规模。2021 年全国落实水利建设投资 8019 亿元，其中中央投资 1482 亿元，推动一批重点水利工程开工建设，为做好"六稳""六保"工作、稳定宏观经济大盘作出了水利贡献。二是水利投资计划执行调度精准有力。以问题和目标为导向，充分考虑不同项目类型、不同阶段投资计划执行特点，对重大水利工程、主要支流治理等项目开展专项督办、检查和稽察，通过电话、邮件、督办函、约谈等多种形式，督促相关单位加强整改。全年完成投资 7576 亿元，中央投资计划完成率 93.7%，其中重大水利工程 95.6%、其他水利工程 92%，充分发挥了水利有效投资的拉动作用。

六、水利基础设施建设加快推进

一是南水北调后续工程高质量发展有序推动。深入贯彻落实习近平总书记在推进南水北调后续工程高质量发展座谈会上重要讲话精神，成立领导小组和工作专班，制定贯彻落实工作方案，细化任务分工，建立动态台账，全力推动南水北调后续工程高质量发展。完成重大专题研究，向国家发展改革委报送引江补汉可研，修改完善东线二期工程规划。二是持续推动防汛抗旱水利提升工程建设。2019 年以来，落实中央投资 1848 亿元，雄安新区防洪、辽河干流防洪提升等 32 项防洪重大工程开工建设，治理中小河流河长 3 万余 km，实施病险水库除险加固 8000 余座。三是全面推进水美乡村试点建设。先后实施三批水美乡村试点县建设，第一批 55 个试点县落实投资 280 亿元，累计治理农村河道 3800 多 km、湖塘 1300 多个，受益村庄 3300 多个，农村河湖面貌焕然一新，人居环境明显改善，人民群众幸福感、获得感、安全感大大提高。

七、水利重点领域改革扎实推进

一是研究提出水利部深化水利改革领导小组 2021 年工作要点。推动建立水资源刚性约束制度，强化河湖长制，健全水法规体系，完善水利工程运行管理机制，深化用水权、水资源税、水利工程供水价格、水市场等方面的改革，不断激发水利高质量发展内生动力，提升水利治理能力和水平。二是强化水利统计数据质量控制。组织有关流域管理机构和省级水行政主管部门组成审核小组，对 2020 年水利综合、水利建设投资、水利服务业数据进行线上审核，严把统计数据质量关。核查天津、辽宁、吉林、江苏、浙江、广东、海南、云南 8 省（直辖市）水利建设投资统计数据质量，督促指导地方加强统计数据质量监管。

汪习文　张慧萌　执笔

谢义彬　审核

《"十四五"水安全保障规划》印发实施

水利部规划计划司

2021 年 12 月，经国务院同意，国家发展改革委、水利部印发《"十四五"水安全保障规划》（以下简称《规划》）。《规划》系统总结评估水利改革发展"十三五"规划实施情况，以全面提升国家水安全保障能力为主线，以全面推进国家水网工程建设为重点，研究提出了"十四五"水安全保障的总体思路、规划目标、规划任务和保障措施等。

《规划》明确，"十四五"水安全保障的总体思路是以习近平新时代中国特色社会主义思想为指导，深入贯彻党的十九大和十九届历次全会精神，统筹推进"五位一体"总体布局和协调推进"四个全面"战略布局，立足新发展阶段，完整、准确、全面贯彻新发展理念，构建新发展格局，以推动高质量发展为主题，坚持习近平总书记"节水优先、空间均衡、系统治理、两手发力"治水思路，统筹发展和安全，以全面提升水安全保障能力为主线，强化水资源刚性约束，加快构建国家水网，加强水生态环境保护，深化水利改革创新，提高水治理现代化水平，为全面建设社会主义现代化国家提供有力支撑和保障。

《规划》提出，到 2025 年，水旱灾害防御能力、水资源节约集约安全利用能力、水资源优化配置能力、河湖生态保护治理能力进一步加强，国家水安全保障能力明显提升。

《规划》指出，"十四五"期间要抓好 8 个方面重点任务。

一是实施国家节水行动，强化水资源刚性约束。按照"严管控、抓重点、建机制"的思路，实施国家节水行动方案，推动水资源利用方式进一步向节约集约转变，加快形成节水型生产、生活方式和消费模式。

二是加强重大水资源工程建设，提高水资源优化配置能力。按照"强骨干、增调配、成网络"的思路，立足流域整体和水资源空间配置，抓紧推进一批跨流域跨区域水资源配置工程建设，强化大中小微供水工程协调配套，加快形成以重大引调水工程和骨干输配水通道为纲、以区域河湖水系连通和供水灌溉工程为目、以重点水源工程为结的水资源配置体系。

三是加强防洪薄弱环节建设，提高流域防洪减灾能力。按照"消隐患、提标准、控风险"的思路，加快病险水库除险加固，推进堤防、控制性枢纽和蓄滞洪区等工程建设，提升防洪工程标准，完善流域防洪减灾体系。

四是加强水土保持和河湖整治，提高水生态环境保护治理能力。按照"严保护、重治理、提质量"的思路，发挥河湖长制作用，加强水源涵养区保护修复，加大重点河湖保护和综合治理力度，科学推进水土流失综合治理，继续推进地下水超采治理，恢复水清岸绿的水生态体系，扩大优质生态产品供给。

五是加强农业农村水利建设，提高乡村振兴水利保障能力。按照"保底线、提效能、促振兴"的思路，加大农业农村水利基础设施建设力度，重点向国家乡村振兴重点帮扶县、革命老区、民族地区等特殊类型地区倾斜，实现巩固拓展脱贫攻坚成果同乡村振兴有效衔接，提高乡村振兴水利保障水平。

六是加强智慧水利建设，提升数字化网络化智能化水平。按照"强感知、增智慧、促应用"的思路，加强水安全感知能力建设，畅通水利信息网，强化水利网络安全保障，推进水利工程智能化改造，加快水利数字化转型，构建数字化、网络化、智能化的智慧水利体系。

七是加强水利重点领域改革，提高水利创新发展能力。按照"重创新、破障碍、激活力"的思路，发挥政府与市场的协同作用，推动水利重点领域和关键环节改革，破除水利改革发展瓶颈。

八是加强水利管理，提高水治理现代化水平。坚持依法治水、科学管水，全面加强水利法规制度建设，强化涉水事务监管，推进科技人才创新和水文化建设，不断提升水治理能力现代化水平。

梅一韬　王九大　执笔

乔建华　审核

水利部印发关于实施国家水网重大工程的指导意见和实施方案

水利部规划计划司

为贯彻党的十九届五中全会关于实施国家水网重大工程的决策部署，认真落实习近平总书记在推进南水北调后续工程高质量发展座谈会上的重要讲话精神，完整、准确、全面贯彻新发展理念，加快构建"系统完备、安全可靠，集约高效、绿色智能，循环通畅、调控有序"的国家水网，着力推动新阶段水利高质量发展，水利部印发《关于实施国家水网重大工程的指导意见》（以下简称《指导意见》），水利部办公厅印发《"十四五"时期实施国家水网重大工程实施方案》（以下简称《实施方案》），明确了加快推进国家水网重大工程建设的主要目标，重点围绕完善水资源优化配置体系，系统部署各项任务措施。

《指导意见》要求，到 2025 年，建设一批国家水网骨干工程，有序实施省市县水网建设，着力补齐水资源配置、城乡供水、防洪排涝、水生态保护、水网智慧化等短板和薄弱环节，水安全保障能力进一步提升。在完善水资源优化配置体系方面，建成一批重大引调水和重点水源工程，新增供水能力 290 亿 m^3，水资源承载能力与经济社会发展适应性明显增强；城乡供水保障水平进一步提高，农村自来水普及率达到 88%；大中型灌区灌排骨干工程体系逐步完善，新增、恢复有效灌溉面积 1500 万亩；数字化、网络化、智能化和精细化调度水平有效提升。《指导意见》还展望了到本世纪中叶的目标。

《指导意见》提出了实施国家水网重大工程的主要任务：一是加强统筹谋划，做好顶层设计，包括科学谋划国家水网总体布局、协同推进四级水网建设。二是推进水网主骨架大动脉建设,构建国家水网之"纲",包括推进南水北调后续工程高质量发展、加快实施重大引调水工程。三是完善区域水网工程布局,织密国家水网之"目",包括加快构建配套衔接的区域水资源配置工程体系、因地制宜完善农村供水工程网络、加强现有大中型灌区续建配套和改造、积极新建一批现代化灌区。四是加强重点调蓄工程挖潜和建设,打牢国家水网之"结",包括充分挖掘现有调蓄工程供水潜力、加快重点水源工程建设、加强战略储备水源建设。五是提高工程建设和运行管理水平,充分发挥工程效益,包括加强工程建设管理、推进工程智慧化建设、增强科技支撑能力、提高运行调度水平、健全运行管理机制。《指导意见》还提出了加强组织领导、加快前期工作、强化资金保障、开展监督考核等四项保障措施。

《实施方案》与《指导意见》相配套,将《指导意见》提出的任务进一步细化实化为 59 项具体措施,并分别明确责任单位和完成时限。

童学卫　施文婧　执笔

李　明　审核

水利部印发关于强化流域治理
管理的指导意见

水利部办公厅

流域性是江河湖泊最根本、最鲜明的特性。这种特性决定了治水管水的思维和行为必须以流域为基础单元，坚持流域系统观念，坚持全流域"一盘棋"。强化流域治理管理是对表对标习近平总书记重要讲话指示批示精神的政治要求，是遵循自然规律的客观要求，是坚持系统观念的必然要求，是涉水法律法规的法定要求，是总结历史经验教训的迫切要求。为进一步强化流域治理管理，大力提升流域治理管理能力和水平，水利部印发了《关于强化流域治理管理的指导意见》（以下简称《意见》）。

《意见》提出，强化流域治理管理的指导思想是以习近平新时代中国特色社会主义思想为指导，全面贯彻党的十九大和十九届历次全会精神，完整、准确、全面贯彻落实习近平总书记"节水优先、空间均衡、系统治理、两手发力"治水思路和关于治水重要讲话指示批示精神，强化流域统一规划、统一治理、统一调度、统一管理，全面提升流域水安全保障能力，推动新阶段水利高质量发展，为经济社会持续健康发展提供有力支撑。基本原则包括遵循自然规律，坚持系统观念，依法履行职责，完善治理管理机制，注重流域区域协同。

《意见》对强化流域统一规划、统一治理、统一调度、统一管理进行了系统部署。强化流域统一规划，要立足流域整体，科学把握流域自然本底特征、经济社会发展需要、生态环境保护要求，制定或修订流域综合规划；细化深化实化综合规划的有关要求，形成定位准确、边界清晰、功能互补、统一衔接的流域专业（专项）规划体系；坚持流域范围内的区域水利规划服从流域规划，水利专业（专项）规划服从综合规划，建立健全流域规划实施机制。强化流域统一治理，要按照水灾害水资源水生态水环境统筹治理的要求，合理确定流域上下游、左右岸、干支流的防洪标准、水资源配置原则和河湖保护治理管控规则，建立功能定位清晰、区域分布合理、规模标准科学的防洪工程、水资源配置工程和河湖生态修复与保护工程项目库；合理安排项目实施顺序，做到流域和区域相匹配、骨干和配套相衔接、治理和保护相统筹。强化流域统一调度，要充分发挥流域防汛抗旱总指挥部办公室组织、指导、协调和监督作用，建立健全流域统筹、分级负责、协调各方的调度体制机制，统筹流域防洪、供水、水生态、水环境、发电、航运等多目标，通盘考虑流域上下游、左右岸、干支流，充分协调各方需求和利益，强化流域防洪、水资源、生态统一调度，实现综合效益最大化。强化流域统一管理，要充分发挥河湖长制作用，强化河湖管理，强化水资源统一管理，强化流域联合执法，一体提升流域水利管理能力和水平。

《意见》要求强化水利部流域管理机构的职能作用，发挥好水利部流域管理机构在流域管理范围内的规划编制和审查、有关事项审查审批、行业监管、水行政执法、督查考核激励等方面的作用。

为顺利推进强化流域治理管理工作，《意见》提出了强化责任落实、提升流域治理管理能力、强化法治保障、严格履职考核、加强经验总结推广5方面的保障措施。

王　凯　张岳峰　执笔

唐　亮　王　鑫　审核

专栏四

2009—2020年水利发展主要指标

水利部规划计划司

指标名称	单位	2009年	2010年	2011年	2012年	2013年	2014年	2015年	2016年	2017年	2018年	2019年	2020年
1. 耕地灌溉面积	万亩	88892	90522	92522	93737	95210	96809	98809	100711	101724	102407	103019	103742
其中：本年新增面积	万亩	2300	2582	3195	3227	2328	2472	2696	2342	1605	1243	1170	1305
2. 节水灌溉面积	万亩	38633	40971	43769	46826	40663	43528	46591	49270	51479	54202	55589	56694
3. 除涝面积	万亩	32376	32538	32582	32786	32915	33554	34069	34600	35736	36393	36795	36879
4. 水土流失治理面积	万 km²	104	107	110	103	107	112	116	120	126	132	137	143
其中：本年新增面积	万 km²	4.3	4.0	4.0	4.4	5.3	5.5	5.4	5.6	5.9	6.4	6.7	6.4
5. 万亩以上灌区	处	5844	5795	5824	7756	7709	7709	7773	7806	7839	7881	7884	7713
其中：30万亩以上	处	335	349	348	457	456	456	456	458	458	461	460	454
万亩以上灌区耕地灌溉面积	万亩	44343	44123	44623	45287	45324	45384	48453	49568	49893	49986	50252	50457
其中：30万亩以上	万亩	23363	23487	23679	16890	16877	16877	26530	26647	26760	26698	26991	26733
6. 水库总计	座	87151	87873	88605	97543	97721	97735	97988	98460	98795	98822	98112	98566

续表

指标名称	单位	2009年	2010年	2011年	2012年	2013年	2014年	2015年	2016年	2017年	2018年	2019年	2020年
其中：大型	座	544	552	567	683	687	697	707	720	732	736	744	774
中型	座	3259	3269	3346	3758	3774	3799	3844	3890	3934	3954	3978	4098
总库容	亿m³	7064	7162	7201	8255	8298	8394	8581	8967	9035	8953	8983	9306
其中：大型	亿m³	5506	5594	5602	6493	6529	6617	6812	7166	7210	7117	7150	7410
中型	亿m³	921	930	954	1064	1070	1075	1068	1096	1117	1126	1127	1179
7. 堤防长度	万km	29.1	29.4	30.0	27.2	27.7	28.4	29.1	29.9	30.6	31.2	32.0	32.8
保护耕地	万亩	69821	70247	63938	63896	63896	64191	61266	61631	61419	62114	62855	63252
保护人口	万人	58978	59853	57216	56566	57138	58584	58608	59468	60557	62837	67204	64591
8. 水闸总计	座	42523	43300	44306	97256	98191	98686	103964	105283	103878	104403	103575	103474
其中：大型	座	565	567	599	862	870	875	888	892	893	897	892	914
9. 水灾													
受灾面积	万亩	13122	26801	10787	16827	17851	8879	9198	14165	7795	9640	10020	10785
成灾面积	万亩	5694	13092	5090	8807	9934	4245	4581	7595	4172	4697	—	—
10. 旱灾													
受灾面积	万亩	43889	19889	24456	14000	16830	18408	15101	14809	14920	11096	13167	12528
成灾面积	万亩	19796	13481	9898	5263	10457	8516	8366	9196	6735	5501	6270	6122
11. 年末全国水电装机容量	万kW	19686	21157	23007	24881	28026	30183	31937	33153	34168	35226	35564	36972

续表

指标名称	单位	2009年	2010年	2011年	2012年	2013年	2014年	2015年	2016年	2017年	2018年	2019年	2020年
12. 全年水电发电量	亿kW·h	5055	6813	6507	8657	9304	10661	11143	11815	11967	12329	12991	13540
农村水电装机容量	万kW	5512	5924	6212	6569	7119	7322	7583	7791	7927	8044	8144	8134
全年水电发电量	亿kW·h	1567	2044	1757	2173	2233	2281	2351	2682	2477	2346	2533	2424
13. 水利工程供水量	亿m³	5965	6022	6107	6131	6183	6095	6103	6040	6043	6016	6021	5813
14. 完成水利基建投资	亿元	1894.0	2319.9	3086.0	3964.2	3757.6	4083.1	5452.2	6099.6	7132.4	6602.6	6711.7	8181.7
按投资来源分：													
(1) 政府投资	亿元	1654.2	1879.3	2659.1	3497.7	3271.8	3511.0	4785.8	4577.4	5335.3	5012.3	5239.0	6634.7
其中：中央政府	亿元	845.4	960.5	1435.4	2033.2	1729.8	1648.5	2231.2	1679.2	1757.1	1752.7	1751.1	1786.9
地方政府	亿元	808.8	918.8	1223.7	1464.5	1542.0	1862.5	2554.6	2898.2	3578.2	3259.6	3487.9	4847.8
(2) 利用外资	亿元	7.6	1.3	4.4	4.1	8.6	4.3	7.6	7.0	8.0	4.9	5.7	10.7
(3) 企业和私人投资	亿元	41.4	48.0	74.9	113.4	160.7	89.9	187.9	424.7	600.8	565.1	588.0	690.4
(4) 国内贷款	亿元	152.9	337.4	270.3	265.5	172.7	299.6	338.6	879.6	925.8	752.5	636.3	614.0
(5) 债券	亿元	6.4	2.5	3.9	5.2	1.7	1.7	0.4	3.8	26.5	41.6	10.0	87.2
(6) 其他	亿元	31.6	51.4	73.5	78.3	142.1	176.5	131.7	207.1	235.9	226.3	232.8	144.9
按投资用途分：													
(1) 防洪	亿元	628.7	663.6	996.2	1394.3	1304.5	1467.4	1879.1	1942.5	2237.5	2003.7	2091.3	2573.8
(2) 灌溉	亿元	248.2	334.3	469.1	634.5	671.7	823.0	1391.8	1359.9	1370.6	1172.4	805.1	976.4

续表

指标名称	单位	2009年	2010年	2011年	2012年	2013年	2014年	2015年	2016年	2017年	2018年	2019年	2020年
(3) 除涝	亿元	46.1	21.1	22.1	31.7	31.3	55.1	51.1	134.5	201.3	171.6	198.5	228.0
(4) 供水	亿元	617.8	736.3	815.0	1277.1	1061.4	1029.1	1316.6	1225.3	1334.3	1377.6	1643.2	2100.3
(5) 水电	亿元	72.0	105.4	109.0	117.2	164.4	216.9	152.1	166.6	145.8	121.0	106.7	92.4
(6) 水土保持及生态	亿元	86.7	85.9	95.4	118.1	102.9	141.3	192.9	403.7	682.6	741.5	913.4	1220.9
(7) 水利基础设施	亿元	10.6	19.6	40.2	59.6	52.5	40.9	29.2	56.9	31.5	47.0	63.4	85.2
(8) 前期	亿元	15.9	24.9	42.0	40.7	40.7	65.1	101.9	174.0	181.2	132.0	132.7	157.3
(9) 其他	亿元	167.9	329.0	496.9	291.1	328.2	244.2	337.4	636.1	947.5	835.7	757.4	747.3

注:
1. 本表不包括香港特别行政区、澳门特别行政区以及台湾省的数据。
2. 节水灌溉面积2013年统计数据与第一次全国水利普查数据进行了衔接,其他水利发展主要指标已与第一次全国水利普查数据进行了衔接;其中,堤防长度与水利普查成果衔接后,进一步明确为5级及以上提防。
3. 2011年及以前万亩以上灌区数量及灌溉面积按有效灌溉面积达到30万亩以上进行统计,2012年以后按设计灌溉面积达到30万亩以上进行统计。2015年,经各省(自治区、直辖市)核实,对30万亩以上灌区耕地灌溉面积(设计)进行了更正。
4. 农村水电的统计口径为装机容量5万kW及以下水电站。
5. 政府投资指中央及地方各级人民政府完成的水利建设的各项财政资金(包括预算内非经营性基金、国债专项资金和水利建设基金等)和政府部门自筹投资等。
6. 2019年水毁灾面积因水利部职能调整不再统计。

执笔　汪习文　张　岚　张慧萌
审核　谢义彬

深化改革篇

全面推进水利改革工作综述

水利部规划计划司

2021 年，水利部深入学习贯彻党的十九大和十九届历次全会精神，认真落实中央全面深化改革委员会会议精神，积极践行习近平总书记"节水优先、空间均衡、系统治理、两手发力"治水思路（以下简称"十六字"治水思路），按照"三对标、一规划"专项行动要求，在全面对表对标的基础上，制定印发《水利部深化水利改革领导小组 2021 年工作要点》。一年来，各有关单位克服新冠肺炎疫情影响，聚焦年度改革工作要点明确的水利重点领域和关键环节，稳步推进水利改革，在强化水资源管理，实施国家节水行动，加强河湖管理保护，推进水权水价改革，推动水利投融资改革，完善水利工程管理体制机制，健全水法规体系，完善水利行业发展体制机制等方面取得积极进展，水利治理能力和水平进一步提升。

一、强化水资源管理

制定出台《水资源调度管理办法》，明确水资源调度管理权限，从调度计划编制、实施、监督等环节明确了水资源调度管理的内容和要求，为科学精准开展水资源调度提供制度保障。2021 年新批复了 11 条跨省江河水量分配方案，累计批复 63 条跨省江河水量分配方案，指导督促各省（自治区、直辖市）累计批复 230 条跨地市江河水量分配方案。制定印发《水利部关于强化取水口取水监测计量的意见》，组织编制实施方案，协调落实中央水利发展资金 5 亿元支持地方推进取水计量体系建设。依法加强用水统计调查，制定印发《用水总量核算工作实施方案（试行）》，严格统计报表填报和统计数据质量审核。

二、实施国家节水行动

推动将节水指标纳入 31 个省（自治区、直辖市）的最严格水资源管理制度考核体系，30 个省（自治区、直辖市）的政府绩效考核或经济社会发展综合绩效考核评价体系，其中北京、天津等 8 个严重缺水地区已全部将节水纳入当地政绩考核。制定印发《水利部关于实施黄河流域深度节水控水行动的意见》，统筹加强需求和供给管理，深度实施农业节水增效、工业节水减排、城镇节水降损。与国务院机关事务管理局联合印发《关于深入推进公共机构节约用水工作的通知》，共同推进公共机构领域实施合同节水管理。组织开展合同节水管理推广难度分析及政策建议研究，起草关于推广合同节水管理服务模式的意见。

三、加强河湖管理保护

经国务院同意，调整完善全面推行河湖长制工作部际联席会议制度，强化国家层面的组织领导和统筹协调。制定印发《河长湖长履职规范（试行）》，完善黄河流域、长江流域省级河湖长联席会议机制，建全 7 个流域管理机构与省级河长办的协作机制，强化联防联控联治。制定《完善太湖治理协调机制的工作方案》，由推动长三角一体化发展领导小组办公室印发，建立起太湖流域多目标统筹调度协调机制。组织完成 82 个跨省重要河湖的生态流量保障目标制定，指导各省完成 134 个重点河湖生态流量保障目标制定。配合财政部制定印发《支持长江全流域建立横向生态保护补偿机制的实施方案》，配合国家发展改革委开展太湖、洞庭湖、鄱阳湖生态保护补偿机制建设，建立健全重要流域生态保护补偿机制。指导山东与河南签署黄河流域（豫鲁段）生态保护补偿协议，建立了首个黄河流域省际间横向生态保护补偿机制。配合国家发展改革委研究制定生态保护补偿条例，目前该条例正在司法部履行相关程序。

四、推进水权水价改革

开展初始水权分配、用水权市场化交易调研，研究起草推进水权改革的指导性文件。推动将水权交易相关内容纳入黄河保护法（草案）等重要法律法规和文件。发挥中国水权交易所国家级平台作用，截至 2021 年 12 月底，开展水权交易 1443 单、交易水量 3.02 亿 m^3，实现交易单数和交易水量双增长。组织开展水利工程供水成本和价格测算，配合国家发展改革委出台《"十四五"时期深化价格机制改革行动方案》，明确健全有利于促进水资源节约和水利工程良性运行、与投融资体制相适应的水利工程水价形成机制。会同国家发展改革委等印发《关于深入推进农业水价综合改革的通知》，对"十四五"时期推进农业水价综合改革任务进行全面部署。2021年，安排中央水利发展资金15亿元，积极推动改革从局部试点示范到面上整体推进转变，督促指导各地完成实施改革面积1.2亿亩以上的年度目标任务。指导水资源税试点地区实施差别化征收，发挥税收刚性作用，促进水资源集约节约利用。

五、推动水利投融资改革

组织开展专题调研，在梳理水利相关投资政策的基础上，整理了近年来水利融资案例，研究提出重大水利项目投融资方案框架的主要思路。指导开化水库等具有供水、发电效益的150项重大水利工程做好融资方案编制，用改革的方法多渠道筹集项目资金，积极商国家发展改革委给予中央投资支持。截至2021年12月底，国家开发银行、中国农业发展银行、中国农业银行3家银行水利贷款余额10101.01亿元，当年发放贷款2247.88亿元，较去年同期增长11.93%，充分发挥了金融信贷资金支持水利建设的重要作用。联合国家开发银行印发《关于推进农村供水保障工程项目融资建设的通知》，推动农村供水保障工程项目融资工作。制定印发《关于进一步推动水土保持工程建设以奖代补的指导意见》，充分发挥财政资金的撬动作用，调动社会力量和群众参与水土流失治理的积极性。

六、完善水利工程管理体制机制

国务院办公厅印发《关于切实加强水库除险加固和运行管护工作的通知》，水利部落实工作要求，指导各地因地制宜对27577座分散管理的小型水库实行区域集中管护、政府购买服、"以大带小"等专业化管护模式。公布第二批全国深化小型水库管理体制改革样板县名单。制定印发了《关于健全小型水库除险加固和运行管护机制的意见》。修订《水利工程质量管理规定》，进一步明确参建各方质量责任，规范监管工作，保障水利工程建设质量，已形成送审稿。制定印发《水利部关于加强三峡工程运行安全管理工作的指导意见》，规范三峡水库运行管理工作。

七、建立健全水法律法规体系

把强化体制机制法治管理作为推动新阶段水利高质量发展的重要实施路径，制定印发《水利部关于强化水利体制机制法治管理的指导意见》，系统提出健全体制机制和法治体系的任务举措，一体推进水利体制机制法治建设。水利部、国家发展改革委会同有关部门集中攻坚，如期完成黄河保护法起草工作。黄河保护法（草案）已经国务院常务会议讨论通过，十三届全国人大常委会第三十二次会议进行了第一次审议。《地下水管理条例》由国务院令748号公布，自2021年12月1日起施行。节约用水条例（草案）送审稿经部务会议审议通过，联合住房和城乡建设部、国家发展改革委报送国务院。《长江河道采砂管理条例》修订草案完成审查工作，已报国务院。河道采砂管理条例（草案）已报国务院常务会议审议。开展《水利工程建设监理单位资质管理办法》修改工作。实施监理单位资质改革，取消水利工程建设监理单位丙级资质，放宽中小企业承揽业务范围。优化监理单位资质许可服务，减少申请材料中的证明事项，取消初审环节。

八、完善水利行业发展体制机制

制定印发《加强水利行业监督工作的指导意见》，进一步规范和引导地方做好水利监督工作。深化科研事业单位内部收入分配制度改革，组织做好《水利部事业单位科研人员职务科技成果转化现金奖励实施意见》《水利部关于深化科研事业单位内部分配改革的指导意见》等制度研究制定工作。围绕新阶段水利高质量发展的科技需求，组织中国水利水电科学研究院、南京水利科学研究院、长江科学院、黄河水利科学研究院、珠江水利科学研究院5个科研院研究提出了内设科研机构及研究方向优化调整方案，明确各科研院内设科研机构设置，以及研究方向、研究任务。

2022年，水利部将按照党中央、国务院对全面深化改革的决策部署，深入贯彻落实习近平总书记"十六字"治水思路，全面落实2022年全国水利工作会议精神和"三对标、一规划"专项行动总结大会精神，统筹推进水利重要领域和关键环节改革攻坚，强化体制机制法治管理，持续抓好已出台改革举措落实，推动新阶段水利高质量发展。

袁　浩　张　栋　王　佳　执笔

乔建华　审核

专栏五

持续深化小型水库运行管护体制改革

水利部运行管理司

一、2021 年工作成效和进展

2021 年，水利部深入贯彻党中央、国务院领导同志关于水库大坝安全的重要指示批示精神，落实《国务院关于"十四五"水库除险加固实施方案的批复》《国务院办公厅关于切实加强水库除险加固和运行管护工作的通知》（以下简称《批复》《通知》）精神，持续深化小型水库管理体制改革，进一步落实小型水库管护主体、管护经费、管护人员，推行专业化管护模式。

制定印发《水利部办公厅关于健全小型水库除险加固和运行管护机制的意见》，指导各地创新小型水库管护模式，明确管护责任，对分散管理的小型水库，实行区域集中管护、政府购买服务、"以大带小"等管护模式，明确完成时限和工作要求。2021 年计划完成 20855 座，截至年底完成 27577 座，占年度计划的 132%。开展"两手发力"调研，了解各地在水利工程管理体制改革、投融资平台、市场化证券化实践中改革和探索经验、做法，提出政策建议。

组织开展第二批深化小型水库管理体制改革样板县工作，通过现场评估、专家评审等方式，确定第二批 68 个样板县，印发水利部公告向社会公布。选取典型案例，组织人民网、新华网、央视网、中国网等中央主流媒体，以及水利部行业媒体等广泛宣传推广样板县改革经验和成效，为小型水库管理体制改革营造了良好氛围。

积极协调财政部，安排中央补助资金 20 亿元用于小型水库维修养护。充分发挥中央资金撬动作用，各地水利部门加强与财政部门沟通，带动地方财政投入 16.0 亿元，新增地方政府一般债券 10.6 亿元。提前下达 2022 年度小型水库维修养护中央补助资金 22 亿元。

二、2022 年重点工作安排

进一步贯彻落实《批复》《通知》精神，2022 年年底前，督促指导各地对分散管理小型水库因地制宜实行专业化管护，实现全部计划的 48226 座分散管理小型水库专业化管护全覆盖。

督促指导各地管好用好小型水库维修养护中央补助资金，加强资金落实，发挥撬动作用，加大地方财政资金和地方政府一般债券资金投入。加快资金执行进度，确保资金取得实际成效。督促尚未制定小型水库维修养护和管护人员补助定额标准的省份加紧制定，并按标准足额落实管护经费。

广泛调研总结各地设立小型水库"巡库员"岗位的有效做法，梳理现行政策，研究制定小型水库"巡库员"机制的指导意见。

陈　鹏　执笔

刘宝军　审核

专栏六

进一步推动水土保持工程建设
以奖代补落地见效

水利部水土保持司

2021 年，经商财政部同意，水利部在总结水土保持工程建设以奖代补三年试点工作基础上，印发《关于进一步推动水土保持工程建设以奖代补的指导意见》（以下简称《指导意见》），旨在全面落实"两手发力"，充分发挥财政资金撬动作用，调动社会力量参与水土保持工程建设的积极性，加快水土流失治理步伐。

一、适用范围更加明确

《指导意见》明确了以奖代补适用于施工单项合同估算价不超过 400 万元，材料、苗木等货物采购单项合同估算价不超过 200 万元的国家水土保持重点工程。其适用范围限额随国家规定必须招标的标准限额进行动态调整。

二、奖补内容更加具体

《指导意见》细化了奖补资金、奖补对象、奖补措施、奖补标准和奖补方式等奖补内容。其中，中央财政水利发展资金和地方财政支出中用于国家水土保持重点工程建设的资金，均可作为奖补资金。自愿出资投劳参与水土流失治理的农民合作社、家庭农场、村组集体、专业大户、农户以及其他企业、社会组织等建设主体，均可作为奖补对象。《水土保持综合治理技术规范》明确的工程、植物等水土保持措施，以及《生态清洁小流域建设技术导则》明确的水土保持相关措施，均可纳入奖补范围。地方可制定差异化的奖补标准，原则上对于没有经济效益的措施，奖补标准不高于工程结算价款的 70%；对于有一定经济效益的措施，奖补标准不高于工程结算价款的 50%。

三、奖补程序更加规范

《指导意见》明确了发布公告、自主申报、审核公示、签订合同、自主建设、工程验收、兑付资金 7 个环节，实现了全链条监督管理。县级水利部门商财政部门制定以奖代补申报指南，并在当地政府门户网站和奖补项目所在乡镇发布公告。建设主体自愿申报，经过审核公示后，县级水利部门与建设主体签订合同。建设主体严格按照签订的合同和相关技术规程规范自主开展建设。项目完工后，县级水利部门会同财政部门及时组织验收。验收合格并经公示无异议后，县级财政部门直接向建设主体兑付奖补资金。

四、工作要求更加细致

《指导意见》从加强组织领导、完善政策机制、加强监督指导、建立激励机制和强化资金监管等方面作出规定，确保以奖代补顺利实施。其中，省级水利部门要商财政部门制定以奖代补实施意见，县级人民政府在实施以奖代补前要建立健全相关制度。建立激励机制，水利部、财政部对以奖代补工作成效明显或全国水土保持规划实施情况考核评估结果优秀的省份，在安排中央补助资金时予以适当倾斜。县级以上地方水利、财政部门也要对水土保持工作成效明显或以奖代补推进力度大的县（市、区），安排资金时予以倾斜支持。

曹利远　执笔

陈　琴　审核

深化水利"放管服"改革
释放发展新动能

水利部政策法规司

2021 年，水利部围绕推动新阶段水利高质量发展，细化水利"放管服"改革工作举措，不断提升水利政务服务效能，各项任务取得积极进展。

一、大力推进简政放权，确保改革取得实效

在符合有关法律法规、确保工程质量和安全、坚持水资源集约节约利用的前提下，纵深推进水利简政放权。

一是深化"证照分离"改革。取消水利工程建设监理单位丙级资质认定，积极推进水利工程质量检测单位乙级资质、自由贸易试验区水利工程建设监理单位乙级资质认定告知承诺改革，取水许可、河道采砂许可等 5 项涉企许可事项审批进一步优化。在北京、上海等 6 个首批营商环境创新试点城市，投资项目土地供应前开展水资源论证、水土保持和防洪评估。支持上海市浦东新区开展"一业一证"改革试点，委托其受理水利工程建设监理单位资质认定，并加强指导和监管。

二是加强行政许可事项清单管理。新增水利水电工程施工企业主要负责人、项目负责人和专职安全生产管理人员安全生产考核 1 项，不同行政区域边界水工程批准由行政许可转为内部审批，河道采砂许可、长江河道采砂许可 2 项合并为 1 项，水工程建设规划同意书审核、非防洪建设项目洪水影响评价报告审批、河道管理范围内建设项目工程建设方案审批、国家基本水文测站上下游建设影响水文监测工程的审批 4 项合并为洪水影响评价类审批 1 项。配合有关部门做好市场准入负面清单（2021 年版）涉及水利部分的修订工作，配合推进职业分类大典修订，完成新一轮水利类职

业资格目录优化调整。

三是持续优化审批流程。进一步明确流域管理机构审查权限，指导监督流域管理机构、地方水行政主管部门严格涉河建设项目和活动审查，确保岸线规范利用。对疏浚河道、航道等公益性项目涉及采砂且符合相关程序的，不再要求办理河道采砂许可。对征占地 $0.5 \sim 5 \ hm^2$ 或挖填土石方 0.1 万 ~ 5 万 m^3 的生产建设项目，编制水土保持方案报告表，实行承诺管理，即来即办。出台《注册造价工程师（水利工程）管理办法》，规范注册工作。发布化工和造纸行业建设项目水资源论证导则，推进水资源论证区域评估。

四是加强收费监管。部署水利相关行业协会开展自查，未发现强制或变相强制入会并收取会费、只收取会费不提供服务等问题。部直属单位在政府采购活动中，接受中小企业以保函等方式代替现金缴纳保证金，减轻企业负担。

二、改进监管方式，增强监管实效

深入推进"互联网+监管"和信用监管，运用"列清单、双随机、适度查、重结果"等模式，提高监管精准性有效性。

一是推动监管标准化。指导水利系统深入推进行政审批制度改革，细化事中事后监管要求。对水利部监管事项，修订监管事项和检查实施清单，明确监管责任，完善监管制度标准，确保同一监管事项规则和标准规范统一。制定水利工程建设监理单位、甲级质量检测单位、启闭机生产企业等监管实施方案。出台《河道采砂规划编制与实施监督管理技术规范》《水利水电工程（堤防、淤地坝）运行管理危险源辨识与风险评价导则》，推进采砂管理、堤防和淤地坝运行危险源辨识与风险评估规范化。

二是加强常态化监管。加大水利工程、安全生产等重点领域监管，每季度对流域管理机构、各省份、部直属重点工程水利安全生产状况进行评价，对风险预警为红橙两色的单位、区域，加大巡查力度。加强生产建设项目水土保持遥感监管，查处违法违规项目2.4万个。开展"双随机、一公开"监管，检查32家水利工程建设监理单位和质量检测单位、34家水利工程启闭机生产企业，公开检查结果。配合《中华人民共和国长江保护法》实施，联合司法部开展长江流域水行政执法监督，解决执法不作为、乱作为问题。

三是加强信用监管。推动建立全国统一的水利建设市场信用评价体系，累计建立市场主体信用档案 3.1 万家、从业人员信息 60 万人、水利工程业绩 34 万条。公开各类市场主体不良行为记录信息 319 条，纳入重点关注名单、黑名单管理企业分别为 140 家和 6 家，完成信用修复企业 295 家，联合发展改革、市场监管等部门对失信企业实施联合惩戒。

四是运用大数据提高监管水平。利用国家水资源信息管理系统，抽查认定 2018—2020 年 1386 家规模以上取水户超许可取水违法行为，依法进行查处。与国家发展改革委联合开展水利工程建设项目电子招投标监管试点工作，初步建立以水利部电子招投标监管系统为中心，以试点地区、单位招投标监管系统为基础的监管"一张网"，加强数据汇总、分析比对和预警，对招标投标活动进行"穿透式"监管。

三、优化政务服务，提升服务水平

一是推进"不见面"审批。优化常态化疫情防控审批服务，明确组织方式，通过网上受理、快递渠道报送申报材料等方式，方便企业、群众申请。生产建设项目水土保持方案审批等事项，推行函审、视频会议、网评等方式，开展便捷高效评审。2021 年，水利部本级采取"不见面"评审项目 45 个，江苏开展 40 多场省级项目视频评审。

二是持续提升审批效率。推动减环节、减材料、减时限、不降审查标准。修订水利部行政许可事项服务指南和工作细则，将实地核查纳入技术审查内容，优化审批环节。细化水利建设项目前期论证、建设管理、设施验收等环节水土保持要求，提升审批效率。2021 年水利部办结政务服务事项 3091 项，较法定时限提前办结率达 95.9%。

三是推进许可电子证照。制定取水许可证电子证照标准，建立全国取水许可电子证照系统，实现跨省份"一网通办"，目前已换发电子证照 41 万余份，转换率达 94%。研究制定河道采砂许可电子证照标准。完成与国家政务服务平台第三批责任清单数据共享。

四是社会对水利政务服务满意度显著提升。完善水利部政务服务平台"好差评"系统，实现政务服务事项网上评价、差评整改、及时反馈。水利部12314监督举报服务平台开设"政务服务"栏目，接受社会监督，倒逼改进审批方式，增强业务能力和服务意识，提高服务质量和水平。2021年，水利部办理的政务服务事项当事人主动评价510件，满意率为100%。

2022年，水利部将认真落实党中央、国务院关于深化"放管服"改革有关部署，围绕新阶段水利高质量发展，以全链条优化审批、全过程公正监管、全周期提升服务为目标，着力做好以下工作：一是以深化水利"证照分离"改革为重点，全面实行各类水利事项清单管理，进一步推进行政审批制度改革，落实告知承诺、优化审批等改革举措；二是以推进水利监管事项全面实施为重点，加强监管事项的计划管理，加快完善标准化精准化监管制度，逐一制定和完善事中事后监管实施方案，推动事中事后监管常态化；三是以水利部政务服务平台移动端建设为重点，推行"掌上办"，进一步减环节、减材料、减时限，推动电子证照扩大应用，提升政务服务水平和效能。

孙宇飞　赵　鹏　李建清　王文琦　执笔
陈东明　夏海霞　审核

水利价税改革扎实有序开展

水利部财务司　水利部水资源管理司

2021 年，水利部扎实推进水利价税改革，围绕"建立健全节水制度政策"，善用价税手段，推动落实"两手发力"，为新阶段水利高质量发展提供有力支撑。

一、积极推动完善水利价税改革政策

（一）推动完善水价形成机制

深入落实"十四五"规划纲要创新完善用水领域价格形成机制的要求，配合国家发展改革委出台《"十四五"时期深化价格机制改革行动方案》，明确健全有利于促进水资源节约和水利工程良性运行、与投融资体制相适应的水利工程水价形成机制。推动修订《水利工程供水价格管理办法》《水利工程供水定价成本监审办法》，多次与国家发展改革委沟通，力争牵好水价"牛鼻子"，发挥水价杠杆作用。

（二）积极落实税费优惠政策

推动财政部、税务总局继续免征国家重大水利工程建设基金的城建税和教育费附加。积极推动延长农村饮水安全工程建设运营税收优惠，为保障农村饮水工程安全运行提供有力支持。积极与财政部、国家税务总局沟通水利工程增值税政策。认真梳理合同节水税收支持政策，研究推动合同节水。

二、持续推进水资源税改革试点工作

（一）深入推进水资源税改革

自 2016 年河北省在全国率先实行水资源税改革试点以来，水资源税改革已走过 5 年多历程。5 年间，水利部门会同财政、税务部门积极探索水资源税改模式，充分发挥税收政策调节作用，强化水资源管理，在强化取用水监管、抑制地下水超采、促进节约用水、助力水资源保护方面的效果逐步显现。2021 年，指导河北省调整地下水超采区农业生产用水税额标准，促进水资源集约节约利用。持续修改完善全面推开水资源税改革试点实施办法，为全面推开水资源税改革试点奠定基础。

（二）逐步完善水资源税改革政策体系

在河北省取得税改试点经验基础上，国家出台了扩大水资源税改革试点的政策文件。自 2017 年 12 月 1 日起，国家将河北试点经验向北京、天津、山西、内蒙古、河南、山东、四川、陕西、宁夏 9 省（自治区、直辖市）推广。10 个试点地区人民政府相继出台了水资源税改政策及相关配套文件，初步形成了较为完备的政策体系。水利部门结合自身职责，在计税水量核定、农业取水限额、水利与税务部门监管合作机制、税务和水利部门基础数据共享平台建设等方面，出台了相关配套制度，有力支撑了税改政策落地。

（三）强化水资源管理基础能力建设

在前期水利、税务部门组织开展税源登记工作的基础上，2021 年，水利部在全国开展了取用水管理专项整治，全面摸排取水口数量、取水计量情况及取水合规性，并进行问题认定和整改提升工作。为全面、准确、及时掌握取水口取水情况，提高监管精细化水平，水利部制定出台了《关于强化取水口取水监测计量的意见》，对加强取水口取水监测计量作出安排，明确把取水计量作为取水许可审批、监管重要内容，纳入最严格水资源管理制度考核。河北省鼓励企业安装在线监控计量设施，创新"水随电走、终端计量、以电折水"的纳税人水量监管方式，不断加大对取用水的动态监控力度。

（四）发挥税收刚性约束，强化水资源监管和保护

借水资源税改革之机，各省（自治区、直辖市）强化水资源监管，提升了管理能力和水平。对无证取水、超计划用水加倍征收水资源税，取水

户普遍提升了主动依法办理取水意识。河北省新增办理取水许可证 4500 余套，取用水许可证发证率提高到 95% 以上，关停自备井 5416 眼。对超采区取用地下水加倍征税，促使许多企业由抽采地下水转为使用引江水和地表水，推动地下水压采措施落实。内蒙古某公司加大节水设备投入，配备先进的污水处理和水循环利用系统，地下水取水量明显下降，全年取用地下水同比改革试点前减少 80 万 m^3，减少 56%。内蒙古某集团供水主动利用内部生态湖收集雨水、生活废水用于生产，全年减少取用地下水 3.6 万 m^3。

田　枞　田　心　王　震　马　俊　毕守海　马　超　执笔

郑红星　郭孟卓　审核

专栏七

加大金融支持力度 推动水利高质量发展

水利部财务司

2021 年，水利部继续深化与国家开发银行、中国农业发展银行、中国农业银行等金融机构的战略合作力度，共同指导地方用好金融支持水利政策，加大水利工程信贷支持力度。积极协调金融机构通过延长水利中长期信贷期限、提供利率下浮优惠、创新投融资模式等方式，着力保障重大水利工程、农村供水及城乡供水一体化等水利建设项目的融资需求，推动京津冀协同发展、长江经济带发展、黄河流域生态保护和高质量发展等重大战略水利相关建设任务的融资工作，为助力新阶段水利高质量发展、提高国家水安全保障水平提供有力的信贷支撑。截至 2021 年 12 月底，国家开发银行、中国农业发展银行、中国农业银行三家银行水利贷款余额 10101.01 亿元，全年发放水利贷款合计 2247.88 亿元，较上年增长 11.93%，充分发挥了金融信贷资金支持水利建设、稳定投资和保障民生的重要作用。

一、聚焦重大水利工程保障融资需求

重大水利工程是"两新一重"建设的重要内容。水利部协调有关金融机构加强合作力度，将重大水利工程融资作为重点推进事项，定期研究沟通重大水利工程进展情况，了解融资需求，指导地方水行政主管部门、银行分支机构深入对接，给予贷款期限延长（最长可达40年）、利率更大下浮等优惠政策，充分发挥政策性、开发性银行主力作用，全力推进重大水利工程融资。截至 2021年年底，国家开发银行、中国农业发展银行、中国农业银行三家银行累计投放重大水利工程贷款 3448.41 亿元。2021 年，国家开发银行对引汉济渭二期、渝西水资源配置、新疆生产建设兵团奎屯河引水等重大引调水、水资源配置工程加大信贷支持力度；中国农业发展银行重点支持山东老岚水库、湖南椒花水利枢纽工程、黑龙江关门嘴子水库等水资源配置工程；中国农业银行对云南弥泸灌区、石屏灌区、保山坝灌区和耿马灌区等大型灌区建设给予信贷支持。

二、紧盯农村供水工程强化民生保障

水利部联合国家发展改革委、财政部等9部门印发指导意见，对提升农村供水保障能力、推进"十四五"农村供水保障工作提出明确要求。2021年水利部、国家开发银行专门印发通知，共同推进农村供水工程项目融资工作，明确重点融资支持方向，加大信贷优惠支持力度，创新市场化投融资机制，充分发挥开发性金融支持农村供水保障工程建设作用，助力"十四五"农村供水保障工作取得新成效。部行加大合力，指导地方推动项目融资。江西、福建、云南等地，省级层面统筹实施农村及城乡供水一体化，河北实施南水北调水置换地下水提升农村供水水平，宁夏开展"互联网+城乡供水"试点解决农村供水"最后一百米"。截至2021年年底，国家开发银行累计承诺农村供水项目贷款1371亿元，当年发放132亿元，为推进提升农村供水保障能力提供了信贷资金支持。

三、加强政策研究创新融资模式

水利部会同有关金融机构，在严控地方政府债务、切实防范金融风险前提下，深入开展政策研究，积极推进重点项目融资工作，创新项目融资模式。会同国家开发银行开展城乡供水一体化项目融资模式研究，深入分析贷款利率和期限对水利项目还款压力影响，研究提出水利项目信贷政策；中国农业发展银行按照市场化运作原则，探索支持工程总承包模式，形成一批具有复制推广价值的信贷模式。同时，研究综合运用贷款、基金、债券承销等多元化金融工具组合支持水利建设项目；中国农业银行修订出台《中国农业银行水利贷款管理办法》，积极探索综合收入还贷模式，通过TOT运作方式，盘活政府存量资产，拓宽基础设施建设的资金来源，推进信贷资金与财政资金发挥最大协同效应。

刘艺召　霍静怡　执笔

杨昕宇　付　涛　审核

专栏八

水 权 改 革 进 展

水利部财务司　水利部水资源管理司　中国水权交易所

2021 年，水利部深入贯彻落实习近平总书记"节水优先、空间均衡、系统治理、两手发力"治水思路和党的十九届五中全会关于推进用水权市场化交易的要求，强化水资源刚性约束，积极推进水权改革。

一、加快明晰水权权属

明确水权权属是水权交易的前提。在推进区域水权权属方面，加快江河流域水量分配，全国累计批复 63 条跨省江河流域水量分配方案，230 条跨地市江河水量分配方案。以县为单元推进地下水取用水总量确定，13 个省份批复了地下水取用水总量指标。在明确区域用水权的基础上，深入推进取用水管理专项整治行动，对利用取水工程或者设施直接从江河、湖泊或者地下取用水资源的单位和个人，依法实行取水许可管理，明晰取水权，全国已核发取水许可电子证照 52 万余套。

二、探索推进水权交易

一是制度建设取得新进展。在国家层面，研究推动将"鼓励开展用水权市场化交易""建立健全统一的水权交易系统"等纳入国家正在制定的黄河保护法及相关政策文件，从制度层面夯实水权交易基础。山西省委办公厅、山西省人民政府办公厅出台《关于统筹推进"五水综改"的实施意见》，从水权确权、水资源使用权有偿出让等方面对水权改革作出设计。江苏省、山东省分别出台《江苏省水权交易管理办法（试行）》《山东省水权交易管理办法》，宁夏回族自治区印发《关于落实水资源"四定"原则深入推进用水权改革的实施意见》。

二是交易实践呈现新格局。在北方水资源紧缺地区水权交易日趋活跃的同时，南方丰水地区水权交易日渐增多。山东省东营市与广饶县通过区域水权交易优化水资源配置。河北省元氏县、山西省清徐县、山东省宁津县、甘肃省石羊河流域等灌溉用水户水权交易持续开展。山东省临沂市、济南市和甘肃省金塔县等地通过取水权交易破解水资源瓶颈制约。江苏省宿迁市和无锡市、江西省抚州市和九江市等地推进农业与工业之间、工业与工业之间水权交易。

三是水权交易监管得到强化。深入基层调研，督促各地及时报送年度水权交易监管信息，组织监管信息整编、分析，形成年度水权交易监管报告，研究建立统一的水权交易系统，为强化水权交易监管提供有力支撑。

三、中国水权交易所交易情况

2021 年，中国水权交易所聚焦黄河流域生态保护和高质量发展、长江经济带发展、长三角一体化发展等国家重大战略，结合建立水资源刚性约束制度、国家节水行动、农业水价综合改革、地下水超采区综合治理等重点任务，积极发挥国家级水权交易平台作用，全面拓展水权交易服务范围，强力推进区域水权交易、取水权交易、灌溉用水户水权交易。2021 年度水权交易成交 1443 单，交易水量约 3.02 亿 m³，交易单数、水量实现双增长；水权交易范围涉及河北、山西、内蒙古、江苏、安徽、江西、山东、湖南、甘肃 9 省（自治区），其中山西、山东两省成交单数占总交易单数的 78%。

田　心　赵诗月　毕守海　马　超　李　楠　执笔

郑红星　郭孟卓　姜　楠　审核

宁夏回族自治区青铜峡市：水权改革激活"节水引擎"

2021年5月以来，作为宁夏回族自治区水权改革重点县区的青铜峡市，下好先手棋，打好主动仗，利用好水、交易好水、管理好水，打通水权改革的"最后一公里"。

一、扎下用水权改革的"根"

青铜峡市坚持把水权改革放在心上、扛在肩上、抓在手上，奋力推进。结合青铜峡市实际情况，在已确权到84个行政村364个干渠直开口的基础上，实施灌区智能化计量设施改造项目，把水资源细化确权到794个斗渠口。深化用水"黑户企业"大清查行动，精准核定水量、依法规范管理，排查出341家黑户企业，制定企业自备井的关停方案，就企业按期办理水资源使用权证联合下发了限期整改通知书，及时跟进督查，确保各项问题整改到位。2021年10月底，青铜峡市全面完成水权确权工作。

二、拧紧农业用水"水龙头"

青铜峡市农业总用水量占年均用水总量的94.5%左右，最大的节水源头在农业、最广的节水空间也在农业。一是强化计划用水。依据自治区分配青铜峡市2021年度用水指标，细化分配到各用水户，按月统计用户水量，设立用水台账，强化过程监督，为年底用水考核打好坚实基础。二是抓好"农业节水"突破点。2018年以来，青铜峡市紧盯自治区葡萄酒产业重点项目，争项目资金7830万元，修建蓄水池 22 座，加压泵站 21 座，发展高效节水滴灌面积 23855 亩，为乡村振兴提供水利智慧。三是抓好"水循环"突破点。深入推进"海绵城市"建设，以"互联网+城乡供水"工程为抓手，加快建设工业园区废水循环利用项目，全市三个污水处理厂年处理污水 770 万 m³ 左右。2019 年，青铜峡市被评为第二批全国节水型社会建设达标县。

三、探索水权交易"水银行"

建立水权市场化交易机制，收储运营"散户"用水权，搭建水权交易二级平台，切实变"资源"为"资产"。加紧推进 1500 万 m³ 水权交易工作，按水权交易期限为 10 年、起始价格为 1.08 元／（m³·年）计算，总水权交易收益达到 16200 万元。2021 年，第一批挂网的 869 万 m³ 水权交易已完成报价，这是青铜峡市探索开展水权交易改革在全区的先行先试。

孟砚岷　执笔

席　晶　李　攀　审核

深入推进农业水价综合改革

水利部农村水利水电司

2021 年，水利部认真贯彻党中央、国务院关于推进农业水价综合改革的决策部署，配合有关部门指导地方深入推进农业水价综合改革，改革成效明显，全国已累计实施改革面积超 5 亿亩。

一、统筹部署"十四五"改革工作

配合国家发展改革委印发《关于持续推进农业水价综合改革工作的通知》，确定各省份年度改革任务面积，部署年度重点工作，指导各地将"十四五"期间新增改革实施面积和完成验收面积分解到各年度。2021 年，安排中央水利发展资金 15 亿元，明确资金重点用于精准补贴和节水奖励，引导地方全力推进改革。在宁夏回族自治区盐池县召开农业水价综合改革工作座谈会，交流改革经验做法，部署"十四五"水利行业深入推进改革的主要目标、重点任务和关键举措。会同国家发展改革委等 4 部委完成2020 年度农业水价综合改革工作的绩效评价，将评价结果纳入最严格水资源管理制度、粮食安全省长责任制考核，向 5 个改革进展较慢省份的省级人民政府下发问题清单。

二、持续夯实改革基础

工程建设方面，水利部联合国家发展改革委印发《"十四五"重大农业节水供水工程实施方案》，将 124 处大型灌区纳入实施范围；联合财政部印发《全国中型灌区续建配套与节水改造实施方案（2021—2022 年)》，部署对 29 个省（自治区、直辖市）和新疆生产建设兵团 461 处中型灌区进行改造。2021 年安排中央资金近 140 亿元，启动 89 处大型灌区、423 处中型灌区续建配套与现代化改造，进一步完善灌排工程体系。同时，各地主动与农业农村部门对接，统筹推进灌区骨干工程和田间工程建设，有效破解改革"最后一公里"问题。计量设施建设方面，水利部印发《关于强化取水口取水监测计量的意见》，指导各地分类推进地表水取水口监测计量。各地根据改革要求并结合实际，科学有序推进量水设施建设，结合灌区续建配套与节水改造项目，新建改建供水计量设施约 3.3 万处，灌区骨干工程计量水平进一步提高。部分地区探索形成一批以电折水、以油折水、计时折水等经济实用、群众普遍接受的计量方法，显著降低了管理成本。陕西省东雷灌区在斗渠进口修建量水位标尺，也在老百姓地块就近的渠道安装了标尺，实现了"双标尺、同计量，以斗口计量为准"的计量管理。

三、运行管护机制不断创新

各地探索了农民、村集体、农民用水合作组织、新型农业经营主体等自主管护以及专业化物业化管护相结合的多种农田水利工程运行管护机制，提升了服务能力和水平，助力改革效果明显。江苏省组建用水合作组织、专业化服务公司等农田水利工程管护组织 5600 多个，全省乡镇水利站全部明确为县水利局派出机构，实现了专人专管。湖南省益阳市赫山区排灌泵站实施"专业公司运维+乡镇监管"模式，运维人员由 80 人减至 30 人，泵站能耗同比降低 13% 以上，每年运维支出节省 400 万元以上，为水价调整腾出了空间，并提高了供水服务的群众满意度。江西省广昌县将农田水利设施纳入农村公共基础设施实施统一管护，整合道路、农村供水、水价改革等补助资金，县、乡、村每年共同筹集不少于 8 万元，不足部分县级财政兜底，引进第三方公司进行管护，群众参与日常管护的监督，理顺了钱从哪来、谁来管、怎么管好的问题。

四、用水管理机制加快健全

水利部会同各地结合大中型灌区项目建设，基本建立了以灌区取水许可管理为核心的总量控制、定额管理制度。总量控制方面，各地结合全国取用水管理专项整治，核查登记农业灌溉取水口超过 500 万处，推进农业灌溉违规取水问题整改，依法规范农业取用水行为。全国有 4600 多处大中型灌区申领取水许可，吉林、江苏、江西、广东、青海 5 省重点中型灌区全部取得了取水许可证。定额管理方面，国家层面 2021 年发布了马铃薯、油菜等 6 种农作物用水定额，指导各省及时制订省级灌溉用水定额，用水定额体系不断细化完善。引导农业用水户将用水权额度内节余水量进行交易，2021 年在中国水权交易所平台成交灌溉用水户水权交易 1420 单。用水管理方面，各地积极探索终端用水管理模式，着力提高用水效率和服务水平。宁夏回族自治区盐池县马儿庄灌区建立了"支部+合作社+农户"的管理模式，由村党支部牵头，高效节水合作社直接管理，农户全程监督，做到灌水、耕作、种植、采购、施肥、防治、收割"七统一"，既提高了灌溉用水效率，又降低了农民亩均投入。

五、农业水价形成机制和奖补机制日益完善

水价调整方面，水利部积极推进大中型灌区供水成本核算，大型灌区和重点中型灌区已完成核算。在各级发展改革等部门的推动下，2016 年以来已有 300 多处大型灌区和 2700 多处中型灌区完成水价调整。农业用水执行水价与运维成本的差距逐步缩小，部分已完成改革区域的水费收入加精准补贴后基本达到运维成本。新疆维吾尔自治区 14 个市（地区、自治州）、89 个县全部完成农业水价成本监审工作，其中 83 个县已完成农业水价调整工作，哈密市、博尔塔拉蒙古自治州所辖县将骨干工程水价调整至完全成本水平。精准补贴和节水奖励机制方面，中央财政连续 4 年每年安排水利发展资金 15 亿元支持各地改革，2021 年指导地方将中央补助资金主要用于精准补贴和节水奖励，强力推进改革。各地结合实际深入探索精准补贴和节水奖励操作方式，有的补贴给水管单位、农民用水户协会或水管员，有的补贴给用水户定额内用水的提价部分。浙江省对改革绩效评价优秀的县实行分档奖励，近年累计对种粮农民用水补贴超 2 亿元。陕西省省级落实奖补资金 2.1 亿元，补贴灌区骨干工程和末级渠系管护、高扬程抽水电费等，确保工程正常发挥效益。

总体上看，改革地区强化农田水利工程维修养护和田间用水管理，基

本实现了"平常有人管、损坏有人修",灌溉秩序进一步规范,灌溉更加省时省力,农业用水量明显下降,农业用水效率显著提升,农业节水减排成效显著,也促进了农民增产增收。但今后改革面临的难度更大、矛盾更多,农业水价综合改革还需强力推进、持续深化。一是持续完善水价形成机制和奖补机制,加快灌区供水成本核算,配合有关部门加快推进成本监审,推动农业水价调整,指导地方多渠道落实节水奖励和精准补贴。二是建立工程长效管护机制,会同有关部门和各省督促县级政府落实工程运行维护的主体责任,压实运行维护主体的管护责任,抓实行业部门的监管责任。三是加强农业用水管理,进一步强化灌区取水许可管理,深入落实用水总量控制和定额管理。结合大中型灌区续建配套与现代化改造,加快供水计量设施建设。四是指导地方因地制宜分类确定验收标准,有序推进改革验收。动态跟踪改革实施效果,持续巩固已改革区域的改革成果。

刘国军　王　适　章　杰　曹雪松　执笔

倪文进　审核

水 利 法 治 篇

水利立法取得重大突破

水利部政策法规司

2021 年，水利部坚持以习近平新时代中国特色社会主义思想为指导，深入贯彻习近平法治思想和习近平总书记关于治水重要讲话指示批示精神，认真落实党中央、国务院有关决策部署，牢牢把握推动新阶段水利高质量发展主题，坚持科学立法、民主立法、依法立法，水利立法成果丰硕。

一、流域立法取得重要进展

（一）黄河保护法（草案）已经全国人大常委会审议

按照党中央、国务院关于开展黄河立法工作的决策部署，2020 年 11 月以来，水利部、国家发展改革委会同有关部门成立起草工作小组和专班，建立工作机制，在专题研究、实地调研、征求意见基础上，仅用 7 个多月时间就较高质量地完成了黄河保护法（草案）起草工作。2021 年 6 月，水利部、国家发展改革委联合将黄河保护法（草案）报送国务院，10 月，由国务院常务会议讨论通过。12 月，十三届全国人大常委会第三十二次会议对黄河保护法（草案）进行了第一次审议。黄河保护法（草案）深入贯彻落实习近平总书记关于黄河流域生态保护和高质量发展的重要讲话指示批示精神，全面落实党中央、国务院关于《黄河流域生态保护和高质量发展规划纲要》部署安排，立足新发展阶段，贯彻新发展理念，构建新发展格局，着力构建科学有效的黄河流域生态保护和高质量发展制度体系。黄河保护法（草案）共 11 章 105 条，从完善管理体制、规划与管控、生态保护与修复、水资源节约集约利用、水沙调控与防洪安全、污染防治、高质量发展、黄河文化保护传承弘扬、保障与监督等方面规定了制度措施。

（二）《中华人民共和国长江保护法》颁布施行

我国第一部流域法律《中华人民共和国长江保护法》（以下简称《长江保护法》）自 2021 年 3 月 1 日起施行。《长江保护法》的颁布施行是深入贯彻习近平生态文明思想和习近平总书记关于长江保护重要讲话指示批示精神、用法治力量守护好长江母亲河的重大举措。水利部全程参与了《长江保护法》起草和审查审议工作。《长江保护法》共 9 章 96 条，直接涉及水利部门职责的相关条款约占全部条文的三分之一，对长江流域水资源管理、河湖管控、水生态保护修复、洪涝灾害防御等方面，作出了有针对性的制度安排，充分体现了党中央对长江水安全的高度重视，也反映了水利部门在长江治理保护中承担着重要政治责任。水利部及时召开《长江保护法》宣传贯彻视频会议，编制实施方案，组织学习宣传，开展配套制度建设，加强执法监管，切实履行《长江保护法》赋予的法定职责。

二、行政法规制定亮点纷呈

（一）《地下水管理条例》颁布施行

《地下水管理条例》自 2021 年 12 月 1 日起施行。作为我国第一部地下水管理的专门行政法规，《地下水管理条例》深入贯彻落实习近平生态文明思想和习近平总书记关于治水重要讲话指示批示精神，聚焦地下水超采和污染两大突出问题，对地下水管理体制、调查与规划、节约与保护、超采治理、污染防治、监督管理等方面作出了系统性制度安排，明确国务院水行政主管部门负责全国地下水统一监督管理工作，规定了地下水保护利用规划编制要求和重要作用，设定了地下水取水总量和水位"双控"、地下水分区管控、地下水保护、地下水储备、地下水监测等制度措施。《地下水管理条例》的颁布实施，标志着地下水管理迈入依法严管的新阶段。水利部迅速开展宣传贯彻工作，编制贯彻实施工作方案，推进地下水节约保护、超采治理和监管执法工作，完善规划和监测体系，加强部门协同，用法治力量守护好地下水。

（二）河道采砂管理条例（草案）完成审查

河道砂石是河床的组成部分，河道采砂事关防洪、供水、航运、基础设施以及生态安全。党中央、国务院高度重视河道采砂管理工作，将河道采砂管理条例列入国务院 2021 年度立法计划。针对河道采砂存在的突出问题，在总结河道采砂管理经验、反复研究论证基础上，水利部起草了河道采砂管理条例（草案），报送国务院。之后，水利部积极配合司法部开展了实地调研、专家论证、立法协调、修改完善等工作，形成了成熟的河道采砂管理条例（草案）。河道采砂管理条例（草案）坚持保护优先、科学规划、有序开采、严格监管的原则，全面建立健全河道采砂管理制度措施，强化"采、运、销"全过程监管，确保河道采砂管理规范有序。

（三）节约用水条例（草案）完成起草

我国人均水资源占有量低，节水是解决我国水问题的根本出路。水利部深入贯彻落实习近平总书记"节水优先、空间均衡、系统治理、两手发力"治水思路（以下简称习近平总书记"十六字"治水思路）和关于治水重要讲话指示批示精神，全面总结节水工作新实践，有效借鉴地方节水立法新经验，在实地调研、征求意见基础上，起草了节约用水条例（草案），并与住房和城乡建设部、国家发展改革委多次协调沟通，反复修改，达成一致。节约用水条例（草案）送审稿及其说明经水利部部务会议审议，水利部、住房和城乡建设部、国家发展改革委联合报送国务院。节约用水条例（草案）坚持统筹规划、合理配置、总量控制、高效利用、因地制宜、分类指导的原则，建立政府主导、部门协同、市场调节、公众参与的节约用水制度措施，为全社会节约用水提供法治规范。

（四）《长江河道采砂管理条例》修正草案（送审稿）完成起草

为贯彻实施《长江保护法》，强化长江河道采砂管理，水利部在征求中央有关部门、长江干流有关省市人民政府意见和社会公众意见基础上，研究起草了《长江河道采砂管理条例》修正草案（送审稿），并报送国务院。《长江河道采砂管理条例》修正草案（送审稿）依据《长江保护法》，强化了非法采砂法律责任，提高了法律威慑力。

同时，地方水利立法成效显著。河北、天津、湖南、福建、云南、四川、辽宁等地出台节约用水、湖泊保护、流域保护、城乡供水、河道采砂、水利工程管理等地方性法规和规章，多层次的水法规体系更加完善。

水利部加强立法基础工作，组织开展了《中华人民共和国水法》修订前期研究等工作。

三、水利体制机制法治一体推进格局加快形成

水利部党组将强化体制机制法治管理作为推动新阶段水利高质量发展的六条实施路径之一。2021年12月，水利部印发了《关于强化水利体制机制法治管理的指导意见》（以下简称《指导意见》），水利部办公厅印发了《"十四五"时期强化水利体制机制法治管理重点工作实施方案》，明确了强化水利体制机制法治建设的指导思想、基本原则、工作目标和任务措施。

《指导意见》提出，到2025年强化体制机制法治管理的工作目标是河湖长责任体系更加完善，流域治理管理体制更加健全，水行政管理职能充分发挥。水权、水价、水资源税、水利投融资、水生态产品价值实现和生态补偿等重点领域机制建设取得重要进展，政府与市场"两手发力"作用更加明显；水利建设和运行安全机制更加完善。《中华人民共和国水法》《中华人民共和国防洪法》、黄河保护法等重要法律法规及时制修订，水资源刚性约束制度有效落实，水行政执法质量效能明显提升，依法行政制度体系更加健全，系统完备、科学规范、运行有效的水利高质量发展制度体系基本建立，依法治水管水能力显著提高。

《指导意见》从注重协同高效，不断完善水利管理体制；坚持"两手发力"，充分发挥市场配置资源决定性作用和更好发挥政府作用；强化风险防控，完善水利安全管理体系；坚持依法治水，夯实水利法治基础四大板块，提出了15方面的工作任务，着力解决水利高质量发展的重点难点问题和深层次矛盾，进一步健全体制机制和法治体系，为保障国家水安全提供制度保障。实施方案锚定到2025年的工作目标，细化实化出57项具体工作举措，逐项落实责任主体，严格完成时限，作为落实《指导意见》的时间表和路线图。

2022年，水利部将继续深入贯彻习近平法治思想、习近平总书记"十六字"治水思路和关于治水重要讲话指示批示精神，认真落实党中央、国

务院关于法治政府建设的决策部署，围绕《指导意见》明确的目标任务，加快重点立法项目进程，加快完善水法规体系，为推动新阶段水利高质量发展夯实制度根基。

王坤宇　执笔

李晓静　审核

水利部印发关于强化水利体制机制法治管理的指导意见和实施方案

水利部政策法规司

强化体制机制法治管理是推动新阶段水利高质量发展的六条实施路径之一。水利部印发了《关于强化水利体制机制法治管理的指导意见》（以下简称《指导意见》），水利部办公厅印发了《"十四五"时期强化水利体制机制法治管理重点工作实施方案》（以下简称《实施方案》）明确了强化水利体制机制法治建设的指导思想、基本原则、工作目标和任务措施。

《指导意见》提出，强化体制机制法治管理要坚持以习近平新时代中国特色社会主义思想为指导，深入贯彻党的十九大和十九届历次全会精神，认真落实习近平生态文明思想、习近平法治思想和习近平总书记关于治水重要讲话指示批示精神，完整、准确、全面贯彻新发展理念，深入践行习近平总书记"节水优先、空间均衡、系统治理、两手发力"治水思路，围绕新阶段水利高质量发展目标任务，着力解决水利高质量发展的重点难点问题和深层次矛盾，进一步健全体制机制和法治体系，为保障国家水安全提供制度保障。

《指导意见》强调，强化体制机制法治管理要坚持把握方向、服务大局，问题导向、目标导向，系统观念、统筹推进，法治思维、改革创新的工作原则，明确提出，到 2025 年，河湖长责任体系更加完善，流域治理管理体制更加健全，水行政管理职能充分发挥。水权、水价、水资源税、水利投融资、水生态产品价值实现和生态补偿等重点领域机制建设取得重要进展，政府与市场"两手发力"作用更加明显；水利建设和运行安全机制更加完善。《中华人民共和国水法》《中华人民共和国防洪法》、黄河保护法等重要法律法规及时制修订，水资源刚性约束制度有效落实，水行政执法质量效能明显提升，依法行政制度体系更加健全，系统完备、科学规范、运行有效的水利高质量发展制度体系基本建立，依法治水管水能力显著提高。

《指导意见》提出强化水利体制机制法治管理的主要任务：一是注重协同高效，不断完善水利管理体制。包括完善河湖长制体系、强化流域治理管理、完善水行政管理职能体系。二是坚持"两手发力"，充分发挥市场配置资源决定性作用和更好发挥政府作用。包括推进水权改革、完善水价形成机制、深入推进水资源税改革、健全多元化水利投融资机制、积极探索水生态产品价值实现机制和水流生态保护补偿机制。三是强化风险防控，完善水利安全管理体系。包括完善水利工程建设管理机制、健全水利工程运行管理机制、完善水利安全生产保障机制。四是坚持依法治水，夯实水利法治基础。包括健全水法律法规制度体系、健全水行政执法工作体系、深化水利"放管服"改革、健全依法行政制度体系。并从加强组织领导、完善工作机制、强化监督考核等方面强化了实施保障措施。

《实施方案》与《指导意见》相配套，将《指导意见》提出的工作任务进一步细化实化为57项具体措施，明确了每项具体措施的责任单位和完成时限。

李　达　执笔

李晓静　审核

专栏十

《中华人民共和国长江保护法》正式施行

水利部政策法规司

《中华人民共和国长江保护法》（以下简称《长江保护法》）于 2020 年 12 月 26 日经十三届全国人大常委会第二十四次会议通过，自 2021 年 3 月 1 日起施行。作为我国首部流域法律，《长江保护法》的颁布施行对维护长江流域乃至国家水安全、生态安全具有重要意义。一年来，水利部深入贯彻习近平总书记关于长江保护的重要指示批示精神，严格履行《长江保护法》赋予的法定职责，全力推进《长江保护法》贯彻实施。

一、抓好宣传贯彻

2021 年 1 月 27 日，水利部召开宣传贯彻《长江保护法》视频会，长江流域 19 省份水利部门参加，全国人大常委会法工委王瑞贺副主任就《长江保护法》作专题解读，魏山忠副部长出席并作出动员部署。组织开展新闻报道、创作宣传挂图等多形式宣传《长江保护法》，利用沿江各类水利工程和法治文化宣传阵地等载体普及《长江保护法》，营造社会公众知法守法、爱江护江的良好氛围。将学习宣传《长江保护法》纳入《水利系统法治宣传教育第八个五年规划（2021—2025 年）》，开展网络知识竞赛，组织水利干部职工深入学习理解法律精神和制度措施，切实履行《长江保护法》赋予的法定职责。

二、制定实施方案

《长江保护法》共 9 章 96 条，直接涉及水利部门职责的相关条款占全部条文的三分之一，充分体现了党中央对长江水安全的高度重视，反映了水利部门在长江保护治理中承担着重要政治责任。水利部印发了《水利部贯彻实施〈长江保护法〉工作方案》，提出负责实施和参与的工作措施共计 35 项，包括加快河流水量分配方案制定、明确相关重点河湖控制断面流量水量和水位控制要求，严控区域和行业用水总量和强度，制定饮用水水源地名录，强化河湖岸线管控，严格河道采砂法律责任，实施长江河口生态修复，完善长江流域防洪工程和非工程体系等，持续深入贯彻实施《长江保护法》。

三、加强配套制度建设和执法监管

一是落实《长江保护法》有关规定，对《长江河道采砂管理条例》进行修正，形成修正草案报国务院。二是组织制定长江流域控制性水工程联合调度管理办法等配套制度。三是组织开展长江流域水行政执法专项活动，严格查处非法取水、违法占用河湖水域岸线、非法采砂及未将生态用水调度纳入日常运行调度规程等违法行为，全面加强河湖保护，努力打造幸福长江。

赵　强　执笔

李晓静　审核

《地下水管理条例》颁布施行

水利部政策法规司

《地下水管理条例》（以下简称《条例》）是我国第一部地下水管理的专门行政法规，为加强地下水保护治理提供了法治保障，标志着地下水迈入依法严格管理的新阶段。

一、出台背景

地下水是水资源的重要组成部分，具有重要的资源属性和生态功能，是重要水资源战略储备，对于保障我国城乡供水、支持经济社会发展和维系良好生态环境具有重要作用。党中央、国务院高度重视地下水管理和保护。党的十八大以来，习近平总书记多次就地下水问题发表重要讲话，作出重要指示批示，指出确保地下水质量和可持续利用是重大的生态工程和民生工程；要求开展地下水超采漏斗区综合治理，遏制全国地下水污染加剧状况。习近平总书记的重要讲话指示批示为做好地下水保护治理工作提供了根本遵循和科学指南。

党中央、国务院将制定地下水管理法规作为重要立法任务。水利部在深入调查研究、系统总结经验的基础上，起草了《条例》送审稿，并向社会公开征求意见。司法部先后两次征求有关部门、地方人民政府的意见，并进行调研，召开部门座谈会和专家论证会，在此基础上会同水利部等有关部门反复研究修改，形成了《条例》（草案）。2021 年 9 月 15 日，国务院常务会议审议通过了《条例》（草案）。2021 年 10 月 21 日，李克强总理签署国务院令第 748 号，公布《条例》，自 2021 年 12 月 1 日起施行。

二、主要内容

《条例》聚焦地下水超采、污染突出问题，强化地下水节约保护、超采治理和污染防治，主要从 6 个方面对地下水管理作出重要制度安排：一是规定了地下水调查评价、地下水保护利用和污染防治规划、地下水储备三项基础性制度；二是规定了建立地下水"双控"、地下水取水计量、地下水资源税费征收等制度，明确了严格地下水取水许可申请条件、防止地下工程建设不利影响、禁止开采难以更新地下水等措施，推动节约、保护地下水；三是明确规定划定地下水超采区、禁止开采区、限制开采区，编制地下水超采综合治理方案，推动实施地下水超采治理；四是规定了划定地下水污染防治重点区，严格地下水污染管控的措施；五是规定建立国家地下水监测站网和地下水监测信息共享机制，强化对矿产资源开采和地下工程建设疏干排水、需要取水的地热能开发利用项目的监管措施；六是对超采、污染地下水行为，规定了严格的法律责任。

李　达　执笔
李晓静　审核

黄河保护法立法工作取得重要进展

水利部政策法规司

开展黄河保护法立法是党中央部署的重大立法任务。全国人大常委会、国务院将黄河保护法立法列入2021年度立法工作计划。国务院对黄河立法起草工作作出专门部署。水利部、国家发展改革委会同有关部门较高质量地完成了起草工作。2021年10月，国务院常务会议讨论通过了黄河保护法（草案）（以下简称草案）。12月，十三届全国人大常委会第三十二次会议进行了第一次审议。

一、起草过程

自2020年11月全面启动起草工作以来，水利部、国家发展改革委会同司法部、自然资源部、生态环境部等11个部门，集中力量推进起草工作，组织开展立法调研、专题研究和专家咨询，多次征求中央有关部门单位、流域9个省（自治区）人民政府意见，并向社会公众公开征求意见，仅用7个多月时间就较高质量地完成了黄河保护法起草工作，形成草案及其说明。2021年6月，经水利部部务会议审议通过，水利部、国家发展改革委联合将草案报送国务院。

2021年10月，李克强总理主持国务院常务会议讨论草案，决定将草案提请全国人大常委会审议。12月，十三届全国人大常委会第三十二次会议对草案进行了审议。

二、起草工作原则和草案主要内容

起草工作遵循以下原则：一是把牢立法工作方向。反复学习领会习近平总书记关于水安全保障以及黄河流域生态保护和高质量发展等重要论述精神，逐条对表对标习近平总书记关于治水重要讲话指示批示精神，确保正确的立法方向。二是坚持问题导向、目标导向。紧紧围绕习近平总书记强调的黄河流域需要高度重视的六方面重大问题和黄河流域生态保护和高质量发展五大目标任务，落实把握新发展阶段、贯彻新发展理念、构建新发展格局，推动高质量发展要求，以及《黄河流域生态保护和高质量发展规划纲要》提出的任务。三是立足流域视野、黄河特点设计制度措施。聚焦黄河流域生态环境脆弱、水资源自然禀赋条件差、水沙关系不协调、发展质量有待提高等突出问题，以水为核心、河为纽带、流域为基础，认真落实山水林田湖草沙综合治理、系统治理、源头治理，充分反映上下游、干支流、左右岸的关联性。四是坚持科学立法、民主立法。围绕黄河流域生态保护和高质量发展，组织开展10个专题研究，为草案起草提供支撑；加强沟通协调，充分听取地方、部门、社会、专家意见，体现党的主张，反映人民意愿。

草案共11章105条，围绕规划与管控、生态保护与修复、水资源节约集约利用、水沙调控与防洪安全、污染防治、高质量发展、黄河文化保护传承弘扬、保障与监督、法律责任等规定了相应的制度措施。

赵　强　执笔

李晓静　审核

水利部出台 26 项制度办法强化行业管理

水利部政策法规司

2021 年，水利部深入贯彻落实习近平生态文明思想、习近平法治思想和习近平总书记关于治水重要讲话指示批示精神，结合"三对标、一规划"专项行动，制定出台 26 项制度办法，为推动新阶段水利高质量发展提供有力支撑和保障。

一是推进水利基础设施建设方面。制定实施了完善流域防洪工程体系、实施国家水网重大工程、推进智慧水利建设等制度文件。这些制度办法为推动水利基础设施建设，加快重大水利工程前期工作和建设进度，改善水利基础设施和基本公共服务条件，充分发挥水利稳投资、扩内需的重要作用提供了制度支撑。

二是复苏河湖生态环境方面。制定实施了复苏河湖生态环境、推动黄河流域水土保持高质量发展、水土保持工程建设以奖代补、开展全国水土保持高质量发展先行区建设、推进小水电分类整改等办法文件。这些制度办法为落实推动长江经济带发展、黄河流域生态保护和高质量发展等重大国家战略要求，强化水生态保护修复，维护河湖健康生命，实现河湖功能永续利用提供了重要保障。

三是促进水资源集约节约利用方面。制定实施了建立健全节水制度政策、高起点推进雄安新区节约用水、县域节水型社会达标建设、水资源调度、典型地区再生水利用配置试点、公民节约用水行为规范等管理办法。这些制度办法为全面落实节水优先方针，提升水资源集约节约利用水平和水资源科学调度、优化配置能力，精打细算用好水资源，促进经济高质量发展提供了政策支持。

四是加强水利工程管理和安全生产方面。制定实施了小型病险水库除险加固项目管理、三峡工程运行安全管理、水利安全生产监督管理、水利工程建设项目档案管理等办法。这些制度办法为统筹发展和安全，完善水利工程建设管理机制、健全水利安全生产保障机制，强化风险防控，促进水利工程安全运行，守牢安全底线，确保人民群众生命财产安全等提供了有力制度保障。

五是强化水利体制机制法治管理方面。制定实施了强化流域治理管理、强化水利体制机制法治管理、加强和规范水利监管事项管理、推行水利工程建设项目电子招标投标监管试点等文件。这些制度办法为健全水利管理体制机制，推进水利"放管服"改革，优化水利政务服务，提升水利治理能力和水平夯实了制度基础。

袁义龙　刘政平　执笔

陈东明　审核

强化源头防控与动态治理
全面提升水行政执法质量和效能

水利部政策法规司

2021年，水利部紧紧围绕"强化体制机制法治管理"实施路径，加强常态化水行政执法工作，深入开展重点领域专项执法行动，建立健全执法机制，不断强化执法能力建设，取得显著成效。

一、常态化执法全面加强

强化源头防控、动态治理，从源头、过程和结果强化执法质量。一是加强日常执法巡查检查。全年共巡查河道 1553.3 万 km，巡查湖泊水库面积 259.0 万 km^2，立案查处水事违法案件 2.1 万余件，现场制止违法行为 10.6 万次。二是深化水利领域扫黑除恶常态化工作，按照中央政法委统一部署，水利部重点围绕"持续整治非法采沙突出问题"和"建立源头治理的长效机制"两项任务，会同公安部、司法部、生态环境部、交通运输部、市场监管总局等五部门，细化工作方案，制定《关于落实推进自然资源领域整治工作相关重点任务的实施方案》，组织会商，推动任务落地见效。建立涉黑涉恶线索核查机制，印发关于做好水利系统常态化扫黑除恶斗争线索摸排核查有关工作的通知，建立健全线索摸排机制、线索核查机制和行政执法与刑事司法相衔接工作机制，实行省级核查和流域管理机构复核办结制，切实做好线索摸排核查和移送。三是加强水行政执法舆情监测。深入分析水行政执法统计数据、12314 监督举报统计月报、水行政执法动态信息和水行政执法舆情月报相关数据，及时发出提醒函，督促有关流域管理机构、地方水行政部门纠偏补短、查缺补漏、妥善处置。

二、以点带面强化专项执法

围绕中央重视、群众关切的问题，以突出问题为突破，推进水行政执法工作。一是组织开展长江河道采砂综合整治执法行动。2021 年 4 月，水利部部署水利部长江水利委员会（以下简称长江委）和云南、四川、重庆、湖北、湖南、江西、安徽、江苏、上海等省（直辖市）（以下简称 9省市）水行政主管部门开展了长江河道采砂综合整治专项执法行动。行动开展期间，长江委及 9 省市提高政治站位，落实工作责任，加强执法巡查，强化协调联动，开展专项执法巡查 2952 次，出动执法人员 14.5 万人次，立案查处非法采砂案件 598 件，做出行政处罚 532 次，罚款 4629 万元，没收违法所得 1600 万元，移送案件 36 件，移送涉黑涉恶线索 4 条，综合整治专项执法行动取得了明显成效，为长江流域高质量发展提供有力的水利法治保障。二是开展京津冀水资源专项执法行动。围绕落实水资源刚性约束制度要求，针对京津冀地区存在的未经批准擅自取水、未按批准取水、未安装计量设施等违法行为，组织开展水资源专项执法行动。行动通过摸排巡查、随机抽查、建立线索台账、挂牌督办、定期通报、强化监督等措施，查处违法取用水行为，同时在水利部 12314 监督举报服务平台开设执法行动举报专栏，增强社会监督。行动期间，共立案查处水资源案件 824件，罚款 6653 万元，规范非法取水量 200 余万 m^3，对非法取水行为形成有力震慑。三是根据 12314 监督举报服务平台接收到的举报信息，对群众反映侵占河湖水域岸线问题突出的珠江流域片开展专项执法行动。

三、首次开展全国水行政执法监督

2021 年 4 月，水利部印发通知，部署开展 2021 年全国水行政执法监督工作，重点针对执法不作为、乱作为等问题，通过"七查一听"方式，对全国 31 个省份、各流域管理机构所属水行政执法机构开展执法监督，特别是联合司法部重点开展长江流域水行政执法监督，及时了解基层执法现状。共组成 32 个监督组，深入 90 个市州、167 个县区，走访、检查有关执法机构 140 个，抽查案件 643 件，暗访复核违法行为 42 个、核查群众反映问题线索 148 条，测试水行政执法人员 1224 名。监督组共收集到典型案例 47 个、经验做法 90 个、意见建议 283 条，发现各类问题 507 项，形成了水行政执法监督总报告、问题分析报告和经验做法、典型案例汇编等材料。同时以"一省一单"的方式向各省反馈监督过程中发现的问题，督促各地加强整改，不断提升执法水平。

四、水行政执法基础不断夯实

一是加强制度建设。研究健全水行政执法跨区域联动机制、跨部门联合机制、行刑衔接机制、执法监督机制等。开展《水行政处罚实施办法》修订，对水行政处罚的种类、程序等作出适用性规定。修订《水政监察证件管理办法》，进一步完善执法人员资格管理。二是加强执法能力建设。加强信息化建设，推进水行政执法的数据化、网络化、智能化，开展移动端建设，开发水政人员掌上测试系统。指导督促实施好《流域管理机构水政监察队伍执法能力建设规划（2020—2025 年)》，加强流域机构队伍建设，完成 2999 名水政监察人员换证工作。三是加强执法数据统计分析，为水行政执法提供决策支撑。通过水行政执法统计月报、季报、年报，收集、审核、汇总了全国各流域管理机构，各省（自治区、直辖市）38 家水行政主管部门报送的水行政执法统计数据，形成统计报表 2204 张，在对数据进行了逐月跟踪分析基础上，编印"水行政执法动态信息"9 期，对全国水行政执法情况进行通报，为了解全国水行政执法基本情况提供数据支撑。

2022 年，水利部将继续围绕强化水利体制机制法治管理要求，全面提升水行政执法质量和效能。一是加强常态化水行政执法。强化日常执法巡查，加大对水事违法行为打击力度。持续深化水利领域常态化扫黑除恶斗争。开展珠江流域水行政执法监督。二是针对重点流域、重点地区存在的突出问题，开展"防汛保安"、地下水超采治理专项执法行动。三是健全水行政执法制度体系。联合最高人民检察院出台关于建立"水行政执法+检察公益诉讼"协作机制的指导意见。联合公安部出台关于加强河湖安全保护工作的指导意见。健全水行政专项执法与常态化执法、跨区域跨部门联合执法、行刑衔接、执法监督等机制，不断完善水行政执法制度体系。四是加强执法能力建设。制定实施水行政执法效能提升行动方案，推动建立权责清晰、运转顺畅、保障有力的水行政执法机制。研究制定全国水行政执法基本装备配备指导标准。加强水行政执法监督管理平台建设，逐步实现流域执法信息共享，推进水行政执法数据化、网络化、智能化。搭建全国水行政执法业务培训平台，强化执法人员培训。

孙宇飞　赵　鹏　李绍民　李建清　王文琦　执笔

陈东明　夏海霞　审核

水利部　司法部联合开展长江流域水行政执法监督

水利部政策法规司

2021 年 4—11 月，水利部会同司法部部署开展长江流域水行政执法监督，对水利部长江水利委员会（以下简称长江委）和长江流域 10 个省份水行政执法工作开展监督检查。

一、提高政治站位，强化组织领导

水利部、司法部把贯彻落实习近平总书记关于治水重要讲话指示批示精神作为重要政治任务，制定长江流域水行政执法实施方案，明确监督重点和工作要求，并联合召开视频培训会进行动员部署和专题培训，明确监督内容、监督方式和监督成果。同时，编印了监督工作手册、文件材料汇编，列出卫星遥感解译疑似违法问题清单，专门开发水行政执法人员能力测试系统，提高监督的针对性和有效性。长江流域 10 个省份地方水行政主管部门和长江委会同司法行政主管部门，制定工作方案，开展自查和实地抽查检查，并对省、市、县三级水行政执法机构专项培训，充分做好专项监督各项准备工作。

二、坚持问题导向，突出监督重点

专项监督认真落实中央有关执法工作部署，以切实解决关系群众切身利益的江河治理领域执法不作为、乱作为等问题为目标，以全面推行行政执法"三项制度"、常态化扫黑除恶斗争、加强执法队伍建设和执法保障情况为重点，紧盯违法涉河建设、非法取水、非法采砂、人为造成水土流失等突出水事违法行为的查处，检查是否存在有案不立、立案不查，执法不公、执法一刀切、执法不文明、粗暴执法等现象，查找流域机构基层单位和地方水行政执法存在的问题，分析产生问题的原因，提出改进工作的对策措施，提高水行政执法能力。

三、创新方式方法，确保监督效能

水利部、司法部在各地、各单位自查的基础上，组成 5 个监督组，实行组长负责制，明确职责，落实分工，通过"七查一听"等方式（查资料、查专项行动及重大案件、查现场、查数据图像、查监督举报、查能力、查满意度、座谈访谈），开展多维度实地监督。不仅查书面资料，更查违法现场，注重听群众和司法机关工作人员意见；既要查监督投诉举报，还要通过信息化手段抽查案件处理情况。从 5 个方面 27 个要点，检查水行政执法巡查、执法案卷、执法队伍建设、制度建设等情况，采取"四不两直"（不发通知、不打招呼、不听汇报、不用陪同接待、直奔基层、直插现场）、利用无人机监测等方式，抽查复核案件和疑似违法问题。同时，还随机抽取 30% 的执法人员进行法律知识和水利专业知识测试，确保监督质量。

四、加强问题整改，完善长效机制

监督组深入 10 省份 17 个市州、46 个县区，走访、检查有关执法机构 46 个，抽查案件 224 件，暗访复核违法行为 42 个，核查群众反映问题线索 17 条，测试水行政执法人员 404 名，发现各类问题 168 个。联合监督是对流域机构基层单位和地方履行水行政执法工作的一次"体检"，水利部认真抓好监督发现问题的整改工作，向 10 个省份反馈了"一省一单"，同时，认真研究收到的意见建议，指导有关地方和单位"举一反三"，深入查找水行政执法中执法巡查、队伍建设、制度机制、执法保障等方面的薄弱环节，堵漏洞、补短板，提升依法治水管水水平，为长江经济带发展提供水利法治保障。

孙宇飞　赵　鹏　李建清　王文琦　执笔
陈东明　夏海霞　审核

京津冀水资源专项执法行动成效显著

水利部政策法规司

为深入贯彻落实习近平总书记关于治水重要讲话指示批示精神，加大水资源短缺的京津冀地区违法取水行为打击力度，助力京津冀协同发展战略实施，2021 年 5—11 月，水利部组织水利部海河水利委员会以及北京市、天津市、河北省水利（水务）厅（局）集中开展京津冀水资源专项执法行动，取得明显成效。

一、专项执法行动的重点及案件查处情况

本次专项行动重点：一是取用水管理专项整治行动整改台账中未按时限完成整改的问题；二是经举报核实的水资源违法行为；三是 2020 年前作出水资源类行政处罚、行政强制决定，经检查复核仍未履行到位的行为。通过摸排巡查、随机抽查、建立线索台账、挂牌督办、定期通报、强化监督等措施，查处违法取用水行为。专项行动期间，共查处各类水资源违法案件 824 件，办结 819 件，结案率 99.4%，罚款 6653 万元，规范非法取水量 200 余万 m³。

从案件类型看，824 件违法案件中，未经批准擅自取水的有 446 件，占比 54.1%；未按取水许可规定条件取水的有 262 件，占比 31.8%；证件过期未延续、改变取水地点和用途的 78 件，占比 9.4%；计量设施安装不规范的占比 3.6%；水资源税（费）缴纳不到位、水质及入河排污口的占比 1.1%。

二、专项行动取得的成效

（一）积极推动了一批重大水资源违法案件查处

对情节恶劣、影响较大的水资源违法行为严肃查处，例如，天津市某

化工公司累计拖欠 2013 年 10 月—2017 年 11 月地下水资源费 5535 万元，依照《中华人民共和国水法》第七十条，责令补缴拖欠的水资源费，并处以应补缴水资源费 1 倍的罚款。目前水资源费已补交，罚款已申请法院强制执行。河北省滦平县某矿业公司 2020 年 8—12 月超量取水 1.87 万 m^3，河北省水利厅实施挂牌督办，进行罚款并监督企业增加回水使用设备，削减取水量。

（二）以案普法提高行政相对人法治意识

在查处违法案件中，执法人员现场讲解水法律法规，以案释法、说理式执法，例如，北京市水务综合执法总队对宾馆、洗浴、洗车等 90 余个服务型取水户进行抽查中，发现违法行为 20 项，会同相关行业协会对违法企业开展宣传教育，指导安装节水设施器具。

（三）形成水资源管理与水行政执法有效衔接机制

此次专项执法行动中，水资源管理与水行政执法密切配合，水资源管理部门推进 3 省（直辖市）4 万余项不合规取用水问题整改；水行政执法抓难点堵点，依法打击影响较大的突出问题，有力震慑其他未整改的行为，形成齐抓共管合力，有效维护水资源管理秩序。

（四）畅通举报渠道，社会监督增强

水利部专门在 12314 监督举报平台开设执法行动举报专栏，3 省（直辖市）各级水行政主管部门在其门户网站公布举报途径，设立举报电话。共获得举报线索 40 件，全部举报案件均已结案，件件有回复。

孙宇飞　赵　鹏　李绍民　李建清　王文琦　执笔

陈东明　夏海霞　审核

水利普法成效显著

水利部政策法规司

2021年，水利部深入学习宣传贯彻习近平法治思想，坚持普法与水利法治实践相融合，着力提高水利法治宣传教育针对性实效性，持续提高干部职工法治素养和社会公众水法治意识，为新阶段水利高质量发展营造良好法治氛围。

一、深入学习宣传贯彻习近平法治思想和中央全面依法治国工作会议精神

一是抓好习近平法治思想的学习贯彻。水利部党组把学习宣传贯彻习近平法治思想作为重要政治任务，召开部党组会、部党组理论学习中心组深入学习领会习近平法治思想和中央全面依法治国工作会议精神，深刻把握习近平法治思想的丰富内涵、精神实质和实践要求，联系依法治水管水实际和推动新阶段水利高质量发展要求，将学习贯彻习近平法治思想与学习贯彻习近平总书记"节水优先、空间均衡、系统治理、两手发力"治水思路（以下简称"十六字"治水思路）和关于治水重要讲话指示批示精神结合起来，自觉树牢法治意识，践行法治理念，把强化水利体制机制法治管理作为推动新阶段水利高质量发展的重要实施路径，制定出台指导意见及其实施方案，有效发挥法治固根本、稳预期、利长远的保障作用。

二是认真落实中央全面依法治国工作会议精神。水利部党组会专题学习习近平总书记在中央全面依法治国工作会议上的重要讲话精神，要求水利系统各级党组织和广大党员干部深入学习领会习近平总书记重要讲话精神，把习近平法治思想作为各级党委（党组）理论学习重点内容，列入党校及各类教育培训的重点课程，不断增强在法治轨道上推动新阶段水利高质量发展的思想自觉、政治自觉和行动自觉。制定《水利部贯彻实施〈法

治政府建设实施纲要（2021—2025 年）〉重要举措分工方案》，提出 55 项具体措施，明确责任单位和完成时限，统筹推进水利立法、执法、普法、行政复议诉讼、"放管服"改革等工作，全面提升水利依法行政能力和水平。2021 年，《中华人民共和国长江保护法》（以下简称《长江保护法》）、《地下水管理条例》颁布施行，黄河保护立法取得重大突破，节约用水、河道采砂管理等法规立法取得重要进展。

二、扎实做好"世界水日""中国水周"主题宣传

2021 年 3 月 22 日是第二十九届"世界水日"，3 月 22—28 日是第三十四届"中国水周"。联合国确定 2021 年"世界水日"的主题为"Valuing Water（珍惜水、爱护水）"。我国纪念 2021 年"世界水日"和"中国水周"活动的主题为"深入贯彻新发展理念，推进水资源集约安全利用"。"世界水日"当天，李国英部长在《人民日报》发表署名文章。水利部印发关于组织开展 2021 年"世界水日""中国水周"活动的通知，发布宣传口号和主题宣传画，在"学习强国"平台推出"世界水日·中国水周"专项答题活动，逾 2240 万人次参加。各级水利部门充分运用传统媒体和新媒体，围绕宣传主题，利用报刊、网站、微信公众号等平台，开展全方位、立体式宣传，进一步提高干部职工贯彻新发展理念的自觉性和主动性，提升社会公众对水法律法规的知晓度、对水法治实践的参与度，为新阶段水利高质量发展营造了良好法治范围。

三、抓好《长江保护法》《地下水管理条例》宣传贯彻

《长江保护法》是我国第一部流域性法律，《地下水管理条例》是我国第一部地下水管理的专门行政法规。水利部将《长江保护法》《地下水管理条例》的宣传贯彻与学习宣传习近平法治思想、习近平总书记"十六字"治水思路和关于治水重要讲话指示批示精神相结合，开展了丰富多彩、形式多样的宣传活动，为相关法律法规的贯彻实施营造良好的社会氛围。

在传统普法方式基础上，注重利用网站、微信公众号、"学习强国"

学习平台等新媒体，进行全方位、多层次宣传。以"贯彻实施长江保护法 守护好一江碧水"为主题，在水利部机关举办《长江保护法》专题展览。制作发行以"用法治力量守护好长江母亲河"为主题的宣传挂图。有效利用新媒体传播迅速、覆盖面广的优势，在水利部网站主页开设"贯彻实施长江保护法 守护好一江碧水"专栏，刊载习近平总书记关于长江大保护和高质量发展的重要指示、水利部贯彻落实情况、各地各部门贯彻落实经验做法、新闻报道等。在"学习强国"学习平台开展"《地下水管理条例》专项答题"，超 2650 万人次参加。举办《长江保护法》《地下水管理条例》网络答题活动，其中《长江保护法》知识大赛共有超 37.55 万人次参与，创水利部历年同类大赛人数新高。联合水利报社制作《地下水管理条例》宣传贯彻微视频，在抖音、快手等平台播放量超过 251 万人次。水利系统各级单位同步开展两部立法的宣传工作，通过线上与线下宣传相结合、传统媒体与新媒体齐发力等多种形式，推动宣传抓实抓细抓好，为推动长江大保护、依法加强地下水保护治理营造了良好氛围。

四、全面启动水利"八五"普法

2021 年是"八五"普法开局之年，水利部印发实施了《水利系统法治宣传教育第八个五年规划（2021—2025 年)》（以下简称《规划》），高站位、高标准谋划部署，全面启动水利"八五"普法工作。制定《规划》分工方案，推动水利"八五"普法各项任务措施有力有效实施。

水利"八五"普法工作坚持以习近平法治思想为引领，紧紧围绕服务新阶段水利高质量发展，守正创新、提质增效、全面发展，为全面提升国家水安全保障能力营造良好的法治氛围。坚持以人民为中心的普法理念和工作导向，强化系统观念，健全普法机制，明确重点内容，突出重点对象，压紧压实责任，推深做实水利普法工作。开展对象化、分众化普法宣传，推动普法工作由"大水漫灌"向"精准滴灌"转变，抓好水利干部职工和社会公众的水利法治宣传教育，持续提升水利干部职工法治素养，提高运用法治思维和法治方式推动新阶段水利高质量发展能力水平；与时俱进创新水利普法方式和手段，丰富普法平台和载体，注重精准化，突出实效性，提高亲和力，不断满足水利干部职工和社会公众对水利法治公共服务的需求和期待。

2021年，在中央宣传部、司法部、全国普法办表彰2016—2020年全国普法工作先进单位、先进个人和依法治理创建活动先进单位中，水利部政策法规司政策处等水利系统11个集体、11名个人受到表彰。水利部政策法规司获得全国普法办主办的2021年中国普法微信公众号"党内法规专项答题"活动优秀组织奖。水利部普法办获得第十七届全国法治动漫微视频作品征集展示活动优秀组织奖。"法治润黄河"普法品牌入选全国9个普法依法治理创新案例之一，成为水利系统第一个入选案例。水利部推荐的水利部黄河水利委员会山东东阿黄河河务局水政监察大队中队长张道强同志当选年度10位法治人物之一，是该活动举办21年来首位入选的水利人。

2022年，水利部将深化水利法治宣传教育，深入实施水利"八五"普法规划，做好黄河保护法等法律法规宣传，强化"世界水日""中国水周"等主题宣传，加强干部职工法治教育培训，不断提升运用法治思维和法治方式推动工作的能力，以优异成绩迎接党的二十大胜利召开。

袁义龙　刘政平　执笔

陈东明　审核

《水利系统法治宣传教育第八个五年规划（2021—2025 年）》印发实施

水利部政策法规司

为深入学习宣传贯彻习近平法治思想，认真贯彻中共中央、国务院转发的《中央宣传部、司法部关于开展法治宣传教育的第八个五年规划（2021—2025 年）》，落实法治政府建设要求，扎实做好水利系统第八个五年法治宣传教育工作，强化水利法治管理，不断提升水利治理能力和水平，水利部编制实施了《水利系统法治宣传教育第八个五年规划（2021—2025 年）》（以下简称《规划》）。

《规划》坚持以习近平新时代中国特色社会主义思想为指导，全面贯彻落实党的十九大和十九届历次全会精神，深入贯彻落实习近平法治思想、习近平总书记"节水优先、空间均衡、系统治理、两手发力"治水思路和关于治水重要讲话指示批示精神，坚持党的领导、普法为民、普法与水利深度融合、守正创新等原则，围绕新阶段水利高质量发展法治实践，明确了水利"八五"普法的总体要求、重点内容、重点对象、方式载体、保障措施等。

关于总体要求，《规划》提出，到 2025 年水利系统普法工作体系更加健全，普法责任制全面落实，干部职工运用法治思维和法治方式推进水利高质量发展的能力显著提高，社会公众对水法律法规的知晓度、对水法治实践的参与度显著提升，水利高质量发展法治管理取得明显成效。

关于重点内容，《规划》坚持把学习宣传贯彻习近平法治思想作为水利普法的首要政治任务，明确了加强《中华人民共和国宪法》《中华人民共和国民法典》等法律法规宣传，抓好党内法规宣传，突出做好与水利高质量发展密切相关的法律法规宣传等普法重点。

关于重点对象，《规划》坚持抓住领导干部这个"关键少数"，强调将领导班子及其主要负责同志落实普法责任情况作为年度述职重要内容，提出每年举办水利系统局处级领导干部法治专题培训，开展水政部门干部和水行政执法人员法治业务培训，面向社会公众积极开展水法治宣传。

关于方式载体，《规划》强调把普法融入水利立法、执法和依法行政全过程，提出大力开展"世界水日""中国水周"等主题宣传活动、推进水利法治宣传教育基地建设、强化以案普法、运用新媒体新技术开展普法、推动水利法治文化发展等任务，着力提高水利普法的针对性实效性。

关于保障措施，《规划》明确了加强组织领导、强化责任落实、健全普法机制、加强队伍建设、落实经费保障等5个方面的保障措施。

与《规划》相配套，同时印发了分工方案，将《规划》提出的任务分解为44项具体措施，逐项明确责任单位。《规划》及其分工方案的实施，将为水利系统开展"八五"普法工作提供基本遵循，为充分发挥法治宣传教育的基础性、先导性作用，不断为提升国家水安全保障能力提供重要保障。

袁义龙　刘政平　执笔

陈东明　审核

辽宁省阜新市：依法治河　全力守护

细河是辽宁省阜新市的"母亲河"，曾饱受污染之害。阜新市坚持生态立市、法治先行，加大"母亲河"保护力度，开创性地针对一条河流实施立法工作，推进依法治水不断深入。如今，在《阜新市细河保护条例》（以下简称《条例》）的护佑下，细河日益展现出旖旎新姿，成为水清岸绿、人水和谐的生态长廊。《条例》实施以来，阜新市以河长制为抓手，各县区各部门协同发力，多措并举，取得了扎实成果。

坚持统一规划，整体推进。阜新市水利局编制了细河全流域治理规划等规划方案，加强细河流域治理保护的顶层设计，"十四五"期间重点对细河源头区、细河干流和重要支流进行治理，规划项目21项，估算总投资8.8亿元，全面提升流域治理水平。2021年共投资8500万元，完成细河城市中心段改造提升工程3.2km，完成细河支流汤头河等治理8km，河道面貌焕然一新。

坚持健全机制，抓实河长制。建立"市县区+部门+民间"河长模式，划定细河管理范围，逐个河段落实管护责任，建立巡河护河规章、奖惩考核机制，智能化无人机巡河广泛应用，河长警长"双长"同步推进，累计巡查细河流域1200余次，及时查处"四乱"问题，全面完成细河流域11条河流划界任务，有力推进水域岸线管理、水污染防治和水环境治理。同时严格考核问责，将细河县区交界断面水质状况与河长制绩效考核挂钩，并将该考核结果作为领导干部综合考核评价的重要依据，实现河长制从"有名有实"到"有能有效"的提升。

坚持重拳治污，正本清源。实行水污染物排放总量控制和排污许可制度，建立重点排污名录并实时联网监测，严禁污水处理厂溢流或直接排放，鼓励工业企业零污染排放，推进农村生活垃圾污水集中处理，划定养殖业禁养限养区域等综合治理措施，在城镇管网覆盖区域逐步实现雨污分流，从源头杜绝污水入河。细河沿线30多处排污口全部取缔，建设3座城镇污水处理厂，日处理能力25万t，基本实现了城市生产、生活污水全部集中处理，河流水质不断改善，细河国考断面水质全面达标。

如今，全市河湖管理管护水平已全面提升。成立了飞行河长、部门河长、护河党支部等河长组织，908名河长履职尽责；区域内1000 km² 以上共8条河流的岸线保护利用规划编制工作全面完成，10~50 km² 共计198条河流的管理范围完成划界，形成全市"一张图"；摸底排查62处河湖"四乱"问题，已全部完成整改销号；193个入河排污口完成溯源，建立了"一口一策"治理台账；全市8个河流国考断面实现达标，劣 V 类水体全部消除；在全省率先建立检察公益诉讼机制，加强司法介入和法律监督，河湖管护体制机制不断创新，管理水平有效提升。

王　俊　执笔

席　晶　李攀　审核

水旱灾害防御篇

2021 年水旱灾害防御工作综述

水利部水旱灾害防御司

2021 年，我国部分地区遭遇极端强降雨，发生严重洪涝灾害，局部地区出现持续旱情。习近平总书记就防汛救灾工作作出重要指示，在中央政治局会议上强调要抓细抓实各项防汛救灾措施，为做好水旱灾害防御工作提供了根本遵循。李克强总理多次主持召开国务院常务会议和专题会议并赴河南考察，就防汛救灾和灾后恢复重建作出部署。胡春华副总理、王勇国务委员等中央领导同志多次提出明确要求。水利部坚决贯彻习近平总书记重要指示精神，按照党中央、国务院的决策部署，抓细抓实各项防范应对措施，全力以赴打赢水旱灾害防御硬仗。

一、汛情旱情特点

一是降雨北多南少，局地强降雨特征突出。全国降雨总体呈"北多南少"分布，黄河中游三花区间及下游、海河南系漳卫南运河、徒骇马颊河累积降雨量较常年同期偏多 5~9 成，河南郑州 7 月 20 日最大 1h 降雨量达 201.9 mm，打破我国大陆实测记录。珠江流域东江、韩江 2020 年 10 月以来累积降雨量较常年同期偏少 4 成。

二是汛情影响范围广，北方河流洪水量级大。全国 28 个省份 571 条河流发生超警以上洪水，其中 148 条河流超保，汾河、贾鲁河、卫河、呼玛河等 43 条河流水位或流量超历史实测记录。长江、黄河、漳卫河、滦河、嫩江、松花江、太湖等主要江河湖泊发生 12 次编号洪水，黑龙江上游、卫河上游发生特大洪水，松花江发生流域性较大洪水。

三是秋汛历史罕见，时间长洪量大。入秋以后，连续发生 8 次强降雨过程，秋季阴雨持续 47 天。黄河中下游发生新中国成立以来最大秋季洪水，汉江丹江口水库 8 月下旬—10 月上旬累计来水较常年同期偏多近 4

倍，海河南系漳卫河发生有实测资料以来最大秋季洪水。

四是局地旱情持续时间长，城乡供水受到影响。全国有 25 个省份先后发生不同程度旱情，旱情高峰期，全国耕地受旱面积 4256 万亩，受供水紧张影响人口 233 万人，因旱饮水困难人口 123 万人。广东东部局地旱情自 2020 年秋冬开始一直持续，为当地近 60 年来最严重的冬春连旱。

二、水旱灾害防御工作

针对严峻的汛情旱情，在党中央、国务院坚强领导下，水利部切实将防汛抗旱这一天职扛在肩上，紧紧围绕监测预报预警、水工程调度和抢险技术支撑等主要职责，强化值守研判、精细调度和指导支持，全力做好水旱灾害防御各项工作。

一是明确目标，扎实准备。立足"防住为王"，确定以"人员不伤亡、水库不垮坝、重要堤防不决口、重要基础设施不受冲击"为防御目标。汛前召开全国水旱灾害防御、水库安全度汛、山洪灾害防御等视频会议，提早部署防范水旱灾害重大风险，召开专题会议部署重点流域、重点地区防洪保安工作。国家防总副总指挥、水利部部长李国英等部领导带队赴海河、松辽流域检查，针对发现的问题以"一省一单"方式督促地方及时整改，消除度汛安全隐患。指导七大流域召开防总会议、开展防洪调度演练。组织地方修复水毁工程设施 1.47 万处，及时恢复防洪抗旱减灾功能。

二是强化"四预"，超前部署。遵循"降雨—产流—汇流—演进"规律，落实预报、预警、预演、预案措施。建立并坚持主汛期每日会商机制，李国英部长主持会商 28 次，逐流域、逐河流、逐工程滚动会商研判，研究部署应对举措，8 次赴河南、河北、浙江、山东等地防汛一线指导。启动水旱灾害防御Ⅲ级、Ⅳ级应急响应共 11 次 108 天，水利系统共派出 4.39 万个工作组、19.79 万人次赴防汛一线，协助地方做好防汛抗洪工作。共发布洪水预报 44.2 万站次、水情预警 1653 次，推送淤地坝风险预警 4069 坝次。洪水预报情报及应对措施建议第一时间直达重点流域、重点地区防御一线，提醒做好防范。开展洪水模拟预演和方案比选，为科学指挥和调度决策提供了重要支撑。

三是蓄泄兼筹，精准调度。以流域为单元，坚持"系统、统筹、科学、安全"原则，联合调度运用防洪工程体系，流域、省、市、县四级共下达调度令近 2.3 万道，大中型水库投入调度运用 4347 座次，共拦蓄洪水 1390 亿 m³，减淹城镇 1494 个次、减淹耕地 2534 万亩，避免人员转移 1525 万人。调度尼尔基、察尔森等水库拦洪削峰错峰，有效降低嫩江干流水位，规避了嫩江、黑龙江"两线作战"，为诺敏河洪水错峰。调度黄淮海地区大中型水库 135 座，启用 11 个国家蓄滞洪区，共拦蓄洪水 42.28 亿 m³，有效应对特大暴雨洪水。在防御秋汛期间，下足"绣花"功夫，"一个流量、一方库容、一厘米水位"地精准调度小浪底、陆浑、故县、河口村等黄河干支流水库，花园口站流量始终控制在 4800 m³/s 上下，实现不伤亡、不漫滩、不跑坝；联合调度汉江、漳河流域水库群，避免了下游河段超保和蓄滞洪区启用。

四是担当尽责，高效处险。主汛期，水利部机关和直属单位全部取消休假；秋汛期，防汛相关部门取消国庆休假，全力投入防汛抗洪大战大考。全国水利系统共派出专家 1.3 万组次、5.1 万人次，指导协助地方处置各类工程险情。秋汛高峰期有 9.9 万名党员干部和群众日夜坚守在黄河、漳卫河防汛一线，险情全部得到及时抢护。在南水北调工程险情处置中，派出水利专家组驻守现场，建管单位科学、快速、有效处置各类险情，确保了重要基础设施安全。在应对湖北随州、襄阳暴雨灾害过程中，落实驻坝巡查值守、转移避险和应急抢护等措施，5 座水库漫坝险情得到有效控制。

五是防御山洪，保障安全。组织基层开展山洪灾害防御实战演练，修订完善山洪灾害防御预案，持续开展山洪灾害补充调查评价、监测预警能力巩固提升等非工程措施建设，推进实施 164 条重点山洪沟防洪治理。水利部门充分利用山洪灾害监测预警系统，累计发布县级预警 30.3 万次，向 2021.8 万名防汛责任人发送预警短信 5000.5 万条，启动预警广播 87.6 万次，依托"三大运营商"发布预警短信 12 亿多条，为基层及时组织转移避险、保障人民群众生命安全提供了有力支撑。

六是压实责任，消除隐患。汛前向社会公布 710 座大型水库大坝安全责任人名单，全面落实 91235 座小型水库行政、技术和巡查"三个责任人"；汛期共抽查 7296 座水库责任人履职情况，李国英部长在会商时亲自对水库巡查责任人履职进行电话抽查。严格执行大中型水库调度运用和汛限水位监管规定，加快推进病险水库除险加固，主汛期病险水库原则上一律空库运行。加强河道"清四乱"，畅通和扩大行蓄洪空间。组织开展水利工程安全隐患专项排查，对防汛关键环节开展明查暗访，针对发现的隐患和问题立即督促整改。

七是抗旱减灾，保障供水。密切监视旱情，多次专题会商部署抗旱工作，累计派出 14 个工作组赴旱区指导。实施抗旱预报、预警、预演、预案"四预"机制，构筑当地、近地、远地供水保障"三道防线"，精细调度西江、东江、韩江流域骨干水库为下游补水，保障供水安全。在确保防洪安全的前提下有序开展蓄水调度，三峡水库连续 12 年完成 175 m 满蓄任务，丹江口水库首次蓄至 170 m 正常蓄水位，小浪底、岳城等水库水位均创历史新高，储备了充足水源。

八是密切协同，加强合作。向国家防总办公室、应急管理部通报实时汛情和预测预报情况，共享水情信息。会同国家发展改革委、财政部、住房和城乡建设部稳步推进防汛抗旱水利提升工程实施。商财政部下达水利救灾资金 29 亿元，支持地方做好水毁修复和抗旱保供水工作。联合气象局发布山洪灾害气象预警 145 期。加强宣传，及时发布汛情旱情和防御工作动态，主动接受采访，及时回应社会关切，营造良好氛围。

下一步，水利部将按照党中央、国务院的决策部署，加快构建抵御水旱灾害防线，提升水旱灾害防御能力，全力保障人民群众生命财产安全和城乡供水安全。一是加快构建抵御水旱灾害防线。坚持建重于防、防重于抢、抢重于救，加快完善流域防洪工程体系，提高河道泄洪及堤防防御能力，增强流域洪水整体调控能力，确保蓄滞洪区关键时刻能够发挥关键作用。二是提高水旱灾害防范应对能力。加快建设数字孪生流域和数字孪生工程，切实提升"四预"能力。推进水工程防灾联合调度系统建设，强化调度运用管理，提升水工程调度水平，科学、精细调控洪水。抓好山洪灾害和中小河流洪水防御、水库安全度汛，有力保障人民群众生命安全。三是完善水旱灾害防御体制机制。健全完善应急响应机制，确保响应措施执行到位。充分发挥流域防总办公室的平台作用，强化流域防洪抗旱统一调度。加强水旱灾害防御责任落实、风险隐患和薄弱环节的排查整改，确保安全度汛。加强教育培训和科普宣传，提升全社会防灾避险和自救互救能力。

谢旭和　执笔

王章立　审核

2021 年全国雨水情特点

水利部信息中心

2021 年，我国天气气候极端异常，暴雨洪水多发频发重发，汛情总体呈现"北涝南旱"格局，夏汛秋汛连发，长江、黄河、海河、松辽、太湖流域共发生 12 次编号洪水，松花江发生流域性较大洪水，黑龙江上游、海河流域卫河上游发生特大洪水，全国 571 条河流超警，148 条河流超保，43 条河流超历史纪录；珠江流域东江、韩江和粤东等地出现持续少雨干旱。全国雨水情主要呈现以下特点。

一、主雨带位于北方、极端暴雨突出

2021 年，全国面平均降水量 664.4 mm，较常年同期（625.4 mm）偏多 6%，总体呈"北多南少"分布。汛期，主雨带位于黑龙江、嫩江、海河、黄河中下游等北方流域，累积降雨量列 1961 年有资料以来同期第 2~3 位。河南、河北、陕西、山西等省局地极端强降雨频发，7 月 17—22 日，河南郑州发生有实测记录以来最强暴雨过程，全省共有 21 个站日雨量突破历史极值，7 月 20 日 16：00—17：00 郑州气象站 1h 降雨量 201.9 mm，超过我国大陆小时降雨量极值；9 月 24 日，河南等地发生秋季罕见的极端强降雨，南阳方城县母猪窝站最大 1h 降雨量达 123 mm。

二、黑龙江、嫩江、松花江洪水早发多发、持续时间长

黑龙江上游 5 月 7 日发生凌汛、6 月初发生夏汛，汛期较常年偏早 1 个多月；嫩江 6 月 21 日发生编号洪水，为 2004 年以来松辽流域最早。黑龙江干流连续出现 6 次超警洪水，上游发生特大洪水，嫩江发生 3 次编号洪水，松花江发生流域性较大洪水；黑龙江、嫩江、松花江自 5—9 月累计超警 131 天，其中黑龙江、嫩江、松花江干流累计超警分别为 102 天、

73 天、49 天，历史罕见。

三、海河、黄河、淮河区域性洪水时空集中、来势猛影响重

7 月 20—23 日，海河南系漳卫河、子牙河，黄河中游伊洛河、沁河，淮河沙颍河等流域遭遇特大暴雨袭击，漳卫河发生 2021 年第 1 号洪水，卫河上游发生特大洪水，海河流域卫河、共产主义渠，黄河流域洛河，淮河流域贾鲁河等 8 条河流发生超历史洪水；卫河水系共启用良相坡、共渠西等 8 个蓄滞洪区，最大蓄滞洪量 8.73 亿 m^3，子牙河水系共启用永年洼、大陆泽和宁晋泊等 3 个蓄滞洪区，最大蓄滞洪量 3.3 亿 m^3。

四、黄河、海河、汉江秋季洪水并发重发，为新中国成立以来所罕见

秋季，长江、黄河、海河发生 5 次编号洪水，其中黄河中下游、海河南系漳卫河发生 1949 年以来最大秋汛，汉江丹江口水库连续发生 5 次超过 15000 m^3/s 的入库洪水，出现 1973 年建库以来秋季最大入库洪量。1949 年以来，长江、黄河、海河、淮河四个流域首次秋季同期发生洪水，范围广、量级大、时间长，历史罕见。黄河小浪底、汉江丹江口、漳河岳城等重要水库拦洪削峰作用显著，实现了防洪和蓄水双赢。

五、珠江流域降水来水蓄水偏少，东江、韩江持续干旱

2021 年，珠江流域降水量和江河来水持续偏少，东江流域累积降雨量较常年同期偏少近 3 成，韩江流域累积降雨量偏少 3 成，为 1961 年以来最少；主要江河来水量较常年同期偏少 3~7 成，其中东江、韩江来水量均为 1956 年以来最枯；流域内骨干水库蓄水明显偏少，2021 年年底，西江天生桥一级、光照、龙滩、百色 4 座骨干水库总有效蓄水率为 62%，北江飞来峡、乐昌峡、湾头、南水 4 座骨干水库总有效蓄水率为 46%，东江枫树坝、新丰江、白盆珠 3 座骨干水库总有效蓄水率仅为 7%，韩江棉花滩、高陂、益塘、长潭、合水 5 座骨干水库总有效蓄水率仅为 22%。

六、北方封冻河流春季开河（江）总体偏早，冬季封冻明显偏晚

黄河内蒙古河段 3 月 13 日全线平稳开河，开河日期较常年偏早 13 天，为有资料记录以来第二早；黑龙江省境内主要江河 4 月 28 日全线开通，嫩江、松花江、乌苏里江、黑龙江等主要江河干流开江日期较常年大部偏早 4~12 天。黄河内蒙古河段 12 月 16 日出现首封，首封日期较常年偏晚 13 天，为 1989 年以来最晚；嫩江、松花江（除依兰江段外）、乌苏里江、黑龙江等主要江河干流于 11 月 16 日—12 月 19 日相继封冻，嫩江、松花江、乌苏里江、黑龙江等主要江河干流封江日期较常年偏晚 6~30 天。

朱　冰　王金星　执笔

刘志雨　审核

水利部印发关于完善流域防洪工程
体系的指导意见和实施方案

水利部规划计划司

为深入贯彻落实习近平总书记关于防洪减灾工作的重要指示批示精神，加快解决防洪突出薄弱环节，完善流域防洪工程体系，有效抗御洪水风险，全面提升洪涝灾害防御能力，着力推动新阶段水利高质量发展，水利部印发《关于完善流域防洪工程体系的指导意见》（以下简称《指导意见》），水利部办公厅印发《"十四五"时期完善流域防洪工程体系重点工作实施方案》（以下简称《实施方案》），明确了完善流域防洪工程体系的总体要求，统筹部署各项任务措施。

《指导意见》指出，流域防洪工程体系是抵御洪涝灾害威胁、保障防洪安全的第一道防线，关乎国家安全发展和人民群众生命财产安全。要统筹发展和安全，深入落实"两个坚持、三个转变"的防灾减灾救灾新理念，始终把保障人民群众生命财产安全放在第一位，坚持系统观念，强化底线思维，以流域为单元，通过固底板、补短板、锻长板，加快完善由河道及堤防、水库、分蓄洪区等组成的现代化防洪工程体系，大幅提升洪涝灾害防御能力，为全面建设社会主义现代化国家提供有力的防洪安全保障。

《指导意见》明确了完善流域防洪工程体系的指导思想、基本原则和工作目标，要求突出流域单元，从流域整体着眼把握洪水发生和演进规律，科学规划、合理布局、有序推进河道及堤防、水库、分蓄洪区建设，统筹安排洪水出路，加快补齐短板弱项，着力提升防御能力。到 2025 年，防洪突出薄弱环节得到有效解决，流域防洪工程布局进一步优化，流域防洪工程体系进一步完善，流域防洪工程调度水平进一步提高，洪涝灾害防御能力进一步提升，洪涝灾害损失率有效降低。

《指导意见》提出了完善流域防洪工程体系的主要任务：一是加强顶层设计，包括切实加强规划引领，合理确定防洪标准，科学安排洪涝水出路，优化流域防洪区划和工程布局。二是提高河道泄洪能力，包括加快大江大河大湖治理，实施主要支流和中小河流治理，加强河湖行洪空间管控。三是增强洪水调蓄能力，包括加快流域控制性枢纽工程建设，实施病险水库水闸除险加固，加强流域水库群联合调度。四是确保分蓄洪区分蓄洪功能，包括加快蓄滞洪区布局优化调整与建设，加强分蓄洪区管理，开展洲滩民垸分类整治。五是补齐防洪短板弱项，包括加强山洪灾害防治，加强城市防洪能力建设，加强重点涝区排涝能力建设，加强沿海防台防潮能力建设。六是加强洪水风险管理，包括加强流域防洪智慧化调度，强化防洪隐患排查和应急管理，加强洪涝灾害社会风险管控。《指导意见》还从加强组织领导、加快前期工作、加大投入力度、强化监督考核等四方面提出保障措施要求。

《实施方案》与《指导意见》相配套，将《指导意见》提出的目标与任务进一步细化实化为66项具体措施，并分别明确责任单位和完成时限。

王　晶　李爱花　执笔

李　明　审核

专栏十八

强化"四预"措施
有力支撑打赢洪水防御攻坚战

水利部水文司

一、周密部署，做好备汛工作

水文部门坚持一手抓疫情防控、一手抓业务工作，多措并举，深入排查水文测报薄弱环节，及时修复水毁设施设备，精心对测报设施进行维护保养，细化完善各类方案预案，扎实做好备汛工作。汛前完成 3172 处水文站超标洪水测报预案编制工作，修编洪水预报方案 3236 套，着力提升洪水预报精度和延长预见期；新制定洪水预报方案 922 套，拓展洪水预报覆盖范围；组织汛前准备情况自查，并现场抽查 2151 处水文测站；开展水文应急监测和洪水预报模拟演练 1648 场，为汛期水文测报工作顺利开展奠定了重要基础。

二、精心监测，密切监视雨水情

入汛后，水文部门全面进入应战状态，加强值班值守，加密监测频次，加大新技术应用力度，采取常规监测和应急监测相结合的方式，密切监视各场次降雨洪水过程，做到"测得到、测得准、报得出、报得及时"。汛期共采集雨水情信息 27.2 亿条，时效性在 20min 以内，畅通率达到 95%以上。累计出动应急监测队 4798 次（人员 18759 人次），抢测洪水 8490 场次，开展洪水调查 480 次，积极应对黑龙江、松花江、长江、黄河、海河等流域洪水和台风"烟花"等，充分发挥了水文部门"哨兵"和"耳目"作用。

三、强化"四预"，支撑防洪减灾

水文部门坚持"预"字当先，关口前移，创新"3 天短期预报、10 天中期预测、20 天长期展望"的水文预报新模式，有效延长预见期。紧盯"降雨—产流—汇流—演进"预报环节，滚动将最新场次洪水纳入模型参数率定，挖掘洪水变化规律，着力提升预报精度。围绕特大洪水防御和水工程调度，强化洪水预报调度推演分析，为"一个流量、一方库容、一厘米水位"精细化调度提供有效支撑。共发布 1374 条河流、2233 个重要断面、44.2 万站次洪水预报成果，关键期预报精准可靠，水文服务民生和经济社会发展成效显著。

2022 年，水文部门将围绕新阶段水利高质量发展对水文测报信息需求，坚持人民至上、生命至上，立足防大汛、抗大旱，抓紧补短板、堵漏洞、强弱项，做细做实汛前准备，及时修复水毁设施，抓好应急演练。强化监测值守，及时根据各地雨水情变化，加密测点测次，全面监控洪水过程。开展流域产流、汇流和洪水演进规律研究，率定模型参数，修编完善洪水预报方案，深化气象水文融合，强化滚动预测预报，完善洪水预演分析，及时发布预警信息，努力提高水文监测预报预警能力和水平，为江河安澜提供坚实的水文支撑，以优异成绩迎接党的二十大胜利召开！

彭　辉　执笔

魏新平　审核

决战决胜秋汛洪水　全力保障黄河安澜

水利部水旱灾害防御司

2021 年，黄河流域发生新中国成立以来最严重秋汛，中下游干流连续出现 3 次编号洪水，潼关站发生 1979 年以来最大洪水，花园口站 4000 m³/s 以上大流量行洪历时近 1 个月，支流渭河、北洛河、汾河、伊洛河及沁河发生有实测记录以来同期最大洪水，防汛形势极为复杂严峻。

2021 年 10 月 20 日，在决战黄河秋汛的关键时刻，习近平总书记亲临黄河河口，详细了解黄河防汛情况并作出重要指示，为黄河秋汛防御工作提供了根本遵循和行动指南。秋汛期间，李国英部长先后 8 次主持会商会，学习传达贯彻习近平总书记重要指示精神和李克强总理等国务院领导重要批示要求，视频连线水利部黄河水利委员会（以下简称黄委）、水库和水文测站等单位，研究部署各项防御措施。10 月 16—17 日，李国英部长带队赴黄河防汛一线指导督导秋汛防御各项工作。刘伟平副部长每日主持会商，研究部署水库调度、工程巡查防守、险情抢护、水利救灾等工作。防汛有关单位和部门密切监视雨情水情，分析研判汛情工情发展态势，滚动预报预警预演洪水过程，强化落实各项预案措施，全力保障黄河安澜。

一、滚动会商研判，超前安排部署

水利部坚持每日会商机制，及时启动水旱灾害防御Ⅲ级应急响应，全面加强值班值守和会商分析，落实预报、预警、预演、预案措施，将洪水预报情报、会商决策意见及应对措施建议等直达防汛一线，为调度决策、应急抢险和转移避险赢得先机。黄河秋汛期间，累计派出 22 个工作组赴河南省、山东省、山西省、陕西省防汛一线，协助指导地方做好水利工程调度、巡查防守及险情抢护等工作。

二、锚定调度目标，科学调度水利工程

坚持"系统、统筹、科学、安全"的洪水调度原则，"一个流量、一方库容、一厘米水位"地精准科学调度小浪底、陆浑、故县、河口村等干支流水库群拦洪运用，最大限度挖掘水库防洪运用潜力，调度小浪底水库拦洪运用至历史最高水位 273.50m，将花园口站流量始终控制在 4800 m³/s 左右，最大限度避免下游滩区漫滩。

三、夯实防御责任，全面加强巡查防守

指导黄委及山东、河南两省逐河段、逐坝垛按照专业人员和群防队伍 1∶3 的比例上足巡查人员，实行 24h 不间断巡查。高峰期 3.3 万名党员干部和群众日夜坚守在黄河下游抗洪一线，中下游 276 处工程、3597 坝次一般险情全部得到及时抢护。

黄河秋汛期间，通过水利系统科学调度和全力抢护，黄河下游河势稳定，没有人员伤亡，工程出现的一般险情全部得到控制，有效避免了下游滩区 140 万人转移和 399 万亩耕地受淹。

苗世超　执笔

王章立　审核

科学防御漳卫河夏秋连汛

水利部水旱灾害防御司

2021年7月17—22日，海河流域漳卫河系出现1963年以来最强降雨，面平均降雨量222 mm，最大点雨量河南新乡龙水梯1159 mm。受其影响，漳卫河发生编号洪水，卫河上游发生特大洪水，多条支流发生历史最大洪水。8月下旬—10月中旬，漳卫河系接连多次强降雨，累积降雨量较常年同期偏多1.9倍，漳卫河发生2021年第2号洪水，出现历史罕见秋汛。

水利部和各级水利部门迅速响应，24 h监测值守，不间断分析来水、蓄水、分水、泄水，滚动开展预报、预警、预演、预案工作，充分发挥水库、河道及堤防、蓄滞洪区等流域防洪工程体系作用，综合运用拦、滞、分、排措施，以系统性"组合拳"应对流域性洪水。

拦：联合调度运用干支流水库，全力拦洪削峰错峰，流域内6座大型水库水位全部创历史新高。夏汛期间，漳河岳城水库、淇河盘石头水库、安阳河小南海水库最大入库流量分别达4860 m³/s、2712 m³/s、1383 m³/s，最大削峰率均接近100%，最大限度减轻了下游防洪压力。7月28日晚，经综合会商研判，水利部决策调度岳城水库关闸并一直维持，避免漳河、卫河洪水叠加顶托，为卫河洪水尽快下泄创造了有利条件。秋汛期间，始终控制岳城水库泄量在850 m³/s以内，以极小的库区淹没损失，避免了下游滩区大面积受淹、群众大范围转移。

滞：主动利用卫河干支流两岸蓄滞洪区分洪缓洪滞洪，合理控制洪水风险。7月下旬先后启用崔家桥、广润坡、良相坡、共渠西、长虹渠、柳围坡、白寺坡、小滩坡等8个蓄滞洪区，55万多名区内群众根据洪水预警全部提前转移，累积滞蓄水量10亿多 m³，有效降低了卫河干流水位。

分：充分利用沿河涵闸，南向马颊河、北向南运河分泄洪水，尽力降低漳卫新河水位。秋汛期间，四女寺枢纽南运河节制闸累计分泄水量达到 2.42 亿 m^3，既减轻了漳卫新河防洪压力，又有效补充了天津市北大港水库和沿线生态用水。

排：加强堤防巡查防守，在保证行洪安全的前提下尽可能利用河道排洪入海，夏汛期间卫运河南陶站累计泄洪量超 12 亿 m^3。水利部、水利部海河水利委员会先后派出近 60 个工作组、专家组赴一线，督促指导做好查险抢险、河道清障、应急测报等工作。地方各级水利部门充分发挥专业优势，组织专家全力做好技术支撑，高峰时有近 6 万名干部群众上堤巡查。

面对漳卫河历史罕见夏秋连汛，各方团结一心、合力抗洪，实现了无一人伤亡、无一水库垮坝，确保了人民群众生命财产安全。

李俊凯　执笔

张长青　审核

专栏二十一

科学防御松花江流域洪水

水利部水旱灾害防御司

2021年汛期，黑龙江上游干流发生特大洪水、中游干流发生大洪水，松花江发生流域性较大洪水，松花江发生1次编号洪水、嫩江发生3次编号洪水。主要有3个特点：一是降雨西多东少，雨区集中。多雨区主要集中在额尔古纳河、黑龙江干流、嫩江，一般偏多2～4成，少雨区则集中在第二松花江上游、松花江干流中下游和乌苏里江等地。二是洪水发生时间早、历时长。6月黑龙江上游干流发生超保洪水，为历史首次。6月中下旬，嫩江上游干支流发生大洪水，比正常年份提前1个月左右。黑龙江干流、松花江干流、嫩江干流、超警历时分别为56天、37天、42天。三是超警超保测站多、幅度大。共有104处测站水位超过警戒水位，26处测站超过保证水位，其中黑龙江干流最大超警幅度1.23～4.20 m，最大超保幅度0.13～2.90 m。

水利部认真贯彻落实习近平总书记关于防灾减灾救灾工作的重要指示批示精神，认真落实李克强总理等国务院领导批示要求，坚持防住为王、"预"字当先、"实"字托底，全力做好松花江流域洪水防御工作。

一是强化工作部署。国家防总副总指挥、水利部部长李国英3次组织水利部松辽水利委员会（以下简称松辽委）、黑龙江省水利厅、内蒙古自治区水利厅视频连线会商，部署诺敏河溃坝洪水和松花江流域较大洪水应对措施，水利部先后发出34个通知，分阶段有针对性地安排部署水库安全度汛、堤防巡查防守、山洪灾害防御等工作。

二是加强预测预报预警。水利部坚持每日会商，滚动预测预报，及时向应急管理部发送汛情通报。松辽委及内蒙古、黑龙江、吉林3省（自治区）累计召开防汛会商会议120余次，开展洪水预报3300余站次，提前发布洪水预警 280 余次，县级山洪灾害预警 2000 余次，向相关防汛责任人发送山洪灾害预警短信 5 万多条。

三是科学实施洪水调度。水利部指导 84 座大中型水库提前预泄，适时拦洪削峰错峰，累计拦蓄洪水 113 亿 m³。松辽委科学调度尼尔基、察尔森、丰满、白山 4 座骨干水库，拦蓄洪水 77.76 亿 m³，特别在应对诺敏河特大洪水时，尼尔基水库持续 27 h 零出流，避免黑龙江省嫩江松花江、黑龙江"两线"作战。黑龙江、吉林两省水利厅精准调度桃山、龙头桥、月亮泡、太平池等大中型水库，共拦蓄洪水 33 亿 m³，极大减轻了下游防洪压力。

四是加大协调指导力度。水利部先后派出 19 个工作组和 2 个暗访组，协助指导松花江流域堤防巡查防守、险情处置等工作。特别在黑龙江干流上游发生超标准洪水和嫩江诺敏河发生溃坝洪水期间，第一时间派出工作组和专家组赶赴现场，为地方科学处置险情提供了有力的技术指导。

五是及时启动应急响应。为有效应对松花江流域汛情，水利部启动 Ⅲ 级应急响应 1 次，Ⅳ级应急响应 1 次；松辽委启动 Ⅲ 级应急响应 3 次，Ⅳ级应急响应 3 次；黑龙江省启动 Ⅱ 级应急响应 2 次，Ⅳ级应急响应 3 次；吉林省启动 Ⅳ 级应急响应 1 次；内蒙古自治区启动 Ⅱ 级应急响应 1 次。

六是密切国际协作。加强与俄罗斯有关方面水情信息交换和共享，积极协调俄方结雅、布列亚水库错峰调度，尽可能减轻黑龙江中下游干流防洪压力。

冯明轩　执笔

王　翔　审核

全力迎战汉江秋汛大考

水利部水旱灾害防御司

一、2021年汉江秋汛特点

暴雨过程多、降水总量大。2021年8月下旬—10月上旬，汉江流域共发生9次较强降雨过程，汉江上游降水量536mm，较历史同期偏多1.7倍，为1960年以来同期第1位；丹江口水库累计来水量约344.7亿m³，较历史同期偏多3倍多，为丹江口建库（1969年）以来同期第1位。

洪水过程多、洪水量级大。丹江口水库连续发生7次入库流量超过10000m³/s的较大洪水过程，其中3次入库洪峰流量超过20000m³/s，9月29日最大洪峰达24900m³/s（为2013年大坝加高以来最大洪峰）；实测最大15天、30天洪量分别为137亿m³、219亿m³，均列建库以来第2位，为秋季超20年一遇洪水。9月25日，汉江中游支流唐白河鸭河口水库出现建库以来最大入库流量18200m³/s。其他支流3条超警、3条超保、2条超历史。

超警时间长、干流险情少。经水库群拦洪削峰错峰，汉江中下游干流主要控制站仍发生超警洪水，各站洪峰水位列有实测记录以来9月同期最高水位5~7位，最长累计超警时长9~26天。汉江中下游堤防大部分河段已陆续加固，堤防没有发生较大险情。

二、科学防御，确保汉江秋汛安澜

提前安排部署，打有准备之仗。汛前，水利部和水利部长江水利委员会（以下简称长江委）组织修订完善《2021年长江流域水工程联合调度计划》《丹江口水库优化调度方案（2021年度）》及汉江超标准洪水防御预案等，精心选取汉江"83·10"洪水作为2021年长江流域典型洪水开展模拟防洪调度演练，为应对秋汛实战打下良好基础。

强化会商研判，加强技术指导。水利部每日会商研判，在秋汛防御关键时刻，国家防总副总指挥、水利部部长李国英与长江委视频连线，安排部署汉江秋汛防御工作。水利部、长江委启动水旱灾害防御Ⅲ级应急响应，派出5个水利部工作组、专家组赴湖北、陕西、河南等地协助指导做好秋汛防御和险情处置工作。

突出"预"字当先，狠抓"四预"措施。水利部、长江委密切监视流域水雨情变化，重点时段加密监测预报频次，滚动分析研判，并将预测预报结果、应对措施建议第一时间直达地方。及时发布汛情通报和洪水预警，提醒地方、有关部门和社会公众做好防范应对。防汛关键期，结合临近期预报和调度目标，滚动制定丹江口等水库调度方案并强化水库（群）实时调度预演，根据预演结果不断优化调整实时调度方案，共发出46道调度令精细调度。

科学精细调度，确保堤坝安全。水利部、长江委联合调度丹江口和石泉、安康、潘口、黄龙滩、鸭河口等干支流控制性水库拦洪削峰错峰，拦蓄洪水总量约145亿 m^3，其中丹江口水库累计拦洪约98.6亿 m^3，降低汉江中下游洪峰水位1.5~3.5m，缩短超警天数8~14天，既保障了水库和库区移民安全，也避免了丹江口以下河段超保证水位和杜家台蓄滞洪区分洪运用，极大减轻了汉江中下游防洪压力；河南省水利厅调度鸭河口水库将建库以来最大入库流量18200 m^3/s 削减为出库流量5000 m^3/s，削峰率达73%，确保了下游南阳市城区和南水北调中线工程防洪安全，减少受灾人口300万人。

三、统筹防洪蓄水，库群实现满蓄目标

统筹防洪和蓄水需求，提前谋划丹江口水库汛末蓄水工作，水利部组织长江委批复了丹江口水库2021年汛末提前蓄水计划。汛末精准控制丹江口水库泄洪流量和蓄水进程，精细合理控制库水位，10月10日14:00蓄水至正常蓄水位170m，自2013年水库大坝工程加高完成以来第一次蓄至

正常蓄水位，为南水北调中线工程和汉江中下游供水打下了坚实的基础。同时，安康、石泉、潘口、黄龙滩、鸭河口、三里坪等水库也实现蓄满目标，汉江流域水库群汛末总蓄水量约 338 亿 m^3。

闫永銮　褚明华　骆进军　执笔

尚全民　审核

专栏二十三

有效防御华南地区秋冬旱

水利部水旱灾害防御司

一、旱情简介

2021 年，珠江流域降雨明显偏少，西江、北江、东江、韩江等流域来水均偏少（西江偏少 3 成、北江偏少 5 成、东江和韩江偏少 7 成），旱情持续发展，特别是东江、韩江流域发生了 60 年来最严重旱情，由于骨干水库蓄水异常偏少（12 月底有效蓄水率分别为 8% 和 19%）、珠江口咸潮活动明显偏强等原因，部分地区城乡供水受到较大影响，呈现"秋冬春连旱、旱上加咸"态势。据统计，旱情最重时，广东、福建、广西等受旱省（自治区）有 387 万亩农作物受旱，9 万农村群众因旱饮水困难，183 万城镇人口和 112 万农村人口正常供水受到影响。

二、抗旱工作措施

水利部高度重视华南地区抗旱工作，明确提出"流域区域统筹、开源节流并重、短期长期兼顾，坚决做到'预'字当先、'实'字托底，确保供水安全"的工作要求。主要采取以下措施：一是加强抗旱部署。2021 年 10 月 16 日和 12 月 31 日，李国英部长两次主持珠江流域抗旱专题会商会，就华南地区旱情与广东、福建省政府和水利部珠江水利委员会（以下简称珠江委）视频会商，明确要求构筑当地、近地、远地供水保障"三道防线"，确保供水安全。刘伟平副部长多次会商研判旱情发展形势，对抗旱工作作出有针对性部署。二是及时预警响应。实施并启动抗旱"四预"机制，滚动开展旱情短期、中期、长期预报，珠江委发布西江、北江干旱蓝色预警和东江、韩江干旱黄色预警，并启动抗旱Ⅳ级应急响应。三是加强旱情排查。组织旱区按城市、乡镇、农村三个层次，认真排查库塘蓄水情况、抗旱应急水源工程建设现状和群众用水情况，全面掌握群众饮水困难分布特点和城乡用水需求，准确把握旱情发展动向。四是精细调度水库。组织珠江委和广东省编制完善冬春季西江、韩江、东江水资源联合调度方案，精细调度大藤峡、新丰江、棉花滩等骨干水库工程，适时为下游补水，坚守供水保障底线。五是细化实化预案。组织广东、福建、广西等省（自治区）水利厅立足最不利情况，编制完善冬春季抗旱保供水预案，积极采取各种抗旱措施，确保群众饮水安全。六是加强指导支持。向广东、福建、广西等省（自治区）派出多个工作组督促指导抗旱工作，商财政部安排中央水利救灾资金 3 亿元支持旱区抗旱。七是加快应急工程建设。根据抗旱保供水预案，广东、广西、福建等省（自治区）共投入 17 亿元，兴建汕尾市黄江抗旱应急供水、揭阳市普宁乌石水厂应急供水工程、东山县岛外引水第二水源工程等一批抗旱应急水源工程，还采取了应急调水、延伸管网以及拉水送水等一系列有效措施，保障城乡供水安全和农业用水需求。

杨　光　黄　慧　执笔

顾斌杰　审核

提升"四预"能力 科学防御山洪灾害

水利部水旱灾害防御司

2021年汛期，多地暴雨屡破极值，诱发严重山洪灾害，全国共引发9起有人员死亡失踪的山洪灾害事件。面对特殊严峻的山洪灾害防御形势、复杂艰巨的山洪灾害防御任务，水利部始终坚持人民至上、生命至上，以"四预"为抓手，全力防范化解山洪灾害风险。

一、以"四预"为着力点，提升防御能力

立足于预报、预警、预演、预案，全力推进山洪灾害防御"四预"工作。一是强化灾害风险预报。会同中国气象局制作发布山洪灾害风险预报产品145期，在央视播出30期，并及时通报地方。二是深入推进精准预警。共发布30.15万次山洪灾害预警，向2003万名防汛责任人发送预警短信4861.01万条，启动预警广播85.58万次，利用"三大运营商"发布预警短信12.19亿条。三是广泛开展预演演练。以群众自主转移避险、突发灾害应急处置为重点，23个省份精心组织开展超过1万场山洪灾害防御实战演练，100万余人次参加。四是修订完善防御预案。督促地方修编完善山洪灾害防御预案，确保实用性、针对性和可操作性。

二、以项目建设为支撑点，夯实防御基础

2021年共安排中央财政补助资金18亿元，继续在全国29个省（自治区、直辖市）和新疆生产建设兵团开展山洪灾害补充调查评价、监测预警能力巩固提升等非工程措施建设和运行维护，推进实施164条重点山洪沟防洪治理。通过制定印发行业技术文件、指导帮扶培训、定期统计通报、

视频调度推进等方式，确保项目按时保质完成。聚焦防洪保安民生实事，对青海省海晏县、宁夏回族自治区中卫市沙坡头区各一个乡（镇）实施山洪灾害防御定向帮扶，有效夯实山洪灾害防御基础。

三、以督查暗访为发力点，倒逼问题整改

编制《山洪灾害防御监督检查工作方案》，制定工作培训手册，组织开展山洪灾害监测预警和应治未治重点山洪沟防御措施落实情况监督检查，共派出 79 组次、244 人次，对 29 个省（自治区、直辖市）和新疆生产建设兵团 224 个县进行了检查，检查县级监测预警平台 205 个、自动监测站点 577 个、应治未治重点山洪沟 50 条，累计发现问题 212 个（县均发现问题较去年下降 33.3%）。针对发现问题，督促指导相关地方立行立改，倒逼各地强化运行维护和措施落实，提升山洪灾害防御水平。

四、以灾害事件为突破点，深入查漏补缺

按照李国英部长关于查弱项补短板专题安排部署，以山西泽州、阳城"7·11"山洪灾害、河南郑州"7·20"特大暴雨灾害、湖北随州"8·12"山洪灾害等 3 起典型山洪灾害事件为样本，在深入山洪灾害现场调查的基础上，从雨水情监测、预警信息发布、预警信息传递、预警发布实效、风险隐患预判、责任制落实等方面全面检视复盘，深入分析原因，认真查漏补缺，总结提炼切实加强山洪灾害防御工作的对策措施。

五、以确保安全为落脚点，防御成效显著

督促指导地方强化监测预警，及时提醒转移避险。四川省凉山彝族自治州在遭遇 10 余轮强降雨过程的情况下，根据预报预警信息，转移危险区群众 17 余万人次，成功避让山洪灾害 40 起，避免可能因灾伤亡近 1000 人；福建省邵武市及时点对点电话预警，发布预警短信 2715 条，根据预警信息转移人口 2833 人，避免了人员伤亡。据统计，在局部暴雨屡破极值、

暴发严重山洪灾害的背景下，全年因山洪灾害死亡失踪 182 人，远低于 2011—2020 年年均死亡失踪人数 356 人，最大限度地减少了人员伤亡和财产损失。

吴泽斌　路江鑫　执笔

成福云　审核

水资源节约与管理篇

凝心聚力打好节约用水攻坚战

全国节约用水办公室

2021年，水利部坚决贯彻落实党中央重大决策部署，按照推动新阶段水利高质量发展要求，深入实施国家节水行动，加快建立健全节水制度政策，夯实节水能力基础，加强监督管理和宣传教育，奋力推动节水工作再上新台阶，实现了"十四五"良好开局。

一、坚决落实中央重大决策部署

（一）认真落实习近平总书记重要讲话精神

学懂弄通做实习近平总书记关于南水北调后续工程高质量发展、黄河流域生态保护和高质量发展等重要讲话精神。组织研究落实胡春华副总理对节水工作的批示精神，梳理南水北调受水区节水、黄河流域农业深度节水控水有关工作现状及存在问题。开展黄淮海流域节水潜力评价和需水预测研究。

（二）持续推动实施国家节水行动

牵头20个部门建立节约用水工作部际协调机制，召开第一次全体会议，制定年度工作要点，合力推动国家节水行动2021年度目标任务全面完成，总量强度双控、农业节水增效、工业节水减排、城镇节水降损、重点地区节水开源和科技创新引领六大重点行动取得新的成效，节水政策制度、市场机制不断健全。加强国家节水行动实施精细化管理，建立动态工作台账，编制2019—2020年实施情况报告。

（三）强化"十四五"节水顶层设计

对照国家"十四五"规划和2035年远景目标纲要，联合国家发展改革委等部门编制印发《"十四五"节水型社会建设规划》，明确"十四五"

时期节水型社会建设总体要求、主要任务和重点领域。

（四）实施黄河流域深度节水控水行动

贯彻落实《黄河流域生态保护和高质量发展规划纲要》，制定印发《水利部关于实施黄河流域深度节水控水行动的意见》。联合国家发展改革委编制印发《黄河流域水资源节约集约利用实施方案》和《关于"十四五"推进沿黄重点地区工业项目入园及严控高污染、高耗水、高耗能项目的通知》，组织对黄河流域 9 省（自治区）225 家用水单位开展监督检查。

（五）高标准谋划雄安新区节水工作

对表对标雄安新区规划纲要和总体规划，制定印发《水利部关于高起点推进雄安新区节约用水工作的指导意见》，针对华北地下水超采地区水资源矛盾突出的实际情况，综合考虑雄安新区规划建设目标和节水技术工艺发展，统筹谋划节水任务措施，提出 26 项工作任务和 26 条节水指标，推动雄安新区形成水资源利用与发展规模、产业结构和空间布局等协调发展的现代化新格局，建设全国节水样板。

（六）启动典型地区再生水利用配置试点

贯彻落实党中央、国务院有关污水资源化利用决策部署，联合 10 部门印发《关于推进污水资源化利用指导意见》，制定水利部落实指导意见的分工方案。牵头 6 部门编制印发《典型地区再生水利用配置试点方案》，率先启动污水资源化利用"1+N"试点任务。逐年扩大非常规水源利用规模和比例，"十三五"期末非常规水源年利用量已经提高到 128 亿 m³，占用水总量的比例上升至 2.2%。

二、加快建立健全节水制度政策

（一）明确"十四五"用水总量和强度双控目标

在分析整理各地近 10 年来 24 个相关统计指标及其变化情况基础上，组织各省份、各流域开展严谨细致的预测、复核、协调工作，形成"十四五"用水总量和强度双控目标分解成果。依据"十四五"双控目标，进一步细化明确了 2021 年用水总量和强度考核目标。

（二）发布 1966 项国家和省级用水定额

编制发布马铃薯、铁合金、综合医院等 19 项行业用水定额，按期完成三年推进计划，全面建成 105 项国家用水定额体系。加强对各省（自治区、直辖市）用水定额工作指导，推动北京、山西、黑龙江、广东、四川、青海、重庆 7 省（直辖市）新发布实施 1947 项省级用水定额，完成对河北、四川、海南、新疆、重庆 5 省（自治区、直辖市）省级用水定额评估。研究起草了严格用水定额管理的指导意见。

（三）开展 8474 个规划和建设项目节水评价

完成引江济淮二期、大伙房水库输水工程等 7 个项目可研报告节水评价审查。指导流域管理机构和各地对 8467 个规划和建设项目开展节水评价，从严叫停 222 个。启动全国节水评价电子登记台账建设，完成 2019 年、2020 年度节水评价信息统计，台账数据库研发建设工作加快推进。

（四）协力制定多项节水政策法规

发布实施《县域节水型社会达标建设管理办法》。研究编制关于建立水资源刚性约束制度的意见、"十四五"期间建立健全节水制度政策的指导意见和实施方案节水相关内容。组织修订《计划用水管理办法》。起草重点监控用水单位监督管理办法、水平衡测试管理办法。指导河北、山东、湖北 3 省新出台省级节约用水条例，全国出台省级节约用水条例的省份达到 27 个。

三、加大节水监督管理力度

（一）推动计划用水覆盖水资源超载区 99.1%工业企业

组织开展计划用水监督检查，加强计划用水台账管理，推动水资源超载地区对年用水量 1 万 m^3 及以上的工业企业建立台账。开展计划用水覆盖情况调查统计，水资源超载地区 19491 家工业企业计划用水覆盖率达到 99.1%。

（二）推动将节水指标纳入国家高质量发展综合绩效评价体系

组织开展节水考核现状调查和问题分析，积极协调中组部、国家发展改革委、国家统计局将"万元地区生产总值用水量下降"指标纳入了高质量发展综合绩效评价体系。完成 2020 年度和"十三五"最严格水资源管理制度节水部分考核，下发"一省一单"督促落实整改。提出"十四五"最严格水资源管理制度节水部分考核方案。

（三）将 13594 个用水单位纳入重点监控体系

完善国家、省、市三级重点监控用水单位名录，确立国家级重点监控用水单位 1489 个、省级 1966 个、市级 10139 个，实际监控用水总量占全国用水总量的 31%。加强对重点监控用水单位的监督管理，全年监督检查重点用水单位 605 家。

四、积极推动全社会节约用水

（一）建成第四批节水型社会达标县（区）

以县域为单元，全面推进节水型社会达标建设，复核公布第四批 478 个节水型社会达标县（区）。截至 2021 年年底，全国已有 1094 个县（区）级行政区达到节水型社会标准，其中，北方建成率 47%，南方建成率 33%，超额完成北方 40% 以上、南方 20% 以上的目标。

（二）加强节水载体示范建设

全面开展水利行业节水型单位建设，明确水利部直属单位和地方各级水利单位节水型单位建设的时间表、路线图，指导推动全国新建成 1914 家水利行业节水型单位。联合国管局印发《关于深入推进公共机构节约用水工作的通知》，推动全国新建成节水型高校 262 所，完成建成 200 所以上的年度目标任务。联合国管局、国家发展改革委开展公共机构水效领跑者引领行动，遴选出"节水制度齐全、节水管理严格、节水指标先进"的 168 家公共机构水效领跑者。会同国家发展改革委开展灌区水效领跑者引领行动，遴选出具备引领示范、典型带动效应的 15 处灌区为水效领跑者。

（三）发布《公民节约用水行为规范》

协调中央文明委将"开展节约用水行为规范主题实践活动"纳入 2021 年度 101 项重点工作项目，制定落实"1+8"任务体系，开展节水和水生态调研。会同中央文明办、教育部等 9 部门向社会发布《公民节约用水行为规范》，引导公众形成节水型生产生活方式和消费模式。

（四）提档升级节水宣传教育

持续加大主流媒体和新媒体节水宣传力度，《人民日报》刊发李国英部长署名文章《深入贯彻新发展理念　推进水资源集约安全利用》，新华社等中央媒体发布节水专题报道 130 篇，央视多频道滚动播出节水公益广告，今日头条、澎湃新闻等新闻客户端发稿 263 篇、点击量 624 万次。推出原创短视频《节水小课堂》5 期，各类平台总阅读量达 302 万人次。举办"节水中国　你我同行"主题宣传联合行动，抖音平台相关话题播放量超过 15 亿次。举办第二届"全国节约用水知识大赛"，答题人次达到 2482万人次。举办第二届"节水在身边"全国短视频大赛，在快手平台累计播放量达到 2.3 亿次。联合中宣部《时事报告》杂志社面向小学生推出《节水用水　你我同行》专辑，发行总量 80 万份。

2022 年，水利部将持续发力，做好节约用水各项重点工作：

一是深入实施国家节水行动。发挥节约用水工作部际协调机制作用，合力推进年度重点工作，协同解决节水重大问题。推动落实国家节水行动方案，完成国家节水行动 2022 年阶段目标任务。深入推进县域节水型社会达标建设，推动北方 50% 以上、南方 30% 以上县（区）级行政区达到节水型社会标准。开展节水目标责任考核，节水考核结果与国务院督查激励工作挂钩，考核不合格的地区不得列入水利部拟予激励的地方名单。全面强化计划用水管理，推动黄河流域和京津冀地区尽快实现年用水量 1 万 m³及以上的工业和服务业用水单位计划用水管理全覆盖。推动水利行业全面建成节水型单位，发挥示范引领作用。强制推动非常规水源纳入水资源统一配置，推进污水资源化利用，开展典型地区再生水利用配置试点。推广节水成熟适用技术，做好智慧节水顶层设计，分步实施节水重点业务应用建设。强化节水宣传教育，向全社会宣传推介《公民节约用水行为规范》，增强全民节约用水意识。

二是打好黄河流域深度节水控水攻坚战。坚决贯彻落实习近平总书记关于黄河流域的重要讲话精神，打好黄河流域深度节水控水攻坚战，把水资源作为最大刚性约束，严把建设项目节水评价关，推进沿黄重点地区工业项目入园，严格控制高耗水项目建设，督促不符合节水标准的已建项目加快节水改造。推动建立高耗水工业项目台账，加强日常监管。推进大中型灌区续建配套和现代化改造，加强灌区用水管理。推动火电、钢铁等高耗水行业节水型企业建设，推广循环用水技术。开展黄河流域高校节水专项行动。

三是建立健全节水制度政策。推动出台节约用水条例，加快建立激励和约束相结合的节水制度体系，为全社会节约用水提供法律规范。强化用水总量强度双控，建立健全各省级行政区双控指标体系，各省级行政区进一步分解明确到各市县级行政区。研究制定推广合同节水管理服务模式的意见，建立健全节水激励机制，大力推进合同节水管理。制定严格用水定额管理的指导性文件，规范和加强用水定额制订、发布、执行和监督管理工作。制定出台节水评价技术导则，严格规划和建设项目节水评价。

周哲宇　程　亮　执笔

李　烽　审核

水利部印发关于建立健全节水制度政策的指导意见和实施方案

水利部水资源管理司

水利部印发《关于建立健全节水制度政策的指导意见》（以下简称《指导意见》），水利部办公厅印发《"十四五"时期建立健全节水制度政策实施方案》（以下简称《实施方案》），明确了建立健全节水制度政策的主要目标，系统部署各项任务和措施。

《指导意见》指出，在全面建设社会主义现代化国家进程中，统筹发展和安全面临着水资源短缺瓶颈制约，必须坚持量水而行、节水为重，从观念、意识、措施等各方面把节水摆在优先位置，强化水资源刚性约束，全面提升水资源集约节约利用能力，为全面建设社会主义现代化国家提供水安全支撑。

《指导意见》明确了建立健全节水制度政策的指导思想、基本原则和工作目标。要求到 2025 年，初始水权分配和交易制度基本建立，水资源刚性约束"硬指标"基本建立，水资源监管"硬措施"得到有效落实，推动落实以水定城、以水定地、以水定人、以水定产"四水四定"的"硬约束"基本形成，面向全社会的节水制度与约束激励机制基本形成，水资源开发利用得到严格管控，用水效率效益明显提升，全国经济社会用水总量控制在 6400 亿 m³ 以内，全国万元 GDP 用水量下降 16% 左右，北方 60% 以上、南方 40% 以上县（区）级行政区达到节水型社会建设标准；万元工业增加值用水量下降 16%，农田灌溉水有效利用系数提高到 0.58，新增高效节水灌溉面积 0.6 亿亩，城市公共供水管网漏损率低于 9%，全国非常规水源利用量超过 170 亿 m³。

《指导意见》提出了建立健全节水制度政策的主要任务：一是建立健全初始水权分配和交易制度，包括科学确定河湖基本生态流量保障目标和地下水水位控制目标、逐步明晰区域初始水权、逐步明晰取用水户的用水权、引导推进水权交易；二是严格水资源监管，包括严格生态流量监管与地下水水位管控、严控水资源开发利用总量、实行水资源用途管制、全面开展规划水资源论证、严格建设项目水资源论证和取水许可监管、实行水资源超载地区暂停新增取水许可、健全水资源监测系统；三是建立健全全社会节水制度政策，包括建立健全节水指标与标准、做好国家节水行动实施的组织推动、建立健全节水监督管理制度、强化重点区域领域节水、健全节水激励机制；四是强化法制、科技和宣传支撑，包括强化法制支撑、强化科技支撑、加强水资源节约保护宣传与科普；五是组织保障，包括加强组织领导、加强与有关部门的沟通协作、切实加大投入、健全考核制度。

　　《实施方案》与《指导意见》相配套，将《指导意见》提出的目标与任务进一步细化实化为 67 项具体措施，明确了每项具体措施的责任单位和完成时限。

齐兵强　刘　婷　执笔

杨得瑞　杨　谦　审核

专栏二十六

县域节水型社会达标建设持续推进

全国节约用水办公室

一、联合编制《"十四五"节水型社会建设规划》

为持续实施国家节水行动，加快推进节水型社会建设，水利部联合国家发展改革委、住房和城乡建设部、工业和信息化部、农业农村部等部门共同编制了《"十四五"节水型社会建设规划》（以下简称《规划》）。《规划》围绕"提意识、严约束、补短板、强科技、健机制"五个方面部署开展节水型社会建设，聚焦重点领域提出具体措施。《规划》要求到 2021 年年底前，南水北调受水区 45% 左右县（区）级行政区达到节水型社会标准（已完成）；到 2025 年，北方 60% 以上、南方 40% 以上县（区）级行政区达到节水型社会标准。

二、印发实施《县域节水型社会达标建设管理办法》

根据新阶段水利高质量发展要求，为规范和促进县域达标建设，水利部制定印发了《县域节水型社会达标建设管理办法》。该办法分为 4 章 22 条，简化了申报程序，完善了工作流程，明确了县级人民政府创建和申请、省级水行政主管部门审核、水利部组织复核的工作要求；强调在满足用水总量和强度控制指标要求的前提下，严格执行节水型社会评价标准，把好县域节水型社会达标建设（以下简称县域达标建设）质量关；要求对达标县（区）进行动态管理，做好日常监管和定期评估等工作，持续推动县域达标建设提质增效。

三、大力推动县域达标建设取得新进展

2021 年，水利部要求各地将县域达标建设完成情况纳入实行最严格水

资源管理制度考核。全国节约用水办公室加强组织领导，建立工作台账，强化过程管理，深入现场调研，对进度滞后地区印发"一省一单"进行督导；加强业务指导，开展县域达标建设培训，向基层节水工作人员解读政策标准，请达标县（区）政府领导现场交流建设经验；加强宣传引导，组织开展县委书记谈节水活动，100 余位县委书记刊发署名文章，总结推广县域达标建设经验做法。各级水行政主管部门紧盯时间节点，多措并举狠抓工作落实，推动县域达标建设不断取得新进展，圆满完成了年度目标任务。

四、复核公告 478 个县（区）达到节水型社会标准

为保障县域达标建设质量，水利部组织流域管理机构对各省（自治区、直辖市）2020 年度县域达标建设情况进行复核。按照 20% 的比例从 489 个备案县（区）中抽取 100 个进行现场复核，检查节水载体 736 个，问卷调查 2000 余人，各项抽查数量均为历年最多。在此基础上，召开复核工作会议，认真分析研究复核发现的问题。经部长专题办公会研究审议，478 个县（区）达到节水型社会评价标准。2021 年 7 月 15 日，水利部正式公告了第四批达标县（区）名单。

自 2017 年启动县域达标建设以来，水利部已推动全国 1094 个县（区）达到节水型社会标准（见表 1）。各省（自治区、直辖市）高度重视县域达标建设，坚持高位推动，强化监督考核。各达标县（区）建立健全节水管理体系，积极探索财税激励政策，大力开展节水载体建设，营造全社会节水良好氛围，节水型社会建设取得显著成效。

表 1　　　　　县域节水型社会达标建设完成情况统计　　　　　单位：个

地区	序号	省级行政区	第一批达标数量	第二批达标数量	第三批达标数量	第四批达标数量	累计达标数量
北方	1	北京	3	4	9	0	16
	2	天津	0	0	9	5	14
	3	山东	14	23	26	31	94
	4	河南	0	41	30	24	95
	5	陕西	11	18	11	14	54
	6	宁夏	0	5	4	2	11

续表

地区	序号	省级行政区	第一批达标数量	第二批达标数量	第三批达标数量	第四批达标数量	累计达标数量
北方	7	河北	0	18	24	36	78
	8	内蒙古	15	0	20	11	46
	9	甘肃	0	0	20	19	39
	10	山西	0	0	25	24	49
	11	辽宁	0	4	9	27	40
	12	吉林	0	0	2	22	24
	13	黑龙江	4	7	9	29	49
	14	新疆（含兵团）	0	0	0	8	8
		北方小计	47	120	198	252	617
南方	1	浙江	0	24	15	13	52
	2	上海	0	2	3	4	9
	3	安徽	0	4	15	35	54
	4	江苏	7	11	14	13	45
	5	云南	5	8	13	22	48
	6	青海	0	4	5	6	15
	7	江西	0	7	16	10	33
	8	重庆	0	4	4	4	12
	9	贵州	0	7	12	8	27
	10	广西	6	10	6	10	32
	11	福建	0	0	8	14	22
	12	广东	0	0	10	20	30
	13	四川	0	0	15	30	45
	14	湖南	0	0	5	21	26
	15	湖北	0	0	11	10	21
	16	海南	0	0	0	4	4
	17	西藏	0	0	0	2	2
		南方小计	18	81	152	226	477
全国合计			65	201	350	478	1094

李佳奇　刘真兴　执笔

张清勇　审核

贵州省岑巩县：节水型社会达标建设成效显著

贵州省岑巩县围绕"提意识、严约束、补短板、强科技、健机制"5个方面部署开展节水型社会达标建设，在农业用水计量、节水载体、节水型器具推广等方面取得喜人成效。

岑巩县严格按照中央、省、州关于开展县域节水型社会达标建设工作部署，成立了县域节水型社会达标县创建工作领导小组，编制印发了《岑巩县节水型社会达标建设实施方案》，制定了水资源服务（推动）高质量发展绩效考核评分细则，将各项工作任务落实到具体创建成员单位并纳入考核。同时，全县上下以强化落实各项水资源管理与节水管理制度为核心，以建设节水型载体为重点，抓基础管理、节水指标落实，大力推进农业、工业、城镇节水工程建设，初步实现了水资源的合理开发、优化配置、节约利用。

以"世界水日""中国水周"等活动为契机，组织节水创建宣传工作组深入全县中小学、工业园区、机关单位、企业、社区和重要公共场所开展节水宣传工作。通过形式多样、内容丰富、覆盖面广的节水科普宣传活动，进一步提高广大人民群众的节水意识，养成节水好习惯，树立节水新风尚。2021年，发放宣传资料共计15000余份，群众咨询人数达5000余人次。

在创建节水型社会过程中，先后出台《节水型器具推广实施方案》《鼓励居民使用更换节水器具通告》等一系列文件，与商家签订"不销售国家明令淘汰的用水器具承诺书"，加强节水型生活用水器具推广与应用宣传，开展公共场所用水器具普查，分批次进行改造，严格落实新建小区居民家庭全部采用节水器具措施。普查结果显示，公共场所和新建小区居民家庭节水器具普及率达到100%。同时，积极与相关部门协调配合，严格工程立项审批、施工监督管理；大力发展喷灌、微灌、滴灌等高效节水工程建设，不断提升全县农业节水灌溉设施能力；引进实施节水器具提升改造技术，使机关单位、校园等非居民单位用水的节水效率不断提高；积极组织实施企业产品升级、技术创新等用水设施改造，淘汰高耗水、高污染项目，促进产业结构调整优化，推进科技节水和循环用水，使企业循环水利用和水的重复利用率不断提高，有力地推动了资源节约型社会建设。

岑巩县累计投入1500万元，高质量推进县域节水型社会达标县建设，全县已完成65个单位（企业）、1个小区节水创建工作。公共机构节水型单位、节水型企业建成率达100%，节水型居民小区覆盖率达到17%，工业用水计量率达100%，工业用水重复利用率达到99%，企业生产投资成本平均降低15万元，各项指标均达到相关节水标准，全县节水型社会达标县建设工作成效显著。2021年7月，水利部公布第四批节水型社会建设达标县（区）名单，岑巩县位列其中。

张 娜 杨 亮 吴开英 执笔
席 晶 李 攀 审核

浙江省永康市：缺水城市的
水资源"效能革命"

浙江省永康市地处钱塘江与瓯江水系的分水岭，当地水资源先天不足，人均水资源量仅相当于全国平均值的 39.8%，属于南方丰水区的缺水市。同时，永康市还是浙江省制造业集聚地区，人口密集，水资源的基础保障对永康市经济社会发展至关重要。

作为一座资源性缺水城市，永康市坚持"内联""外引"两条腿走路，进一步协调全市水资源水环境承载能力与区域经济社会发展布局规模，全面提高水资源的保障和调控能力，实现水资源利用最优配置——这是近年来永康市水资源"效能革命"的重要一环。

"内联"，投资 8.2 亿元实施北部水库联网工程，通过内部挖潜实现联网水库互为备用水源。截至 2021 年 6 月底，北部水库联网工程累计从太平水库、洪塘坑水库、黄坟水库调剂源水 2725 万 m³，保障城区和芝英镇生产、生活用水稳定。

"外引"，针对当地县域外围地区水资源较丰富特点，积极与金华市磐安县、武义县对接，实现跨县（市）引水供水。2020 年 7 月 9 日，永康—磐安签订 50 年期限的供水协议，通过每年从磐安购买 2000 万 m³ 优质水源，不断提高当地水资源保障能力。同时，永康市与武义县交界的花街镇杨公村、塘店村已实现从武义县城区水厂就近引水。

永康市在坚持"内联""外引"的基础上重视"节流"，基于现有水资源管理制度体系，根据不同用水，按照支撑保障、控制约束、分类管理的原则，建立水资源刚性约束制度，并出台《关于开展工业企业亩产效益综合评价全面推进"亩均论英雄"改革的实施意见》，将当地1025家规上工业企业工业增加值水耗列入考核，以"亩均论英雄"改革推动水资源差别化配置。

"开源节流"保障城乡居民用水之后，永康市将目标瞄准了"城乡居民同质饮水"，通过加强基础设施建设，完善长效管理机制，着重推动农村居民基本实现从"有水喝"到"喝好水"的转变。

此外，当地还推进"减排与集蓄"工程，推动农业、工业、服务业、城镇公共节水减排，在金华地区率先完成中央财政小农水项目县验收和太平水库灌区节水配套改造省级验收，完成农业水价综合改革验收。

徐鹤群　张　斌　汪旭莹　执笔

席　晶　李　攀　审核

专栏二十七

水利部发布 105 项用水定额
基本建立国家用水定额体系

全国节约用水办公室

根据《国家节水行动方案》提出的"建立覆盖主要农作物、工业产品和生活服务业的先进用水定额体系"要求，2019 年水利部制定了 2019—2021 三年推进计划，目前已全部完成 105 项国家用水定额制定，其中，农业 14 项，工业 70 项，服务业 18 项和建筑业 3 项，全面系统的国家用水定额体系基本建立。

一、农业国家用水定额

制定发布小麦、水稻、玉米、棉花、大白菜（露地）、黄瓜（露地、设施）、番茄（露地、设施）、苜蓿、马铃薯、花生、油菜、甘蔗、苹果、柑橘 14 项农业用水定额，覆盖了 88% 以上粮食和 85% 以上油料作物播种面积，基本构建了我国粮、棉、油、糖、果树、蔬菜、牧草等主要农作物灌溉用水定额标准体系。

二、工业国家用水定额

发布覆盖钢铁、火力发电、造纸、石化和化工纺织、食品和发酵等高耗水行业的 70 项产品的工业用水定额，其中制定发布核电、氨纶、乳制品、水泥、铁合金等 54 项工业用水定额，修订发布火力发电、石油炼制、选煤、造纸、啤酒等 16 项工业用水定额，涉及行业用水量占我国工业用水总量的 80% 以上。

三、服务业和建筑业国家用水定额

制定发布宾馆、学校、机关、科技文化场馆、环境卫生管理、理发及美容、写字楼、综合医院、洗浴场所、洗车场所、高尔夫球场、室外人工滑雪场、综合性体育馆、零售、洗染、游泳场馆、餐饮、绿化管理18项服务业用水定额，涉及行业用水量占我国服务业用水总量的90%以上。制定发布住宅房屋建设、建筑装饰装修和体育场馆建筑3项建筑业用水定额。

四、国家用水定额执行情况

水利部加强用水定额监督检查，近三年累计检查各级水行政主管部门300余次，工业企业和服务业用水单位2000余家，指导地方发布实施省级用水定额8800余项。2021年，以重点监控用水单位为重点，围绕用水定额管理及执行情况，检查118个县级水行政主管部门和605个工业企业、宾馆、学校、洗浴等用水单位。目前，用水定额已应用在7成以上项目和用水户的节水评价、水资源论证、取水许可审批、计划用水等方面。

刘　波　孙　美　执笔
熊中才　审核

专栏二十八

《公民节约用水行为规范》发布

全国节约用水办公室

为增强全民节约用水意识，引领公民践行节约用水责任，推动形成节水型生产生活方式，保障国家水安全，促进高质量发展，2021 年 12 月 9 日，水利部、中央文明办、国家发展改革委、教育部、工业和信息化部、住房和城乡建设部、农业农村部、国管局、共青团中央、全国妇联 10 部门联合发布《公民节约用水行为规范》（以下简称《规范》），从"了解水情状况，树立节水观念""掌握节水方法，养成节水习惯""弘扬节水美德，参与节水实践"三个方面对公众的节水意识、用水行为、节水义务提出了朴素具体的要求。

2019 年以来，为引导水利职工争当节水模范表率，水利部制定发布了《水利职工节约用水行为规范（试行）》，对于促进水利机关节水发挥了重要作用，截至 2020 年年底，水利行业已累计建成 1833 家节水机关。本次发布的《规范》，结合了水利职工节约用水行为规范实践经验和行业外同类行为规范，考虑了节水的社会性特点，并在广泛征求意见基础上形成。

为做好《规范》前期宣传推广工作，水利部自 2021 年初即着手开展《规范》主题实践活动，明确提出宣传推广"1+8"任务体系，联合有关单位出版了节水绘本《阿狸和会飞的湖》，开展了 2021 年"节水中国　你我同行"主题宣传联合行动，举办了第二届全国节约用水知识大赛、第二届"节水在身边"全国短视频大赛，开展了 2021 年全国科普日活动。各项活动得到社会各界的积极响应和广泛参与，取得了显著的宣传效果，为《规范》的发布和推广奠定了良好舆论基础。

节约用水涉及社会各行业领域，需要全体公民共同行动。发布《规范》，有利于强化公众节水意识，促进形成节水型生产生活方式和消费模式。下一步，水利部将会同有关部门抓好《规范》宣贯落实，面向全社会广泛推行，在全国范围内掀起学习宣传热潮，营造亲水、惜水、节水的良好氛围，使爱护水、节约水成为全社会的良好风尚和自觉行动。

谭　韬　程　亮　执笔

李　烽　审核

加快推动建立水资源刚性约束制度

水利部水资源管理司

2021 年，水利部以强化水资源刚性约束、促进高质量发展为核心，以健全水资源刚性约束指标、严格取用水监管、强化水生态保护与修复为抓手，严控水资源开发利用，促进提高水资源集约节约安全利用水平，不断提升水生态系统的质量和稳定性，取得明显成效。

一、做好水资源刚性约束制度的顶层设计

按照中央要求，认真研究水资源刚性约束制度的内涵、约束对象、约束内容、约束方式、主要制度设计等，深入调研、广泛征求意见，完成了水资源刚性约束制度的顶层设计。提出了建立水资源刚性约束制度的主要路径：坚持"四水四定"（以水定城、以水定地、以水定人、以水定产），建立健全用水总量、用水效率、节水标准、生态流量等一系列硬指标；严格落实水资源用途管制、水资源论证、取水许可监管、承载能力评价、超载治理、监督考核等一系列硬措施；推动形成国土空间格局、产业优化调整、城市发展布局等一系列硬约束，为全面建设社会主义现代化国家提供水安全支撑和保障。

为推动新阶段水利高质量发展，按照水利部党组"三对标、一规划"专项行动要求，强化水资源刚性约束，制定印发了建立健全节水制度政策的指导意见和实施方案、复苏河湖生态环境的指导意见和实施方案。明确了主要目标、重点任务、具体措施、任务分工和完成时限。

二、健全水资源刚性约束指标

一是持续推进河湖生态流量管理。指导流域管理机构和地方加快确定跨省和省内重点河湖生态流量目标，在 2020 年发布两批共 90 条跨省重点

河湖、166 个重要控制断面的生态流量目标基础上，组织制订完成 82 个跨省重要河湖和 134 个省内重点河湖生态流量目标。对已确定生态流量目标的河湖，纳入水资源监管月报，加强监测预警、调度管理和监督考核。

二是继续推进江河流域水量分配。加快推进跨省江河流域水量分配，2021 年新批复了六硐河（含漕渡河）、黄华河、罗江、九洲江、谷拉河、泾河、交溪、建溪、竹竿河、洮儿河、浉河 11 条跨省江河水量分配方案。累计完成 63 条，相比应开展水量分配的 94 条跨省江河，数量占比已超过 2/3，流域面积占比已达 85%。指导各省份加快推进省内跨地市江河水量分配，累计批复 230 条，黑龙江、江苏、安徽、福建、江西、山东、湖南、广东、广西、重庆、四川、贵州、陕西、宁夏 14 省（自治区、直辖市）基本完成省内跨地市江河流域水量分配。

三是加快确定地下水管控指标。加快推进以县为单元确定地下水取用水量、水位等控制指标，各省份已提交省级工作成果，各流域管理机构均已完成流域复核。组织完成 16 省份技术审查，其中 13 省份通过技术审查，黑龙江、江苏、四川、重庆、广西、湖南、贵州 7 省（自治区、直辖市）成果已经批复实施。

四是组织确定"十四五"用水总量控制目标。充分考虑现状用水、节水、刚性约束等因素，深入分析研究，确定了"十四五"全国用水总量控制目标为 6400 亿 m³，并将其分解到各省份。

三、严格取用水监管

一是推进取用水管理专项整治行动。完成了专项整治行动第一阶段取水口核查登记工作，全国已核查登记取水口超过 580 万个，基本摸清了取水口的数量、合规性和监测计量现状。针对核查登记发现的问题部署推进整改提升工作。长江、太湖流域已全面完成整改提升，其他流域和地区正在加快推进问题整改，整改完成率达到 31.2%。

二是加强取水口取用水监测计量。制定印发了《关于强化取水口取水监测计量的意见》，组织流域管理机构和各省份编制实施方案，协调落实中央财政水利发展资金支持地方开展取水监测计量体系建设，提高监测计量覆盖面、提升监测计量数据质量、加强监测计量数据成果应用。

三是严格水资源论证和取水许可管理。强化规划水资源论证，对河南周口、内蒙古巴彦淖尔、吉林公主岭、黑龙江建三江、新疆昌吉5个拟设立的国家农业高新技术产业示范区，组织完成了规划水资源论证审查，强化水资源在规划决策中的刚性约束作用。推进取水许可和水资源费征收管理条例（修订）立法前期工作。制定取水许可审批管理操作指南。

四是加强水资源管理监督检查和考核。督促黄河流域水资源超载地区严格执行暂停新增取水许可政策，指导超载地区制定超载治理方案，推进超载问题治理。针对利用水资源管理信息系统、水资源管理监督检查发现的超许可、超计划取水等问题，督促推进整改。完成了2020年度和"十三五"期末最严格水资源管理制度考核，考核结果经国务院审定后向社会公告。制定印发了2021年最严格水资源管理制度考核工作方案。

五是推进水资源管理重点领域改革。推广应用取水许可电子证照，提升群众办事效率和政务服务效能，截至2021年12月底，已累计发放取水许可电子证照48.3万本，28个省份已完成电子证照转换工作。在加快明确用水权的同时，指导地方推进多种形式的用水权交易。继续组织做好《用水统计调查制度》实施，制订提出用水统计调查基本单位名录管理办法、用水统计数据核算工作方案。

四、强化水生态保护和治理

一是切实加强地下水管理与保护。《地下水管理条例》颁布实施。继续用好地下水水位变化通报机制，对地下水超采地区的地下水水位变化情况进行排名，对水位降幅较大且排名靠后的进行会商，压实地方人民政府地下水保护和超采治理主体责任。2021年以来，先后组织对9个地市人民政府开展了技术会商工作。启动开展新一轮地下水超采区划定。

二是推进地下水超采治理。推进华北地下水超采综合治理，统筹多水源实施生态补水。实施年度生态补水85亿 m^3，超额完成年度目标。水利部、河北省人民政府联合开展了2021年夏季滹沱河、大清河（白洋淀）生态补水工作，推进补水向滹沱河、白洋淀下游河湖延伸，两条线路累计补水 2.21 亿 m^3，627 km 河道全线贯通。编制完成"十四五"华北地区及其他重点区域地下水超采治理方案、"十四五"华北地区河湖生态环境复苏行动方案。

三是做好水资源保护重点工作。做好污染防治攻坚战水利年度工作。妥善应对多起水污染事件。开展重点饮用水水源地安全保障达标评估、长江饮用水水源地名录制定。

2022 年，水资源管理工作将认真贯彻落实"四水四定"原则，以强化水资源刚性约束为主线，积极推动建立水资源刚性约束制度，组织做好建立健全节水制度政策的指导意见和实施方案、复苏河湖生态环境的指导意见和实施方案的贯彻落实，具体做好以下工作：

一是健全水资源刚性约束目标指标。全面完成全国生态流量保障重点河湖名录明确的 477 条河湖生态流量目标确定工作，对生态流量实施清单式管理，加强水量调度监测预警，落实生态流量目标。新批复 10 条以上跨省江河水量分配方案，再完成一批跨地市江河水量分配。加快确定以县为单元的地下水取用水总量、水位控制指标，作为各地区地下水开发利用的管理目标。

二是实化取用水管理措施。深入推进取用水管理专项整治行动，全面完成整改提升工作，开展专项整治行动"回头看"。建立长效监管机制，严格建设项目水资源论证和取水许可管理，推进水资源超载地区暂停新增取水许可。全面推行取用水"双随机、一公开"监管，依法规范取用水行为及管理秩序。制订规划水资源论证管理办法，推动相关行业规划、重大产业和项目布局、各类开发区和新区规划开展水资源论证。推进建设项目水资源论证区域评估和取水许可告知承诺制。强化取水口取水监测计量，加快实现非农业取水口和大中型灌区渠首取水口计量全覆盖，5 万亩以上的大中型灌区渠首取水口全部实现在线计量。

三是强化地下水治理。贯彻落实《地下水管理条例》，推进地下水取水总量控制，合理确定行政区域地下水取水工程布局。继续用好地下水水位变化通报机制，督促地方人民政府落实地下水保护责任。推进新一轮超采区划定工作，核定地下水超采区范围及超采量，划定地下水禁采区、限采区。组织实施 2022 年度华北地区河湖生态补水。加快推进实施三江平原、河西走廊、汾渭盆地等其他重点区域地下水超采治理工作。

四是严格水资源管理考核。按照水资源刚性约束要求完善水资源管理考核内容，优化考核指标，改进考核机制，实施更加务实、更加精准的考核，通过考核传导工作压力，激发工作动力，压实地方人民政府的主体责任，更大程度发挥水资源刚性约束作用，更加有效地防范和解决水资源领域的突出问题，以高质量考核促进高质量发展。

齐兵强　常　帅　执笔

杨得瑞　杨　谦　审核

"十四五"用水总量和效率控制目标确定

水利部水资源管理司　全国节约用水办公室

为全面贯彻新发展理念，深入落实习近平总书记"节水优先、空间均衡、系统治理、两手发力"治水思路，强化水资源的刚性约束作用，严控经济社会发展用水总量和效率，提高水资源集约节约安全利用水平，2021年，水利部经过认真分析论证，确定了"十四五"用水总量和效率控制目标。

一、原则方法

总的原则：立足用水现状，充分考虑经济社会发展需求、节水及刚性约束要求、生态保护与修复需求等因素，对"十四五"期末用水总量和效率进行预测。主要把握四个方面：一是节水优先。预测指标应符合"十四五"国民经济与社会发展规划纲要、国家节水行动方案、节水型社会建设等政策要求。二是保护生态。满足河湖修复、地下水超采治理、城乡人居生态环境改善等对水资源的需求。三是刚性约束。本地地表水用水量不得超过江河流域水量分配指标，外调水用水量不得超过调水工程的配置水量，地下水用水量不得超过地下水取用水总量控制指标。四是支撑发展。根据各省（自治区、直辖市）"十四五"经济社会发展规划目标，合理测算未来5年各行业的用水需求。按照以上原则，总体采用基准值+增（减）量的方法，分省区、分行业预测"十四五"期末用水情况。

二、工作过程

一是确定全国的用水总量和效率控制目标。水利部组织有关单位认真分析论证，先后多次发函组织各省（自治区、直辖市）对"十四五"用水总量和效率进行预测，经部务会审议后，确定"十四五"全国用水总量控制目标为 6400 亿 m³。经与国家发展改革委等有关部门沟通，确定"十四五"万元 GDP 用水量下降 16% 左右，全国万元工业增加值用水量下降 16%。二是确定各省（自治区、直辖市）用水总量和效率控制目标。针对各省（自治区、直辖市）提出的用水总量和效率预测成果，围绕用水需求的真实性、预测过程的合理性、水源供给的可能性等进行综合分析，逐省开展技术复核，反馈意见建议。通过座谈会、视频会等方式，与相关省级水行政主管部门进行一对一、面对面的沟通，经过深入细致的工作，与各省（自治区、直辖市）达成了一致意见。

三、目标成果

2021 年 12 月 31 日，水利部印发了《2021 年度实行最严格水资源管理制度考核控制目标》，明确了各省（自治区、直辖市）2021 年度用水总量和用水效率控制目标。其中，用水总量控制指标作为各省（自治区、直辖市）"十四五"期间的用水总量控制目标，"十四五"期间该指标不再按年度进行分解。

毕守海　马　超　谭　韬　执笔

杨得瑞　郭孟卓　李　烽　审核

持续推进取用水管理专项整治行动
整改提升工作

水利部水资源管理司

2020 年，水利部在总结长江、太湖流域取水工程（设施）核查登记经验的基础上，在全国范围开展了取用水管理专项整治行动。专项整治行动主要分为两个阶段：一是通过取水口核查登记，摸清取水口的数量、合规性和监测计量现状。二是针对核查登记发现的问题，推进整改提升，加强取用水监管。2021 年，核查登记阶段工作顺利完成，基本摸清了 580 多万个取水口的合规性和监测计量现状。为指导各流域管理机构和地方水行政主管部门推进整改提升工作，水利部办公厅印发了《关于做好取用水管理专项整治行动整改提升工作的通知》。

整改提升工作的总体考虑：针对取用水管理专项整治行动核查登记反映出的取用水方面的问题，分类施策推进整改，2022 年 3 月底前，基本完成整改阶段任务，依法规范取用水行为，推进取用水秩序明显好转。在整改工作基础上，建立健全长效机制，严格落实水资源管控指标，强化水资源刚性约束，促进水资源可持续利用和有效保护。主要把握以下四个原则。一是坚持刚性约束。以水而定，量水而行，把江河水量分配指标、地下水管控指标、用水总量控制指标、河湖生态流量目标等水资源管控指标作为整改的重要约束条件。二是坚持依法整改。依法进行问题认定和整改，不得随意降低或提高标准，对拒不整改或不按要求整改的，从重处罚，做到于法有据、程序合法、处理适当。三是坚持有序整改。区别情况，分类施策，对能立即整改的问题，立行立改；对因取水不符合水资源管控指标等，短期内难以整改到位的，实行分阶段整改；整改工作要妥善处理矛盾，防止"一刀切"。四是坚持便民高效。优化简化审批流程，推进水资源论证区域评估，加快实施取水许可审批"一网通办"和电子证照应用，提高管理和服务效能。

截至 2021 年 3 月 31 日，长江、太湖流域共完成 6.93 万个项目的整改提升，涉及 11.05 万个取水口，基本完成整改提升工作。正在推进整改提升的主要涉及 5 个流域管理机构和 29 个省（自治区、直辖市）及新疆生产建设兵团，截至 2021 年 12 月 31 日，从问题认定情况看，98.52% 的项目完成问题认定，其中保留类项目 27.17 万个，退出类项目 2.30 万个，整改类项目 39.18 万个，尚有 1.03 万个项目未完成问题认定；从问题整改情况看，需要整改的 41.48 万个项目中，18.50 万个项目已完成整改，整改完成率为 44.61%。江苏、江西、湖北、湖南、四川、贵州 6 省全面完成整改，浙江、安徽 2 省基本完成整改，水利部淮河水利委员会和河北、山西、黑龙江、甘肃、宁夏、新疆 6 省（自治区）整改完成率达到 75% 以上。

毕守海　马　超　王　华　王海洋　欧阳如琳　执笔

杨得瑞　郭孟卓　审核

"十三五"期末实行最严格水资源管理制度考核结果公布

水利部水资源管理司

根据《国务院关于实行最严格水资源管理制度的意见》和《国务院办公厅关于印发实行最严格水资源管理制度考核办法的通知》规定，水利部会同国家发展改革委、工业和信息化部、财政部、自然资源部、生态环境部、住房和城乡建设部、农业农村部、国家统计局等部门，制定了考核方案，成立了考核工作组，对 31 省（自治区、直辖市）目标完成情况、制度建设和措施落实情况进行了综合评价，形成考核结果。

2021 年 9 月 28 日，经国务院审定，实行最严格水资源管理制度考核工作组发布了"十三五"期末实行最严格水资源管理制度考核结果的公告。考核结果 31 省（自治区、直辖市）"十三五"期末考核等级均为合格以上，其中浙江、江苏、山东、安徽 4 省考核等级为优秀，并获国务院办公厅通报表扬。

总体上看，"十三五"时期，在党中央、国务院正确领导下，各地区、各部门采取有力措施，扎实推进最严格水资源管理制度实施，节约用水深入推进，取用水管理全面强化，水资源保护持续加强，河湖管理成效明显，农村饮水安全保障水平显著提升，全国用水总量、用水效率和重要江河湖泊水功能区水质达标率等控制目标全面完成，水资源节约集约和安全利用水平显著提升。

2020 年，全国 31 省（自治区、直辖市）用水总量为 5812.9 亿 m^3，完成了"十三五"期末控制在 6700 亿 m^3 以内的目标；万元国内生产总值用水量、万元工业增加值用水量分别比 2015 年下降 28%、39.6%，完成了

"十三五"期末分别比 2015 年下降 23%、20% 的控制目标；农田灌溉水有效利用系数为 0.565，比 2015 年提高 0.029，完成了"十三五"期末提高到 0.55 以上的目标；重要江河湖泊水功能区水质达标率为 88.9%，比 2015 年提高 18.1 个百分点，完成了"十三五"期末提高到 80% 以上的控制目标。

毕守海 王 华 执笔
杨得瑞 郭孟卓 审核

扎实推进水资源统一调度管理

水利部调水管理司

2021 年，水利部围绕规范水资源调度管理，找问题、夯基础、建制度、强监管、抓落实。加强调水制度建设，印发《水资源调度管理办法》（以下简称《办法》），为规范水资源调度管理行为、实现科学有序调水提供了支撑。扎实推进流域水资源统一调度管理，强化生态调度，在水资源调配、水环境改善、水生态修复等方面取得明显成效，为流域、区域提供了有力的水安全保障。

一、加强调水管理制度建设

以水资源调度制度建设为重点，坚持问题导向，针对水资源调度长期以来存在的不规范、协调不畅、支撑不力等问题，在调度权限、依据、组织、实施、监测、监督管理、责任追究等方面系统梳理了 88 个问题。其中，技术类问题 24 个、管理类问题 64 个，严重问题 48 个、一般问题 40 个，并针对性提出解决措施。对管理类问题，通过制定《办法》加以解决；对技术类问题，将通过出台配套技术文件加以解决。经过广泛征求意见及反复修改完善，《办法》通过水利部部务会议审议，并于 2021 年 11 月 1 日起正式施行。

（一）明确各级水行政主管部门职责与权限

《办法》在总结已有水资源调度管理经验基础上，明确国务院水行政主管部门、流域管理机构和地方水行政主管部门之间的水资源调度管理权限。按照水资源调度管理的系统性要求，统筹生活、生产、生态等用水，从调度方案和调度计划编制、调度实施、监督检查、责任追究等环节明确水资源调度管理的内容和要求，推进水资源调度管理的规范化和制度化，为科学精准开展水资源调度提供制度保障，为优化水资源配置、复苏河湖生态环境、推动新阶段水利高质量发展提供重要支撑。

（二）强化水资源调度计划（方案）编制与执行

《办法》规定，列入名录的江河流域和重大调水工程，都应当编制水资源年度调度计划，明确年度调度目标。对于用水矛盾突出、水资源调度管理复杂的，还应当根据需要编制水资源调度方案，确定调度管理的原则。为体现调度精准化，水资源调度方案有效期限一般为 3~5 年，并应随用水情势、工程条件等情况变化及时调整。

（三）建立健全水资源调度保障机制

为推进水资源调度顺利开展，《办法》还规定了调度实施的五项机制：一是建立协商机制。根据需要建立利益相关方参与的调度协商机制。通过协商沟通，平衡多方需求，达成共识，实现共赢。二是建立协调机制。通过洪水资源化、丰蓄枯用等措施，增加水资源有效供给。三是建立预警机制。出现预警情况时，应及时发布调度预警，并可采取控制取用水规模、调度重要水库水电站等措施。四是建立生态补水调度机制。规范生态补水改善水生态环境的程序，要充分论证补水工程输水能力以及水源区水资源承载能力并经上级水行政主管部门或者流域管理机构审批后实施。五是建立信息共享机制。实现相关单位监测信息以及水资源调度信息共享，以支撑水资源调度精准化决策。

二、推进江河流域水资源统一调度

江河流域水资源统一调度是强化水资源刚性约束、优化水资源配置的重要内容，也是推动新阶段水利高质量发展、复苏河湖生态环境的重要支撑。

（一）加快推进跨省江河流域水资源统一调度

截至 2021 年年底，已有 31 条跨省江河流域启动水资源统一调度工作。通过开展水资源统一调度，黄河干流连续 22 年不断流，黑河东居延海连续17 年不干涸，以有限的水资源支撑了流域经济社会发展。应对珠江上游来水持续严重偏枯形势，通过滚动预测研判，不断优化调度方案，发挥水库群综合效益，成功实施了 17 次枯水期水资源统一调度，全面保障了澳门、珠海等地供水安全，为区域经济社会发展和人民群众安居乐业提供了有力支撑。太湖流域通过科学调度、强化水量水质管理，保障了流域重要水源地供水安全。

（二）稳步实施重点流域区域生态调度

积极落实华北地区地下水超采综合治理、永定河流域综合治理与生态修复等要求，指导重点流域区域开展生态补水工作。自 2018 年秋季开始组织实施永定河生态补水，利用山西册田水库、河北友谊水库、河北洋河（响水堡）水库等向北京官厅水库进行集中输水，永定河干流有水河段长度明显增加，河道过水时间显著加长，生态补水河段水质明显好转。2021年首次由水利部印发永定河年度生态水量调度计划，提前谋划全线通水目标，统筹生态用水需求，持续向河道补水。汛后正式启动永定河全线通水跨流域多水源调度，通过联合调度官厅水库来水、再生水、引黄水、南水北调中线引江水和北运河等多种水源，使永定河、黄河、长江水顺利牵手，断流 26 年的永定河实现全线通水入海，进一步推进永定河生态复苏。为落实黄河流域生态保护和高质量发展要求，在近几年黄河生态补水实践基础上，组织水利部黄河水利委员会编制印发了年度生态调度方案，首次明确河道外生态补水指标，进一步拓展调度范围至流域内外重点区域，提高调度目标至涵盖山水林田湖草沙的整个流域生态系统。全年向河口三角洲自然保护区补水 2.05 亿 m^3，下游鱼类种类及多样性显著增加，促进了河口地区生态系统修复。引黄入冀补淀工程自 2017 年通水以来，累计引调黄河水 20.7 亿 m^3，其中向白洋淀补水 2.47 亿 m^3，保障白洋淀水位保持在《白洋淀生态环境治理和保护规划》确定的范围内，有力支撑了华北地区地下水超采综合治理和雄安新区建设。

2022 年，水利部锚定有序调水、科学调水目标，将围绕推动新阶段水利高质量发展六条实施路径，坚持问题导向，注重工作成效，丰富制度体系，完善调水布局，强化流域治理管理，提升调水管理水平。

强化流域水资源统一调度，促进水资源集约节约利用，助力复苏河湖生态环境。一是强化流域管理，推进水资源统一调度。深入落实强化流域治理管理工作会议的工作部署，全面贯彻《办法》要求，按照确有需要、急用先行的原则，应调尽调，全面推进水资源统一调度，重点推进黄河、淮河、珠江等重点流域和京津冀等重点区域水资源调度，统筹水灾害、水资源、水生态、水环境系统治理，加强对重大跨流域、跨省调水工程调度计划编制的指导。二是强化生态调度，助力复苏河湖生态环境。按照"生态优先、绿色发展"原则，优化黄河、永定河、白洋淀等重点流域区域生态调度并推进常态化调度，继续支持华北地区地下水超采综合治理，促进复苏河湖生态环境、维护河湖健康生命。三是强化调度监督，提升调度管理成效。加强对调度过程的管理，通过监督发现、指导解决问题并督促整改落实，强化总量控制与断面管控，保障调度效果，确保生态安全底线。

强化体制机制建设，提升能力与水平。尽快构建相对完善的水资源调度管理制度、技术规范体系，加快《办法》配套政策、技术文件出台，重点组织确定需要开展水资源调度的江河流域及重大调水工程名录，编制水资源调度有关技术指南，做到制度成体系、监管有机制，努力推进调水管理规范化、法治化、科学化。

李云成　邱立军　张　沛　执笔

朱程清　孙　卫　审核

河湖管理保护篇

推动河湖管理高质量发展

水利部河湖管理司

2021 年，水利部与各地各部门一道，围绕强化河湖长制各项任务，全面建立组织体系，不断完善规章制度，重拳治理河湖乱象，夯实河湖管理保护基础，河湖面貌明显改善。

一、强化河湖长制，压实压紧责任

（一）抓体系建设，不断拧紧责任链条

水利部指导各地建立健全以党政领导负责制为核心的责任体系，31 个省（自治区、直辖市）全部实现党委和政府主要领导担任省级双总河长，省、市、县、乡级四级河湖长达 30 万名，各级河湖长年均巡查河湖 700 万人次。各地因地制宜推动河湖长制向村级延伸，90 万名村级河湖长（含巡河员、护河员）守护在河湖"最前哨"，打通河湖长制从"最初一公里"到"最后一公里"，确保每个河流、每个湖泊有人管、有人护。省、市、县全部设立河长制办公室，明确专职人员超 1.8 万名；17 个省份由省级政府分管负责同志兼任河长办主任，组织、协调、分办、督办职能进一步提升。经部际联席会议审议通过，印发《河长湖长履职规范（试行）》等文件，明确"怎么干"、干不好"怎么办"等问题。承办中组部委托"全面推行河长制湖长制网上专题班"专题培训，调训 5000 名县市级河湖长，不断提升各级河湖长履职尽责能力。

（二）抓工作机制，不断加强协调联动

国务院调整完善全面推行河湖长制工作部际联席会议制度，胡春华副总理担任召集人，成员单位调整增加至 18 个，印发部际联席会议及其办公室工作规则和 2021 年工作要点。长江、黄河流域建立省级河湖长联席会议

机制，办公室设在流域委，强化流域治理管理；七大流域管理机构与省级河长制办公室建立协作机制，流域管理机构协调、指导、监督、监测的作用逐步发挥。各地广泛建立"河长+警长""河长+检察长"机制，推动水行政执法和刑事司法有效衔接；持续探索建立跨界河湖上下游左右岸联防联控机制、部门协调联动机制、巡护河员制度、社会共治机制；地方各级人大、纪检监察机关积极履行监督职责，共同推动河湖长制任务落实落地。

（三）抓监督考核，不断强化激励问责

水利部对各省份 6316 个河段（湖片）进行暗访检查，发现问题 1709 个，已整改 1316 个；对 8 个省份进行进驻式督查。将河湖长制纳入最严格水资源管理制度考核，指导督促各地强化考核问责、正向激励，强化结果运用。会同财政部对河湖长制工作真抓实干、成效明显的辽宁、黑龙江、江苏、福建、山东、河南、湖北、湖南、广东、广西、重庆、四川、贵州、云南、西藏、宁夏、新疆 17 省（自治区、直辖市）的 7 个市 10 个县给予激励，给予每个市（地、州）2000 万元、每个县（市、区）1000 万元奖励。经中央批准，表彰全面推行河湖长制工作先进集体 250 个、先进工作者 350 名，优秀河湖长 348 名。各地问责河湖长和有关部门 6049 人次。

二、强化问题导向，巩固整治成果

（一）纵深推进"清四乱"常态化规范化

纵深推进"清四乱"常态化规范化，坚决清存量、遏增量。组织开展长江、黄河岸线清理整治、长江非法矮围整治、丹江口"守好一库碧水"整治等专项行动，2021 年，各地共清理"四乱"问题 2.6 万个；完成长江干流 2441 个违法违规岸线利用项目清理整治，腾退岸线 162 km，复绿 1200 多万 m^2；对黄河干流和 16 条主要支流 1.1 万 km 河道、2.8 万 km 岸线进行排查，清理整治 1638 个违法违规项目；清理整治 63 处非法矮围，拆除围堤 59 km，恢复水域面积 6.8 万亩。2021 年汛期，督促指导山西、陕西等省份开展妨碍河道行洪突出问题排查整治，严肃查处侵占、围垦等

行为，确保河道行洪畅通，守住河湖防洪安全底线、生态保护红线。办理12314监督举报平台转办问题169个。

（二）有力维护河道采砂管理秩序

贯彻落实中央扫黑除恶常态化暨加快推进重点行业领域整治的决策部署，严厉打击"沙霸"及其背后"保护伞"，组织开展全国河道非法采砂专项整治行动，查处非法采砂行为1289起。联合公安、交通、工信、市场监管等部门开展长江河道采砂综合整治和采砂船舶专项治理，查处非法采砂船舶185艘，拆除非法采运砂船1559艘。推进采砂管理规范化、标准化，推行长江砂石采运管理单电子化；以晋陕峡谷为重点，整治黄河非法采砂，强化实施方案审查，在水利部黄河水利委员会直管河段推行河砂统一开采管理；公布2567个重点河段敏感水域采砂管理责任人；制定《河道采砂规划编制与实施管理技术规范》。

（三）持续加强水域岸线空间管控

完成第一次全国水利普查名录内河湖（无人区除外）管理范围划界工作，首次明确120万km河流、1955个湖泊的管控边界，并将划界成果纳入全国水利一张图。印发实施长江、黄河、淮河、海河、珠江、松辽流域重要河道岸线保护与利用规划、采砂管理规划。指导各地编制完成400多个省级河湖岸线规划、2600多个采砂规划。积极推动黄河以北大运河通水和旅游通航，会同交通运输部编制完成《北运河旅游通航总体方案》，并报送国家发展改革委。指导地方编制完成通惠河、淮扬运河、浙东运河等岸线保护与利用规划。

三、强化管理基础，加快能力提升

（一）探索创新，夯实法治基础

《中华人民共和国长江保护法》正式颁布实施，明确长江流域各级河湖长负责长江保护相关工作。各地着力健全河湖长制法规，不断夯实法治基础。如，四川、贵州、云南3省共同出台赤水河流域保护条例，吉林、海南、青海等9省先后出台河湖长制地方性法规，四川省雅安市出台了

《雅安市村级河（湖）长制条例》，天津、江苏、浙江、江西等省份出台河湖长制工作地方标准。

（二）数字赋能，提升智治水平

实现全国河湖长制管理系统与各省级信息系统互联互通、数据共享。组织开展河湖健康评价，推动建立河湖健康档案，滚动编制实施"一河（湖）一策"方案，部分省份开发河湖健康评价系统，通过数字化赋能，提升河湖系统治理水平。初步建成"卫星遥感+无人机+视频监控+移动端App"河湖监督检查系统，运用大数据、污染溯源、数字孪生等技术，为加强河湖动态监管提供信息化支撑。

（三）宣传引导，凝聚共治合力

开展河湖长制5周年系列宣传，李国英部长在《人民日报》发表《强化河湖长制 建设幸福河湖》的署名文章，魏山忠副部长出席国新办新闻发布会，举办河湖长制与河湖保护高峰论坛，中央主流媒体广泛报道。水利部组织开展"唱响幸福河湖"水利风景区主题曲大赛、"共建共享幸福河湖"微视频公益大赛等宣传活动，湖南省拍摄河长制题材电影《浏阳河上》；上海、重庆、陕西等省（直辖市）开展"最美家乡河湖""我和母亲河""幸福河湖行"宣传或评选活动；山西、山东、甘肃等省开展涉河湖违法问题有奖举报，全社会关爱河湖、保护河湖的氛围日益浓厚，治水合力不断凝聚。

"十四五"时期，河湖长制工作进入全面强化、标本兼治，打造幸福河湖的新阶段。水利部将以习近平新时代中国特色社会主义思想为指导，深入贯彻落实习近平生态文明思想，积极践行习近平总书记"节水优先、空间均衡、系统治理、两手发力"治水思路和关于治水重要讲话指示批示精神，完整、准确、全面贯彻新发展理念，坚持以人民为中心的发展思想，坚持生态优先、绿色发展，坚持党政领导、部门联动，坚持问题导向、因地制宜，坚持强化监督、严格考核，统筹发展和安全，从河流整体性和流域系统性出发，推动各级河湖长和相关部门履职尽责，强化体制机制法治管理，持续清理整治河湖突出问题，全面落实强化河湖长制主要任务，严格保护河湖水资源和水域岸线空间，实施山水林田湖草沙系统治理，保障河道行洪畅通，保障河湖生态空间完整，复苏河湖生态环境，打造河畅、水清、岸绿、景美、人和的幸福河湖，推动新阶段水利高质量发展。

吴海兵　魏雪艳　王佳怡　执笔

祖雷鸣　荆茂涛　审核

水利部印发关于复苏河湖生态环境的指导意见和实施方案

水利部水资源管理司

　　为贯彻落实习近平生态文明思想，完整、准确、全面贯彻新发展理念，按照习近平总书记"节水优先、空间均衡、系统治理、两手发力"治水思路，推动新阶段水利高质量发展，水利部印发《关于复苏河湖生态环境的指导意见》（以下简称《指导意见》），水利部办公厅印发《"十四五"时期复苏河湖生态环境实施方案》（以下简称《实施方案》）明确了复苏河湖生态环境的主要目标，系统部署各项任务措施。

　　《指导意见》明确了复苏河湖生态环境的指导思想、基本原则和工作目标。要求到 2025 年，海河、辽河、西北内陆河被挤占的河湖生态用水得到一定退还，大运河、滹沱河、永定河等重点河流力争实现全线过流，萎缩干涸的重点湖泊水面得到一定恢复。长江、珠江、东南诸河生态流量得到有效保障，太湖生态水位得到有效维持，黄河、淮河、松花江干流及主要支流生态流量保障程度显著提升。河湖空间管控得到加强，岸线保护利用规划体系基本建立，规划约束机制较为完善；涉河建设项目和活动管理制度建立健全，河湖管理范围全面划定，存量"四乱"（乱占、乱采、乱堆、乱建）问题不断减少，涉河违建、围垦等重大问题得到有效遏制；河道采砂秩序稳定向好。地下水超采状况有效遏制，正常来水情况下年压减地下水超采量力争达到 55.5 亿 m^3，全国地下水取用水总量控制在 960 亿 m^3 以内；京津冀地区约 2/3 以上地下水超采区实现采补平衡，超采区城镇力争全部实现采补平衡；重点区域地下水超采问题得到控制。全国新增水土流失治理面积 31 万 km^2，其中黄河重点生态区 2 万 km^2，长江重点生态区

5 万 km²；全国水土保持率提高到 73% 以上。

《指导意见》提出了复苏河湖生态环境的主要任务：一是推进解决河道断流、湖泊萎缩问题，包括明确范围与目标，实施华北地区河湖生态环境复苏行动，推进大运河生态保护与修复，推进西辽河流域治理，强化补水河湖水量、水质、水生态监测与分析；二是保障河湖生态流量，包括强化重要河湖生态流量目标确定，加强江河流域及重大调水工程水资源调度，加强生态流量日常监管，加强小水电生态流量监督管理，推进河湖重要控制断面的监测预警能力建设；三是加强河湖保护，包括完善河湖管理范围划界成果，强化岸线规划约束，规范河道采砂管理，严格涉河建设项目和活动管理，推进水美乡村建设，强化河湖日常监管，提升河湖监管信息化水平；四是加快地下水超采综合治理，包括实行地下水取水总量、水位控制，建立地下水储备制度，开展地下水超采区划定，推进华北及其他地区地下水超采综合治理，强化地下水监管，加强地下水监测与分析评价；五是科学推进水土流失综合治理，包括全面强化人为水土流失监管，加快推进水土流失重点治理，提升水土保持监测评价能力，健全水土保持政策体制机制，强化水土保持基础支撑；六是保障措施，包括加强组织领导，加大投入力度，提升能力保障，强化监督落实，严格考核评估。

《实施方案》与《指导意见》相配套，将《指导意见》提出的目标与任务进一步细化实化为 73 项具体措施，明确了每项具体措施的责任单位和完成时限。

廖四辉　黄利群　执笔
杨得瑞　杜丙照　审核

山东省寿光市："蔬菜之乡"的幸福河湖梦

近年来，山东省寿光市深入践行"绿水青山就是金山银山"理念，以"建立健全长效管护机制、创建全域美丽幸福河湖"为主抓手，加快补齐防洪薄弱短板，多措并举修护河湖生态环境，全面提高河湖管护水平，一幅"河畅、水清、岸绿、景美、人和"的美丽画卷徐徐展开，成为"网红"名城寿光的新名片。

一是坚持标准化打造，优化水系布局。按照"全域统筹、长远规划、系统治理"的原则，把河道防洪排涝能力提升作为最根本保证，对全市各项水利工程进行了全域统筹规划，确保规划最科学合理。对弥河、丹河、小清河等重要河道按照50年一遇标准，对东西张僧河、桂河等一般河道按照20年一遇标准实施防洪治理，提升防洪标准。为应对超强降雨等极端天气，提前考虑河道超水位运行情况，投资1.7亿元建设了弥河分流应急分洪区工程，总蓄水量7300万 m³，有效缓解超标准洪水给弥河堤防及周边地区带来的安全隐患；投资1.12亿元建设了丹河寿济路分流工程，总长17.1 km，不仅能缓解丹河超标准行洪压力，还能兼作引水灌溉渠道扩大灌溉面积，也可对地下水进行回灌补源。

二是坚持系统化治理，提升水系品质。全面建立全覆盖的河湖长组织体系，设立县级河湖长16名，镇、村级河湖长670名。严格落实河湖长河湖巡查制度，对发现的问题及时下达督办函，每份督办函都有专人跟进，形成"发现—交办—整改—回访—销号"问题处理闭环机制，有力推动河湖问题妥善解决。深入推进河湖"清四乱"常态化、规范化，2017年以来，发现并解决涉河涉湖违法问题3937处，取缔沿河两岸50m范围内一切形式的垃圾堆放点，严禁散户养殖废水直排，取缔一切畜禽养殖非法排污口。推行污水处理厂、管网与河湖水体联动"厂—网—河（湖）"一体化、专业化运行维护，保障污水收集处理设施的系统性和完整性。对境内东西张僧河、尧河等21条中小型河流进行清淤疏浚治理，进一步提升河道水安全保障能力，为创建美丽幸福河湖打下坚实基础。

三是坚持全域化管护，保障水系安全。聚焦"水利设施管护难"，探索形成了"一平台三体系"运行管护新模式。2021年5月，寿光市水利工程运行管护工作得到了山东省委、省政府主要领导的批示肯定；6月，《中国水利报》对寿光市水利工程运行管护经验做法进行了专题报道；8月，弥河、丹河、塌河三条河道的堤防标准化管理通过潍坊市标准化管理评价。依托大数据资源，搭建水利工程智慧化管理平台，全面推行动态监管、实时管护。组建了"专业养护+行政监管"的"5+1"队伍，投资1000万元通过政府购买服务的方式选定了5支专业管护队伍对弥河、丹河、塌河、小清河及防潮堤进行专业化的维修养护；抽调业务骨干组建水政巡查队伍，形成了"管养分离"的长效管护新模式。

赵　新　王　赛　曹先伟　执笔
席　晶　李　攀　审核

专栏三十三

《河长湖长履职规范（试行）》印发实施

水利部河湖管理司

一、适用范围

《河长湖长履职规范（试行）》适用于省、市、县级总河长和省、市、县、乡级河湖长，村级河湖长参照执行。

二、主要职责和任务

总河长为本行政区域全面推行河湖长制工作的第一责任人，对本行政区域内河湖管理和保护负总责，主要任务是组织领导、决策部署。省级河湖长为相应河湖的最高层级河湖长，主要任务是牵头抓总、协调解决重大问题、落实重大政策等。市、县级河湖长主要任务是组织实施、整治问题、督导检查等。乡、村级河湖长主要任务是巡河发现问题、劝阻违法违规行为、开展河湖日常管护等。

三、履职方式

（一）加强组织领导

总河长牵头建立责任体系和工作机制，主持研究重大事项，召开总河长会议或签发总河长令作出决策部署。省级河湖长牵头建立联席会议制度，主持召开河长会议或专题会议，协调解决重大问题，指导督促有关单位履责。市、县级河湖长组织细化分解落实任务，指导督促有关单位履责。乡级河湖长组织领导河湖日常巡查管护，指导监督村级河湖长巡查河湖。

（二）开展河湖巡查调研

原则上总河长每年不少于 1 次，省级河湖长每年不少于 2 次，市级河湖长每年不少于 3 次（每半年不少于 1 次），县级河湖长每季度不少于 1 次，乡级河湖长每月不少于 1 次，村级河湖长每周不少于 1 次开展河湖巡查调研。具体要求由县级及以上总河长结合实际组织制定。

（三）突出问题整治

县级河湖长组织自查自纠，省、市级河湖长组织抽查检查。针对批量问题，河湖长集中交办分办；针对上级交办或同级转办问题，河湖长批示督办。重大问题由总河长或县级及以上河湖长主持专题研究，提出整治方案。省级河湖长指导督促，市、县级河湖长组织实施，乡、村级河湖长协助配合。

（四）推动跨行政区域河湖联防联治

跨行政区域河湖设立共同上级河湖长的，最高层级河湖长统筹协调管理保护目标，明晰河湖上下游、左右岸、干支流地区管理责任，推动河湖跨界地区建立联防联控机制，协同落实管理保护任务。未设立共同上级河湖长的，按照"河流下游主动对接上游，左岸主动对接右岸，湖泊占有水域面积大的主动对接水域面积小的"原则，有关河湖长加强沟通协调，实现区域间联防联治。

（五）组织总结考核

推行河湖长制工作述职制度，各级河湖长听取下一级河湖长履职情况报告。分类组织考核，总河长组织对本级河湖长制组成部门（单位）和下一级地方落实河湖长制情况进行考核；县级及以上河湖长对下一级河湖长进行考核。考核结果提交本级党委和政府考核办公室、组织部门，作为地方党政领导干部综合考核评价的重要依据。总河长审定年度总结报告，按要求每年 1 月底前将上年度贯彻落实河湖长制情况报党中央、国务院。

吴海兵　付　健　魏雪艳　执笔

祖雷鸣　荆茂涛　审核

江苏省常州市天宁区：践行"三位一体"治水新模式

近年来，江苏省常州市天宁区依托河长制工作联动机制，积极探索"河长制+"工作模式，不断加码"治水招数"。河长、检察长、警长"三长"联合，践行"三位一体"治水新模式。

2021年2—3月，违法分子先后在北塘河、大运河等地非法电鱼，经23次非法捕捞，共获物954.6 kg。8月1日，天宁区检察院对该案提起刑事附带民事公益诉讼。12月30日，天宁区购买鱼苗，并由当地河长、检察长、警长"三长"携手，共同将27万尾鱼苗放入北塘河。

天宁区深入践行河长制，专门出台《实行河长制联防联管实施方案（试行）》，在天宁区朝阳桥派出所辖区内试行河道"警察河长"，发挥全天候、无死角的人员和技术优势，成功处置10多起"涉水警情"。试点成功后，天宁区在全市首推河道警长制，联合公安天宁分局印发《关于在全区全面推行河道警长制的实施意见》，成立天宁区河道警长制工作领导小组，对全区镇级以上河道全面匹配河道警长，对河道沿线重点区域进行巡查管护，对责任河段内涉水违法案件进行查处监督。河道警长参与治水工作以来，成功处置北塘河渔网渔簖、大通河沉船、关河网簖等棘手问题，形成了齐抓共管的良好局面。

此外，天宁区政府在全省率先推行检察长担任河道政府河长。2018年，天宁区政府探索行政执法与检察监督相结合的依法治河新模式，建立了协同领导、信息共享、办案协作、联合工作、日常联络五大机制，用"检察蓝"守护"幸福河"。

天宁区政府建立"河长+检察长+警长"联合巡查执法机制后，多次开展长江流域重点水域"四清四无"专项行动。先后组织联合执法30多次，立案6起，行政处罚2人，刑事处罚2人，罚款12.4万元，处理涉河举报8起，达到了法治威慑目的。

吴仁军　郭　潇　执笔

席　晶　李　攀　审核

推进河湖"清四乱"常态化规范化

水利部河湖管理司

2021 年，水利部深入推进河湖"清四乱"常态化规范化，持续清理整治河湖"四乱"问题，坚决遏增量、清存量，围绕长江大保护、黄河流域生态保护和高质量发展等重大国家战略，持续推进长江、黄河岸线专项整治，取得明显成效。

一、河湖"清四乱"持续推进

2021 年，水利部指导督促各地持续推进河湖"清四乱"常态化规范化，全国共清理整治"四乱"问题 2.9 万个，拆除侵占河湖违建 810 多万 m^2，清理非法占用岸线 7000 多 km，清除河道内垃圾 810 多万 t，清除围堤 1800 多 km，打击非法采砂船只 1000 多艘，河湖面貌持续改善。

二、深入推进长江岸线专项整治

2018 年以来，水利部会同有关部门，组织沿江 9 省（直辖市）对长江干流违法违规岸线利用项目进行清理整治，截至 2021 年年底，全面完成 2441 个长江干流违法违规岸线利用清理整治任务，腾退长江岸线 162 km，完成复绿 1200 多万 m^2。同时，按照党中央关于长江"十年禁渔"决策部署，组织开展长江非法矮围专项整治，对长江干流和洞庭湖、鄱阳湖排查发现的 63 处非法矮围进行清理整治，拆除非法围堤 59 km，恢复水域面积 6.8 万亩。

三、组织开展黄河岸线清理整治

水利部部署开展黄河岸线利用项目清理整治，对黄河干流和 16 条主要支流 1.1 万 km 河道、2.8 万 km 岸线进行排查，清理整治 1638 个违法违规岸线利用项目。其中，在"我为群众办实事"实践活动中，山东省 550 个岸线利用项目清理整治作为水利部党组直接组织和推动的第一批 8 件实事之一，已全部完成清理整治，切实解决群众"急难愁盼"问题，有力消除黄河防洪安全和生态安全隐患，切实提升沿河人民群众的获得感、幸福感和安全感。

四、加强舆论宣传引导

为了充分发挥以案促改、以案释法的作用，2021 年 11 月，水利部组织召开河湖"清四乱"典型案例新闻通气会，面向社会公布了具有典型意义、情况复杂、政策性强、社会普遍关注的 10 个典型案例，人民日报、新华社、中央广播电视总台等 19 家媒体参加通气会，对有关情况进行了宣传报道，起到了很好的规范指导、警示震慑、舆论引导作用，推动形成全社会关爱河湖、保护河湖的良好氛围。

胡忙全　孟祥龙　宋　康　执笔

陈大勇　审核

河湖划界取得重大进展

水利部河湖管理司

依法划定河湖管理范围，是全面推行河湖长制的重要任务，是强化河湖管理保护的重要基础性工作。近年来，水利部指导督促各地加快推进河湖管理范围划定工作，取得了明显进展。

一、全面完成第一次全国水利普查名录内河湖划界

目前，第一次全国水利普查名录内河湖（无人区除外）管理范围划界已全面完成，120 万 km 河流、1955 个湖泊首次明确了管控边界，并由县级以上地方人民政府进行了公告。同时，水利部和各地利用全国水利一张图及河湖遥感本底数据库，积极推进划界成果上图，约 110 万 km 河流、1955 个湖泊完成了划界上图，为加强河湖水域岸线管控奠定了坚实基础。

二、组织开展划界成果复核

为确保河湖划界工作依法合规，水利部组织各省级水行政主管部门开展划界成果复核，对于不符合法律法规和有关规定的，及时进行调整并重新履行公告程序。特别是对于为避让村落或违建而缩小管理范围、不以河湖干堤而以民堤（生产堤、围堤）划定管理范围、将洲滩或河心岛划出管理范围、无堤防河段降低洪水标准划定管理范围等，督促地方立行立改。组织流域管理机构对地方河湖划界成果进行抽查检查，抽查范围覆盖全部县级行政区，发现问题督促地方整改。

三、推进水利普查范围外河湖管理范围划定工作

在全面完成第一次全国水利普查名录内的河湖划界工作基础上，指导

督促各地积极推进其他河湖管理范围划定工作。截至 2021 年年底，根据地方报送情况，水利普查名录以外约 33 万 km 河流、1100 多个湖泊完成了河湖划界工作。

胡忙全　孟祥龙　宋　康　执笔

陈大勇　审核

长江河道采砂综合整治行动取得明显成效

水利部河湖管理司

2021 年 3 月，水利部联合公安部、交通运输部、工业和信息化部、市场监管总局部署开展长江河道采砂综合整治和采砂船舶专项治理。沿江各地按照五部门要求，以河湖长制为抓手，落实行政首长负责制，明确采砂管理责任人；强化规划约束，加强采砂许可管理，积极推行集约化、规范化、规模化开采；加强巡查监管，积极推行"人防+技防"，开展巡查检查 16 万余次，检查船只 2.5 万艘次，排查船舶修造企业 500 余家、砂石经营主体 11000 多家；加强执法打击，水利部长江水利委员会、长江航运公安局、交通运输部长江航务管理局和沿江各地开展执法行动 8590 次；加强涉砂船舶治理，推进"采、运、销"过程监管，试点推行电子四联单，整治非法码头和非法过驳点，查处砂石违法经营行为；加强疏浚砂利用管理，2021 年利用疏浚砂 5334 万 t。

本次综合整治行动，是五部门首次联合组织对"人、船、砂""采、运、销"集中整治，有力遏制了非法采砂反弹势头，进一步巩固了长江河道采砂管理稳定可控局面，成效显著。一是采砂管理责任全覆盖。长江干流宜宾以下河段全面落实省、市、县人民政府行政首长责任制，干支流全部明确河长、主管部门、现场监管和行政执法责任人，实现采砂管理责任全覆盖。二是执法打击取得新成果。查获非法采砂船 185 艘、非法运砂船 563 艘、非法移动船 327 艘，其中，长江干流查获非法采砂船 57 艘、非法运砂船 543 艘、非法移动船 278 艘。公安机关破获涉砂刑事案件 457 起，抓获涉案人员 1764 名，打掉非法采砂犯罪团伙 161 个。三是查处案件取得新进展。办结非法采砂等水行政处罚案件 1867 起，查处非法建造、改装、伪装采砂船 27 艘，查处砂石违法经营案件 120 起，移送公安机关非法采砂案件 104 件。四是船舶治理取得新突破。初步摸清长江沿线船舶修造企业底数，沿江各地暂停采砂船舶建造计划。沿江地方政府组织拆除非法采运砂船 1559 艘（其中，长江干流 588 艘），安徽、重庆、云南等省（直辖市）基本实现非法采砂船舶存量动态清零，长江干流集中停靠采砂船数量比 2019 年减少近 8 成。五是协同联动迈出新步伐。长江河道采砂管理三部合作机制向基层延伸、向多部门拓展，相邻省份相继建立省际交界河段联合执法机制；"河长＋警长""河长＋检察长"机制推动行政执法与刑事司法有效衔接。

马彬彬　执笔

刘六宴　审核

持续开展河湖长制督查激励工作

水利部河湖管理司

一、印发《对河长制湖长制工作真抓实干成效明显地方进一步加大激励支持力度的实施办法》

按照国务院办公厅关于对真抓实干、成效明显的地方予以表扬激励的要求，水利部自 2018 年起连续 3 年印发《对河长制湖长制工作真抓实干成效明显地方进一步加大激励支持力度的实施办法》（以下简称《实施办法》），对河长制湖长制工作推进力度大、成效明显的地方，在安排中央财政水利发展资金时予以适当奖励，充分激发和调动各地全面推行河长制湖长制工作的积极性、主动性和创造性。

二、督查考评体系日益完善

根据新阶段新形势新要求，在总结以往河长制湖长制激励措施落实情况的基础上，水利部每年对激励措施和实施办法进行调整完善，以公平公正、客观全面评价地方工作成效。一是注重优化督查考评体系，突出工作重点。2021 年修订的《实施办法》中考核指标包括河湖管理保护成效、工作推进力度等两大类 10 个子项，具体为：河湖"清四乱"、河道非法采砂专项整治、河湖管理范围划定、河湖治理和幸福河湖建设、群众满意度、工作任务部署、组织协调解决重大问题、考核激励问责、河湖管理督查整改、河湖长制长效机制等，均为考核年度（2020 年）重点工作。二是注重改进督查考评方法，精简考评流程。2021 年修订的《实施办法》中，考核指标较上一年度减少了 1 项，进一步精简指标、优化流程，减轻基层负担。

三、督查激励范围持续增大

截至 2021 年年底，累计已有 20 个省份因河湖长制工作真抓实干成效明显获得国务院督查激励 12.4 亿元，其中福建、广东、贵州、宁夏 4 省（自治区）连续 3 年获得激励。河湖长制督查激励呈现出以下特点：一是督查激励范围逐步扩大，2018—2020 年获得国务院督查激励的省份数量分别是 5 个、15 个、17 个；二是督查激励向基层倾斜，2018 年激励对象是省级，2019 年起激励对象调整为市、县级；三是督查激励向中西部倾斜，2021 年获得督查激励的中西部地区占比达 70.6%，较上一年度提升了 15.6 个百分点。

四、地方配套措施逐步增强

为充分发挥督查激励的示范引导作用，水利部积极做好宣传引导和政策解读工作，指导和帮助地方用足用好督查激励措施。经费使用严格执行《水利发展资金管理办法》规定，具体可由受激励省份的省级水利、财政部门根据本地实际，研究提出经费使用方向并实施。指导福建、广东、湖南等有条件的省份结合本地实际出台配套措施，印发本省对河湖长制督查激励实施办法，加大激励支持力度，增强激励效果。

王　竑　魏雪艳　刘中伟　执笔

祖雷鸣　荆茂涛　审核

专栏三十八

第二届寻找"最美家乡河"
大型主题活动持续开展

水利部办公厅　水利部河湖管理司　中国水利报社

为宣传河湖长制实施以来河湖治理管护成效，营造全社会关爱河湖、保护河湖的浓厚氛围，努力建设造福人民的幸福河湖，水利部联合行业内外有关单位，组织开展了寻找"最美家乡河"大型主题活动。活动以"观河流之美，悟治水之道"为宗旨，依据"乡情的河、生态的河、安全的河、发展的河、文化的河、幸福的河"六大"寻美理念"，在全国范围内优选成效突出、特色鲜明的10~12条河流命名为"最美家乡河"，并向全社会广泛进行宣传推介，特别是对河流治理先进经验进行系统总结和传播，扩大河流的知名度和美誉度，更好地推进各级各地河湖长履职尽责。首届活动于2017年成功举办，首批上榜的10条"最美家乡河"已产生一定社会影响。

2021年，第二届寻找"最美家乡河"活动持续进行。活动从人们熟悉的"家乡河"切入，通过社会公众投票，媒体记者、水利专家和大学生现场考察，社会知名专家参与评审，各地河长交流经验等"寻美"过程，宣传全面推行河湖长制取得的河湖治理成效，传递浓浓乡愁，回应社会公众对幸福河湖的向往与关切。活动建立社会媒体宣传联动机制，联合中央媒体、地方主流媒体，充分运用新媒体技术和手段，宣传河湖长制，展示河流形象。同时，活动也受到地方各级政府关注，把其当作提升当地形象、扩大地区影响的重要载体。

第二届"最美家乡河"名单已经发布（见表1）。下一步，将选定一家上榜河流所在省级卫视，举办"最美家乡河"现场揭晓仪式，同时开办

"江河论道"现场访谈节目,邀请各河流河长、各地区代表及相关领导、专家,共同交流工作心得,介绍治河经验,分享智慧成果。

表1 第二届"最美家乡河"名单

序号	省级行政区	名称	河长
1	内蒙古自治区	二黄河	郭占江
2	江苏省	七浦塘	曹路宝
3	安徽省	秋浦河（石台段）	张旭
4	福建省	九龙江西溪	郑立敏
5	湖北省	清江	张文兵
6	广东省	东江	陈良贤
7	海南省	美舍河	罗增斌、丁晖
8	重庆市	荣峰河	唐成军
9	贵州省	赤水河（遵义段）	汪海波
10	陕西省	清姜河	吴昱昕
11	湖南省	凤凰沱江	田建新

注:排名按行政区划。

李 坤 执笔

李晓琳 唐 瑾 审核

全面推进水利风景区高质量发展

水利部综合事业局

2021 年，全国新增 24 家国家水利风景区，国家水利风景区总数已达 902 家，达到省级标准的水利风景区 2000 余家。通过综合利用水利设施、水域及其岸线，提供优质水生态产品，传承弘扬水文化，水利风景区已成为各地推进生态文明、建设美丽幸福河湖的有力抓手，在助力乡村振兴、促进地方经济社会高质量发展中发挥了积极作用。

一、强化规划引领，发展保障持续增强

水利部明确了"十四五"期间水利风景区工作思路和重点工作。将水利风景区工作纳入《"十四五"水安全保障规划》《"十四五"水文化建设规划》《"十四五"水利科技创新规划》。同时，文化和旅游部也将水利风景区纳入《"十四五"旅游业发展规划》并提出促进水利风景区高质量发展等任务要求。

内蒙古、重庆、四川等省（自治区、直辖市）已将水利风景区建设纳入地方"十四五"水安全保障规划、"十四五"中小河流治理规划等水利相关规划，提出发挥水利风景区水利科普和弘扬水文化作用、提升生态产品供给和社会服务能力等任务要求。水利部指导浙江、江西、吉林等省将水利风景区建设纳入相关行动计划和规划，明确提出推动水利工程与水文化深度融合，探索实践水利风景区集群和风光带建设。

二、强化制度建设，发展基础持续夯实

2021 年，水利部组织编制完成《水利风景区管理办法（修订送审稿)》《关于推动水利风景区高质量发展指导意见（送审稿)》《水利风景

区评价标准（修订建议稿）》。加强与科技、文化相关部门工作协调，在《水利部　共青团中央　中国科协关于加强水利科普工作的指导意见》《水利部关于加快推进水文化建设的指导意见》等文件中明确要求依托水利风景区建设水利科普基地，传承弘扬水文化，广泛传播水利知识。

湖南印发《关于加强全省水利风景区管理的通知》，对新增国家级、省级水利风景区的市（自治州）在美丽河湖评选时予以优先考虑。吉林、江西等省将水利风景区列入河湖长制工作要点、河湖长制年度考核、美丽河湖评选、水利工程维养经费审批等内容范畴，并对水利风景区管理与维护给予奖补资金支持。浙江将水利风景区纳入《2021年浙江省水文化工作要点》，支持水利风景区发展。

三、完善工作机制，发展动力持续增强

2021年，水利部调整了水利风景区建设与管理领导小组成员，完善了工作机制。领导小组办公室设在水利部综合事业局，承担日常工作并接受水利部河湖管理司的业务指导和监督，通过建立月度工作例会制度，加强水利风景区建设管理工作。各流域管理机构和各省（自治区、直辖市）水行政主管部门，设置保留了水利风景区工作机构，多数将水利风景区管理职责明确在河湖管理机构，部分明确在工程建设、运营、农水等部门。

四、强化技术支撑，监督管理能力稳步提升

优化全国水利风景区动态管理平台，推动全国水利一张图与水利风景区动态管理数据深度衔接。制定《国家水利风景区复核工作规程（试行）》《国家水利风景区认定评价负面清单（2021）》和《高质量国家水利风景区评价要点》，积极推进选优去劣，组织23个专家组完成长江流域、黄河流域及内蒙古、新疆等地景区现场复核，重点排查、核实河湖"四乱"等负面清单问题，水利风景区监督管理能力稳步提升。

五、社会影响显著提升，发展氛围持续向好

组织出版《中国水利风景发展报告（2021）》（水利风景区蓝皮书）、

《中国水利风景区故事（黄河篇）》等图书。组织开展国家水利风景区高质量发展典型案例征集与推广工作，向社会推出 10 个高质量发展典型景区。

董　青　执笔

刘云杰　审核

水生态保护修复篇

新阶段水土保持高质量发展开局良好

水利部水土保持司

2021 年，水利部深入贯彻落实习近平总书记关于治水重要讲话指示批示精神、党中央国务院决策部署，锚定目标，笃行实干，推动新阶段水土保持高质量发展取得良好开局。

一、强化顶层设计，系统谋划"十四五"思路举措

深入开展"三对标、一规划"专项行动，对表对标党中央国务院安排部署和新阶段水利高质量发展实施路径要求，研究确定了全国及各省级行政区"十四五"水土保持目标及治理任务，编制印发《水土保持"十四五"实施方案》，明确了新阶段水土保持高质量发展的目标任务和路径举措。印发《推动黄河流域水土保持高质量发展的指导意见》，明确了 5 方面 34 项重点任务的具体措施、责任主体和完成时限。印发《黄河流域淤地坝建设和坡耕地水土流失综合治理"十四五"实施方案》，确定了淤地坝、拦沙坝和坡耕地治理等工程的建设思路及目标任务。

二、坚持依法严管，切实加大人为水土流失监管力度

2021 年实现人为水土流失遥感监管全覆盖。通过遥感解译和地方现场核查，依法认定并查处违法违规项目 2.4 万个，违法违规项目数量较 2020 年减少了 37%。全面推进水土保持信用监管，151 家单位被列入水土保持重点关注名单。严格生产建设项目水土保持方案审批，全国共审批生产建设项目水土保持方案 8.4 万个。各级水行政主管部门共接受水土保持设施验收报备 4.2 万个，较上年度增加 87%。开展黄河流域生产建设项目水土保持专项整治，清理排查违法违规项目 8286 个，督促全面完成整改，预防人为水土流失"增量"约 1.1 万 km^2。

三、突出重点区域，加快推进水土流失综合治理

围绕黄河流域生态保护和高质量发展、长江经济带发展等国家重大战略以及黑土地保护、南水北调水源地保护等要求，因地制宜实施小流域综合治理、坡耕地和侵蚀沟治理等措施，积极推进生态清洁小流域建设。以减少入黄泥沙为目标，重点在多沙粗沙区特别是粗泥沙集中来源区，启动高标准淤地坝和拦沙工程建设。2021 年落实水土保持中央投资 76.93 亿元，较 2020 年增长 10%。强化投资计划执行督导，年度中央投资计划完成率超过 90%。全年全国圆满完成水土流失综合治理面积 6.2 万 km^2 的目标任务。

四、坚持底线思维，全面实现淤地坝安全度汛

针对 2021 年汛期强降雨和黄河罕见秋汛等突出特点，压实责任、细化措施、狠抓落实，实现了"不垮一坝，不死一人"的安全度汛目标。汛前逐坝公布中型以上淤地坝"三个责任人"名单，开展安全隐患排查，及时处置消除安全隐患，开展应急避险演练。汛期开展淤地坝安全度汛专项督查，随机检查 498 座淤地坝度汛措施落实情况，电话抽查 1628 个责任人履职情况，建立问题台账，逐项整改销号。加强淤地坝安全风险预警，累计发布预警信息 24 期 4069 坝次。汛后认真查漏补缺，明确了 22 项具体任务、责任分工和完成时限。

五、聚焦管理需求，深化开展水土保持监测评价

完成 2020 年度全覆盖水土流失动态监测，定量掌握并发布了全国及大江大河流域、国家重点关注区域的最新水土流失状况。首次开展 8 个全国水土保持区划一级区、25 个国家重点生态功能区、黄河流域生态保护和高质量发展规划区的监测评价。监测显示，我国水土流失面积较上年减少 1.81 万 km^2。黄河流域黄土高原地区水土流失面积已由最严重时的 45 万 km^2 减少到 23.42 万 km^2。组织开展东北黑土区耕地侵蚀沟专项调查，基本摸清了数量、分布及变化趋势。会同市场监管总局建立实施水土

保持监测设备计量管理制度。国家水土保持监测站点优化布局可行性研究报告通过审查。

六、强化数字赋能，深研实抓智慧水土保持建设

按照智慧水利建设总要求，坚持需求牵引、应用至上，组织编制智慧水土保持建设工作方案，明确目标任务和实施路径，细化提出了健全数据管理规则、构建水土保持数字化场景、研发水土保持预报预警模型、建设智慧水利水土保持分系统等方面的具体任务、责任分工和实施路径安排。同时，坚持急用先行，组织水利部黄河水利委员会编制完成淤地坝安全度汛管理平台实施方案，加快推动重要淤地坝"四预"能力建设。

七、创新体制机制，不断夯实水土保持发展基础

会同财政部等六部门对省级政府"十三五"时期水土保持工作开展考核评估，考核评估结果报国务院。印发《进一步推动水土保持工程建设以奖代补的指导意见》，鼓励和引导社会资本积极参与水土流失治理。组织各流域管理机构对生产建设项目水土保持方案落实、国家水土保持重点工程建设管理以及省级监管履职等情况进行督查，基本形成流域区域协同监管体系。制定国家水土保持示范创建管理办法，完成2021年度国家水土保持示范评审，共认定90项国家水土保持示范。启动全国水土保持高质量发展先行区建设。

八、聚焦先进典型，宣传营造良好的舆论氛围

在习近平总书记对长汀水土流失治理工作作出重要批示10周年、《中华人民共和国水土保持法》颁布实施30周年之际，指导福建省举办"中国·长汀水土保持高质量发展论坛"。协调中宣部，组织中央和地方媒体以黄河、长江等重点流域，长汀、赣州等地方典型为切入点，全面宣传报道我国30年来防治水土流失，建设生态文明的历史性成就与典型经验。《人民日报》等在头版头条刊发文章，中央广播电视总台在《新闻联播》《焦点访谈》推出重点报道，新华社等刊发原创报道，取得积极的舆论反

响。胡春华副总理在有关媒体报送材料上作出批示，李国英部长作出专门批示。

九、坚持力度不减，持续巩固水利帮扶成果

按照党中央和部党组定点帮扶工作部署，主动对接城口县实施了水利行业倾斜、科技帮扶等"八大工程"，2021年直接投入帮扶资金近400万元，引进帮扶资金366万元；培训基层干部218人次、技术人员234人次；购买和帮助销售农产品252万元；帮助176名农村低收入人口就近就业，人均年收入增加4000元。2021年95%的水土保持中央资金安排到有巩固拓展脱贫攻坚成果任务的省份，督促省级相关部门分解落实到脱贫县44.6亿元，占中央总投资的62%。积极推动东中部省份开展水土保持对口援助新疆、西藏工作。

十、坚持学史力行，扎实开展为民办实事

按照水利部党组统一部署，选取山西岢岚、甘肃环县、广西上林3个老区县，聚焦群众身边"急难愁盼"突出问题，结合水土保持和农村供水提升项目实施，通过精心选择项目建设内容、科学编制工作方案、协调落实建设资金、推动建立工作机制、下沉一线蹲点指导等多种措施，全面完成各项目标任务，6村505户2118人直接受益，群众满意率达100%。及时解答水土保持公众咨询问题、高效开展生产建设项目水土保持方案审批等5项"我为群众办实事"实践活动取得明显成效。

2022年，水土保持工作将聚焦推动新阶段水利高质量发展要求，强化体制机制管理，切实管住人为水土流失，科学推进水土流失综合治理，复苏河湖生态环境。一是依法严格人为水土流失监管。健全全链条全流程闭环监管体系，常态化开展遥感监管，依法严厉打击违法违规行为。二是科学推进水土流失综合治理。因地制宜建设生态清洁小流域，突出抓好黄河中游多沙粗沙区特别是粗泥沙集中来源区综合治理。三是切实加强淤地坝安全度汛管理。实施病险淤地坝除险加固工程，推进老旧淤地坝提升改造，压实"三个责任人"责任，加快实现重要淤地坝"四预"功能。四是

强化水土保持监测评价支撑。完成年度动态监测，印发全国水土流失动态监测规划，推动国家水土保持监测站点优化布局工程立项实施。五是推进智慧水土保持建设。制定水土保持数据管理标准规则，开展水土保持数字化场景构建，加快土壤侵蚀、水土保持预报预警模型研发，推动全国水土保持信息管理系统业务功能和模块升级。六是突出强化体制机制法治管理。研究制定加强新时代水土保持工作的意见，完成对省级政府全国水土保持规划实施情况评估，推进全国水土保持高质量发展先行区建设和国家水土保持示范创建。

张续军　执笔

张新玉　审核

连续实现生产建设项目水土保持
遥感监管全覆盖

水利部水土保持司

2021 年，水利部组织利用最新卫星影像完成年度生产建设项目水土保持遥感监管，连续第二年实现人为水土流失遥感监管全覆盖。通过遥感解译和地方现场核查，依法认定并查处违法违规项目 2.4 万个，水土保持监管效能进一步提升。

一、建立了"天上看、地面查、全覆盖"的监管模式，有效防治人为水土流失

围绕"解译、判别、认定、查处"的水土保持遥感监管技术路线，运用"3S"技术，构建协同解译平台和遥感监管系统，依托当季度最新卫星图片、遥感解译标志库和全国各级批复水土保持方案数据库，有力支撑了遥感影像快速解译、违法违规图斑精准判别、核查信息快速下发基层、认定查处结果及时上传。充分发挥遥感监管"及时、全面、快速"的特点和优势，解决了基层监管能力和手段不足的问题，实现了从"被动查"到"主动管"的转变；发现并查处了大量以前难以发现的违法违规行为，有效防治了生产建设项目可能造成的水土流失。

二、建立了"部里下发、地方查处、流域核查"的工作模式，有力推动行业上下监管责任落实

水利部通过招投标组织第三方机构解译判别疑似违法违规图斑，以县为单位建立问题台账、定期调度，组织制定遥感监管现场核查技术规定、

违法违规问题分类处理参考手册，指导地方依法规范开展认定查处；省级水行政主管部门组织市、县两级开展现场核查，对认定的违法违规行为依法查处，督促整改，对账销号；各流域管理机构对流域内地方认定查处及整改情况进行抽查核查，闭环管理；初步形成了上下协同、职责明确、合力推进的监管工作体系。通过台账管理、定期调度、分类指导、随机抽查等方式，倒逼地方各级水行政主管部门依法全面履行水土保持监管职责，着力提升水土保持社会管理水平。

三、依法严格查处了一批违法违规行为，提高了法律的威慑力和制度的执行力

2021年，通过遥感监管依法认定并查处违法违规项目2.4万个，违法违规项目数量较2020年减少37%，监管成效逐步显现。各地以实施遥感监管为契机，在全面查处违法违规行为的基础上，严肃查处了一批大案要案，以案释法、以案示警、以案促改，起到了良好的宣传和警示作用，有力彰显了法律权威。遥感监管实施三年来，违法违规项目数量由2019年的4.9万个减少到2021年的2.4万个，扰动面积由2019年的40.9万 hm^2 减少到2021年的19.2万 hm^2；水土保持方案审批数量由之前的年均3万多个提高到目前的8万多个，水土保持设施验收数量年均增长超60%，水土保持补偿费征收总额逐年增长。全国水土保持违法违规项目数量和扰动面积实现"双下降"，水土保持方案审批、设施验收数量以及水土保持补偿费征收总额实现"三提升"。

张文星　执笔

张新玉　审核

专栏四十一

全国水土流失动态监测能力持续提升

水利部水土保持司

2021 年，水利部根据《全国水土流失动态监测规划（2018—2022 年)》，依法开展了年度水土流失动态监测工作。水利部、各流域管理机构承担国家级重点防治区 493 万 km²、各省级水行政主管部门承担其余 464 万 km² 动态监测任务。部省两级按照"统一标准、分工负责、上下协同"的原则，采用卫星遥感、野外验证、模型计算相结合的方法，全面应用 2 m 分辨率当年卫星遥感影像，影像时效性和质量持续提升，共解译图斑 1.02 亿个，完成了动态监测成果复核、汇总与分析工作，定量掌握了到县级行政区及国家关注的重点区域水土流失状况、分布特点和变化趋势，首次开展了 8 个全国水土保持区划一级区、25 个国家重点生态功能区、黄河流域生态保护和高质量发展规划区的监测评价。

监测结果显示，2020 年全国水土流失面积 269.27 万 km²，较上年减少 1.81 万 km²，继续保持面积、强度"双下降"，水蚀、风蚀"双减少"态势，生态环境状况整体向好。与 20 世纪 80 年代相比，全国水土流失面积减少了 97.76 万 km²，黄河流域黄土高原地区水土流失面积已由最严重时的 45 万 km² 减少到 23.42 万 km²，充分反映了全国水土流失综合防治取得的显著成效。中央广播电视总台、人民日报、新华社等 12 家中央媒体集中报道，取得良好的社会反响。面向社会发布《中国水土保持公报》，年度水土流失监测成果全面应用于政府目标责任考核、美丽中国考核评估等工作，为全国和流域生态保护修复重大规划编制、国家生态文明建设宏观决策提供了重要基础支撑。

季玲玲　执笔

陈　琴　审核

2021年国家水土保持示范创建工作圆满完成

水利部水土保持司

经全国评比达标表彰工作协调小组领导批准，全国评比达标表彰工作协调小组办公室2020年将国家水土保持示范创建纳入第二批全国创建示范活动保留项目目录。水利部健全规章制度，严格审核把关，圆满完成2021年国家水土保持示范创建工作。

一、建立健全规章制度

一是印发通知，启动示范创建工作。2021年1月，水利部印发《关于开展国家水土保持示范创建工作的通知》，正式启动国家水土保持示范创建工作，明确了国家水土保持示范创建的原则、内容、申报与审核程序等，要求各地和生产建设单位积极开展示范创建。二是制定办法，规范示范创建工作。2021年6月，水利部印发《国家水土保持示范创建管理办法》。规定国家水土保持示范创建按"自愿申报、严格评审、动态管理、优胜劣汰"的原则开展，一年一申报、一年一命名。明确了示范由创建单位申报，省级水行政主管部门审核推荐（部批项目由生产建设单位直接向水利部申报），第三方机构评审，水利部认定等环节的程序要求，以及示范县、科技示范园、示范工程分类评审标准。明确对示范县和示范工程不定期开展暗访督查，对没有持续巩固保持示范标准的、发生严重水土流失等生态破坏问题的，撤销示范称号；对科技示范园每5年组织一次评估，评估不合格的撤销示范称号。同时，建立了国家水土保持示范评审专家库。

二、严格规范开展示范评审工作

一是认真组织各地积极申报。2021 年全国有 28 个省级水行政主管部门共审核推荐了 124 个示范、16 个建设单位（部批项目）直接申报了 16 个示范。二是严格审核把关。按照《国家水土保持示范创建管理办法》规定，组织有关单位对示范申报材料进行了形式审查和专家函审，提出了审查建议。组织专家对部分存疑问题开展复核，提出了 2021 年拟认定为国家水土保持示范的建议名单。鉴于疫情影响，也为切实减轻申报单位负担，复核工作采取视频答疑为主、现场复核为辅的方式开展。三是按程序审定。水利部先后召开部长专题办公会和部务会议，审定了 2021 年国家水土保持示范名单，并在部网站和水土保持生态建设网站进行了公示。

2021 年，全国共有 90 个示范通过评审，包括福建长汀等 34 个示范县，云南昆明百草园水土保持科技示范园等 16 个科技示范园，40 个示范工程（含河南鲁山画眉谷小流域等 20 个生态清洁小流域和南水北调中线一期丹江口大坝加高工程等 20 个生产建设项目）。国家水土保持示范创建受到地方各级政府高度重视，对于推动水土保持高质量发展，助力乡村振兴和美丽中国建设发挥了很好的示范引领作用。

谢雨轩　执笔

张新玉　审核

湖北省蕲春县：龙泉庵小流域
水土流失治理成效明显

龙泉庵小流域是湖北省第一个旅游型生态清洁小流域，2021年被水利部公布为国家水土保持示范工程。该流域位于湖北省蕲春县蕲州镇，5年前流域内几乎都是荒山荒地，水土流水严重，脏乱差现象普遍。自2017年起，蕲春县以龙泉庵水土流失综合治理为基础，以改善农村人居环境和农业生产条件为切入点，以农村水系、河岸整治为重点，通过山、水、田、林、路合理配置以及面源污染控制、垃圾集中收治存放、污水集中收治处理等措施，实现了水土流失治理与水源保护、农业集约化生产、人居环境改善等有机结合。

经过4年努力，完成治理水土流失面积16.45 km²，每年可减少土壤流失量4.08万t，增加降水有效利用量35.34万m³。新增经果林34.95 hm²，流域内土地垦殖指数下降，林地增加，生态环境大为改善，水土流失得到控制，形成了2万亩的生态景观区，自然灾害发生频率显著降低。同时，通过调整农业产业结构，不断完善经果林地排水沟、沉沙池等水利设施建设，水土资源得到有效保护和合理利用，农田抵御洪涝灾害能力、土地生产力、利用率得到提高，农村产业结构趋于合理。

通过示范工程创建，小流域内有一大批农民接受各级各类专业技术培训，提高了生产技能和管理水平和现代农业意识。传统封闭的农业逐步向现代农业转化，为农村剩余劳动力提供了更多的社会就业机会，增加了人口环境容量。人均纯收入由治理前2016年的

9668 元增加到治理后 2020 年的 23000 元。林下种植花生、黄豆、红薯、土豆等无公害农作物，林间散养土鸡、土鸭，带动农家乐餐饮业、名贵花木养护、土特产经营、勤杂人员就业等，每年创收近550 万元。连年来，龙泉庵村被评为"湖北省旅游名村""湖北省美丽乡村示范点"。这种乡村旅游与生态清洁小流域治理相结合的模式，为全县绿水青山转换路径提供了生动实践。

张建华　黄梦清　执笔
席　晶　李　攀　审核

提升重点河湖生态流量保障水平

水利部水资源管理司

加强河湖生态流量管理是生态文明建设的重要内容，是水利部"三定"规定的重要职责。水利部高度重视生态流量管理工作，将完善生态流量管理作为复苏河湖生态环境的重要内容，加快重点河湖生态流量确定，落实管理和保障措施，切实强化生态流量保障，取得了显著进展和成效。

一、2021 年主要工作进展及成效

（一）加快推进生态流量确定

印发《水利部办公厅关于做好 2021 年重点河湖生态流量确定与保障工作的通知》，组织有关流域管理机构和省级水利部门制订完成 83 条跨省重点河湖和 134 条省内重点河湖生态流量保障目标。印发《第三批重点河湖生态流量保障目标》，完成黄河、淮河、海河、珠江、松辽和西北诸河的 26 条主要跨省支流和 2 个重要湖泊生态流量保障目标确定，其中，黄河流域、珠江流域重点河流及松花江流域丰水河流主要控制断面均确定了生态基流目标。洪泽湖、高邮湖等重点湖泊及淮河流域池河、海河流域南运河等重点河流主要控制断面确定了最低生态水位目标。对于水资源开发利用程度高、径流丰枯变化剧烈的海河流域潮白河、辽河流域西辽河、松花江流域霍林河、音河及淮河流域包浍河等河流主要控制断面确定了生态水量目标。相关河湖生态流量保障目标是有关江河湖泊流域水量分配、生态流量管理、水资源统一调度和取用水总量控制的重要依据。截至 2021 年年底，水利部已分三批印发了 118 条跨省重点河湖，省区制定了 307 条省内重点河流生态流量目标。

（二）切实加强生态流量监管

组织各流域管理机构对已批复生态流量保障目标的跨省重点河湖，制

定印发生态流量保障实施方案，明确了管理责任主体、监管措施、监测预警和保障措施。利用水资源监管信息月报逐月通报重点河湖生态流量保障目标达标情况，并将生态流量管理情况纳入最严格水资源管理制度考核。对跨省重点河湖生态流量管理工作进行视频调度，查找存在问题，提出改进措施。各流域管理机构将生态流量目标落实纳入江河流域水量调度计划，采取严格取用水总量控制，实施水库、水电站等控制性工程水量调度，建立监测预警机制等措施，加强河湖生态流量管理。水利部长江水利委员会、水利部黄河水利委员会建立流域生态流量监控管理平台，对主要控制断面生态流量开展监测预警和动态监管，对存在问题进行通报。水利部松辽水利委员会联合流域生态环境监管部门开展生态流量保障监督检查。水利部淮河水利委员会对淮河干流个别控制断面生态流量不达标情况及时开展会商，督促有关省份落实管控要求。四川、湖南、重庆等省（直辖市）建立了河湖生态流量监控平台，落实管控措施，强化监测预警。

（三）完善生态流量确定技术标准

为适应新形势下河湖生态流量管理需要，规范生态流量确定技术要求，水利部组织修订完成 SL/T 712—2021《河湖生态环境需水计算规范》，统一了河湖生态需水概念体系，完善了河流生态环境需水计算体系，明确了设计保证率的量化要求，优化了河流水系生态环境需水参考阈值，补充更新了生态环境需水计算方法，为规范河湖生态环境需水计算程序和计算方法提供了技术依据。

（四）推动河湖生态流量管理立法

积极推动将生态流量管理纳入长江和黄河保护法。已颁布实施的《中华人民共和国长江保护法》规定，国家加强长江流域生态用水保障；明确了长江干流、重要支流和重要湖泊以及其他河湖生态流量管控指标确定事权，要求国务院水行政主管部门有关流域管理机构应当将生态水量纳入年度水量调度计划，保证河湖基本生态用水需求，保障枯水期和鱼类产卵期生态流量、重要湖泊的水量和水位，保障长江河口咸淡水平衡。长江干流、重要支流和重要湖泊上游的水利水电、航运枢纽等工程应当将生态用水调度纳入日常运行调度规程，建立常规生态调度机制，保证河湖生态流量。对于下泄流量不符合生态流量泄放要求的，由县级以上人民政府水行政主管部门提出整改措施并监督实施。正在起草的黄河保护法也规定了黄河流域河湖生态流量管理要求。

通过以上工作，在河湖生态流量管理方面实现了"三个转变"：一是由零散管理转变为系统推进；二是从典型试点转变为全面推开；三是从目标确定转变为在目标确定基础上实施全方位监管。这些工作推动了部分常年干涸或者断流的河流实现了河道有水，而且河湖水面不断扩大，一些重要的湖泊常年维持在生态水位保障目标以上，河湖的生态环境得到有效改善。

二、下一步工作思路

（一）加强重点河湖生态流量目标确定

按照中央和地方事权划分，加快推进重点河湖生态流量目标确定，以生态保护对象为重点，统筹生活、生产和生态用水配置，合理确定河湖生态流量目标。完成生态流量保障重点河湖名录明确的 477 条河湖生态流量保障目标确定工作。组织制定河湖生态流量保障实施方案，明确责任主体、保障措施、监测预警机制及考核要求。

（二）强化生态流量管理

将河湖生态流量目标落实纳入水资源调度方案及年度调度计划并严格执行，强化监督检查。有序开展已建水利水电工程生态流量复核，合理确定生态流量目标。建立健全河湖生态流量监测预警机制。完善生态流量监管平台，提升监管能力。根据江河流域年度雨水情、取用水情况，开展生态流量监测预报，及时发布预警，启动应对措施。强化河湖控制断面生态流量目标考核，对存在不达标情况的，以"一省一单"方式反馈省级人民政府，督促整改落实。

（三）开展河湖生态流量保障状况评估

以提升水生态系统质量和稳定性、复苏河湖生态环境为目标，做好重点河湖生态流量保障情况跟踪评估，及时掌握河湖生态改善状况及其生态用水需求变化，并对保障目标进行修改完善，保障生态流量目标更加科学、符合实际。

毕守海　王　华　执笔

杨得瑞　郭孟卓　审核

专栏四十三

华北地区河湖生态补水成效显著

水利部水资源管理司

2021年，水利部组织京津冀三省（直辖市）水利部门实施22条（个）河湖生态补水，全年累计补水84.68亿 m³，完成计划补水量28.34亿 m³ 的299%。其中，南水北调中线17.09亿 m³、南水北调东线0.33亿 m³、引黄2.76亿 m³、上游水库48.71亿 m³、再生水及其他水源15.79亿 m³。2018年以来已累计实施生态补水170.23亿 m³。

优先保障滹沱河、滏阳河、南拒马河、永定河、七里河—顺水河、唐河、沙河—潴龙河、北拒马河—白沟河等8条河流以及白洋淀等常态化补水河湖补水需求，全年补水54.59亿 m³，完成计划补水量13.06亿 m³ 的418%。

创造性实施夏季集中贯通补水。2021年6月7日—7月9日，抓住丹江口水库及河北省当地水库汛前腾出防洪库容迎汛的"窗口期"，首次利用水库冗余库容的水量实施滹沱河、大清河、白洋淀夏季生态补水，历时33天，补水2.21亿 m³，贯通河道627 km。

2021年，补水河湖形成最大有水河长2355 km，最大水面面积750 km²，分别较补水前（2018年）增加1448 km和395 km²，有效促进了沿线河湖生态环境复苏。永定河、潮白河、滹沱河、大清河（白洋淀）、南运河、七里河等多条河流全线通水，白洋淀生态水位得到100%保证。补水河湖周边10 km范围内浅层地下水水位平均同比回升2.4 m，较未补水区域多0.2 m，地下水亏空得到有效回补。地表水、地下水水质状况改善显著，水生态状况改善明显。

黄一凡　黄利群　执笔

杨得瑞　杜丙照　审核

永定河 26 年来首次全线通水

水利部调水管理司

　　永定河是京津冀区域重要的水源涵养区、生态屏障和生态廊道，发源于内蒙古高原的南缘和山西高原的北部，地跨内蒙古、山西、河北、北京、天津 5 省（自治区、直辖市），面积 4.70 万 km²。永定河承接上源西南部桑干河、西北部洋河后，从官厅水库起穿越八达岭高原形成了官厅山峡，至三家店流入华北平原。三家店为永定河流域山区、平原分界，其中山区流域面积 4.51 万 km²，平原流域面积 1953 km²。20 世纪 70 年代末以来，由于持续干旱、上游来水减少、沿河用水结构不合理等原因，永定河下游平原河道 1996 年后完全断流，河床沙化，水生态环境遭到破坏。

　　水利部高度重视永定河流域生态环境治理保护和全线通水工作，为推进永定河流域水生态环境修复，自 2017 年以来，组织开展永定河治理工程建设，实施了上游农业节水、河道综合治理、水源涵养、水源地保护、水资源监控体系建设，为永定河全线通水和生态保护创造了良好条件。2021年，为实现永定河全线通水目标要求，水利部提出继续开展年度生态补水工作，做好多水源优化配置和统一调度，提高重点河段输水效率，持续改善永定河水生态环境。为推进永定河生态修复，确保永定河年度治理任务高效完成，水利部首次印发《水利部办公厅关于印发 2021 年度永定河生态水量调度计划及责任人名单的通知》，要求各有关单位和责任人全面履行永定河生态水量调度组织协调责任，分解落实目标责任，强化调度过程控制，保障下泄水量，确保年度生态水量调度任务完成。

　　水利部海河水利委员会根据水利部工作部署，印发了《永定河治理与生态修复 2021 年全线通水实施方案》，明确了通水目标、工程措施、水源条件、水量调度、监测及责任分工等内容与要求，并组织北京、天津、河北、山西4省（直辖市）及永定河流域投资有限公司等单位实施了北京平原南段、河北廊坊段、天津武清段等应急疏挖工程，统筹当地水、引江水、引黄水、再生水等多种水源优化配置和统一调度，重点聚焦永定河三家店至屈家店枢纽河段，打通三家店至屈家店枢纽146km河段。截至2021年年底，官厅水库以上各类补水工程累计补水2.94亿 m^3，官厅水库及下游各类工程累计补水2.28亿 m^3。9月27日，随着屈家店枢纽提闸放水，永定河865km河道实现了1996年以来首次全线通水入海，沿线地下水水位显著回升，为助力京津冀协同发展作出了巨大贡献。

2017年以来，永定河综合治理与生态修复成效日趋显现。一是永定河865km河道实现全线通水，三家店断面以上基本实现全年不断流；二是河道水面面积明显增加，全线通水之后，官厅水库至屈家店生态水面面积达到23.24km²，较全线通水前增加了近50%；三是通过多年输水及河水补给，永定河平原段10km范围内地下水水位比通水实施前平均回升1.45m，地下水回补效果明显；四是永定河沿线河湖水质显著改善，全年865km河长Ⅲ类及以上水质河长583km，占67.4%，官厅水库入库八号桥断面水质由Ⅳ类改善至Ⅱ类，固安断面补水前处于河干状态，生态补水后，水质由补水初期的劣Ⅴ类改善至Ⅱ类；五是生物多样性进一步丰富，永定河流域累计调查发现浮游植物386种、浮游动物213种、底栖动物274种、维管植物共计82科262属386种，种群数量逐年增加，生态系统的质量和稳定性逐步提升。目前，永定河绿色生态河流廊道初步形成，为实现"流动的河、绿色的河、清洁的河、安全的河"目标奠定了良好的基础。

李云成　梁钟元　执笔

朱程清　孙　卫　审核

专栏四十五

黄河三角洲生态环境持续向好

水利部调水管理司

黄河三角洲在流域生态保护和高质量发展中举足轻重，2021年，水利部持续开展黄河三角洲生态调度和生态补水工作，实现了该地区水面面积大幅增加，沿河地下水得到有效补充，生态环境持续向好。

一、统筹供需两侧，科学编制生态调度方案

水利部统筹考虑黄河生态调度的范围及生态需水情况，组织水利部黄河水利委员会（以下简称黄委）及早谋划、抢先安排，编制印发《2021年黄河生态调度方案》（以下简称《方案》），统筹指导黄河生态调度工作，明确了开展生态调度的目的之一便是改善沿河洪漫湿地、三角洲湿地及近海水域生态环境。

二、加强流量管控，保障重要断面生态流量

《方案》明确了黄河干流主要控制断面生态流量控制指标，要求利津断面生态基流量不少于 $50\,m^3/s$。水利部指导黄委按照"日跟踪、月通报、年评估"的方式实施监管，全年主要控制断面生态流量全部达标，保障了河道内基本生态用水，完善了黄河流域生态流量监管平台，实现对生态流量实时监控、动态跟踪、在线预警的功能。

三、抓住有利时机，积极开展生态补水

在水利部和黄委的统一部署下，山东省水利厅及山东黄河河务局按照《方案》及相关通知要求，细化生态补水方案，积极实施河道外生态补水。全年向黄河三角洲自然保护区补水 2.05 亿 m^3，保护区地下水位抬升，生

态环境得到持续改善。同时，依托汛前调水调沙，向河口湿地累计补水 1.81 亿 m³，创历年同时段补水量新高，首次实现 13 个补水口全部过水，补水进入自然保护区核心区刁口河区域。

四、强化管理和服务，提高生态补水效果

为更好落实生态调度方案，保障生态调度工作有序开展并达到预期目标，水利部指导黄委多次印发通知，要求细化实化生态补水各项基础保障工作，加强河道外生态补水管理，强化与有关方面的协调沟通和工作服务及对接，提高生态补水效果。

通过强化水资源统一调度和生态调度，黄河下游及三角洲湿地生态系统得到有效保护，入海水量明显增加，有效维护了黄河健康生命，缓解了海水入侵和区域土壤盐碱化程度，持续改善了陆域生态环境，生物多样性显著增加。

李云成　张　沛　执笔
朱程清　孙　卫　审核

专栏四十六

西辽河生态调度成效显著

水利部调水管理司

西辽河位于辽河上游，总长 829 km，流域面积 13.8 万 km²，涉及吉林、辽宁、内蒙古、河北 4 省（自治区）。近年来，随着流域经济社会的快速发展和农业灌溉面积的无序扩张，水资源过度开发问题严重，上下游用水矛盾日益突出，引发了地下水水位下降、河道断流、湖泊湿地萎缩等水生态问题。2001—2016 年，西辽河干流年均断流天数达到 249 天，全年 68% 的时间断流；西辽河干流及其主要支流等 6 条河道最长断流长度之和超过 1754 km，占 6 条河流总河长的 41%，其中西辽河干流 2001 年以来已全年全河段断流；西辽河流域面积大于 1 km² 的湖泊有 93 处，自 1956 年以来，已有 21 处干涸、41 处萎缩，干涸与萎缩湖泊个数达到湖泊总数的 67%；1990—2015 年，草地面积减少了 1.7 万 km²，占比 25.9%，湖泊湿地萎缩严重。

水利部高度重视西辽河流域生态水环境治理工作，2019 年，研究制定了《内蒙古西辽河流域"量水而行"以水定需方案》，提出了治理对策，2020 年水利部将西辽河流域列为全国"量水而行"试点，向内蒙古下达了西辽河流域 2027 年和 2030 年用水总量、地下水水位和重点河道断面生态流量泄放 3 项管控目标。

按照水利部相关工作要求，水利部松辽水利委员会高度重视，加强组织领导与沟通协调，成立西辽河"量水而行"工作领导小组，推动形成西辽河流域"量水而行""一盘棋"工作格局。一是聚焦西辽河存在的河道断流加剧、用水矛盾突出、生态环境失衡等现存问题，不断完善流域规划管理体系，谋划流域水生态保护和修复规划，将缓解水资源短缺的引调水工程纳入"十四五"水安全保障规划。二是强化流域水资源和生态统一调度，印发实施了西辽河水量调度方案和生态水量保障实施方案，强化技术指导和监督管理，组织内蒙古利用有利来水时机多次实施生态水量下泄，通过调度重要控制性工程，严格取水管控，在不突破流域用水总量前提下，实现了重要控制断面下泄水量目标。三是大力推进取用水专项整治行动整改提升工作落实，组织开展流域用水总量、河道下泄水量和地下水管控目标年度落实情况评估及西辽河流域平原区地下水水位动态评估和预警分析工作，逐步摸清流域用水实际状况，规范取用水行为。

经过各方共同努力，西辽河生态调度成效显著：一是连续两年实现西辽河干流生态水量下泄。西辽河干流断流 20 年后，继 2020 年干流实现下泄生态水量 3700 万 m³，2021 年干流水头进一步向下游延伸 54 km，下泄生态水量 1.95 亿 m³，常年干涸的莫力庙水库首次实现生态补水 692.6 万 m³。二是部分控制断面提前达到了管控目标。通过实施流域统一水量调度和监管，西辽河巴林桥断面等 5 个重要控制断面中，巴林桥、梅林庙、麦新和郑家屯 4 个断面提前完成了水利部确定的河道下泄水量管控目标。三是地下水水位总体平稳。通过对西辽河流域地下水超采区采取水源置换、增加河道水量下泄、农业节水等措施，西辽河流域一般平原区地下水平均埋深为 7.89 m，与 2020 年同期相比，平均水位上升 0.3 m，地下水水位相对稳定区占 75.37%，下降区占 0.27%，上升区占 24.36%，水位下降幅度有所减缓，总体趋于平稳。西辽河"量水而行"生态效益初步显现，河湖生态环境逐步复苏。

李云成　梁钟元　执笔

朱程清　孙　卫　审核

水 利 建 设 篇

重大水利工程建设稳步推进

水利部水利工程建设司

2021年，水利部深入贯彻落实党中央、国务院决策部署，积极践行习近平总书记"节水优先、空间均衡、系统治理、两手发力"治水思路，扎实推进重大水利工程建设，落实责任，细化任务，保障了重大水利工程顺利实施。

一、积极推动一批重大水利工程新开工建设

2021年，陕西省引汉济渭二期工程、海南省琼西北供水工程、海河防潮闸除险加固工程、袁湾水库、辽河干流防洪提升工程、黄河禹门口至潼关河段"十三五"治理工程等重大水利工程陆续开工建设。截至2021年12月底，172项节水供水重大水利工程累计开工149项，150项重大水利工程累计开工62项。

二、进一步加快推进工程建设进度

对在建项目实行清单管理，督促各省级水行政主管部门督促项目法人提出年度建设任务，实施建设进度动态监控和分析研判。对建设进度滞后和竣工验收滞后的重大水利工程实行挂牌督办，分析滞后原因，明确完成时限，确保工程早日完工发挥效益，推动工程转入正常的运行管理和维修养护阶段。2021年重大水利工程投资计划完成率为95.6%，有效发挥了水利投资拉动作用。

三、重点项目如期实现节点目标

内蒙古自治区东台子水库、陕西省东庄水利枢纽实现截流，安徽省江巷水库、四川省红鱼洞水库等下闸蓄水，广东省高陂水利枢纽、新疆维吾

尔自治区大石门水利枢纽下闸蓄水并发电，甘肃省引洮供水二期、湖北省鄂北水资源配置全线通水；嫩江尼尔基水利枢纽、河南省出山店水库、湖南省涔天河水库扩建工程、安徽省下浒山水库、山东省庄里水库等 20 项工程通过竣工验收。

四、做好在建重大水利工程安全度汛工作

印发《水利部关于做好 2021 年在建水利工程安全度汛工作的通知》，部署在建工程安全度汛工作。开展在建水利工程安全度汛查弱项、补短板相关工作，研究提出补齐在建工程安全度汛的短板措施和建议。

下一步，水利部将继续稳步推进重大水利工程建设。一是进一步完善管理体制机制，加强项目建设管理，高质量完成年度建设任务，落实质量责任，加强质量控制关键环节监管，提升质量管理水平，确保在建工程质量持续向好。二是加快工程建设进度，督促工程尽快开工建设，强化建设进度的动态研判和监控，对滞后工程加大督促指导力度，推动工程尽快完工发挥效益。三是推动已完工工程竣工验收，力争完成一批重大水利工程竣工验收。四是保障在建重大水利工程安全度汛，研究制定在建工程安全度汛指导意见，落实安全度汛责任，细化实化相关工作要求，加强在建工程安全度汛检查，确保工程度汛安全。

张振洲　执笔

赵　卫　审核

中小型水库建设有序实施

水利部水利工程建设司

为解决我国西南地区、部分省（自治区、直辖市）的国家级脱贫县和革命老区县（特别是原中央苏区县）的工程性缺水问题，完善大中小微结合的区域供水保障体系，提高水资源供给的稳定性和可靠性，中央预算内水利投资和中央财政水利发展资金支持相关地方新建了一批中小型水库。

一、建设进展

2021 年共下达中央预算内水利投资 50 亿元，用于 66 座中型水库建设，投资完成率达 87.9%，其中 19 座新下达投资项目已全部开工。截至 2021 年年底，"十三五"以来下达中央投资的新建中型水库 203 座已全部开工，其中完工 165 座、竣工验收 20 座。

2021 年共安排中央财政水利发展资金 30.5 亿元，用于 97 座小型水库建设，投资完成率达 95.2%，其中 71 座新安排资金项目已全部开工。截至 2021 年年底，2017 年以来安排中央资金的新建小型水库 186 座已全部开工，其中完工 97 座、竣工验收 13 座。

已建成运用的中小型水库成为区域农业灌溉和农村安全饮水水源地，解决了长期影响当地经济社会发展和人民生活的工程性缺水问题。

二、工作开展情况

一是科学谋划中小型水库建设布局。西南地区和其他部分地区的偏远山区工程性缺水问题十分突出，针对不具备建设大型水源工程条件的地方，水利部于 2020 年提前着手谋划，组织有关省（自治区、直辖市）梳理建设需求，按照已完成初步设计批复、具备建设和资金筹措能力、无生态环境和征地移民等重大制约因素的原则，筛选确定中央资金补助的中小型水库建设项目清单。中央预算内水利投资对中型水库建设给予支持,主要涉及重庆、四川、贵州、云南、西藏、福建6省(自治区、直辖市);中央财政水利发展资金对小型水库建设给予支持,主要涉及安徽、福建、江西、湖北、湖南、广西、重庆、四川、贵州、云南、西藏、甘肃、青海、宁夏、新疆15省(自治区、直辖市)和新疆生产建设兵团的国家级脱贫县和革命老区县(特别是原中央苏区县)。

二是加快建设进度。对于中型水库,在要求地方积极开展前期工作的基础上,水利部会同国家发展改革委提前下达中央投资,督促各地及时开工建设。对于小型水库,中央补助资金切块下达到省级财政后,水利部组织各地及时分解下达到具体项目,落实地方建设资金,向水利部及财政部报送项目清单进行备案。对于中小型水库建设,水利部实行台账管理,依托项目管理系统强化建设进度动态监管,逐个项目掌握开工、完工、验收等重要节点;对标年度目标任务,实行进展情况月通报制度,通报完成情况和未按期完成内容,采取电话督促、印发督办函等方式督促进度严重滞后的项目,有效加快项目实施进度;实行竣工验收制度,督促各地及时组织已完工项目竣工验收,尽早发挥工程效益。各地按照要求落实主体责任,采取切实有效措施,协调解决影响工程实施的制约因素,加快建设实施,按期完成年度目标任务。

三是规范建设管理。针对稽察和监督检查中发现的中型水库建设管理突出问题,水利部于2019年开展专项整顿,到2020年年底绝大多数问题已整改完成。2021年,针对个别整改难度大的遗留问题,水利部指导有关地方逐库制定工作方案,落实整改责任,采取切实可行的整改措施,遗留问题全部整改完成。同时,巩固并扩大专项整顿成果,督促各地在中小型水库建设中举一反三,进一步提升建设管理水平,切实增强责任意识,提前开展征地移民,足额落实地方建设资金,严格把关设计变更,及时组织工程验收。水利部派员先后赴贵州、广西、四川、河南等省(自治区)开展现场调研指导和防洪度汛安全检查,要求各地进一步压实地方主管部门监督责任和项目法人主体责任,确保水库工程建设质量和安全。各地严格执行基本建设程序,落实项目法人责任制、招标投标制、建设监理制和合同管理制，建立健全质量和安全管理体系，加大资金筹措和征地移民工作力度，落实安全度汛各项措施，保障工程建设顺利实施。

下一步，水利部将会同国家有关部委，结合《"十四五"水安全保障规划》《全国"十四五"农村供水保障规划》等，按照"确有需要、生态安全、可以持续"的原则，对"十四五"拟建小型水库进行全面梳理，对各地中小型水库建设做出系统安排，在中央补助政策范围内给予支持。

修佃祥　牛智勇　赵建波　执笔

徐永田　审核

大中型病险水库除险加固加快实施

水利部水利工程建设司

一、实施进展情况

截至 2021 年年底，在《国务院办公厅关于切实加强水库除险加固和运行管护工作的通知》（以下简称《通知》）明确的 2020 年前已鉴定的 256 座大中型病险水库（以下简称 256 座水库）中，已完成初步设计批复 200 座，占 78.1%；开工 167 座，占 65.2%；完工 75 座，占 29.2%；竣工验收 14 座，占 5.5%，超额完成国务院批复的《"十四五"水库除险加固实施方案》（以下简称《实施方案》）确定的 2021 年年底前完工 72 座的年度目标。2021 年下达中央预算内投资 46.71 亿元，支持 129 座大中型水库除险加固项目（含 256 座水库之外受高烈度地震产生病险的新疆维吾尔自治区西克尔水库），其中续建项目 48 座、新开工项目 81 座。新开工项目实际开工 77 座，开工率 95%；年度投资完成率 89.3%；均超额完成国家发展改革委、水利部确定的开工率 90%、投资完成率 80% 的目标。

二、工作开展情况

一是编制实施方案。水利部组织有关流域管理机构和各地编制《实施方案》。2021 年 12 月 31 日，国务院正式批复《实施方案》。

二是建立责任体系。2021 年 8 月，水利部组织各地对 334 个除险加固项目（以 256 座水库为重点，兼顾安全鉴定并核查后新增 78 座大中型病险水库），逐库落实水库除险加固责任单位和责任人。2021 年 9 月 18 日，公布相关责任单位和责任人名单，并在水利部门户网站和《中国水利报》同时公告，接受社会监督。

三是加快建设实施。水利部组织有关省级水行政主管部门建立项目台账，逐库掌握存在主要病险、初步设计批复、投资下达、开（完）工和竣工验收等重要问题和重要节点进展，动态更新项目实施进度。对其他新增大中型病险水库，督促地方及时报送录入台账。以项目台账为基础，充分利用全国病险水库除险加固项目管理系统，盯紧项目建设进展，加强分析研判，及时指导地方解决项目实施过程中的困难问题。实行建设进展情况定期通报制度，将各地进展情况在全国通报。对进度滞后的省（自治区、直辖市）采取电话督促、印发督办函、现场督导等措施，督促加快实施进度，保障按期完成年度目标任务。"定向帮扶四川省遂宁市大英县寸塘口水库除险加固工程建设"是水利部党组直接组织和推动的第三批"我为群众办实事"实践活动项目之一。寸塘口水库除险加固工程建设在水利部和四川省水利厅等相关单位指导下，实行日调度、周报告制度，顺排工序，倒排工期，节点控制，主体工程提前2个月完工。

四是规范建设管理。加强水库除险加固建设全过程管理，严格执行基本建设程序，落实项目法人责任制、招标投标制、工程监理制和合同管理制。为进一步规范水库除险加固建设工作，水利部将大中型水库除险加固作为稽察重点，2021年完成对26个大中型水库除险加固项目的稽查。

五是狠抓竣工验收。针对2021年审计提出的52座大中型水库除险加固项目竣工验收不及时的问题，水利部组织有关省份建立台账，逐库梳理验收滞后的原因，明确完成时间节点。对涉及的13个省份以"一省一单"印发督办函，组织各地对未完成竣工验收的项目逐库编制工作方案，并督促已完工的其他大中型水库除险加固项目及时完成竣工验收。2021年11月起，建立了周调度制度，每周汇总分析各地进展，直至全面完成竣工验收任务。

牛智勇　修佃祥　赵建波　执笔

徐永田　审核

小型病险水库除险加固加快推进

水利部运行管理司

一、强化顶层设计

水利部认真贯彻落实《国务院办公厅关于切实加强水库除险加固和运行管护工作的通知》（以下简称《通知》）要求，制定工作方案，进行全面部署，压实属地责任。制定印发《小型水库除险加固和监测设施项目管理办法》，为除险加固工作提供制度保障。水利部会同国家发展改革委、财政部，在深入调研、广泛听取地方意见基础上，编制《"十四五"水库除险加固实施方案》（2021年12月31日国务院批复同意印发实施），明确了加快病险水库除险加固、加强监测预警设施建设、以县域为单元深化小型水库管理体制改革、健全长效运行管护机制等重点任务。

二、落实地方责任

29个省（自治区、直辖市）印发落实《通知》的实施意见，将水库除险加固和运行管护纳入河湖长制考核体系，构建省负总责、市县抓落实的责任体系，协调落实资金，编制"十四五"实施方案，纳入区域发展总体规划。省级水利部门加强与发展改革、财政等部门的沟通协调，加大对市县政府和水利部门的监督检查，督促各项措施实施，扎实推进水库除险加固。

三、多渠道落实资金

水利部制定2021年度病险水库除险加固实施计划，按轻重缓急，优先安排处置病险程度高、防洪任务重的水库。财政部安排中央水利发展资金

39.2亿元，新增地方政府一般债券额度111.3亿元，地方财政计划安排26.8亿元，开展小型水库除险加固。截至2021年12月底，中央预算内投资落实到位45.1亿元，中央水利发展资金落实到位40.0亿元，新增地方政府一般债券落实85.6亿元，地方财政资金落实24.2亿元，其他资金落实2.7亿元。

四、加快推进项目实施

2021年在4295座小型病险水库除险加固项目中，1830座主体工程完工，其中2020年提前安排的1389座已基本完工。完成27316座水库安全鉴定，实施1557座水库降等报废。大力推进小型水库监测设施建设，2021年度雨水情测报设施投入使用2655座，大坝安全监测设施投入使用902座。年度目标任务均已完成。

五、强化水库安全度汛

严格落实水库大坝安全责任制，全国9.8万座水库均落实大坝安全责任人，并向社会公布，逐库落实小型水库行政、技术、巡查责任人16.5万人。通过暗访检查、电话抽查等形式，完成对8066座水库防汛"三个责任人"履职、病险水库安全度汛措施落实、汛限水位控制等情况的监督检查。不断完善全国水库运行管理信息系统，录入9.8万座水库基础信息和管理信息，建立覆盖各级水利部门、水库管理单位的管理应用体系，实现与水利一张图、防汛会商等系统的互联互通。全力抓好中小水库尤其是病险水库安全度汛工作，建立病险水库台账，逐库落实限制运用措施，要求病险水库原则上主汛期一律空库运行。

冯　瑜　执笔
张文洁　审核

开展水利工程建设质量提升专项行动

水利部水利工程建设司

2021年5月，水利部开展水利工程建设质量提升专项行动（以下简称专项行动）。专项行动以水利工程参建各方履行质量管理责任为主线，聚焦当前水利工程建设质量管理中的突出问题，推动各地开展问题排查和整改落实，从而进一步增强质量意识、落实质量责任，提升水利工程建设质量管理水平。

一、专项行动开展情况

（一）高位推动，扎实部署

各流域管理机构及省（自治区、直辖市）高度重视专项行动，结合实际情况印发专项行动实施方案，进一步明确责任分工、重点任务和具体措施，做好全面动员部署工作。排查整治工作开展形式多样，如江苏、贵州、青海等省份将检测单位纳入排查整治范围，实现对参建单位的排查全覆盖；吉林省将专项行动与省水利系统"以案促改"工作结合，将转包、违法分包等违规行为纳入排查整治范围；安徽省、湖南省将专项行动与工程质量"飞检"结合；河南省、广西壮族自治区将各市专项行动工作成效纳入本地水利建设质量工作考核评分体系。

（二）严密组织，统筹推进

各流域管理机构及省（自治区、直辖市）根据制定的实施方案，按照分级负责的方式对在建重大及中小型水利工程开展排查整治。流域管理机构及各省级水行政主管部门共排查约440个工程，排查问题约4600个；市县级水行政主管部门排查约7050个工程，排查问题约2.44万个。

（三）梳理分析，落实整改

各流域管理机构及省（自治区、直辖市）对专项行动排查到的问题建立整改销号台账，下发整改通知，要求各相关参建单位按时完成整改，实时跟踪整改进度，整体整改，总结分析参建各方存在的主要问题。

二、专项行动取得的成效

（一）切实强化质量意识，规范参建单位质量行为

专项行动开展以来，各地认真部署落实，部分省（自治区、直辖市）结合"质量月"和质量考核工作，开展了质量培训和质量宣传工作，广大建设者质量意识进一步增强，社会各界对水利工程质量认可度不断提高。同时，专项行动促使各参建单位在排查规定问题的基础上，对照规章制度和标准规范梳理其他问题，规范自身质量行为，增强自主履约能力，在一定程度上避免了质量问题的发生。

（二）推动完善相关质量管理制度，不断健全长效机制

通过专项行动，各省级水行政主管部门深入剖析问题产生的原因，研究建立了相关质量管理制度，如天津市、河南省、宁夏回族自治区等地修订了本地区水利工程项目法人管理办法；河北省出台《河北省水利建设市场监督管理办法（试行)》，将相关检查发现的质量问题进行量化，并与工程招投标挂钩；甘肃省出台《甘肃省水利建设质量行为管理指南》，规范工程参建各方质量行为。相关制度规定的出台，进一步夯实了各地质量管理工作的基础，提升了质量管理水平。

张振洲　执笔

赵　卫　审核

推进改革创新
切实维护水利建设市场秩序

水利部水利工程建设司

2021 年，水利部持续规范水利建设市场秩序，进一步改善营商环境，培育和激发市场主体活力，实现了"十四五"水利市场监管工作良好开局。

一、规范开展资质行政许可

深入领会"证照分离"改革精神，统筹推进资质资格管理改革，着力推动照后减证和简化审批，加快建立简约高效、公正透明、宽进严管的行业准营规则，大幅提高市场主体办事的便利度和可预期性。

一是实施水利工程企业资质管理制度改革。按照直接取消审批、实行告知承诺、优化审批服务等方式，分类实施水利工程建设监理单位和质量检测单位资质改革，修正《水利工程建设监理单位资质管理办法》《水利工程质量检测管理规定》2 项水利部规章，完成修正草案第一轮征求意见工作；妥善做好改革期间水利部负责审批的资质延续工作，对有效期届满的监理单位和甲级质量检测单位资质等级证书统一延期 1 年；印发 2021 年度监理单位和甲级质量检测单位资质行政许可公告，取消丙级监理单位资质，提出后续管理措施，放宽中小企业承揽业务范围，促进中小企业发展；对 350 家申请监理资质单位和 189 家申请甲级质量检测资质单位开展行政许可工作，及时在水利部网站及全国水利建设市场监管平台公告评审结果。

二是推动水利行业人员资格制度建设。颁布实施《注册造价工程师（水利工程）管理办法》，做好一级造价工程师（水利工程）注册准备工作，注册证书创新使用电子证照，有效提高工作效率，降低成本；研究制定注册监理工程师（水利工程）管理办法，组织中国水利工程协会开展调研和起草工作，完成该管理办法征求意见稿。

三是优化水利建设市场政务服务。扎实推进"我为群众办实事"实践活动，依托水利部政务服务平台，推动水利建设市场主体资质证书信息登记变更、延期等政务服务事项网上办、一次办，实现"不见面办理""最多跑一次"，确保每个事项及时受理、按时办结。2021 年共办结监理单位资质证书变更申请 599 项，变更资质证书 2396 本，资质延期申请 611 项，延期资质证书 3055 本；办结甲级质量检测单位资质证书变更申请 97 项，变更资质证书 194 本，资质延期申请 247 项，延期资质证书 741 本；审核完成一级建造师注册申请 25308 份，办结率和满意度达到 100%。

二、强化水利建设市场监督管理

深化"放管服"改革，坚持放管结合、并重，创新监管方式，规范监管行为，增强监管效能，优化政务服务，着力打造市场化、法治化、国际化营商环境，提高市场主体竞争力和市场效率，持续激发市场主体发展活力。

一是进一步加强招标投标监管。与国家发展改革委联合印发《水利工程建设项目电子招标投标监管试点工作通知》和试点实施方案，在山东、陕西两省以及水利部淮河水利委员会开展试点工作，组织成立跨部门、跨区域的联合工作组，制定相关数据规范和技术标准，指导、协调相关单位如期完成试点工作，填补了国内空白，从源头上解决招标投标中市场主体业绩信用数据弄虚作假和人员挂靠挂证等招标投标行业的痛点、难点问题。试点成果已在水利行业得到应用，水利部建设司会同国家发展改革委法规司组织完成总结评估工作，评估专家组对试点工作成效给予充分肯定和高度评价。

二是扎实做好水利行业"根治欠薪"工作。深入开展 2020 年度水利建设领域"根治欠薪"冬季专项行动，累计排查水利工程建设项目 1.2 万余个；开展 2021 年度"根治欠薪"冬季专项行动，将工作抓在平时、做在前面，保持动态清零态势，依法维护农民工劳动报酬权益。与人力资源和社会保障部等 9 部门联合制定、出台《工程建设领域农民工工资专用账户管理暂行办法》和《工程建设领域农民工工资保证金规定》，不断健全工资支付保障制度体系，配合开展全国农民工工作督察。

三是规范实施"双随机、一公开"执法检查。完善"双随机、一公开"抽查事项清单和专家库，分两批对 8 个省（自治区、直辖市）32 家水利工程建设监理单位和甲级质量检测单位进行抽查，在水利部门户网站和全国水利建设市场监管平台及时公开抽查结果，"一企一单"督促市场主体限期整改，着力推动水利建设市场监管工作公平公正和公开透明。

三、完善水利建设市场信用体系

深入贯彻落实党中央、国务院关于推进诚信建设的要求，进一步完善水利建设市场失信约束制度，构建诚信建设长效机制，发挥信用体系在提高监管能力水平、营造公平诚信的市场环境等方面的积极作用。

一是规范实施信用评价。督促指导信用评价机构认真调查核实并妥善处理 2020 年水利建设市场主体信用评价申诉、举报问题。在认真总结经验的基础上完善评价标准和申报指南，探索优化评价模式，有序开展 2021 年信用评价工作，提升信用评价的科学化、标准化、规范化水平。

二是全面实施动态信用监管。依托全国水利建设市场监管平台，加大市场主体信用信息归集共享力度，督促指导各地按照应报尽报、及时准确的要求，抓好对不良行为记录信息的采集、认定和共享。对于存在较重或者严重不良行为的市场主体，依法依规将其纳入水利建设市场重点关注名单或黑名单，并实施严格监管或者惩戒措施，加大联合惩戒力度，真正使失信者"一处失信、处处受限"。探索开展信用分级分类监管，根据市场主体信用状况，在"双随机、一公开"抽查比例等方面采取差异化监管措施，以公正监管促进优胜劣汰。2021 年，全国水利建设市场监管平台公示各类市场主体不良行为记录信息 319 条，纳入重点关注名单管理企业 140 家，纳入黑名单管理企业 6 家，完成信用修复企业 295 家。

三是信用体系建设取得显著成效。不良行为记录量化赋分，对企业招投标活动造成重大影响，为各级水行政主管部门提供了有力的监管手段，在水利工程建设日常监管中发挥了重要作用。部分大型企业对于因不良行为产生的高额罚款不重视，但对在全国水利建设市场监管平台公开的不良行为高度关注，在不良行为公示后，全部主动、积极进行整改，力求早日完成信用修复，缩短公示期限。已有 25 个省（自治区、直辖市）在招标投标、政府采购、行政审批、市场准入等工作中应用全国信用评价结果；参加全国水利建设市场主体信用评价、获得信用等级的企业数量持续增加，已覆盖 31 个省（自治区、直辖市），勘察、设计、施工、监理、咨询、供货、招标代理、质量检测 8 类市场主体。施工单位中，具备水利水电施工总承包以及水利水电专业承包资质的单位参评率已达 83%；监理单位中，具备水利工程建设监理甲级资质的单位参评率已达 80%，全国统一的信用评价体系已逐步形成。

四、全面做好 2022 年水利建设市场监管工作

一是加强资质资格管理制度建设。加快推进《水利工程建设监理单位资质管理办法》《水利工程质量检测管理规定》两项水利部规章修正工作。抓紧出台监理工程师（水利工程）注册管理办法，研究建立水利工程质量检测员职业资格制度。

二是从严从细实施行政许可。科学有序开展水利工程建设监理单位和甲级质量检测单位资质行政许可，保证评审公开、公平、公正。全面开展一级造价工程师（水利工程）注册管理，及时启动监理工程师（水利工程）注册工作。

三是健全完善水利建设市场信用体系。落实信用信息的采集、认定和共享工作机制，依托全国水利建设市场监管平台，强化水利行业信用信息的归集和发布。加强信用修复管理，完善信用修复条件和程序。加大对信用评价的事前事中事后监管力度，保障评价结果的客观性和公正性。落实水利建设市场重点关注名单和黑名单制度，规范严重失信主体认定标准和程序。

四是强化水利建设市场事前事中事后监管。完善"双随机、一公开"监管，探索实行信用分级分类监管，根据市场主体信用状况，在监管方

式、抽查比例和频次等方面采取差异化措施，强化抽查检查结果公示运用。深入推进水利建设领域"根治欠薪"工作，全面落实农民工工资支付保障制度，加强欠薪案件跟踪督办，加快健全长效机制。

五是优化水利建设市场领域政务服务。持续深入推进政务服务便利化。优化涉企审批服务；推进电子证照运用，加快实现资质资格证书电子化，最大程度利企便民。

李　健　执笔

田克军　审核

中小河流治理统筹推进

水利部水利工程建设司

2021 年，水利部按照进一步优化流域防洪工程布局、完善流域防洪减灾体系的要求，围绕中小河流防洪突出薄弱环节，以提升洪涝灾害防御能力为目标，统筹推进中小河流治理，提高河道泄洪能力，着力构建以流域为单元的现代化防洪工程体系，全面完成年度治理目标任务。

一、系统谋划中小河流治理

一是统筹谋划中小河流系统治理工作。坚决落实水利部党组"三对标、一规划"专项行动工作部署，系统谋划"十四五"期间中小河流治理任务，提出了加强中小河流治理制度建设、推进以流域为单元的系统治理、健全升级中小河流治理项目管理系统等意见建议，已着手部署各地开展相关工作。

二是指导完成 2021 年中小河流治理项目备案。2021 年中央财政水利发展资金安排 207.62 亿元用于流域面积 200~3000 km^2 中小河流治理，下达治理任务 1.2 万 km。年初，会同财政部印发通知对中小河流治理年度项目备案内容等提出明确要求，组织各地按要求分解中央补助资金、落实地方建设资金到具体项目，完成项目备案，审核后形成备案项目清单，并导入项目管理系统，建立年度实施项目台账。

三是组织编制 2022 年度项目建议计划。组织各地以《防汛抗旱水利提升工程实施方案》（以下简称《提升工程》）确定的治理任务为基础，提前谋划 2022 年拟实施项目。要求 2022 年拟实施项目，原则上已完成或在 2021 年年底前完成初步设计方案批复，个别项目不迟于 2022 年汛前完成，无生态环境和移民征地等重大制约因素，地方建设资金能够及时足额到位。按照河流整体规划、分段实施的要求，统筹上下游、左右岸、干支流，加快推进前期工作，提出中小河流治理 2022 年度项目建议计划。

四是科学提出 2022 年中央资金年度安排建议。充分考虑需求与可能，在各地报送建议计划的基础上，结合中央补助资金规模，在《提升工程》规划任务的范围内，考虑各省（自治区、直辖市）已安排任务的完成情况，提出年度中小河流治理中央补助资金分省（自治区、直辖市）安排建议，同时印发通知要求各地做好 2022 年度中小河流治理项目备案。已提前安排 2022 年中央资金 198.5 亿元，下达治理任务 1.11 万 km。

二、有序推进中小河流治理

一是加强进度研判调度。积极应对新冠肺炎疫情的不利影响，全力以赴推进中小河流治理工作。对下达投资的项目，建立项目台账，督促各地按时填报中小河流治理项目建设进展，组织各地对中小河流治理项目的资金到位和项目实施情况进行梳理，加强分析研判，动态跟踪项目实施情况。5 次印发建设进展情况通报（汛前 1 次，汛后自 9 月起每月 1 次），对进度滞后的省（自治区、直辖市）点名提醒。针对进度严重滞后的省（自治区、直辖市），采取电话督促、印发督办函以及现场指导等措施，先后 2 次以"一省一单"形式印发督办函 39 份。

二是组织流域管理机构开展中小河流治理督促指导工作。加大督促指导力度，指导各地以质量和安全为核心，加强建设管理，规范组织实施，组织流域管理机构对流域面积 3000 km^2 以上主要支流投资完成率低于 80% 的省（自治区、直辖市）、流域面积 200～3000 km^2 中小河流治理任务完成率低于 80% 的省（自治区、直辖市）开展督促指导工作。要求各级水行政主管部门切实履行监管责任，加大对中小河流治理项目初步设计审批、资金落实、开完工建设和信息填报等开展监督检查。

三是全面完成年度建设任务。截至 2021 年 12 月 31 日，流域面积 3000 km^2 以上主要支流全年开工项目 517 个、完工项目 56 个，完成治理河长 2099 km，下达中央投资计划 275.4 亿元，投资完成率 86.3%；流域面积 200～3000 km^2 中小河流全年下达治理任务 1.2 万 km，完成治理河长 1.1 万 km，完成率 90.0%。

下一步，水利部将全面落实2022年全国水利工作会议精神，推进以流域为单元的中小河流系统治理，统筹上下游、左右岸、干支流，建立中小河流治理项目库，实施项目台账动态管理。着力强化中小河流治理建设管理制度体系建设，统筹抓好项目全过程建设实施，狠抓治理责任监督，做好在建项目安全度汛工作，确保年度任务顺利实施。完善中小河流治理项目管理系统，实现治理项目"上图入库"，进一步提升中小河流治理管理的信息化、智能化水平。

陈　栋　翟　媛　赵建波　执笔

刘远新　审核

大中型灌区续建配套改造全力推进

水利部农村水利水电司

2021 年，水利部坚决贯彻落实党中央、国务院决策部署，深入实施"藏粮于地、藏粮于技"战略，以"我为群众办实事"作为落脚点，全力推进大中型灌区续建配套与现代化改造，不断完善骨干灌排工程设施，强化灌区规范化标准化管理，加强农业用水管理，进一步夯实保障粮食安全的水利基础。

一、做好春灌供水保障工作

印发《水利部办公厅关于加强农业节水做好春灌工作的通知》，及时协调调度水利工程，最大限度保证春耕生产用水需求。建立大型灌区春灌台账，实施半月一调度，及时跟踪了解各地春灌实时动态。组织专家通过网络视频、现场指导等方式，指导灌区大力推广高效节水灌溉技术、设备和水肥一体化设施等，有效遏制"大水漫灌"现象。春灌期间全国大型灌区累计灌溉农田 1.55 亿亩，引水量超过 235 亿 m^3，有效保障春耕生产和夏粮丰收。

二、做好"十四五"大中型灌区续建配套与现代化改造顶层设计

在大型灌区改造方面，水利部布置各有关省水利厅开展了"十四五"大型灌区续建配套与节水改造规划编制工作。经国家发展改革委投资评审中心审查，水利部会同国家发展改革委印发了《"十四五"重大农业节水供水工程实施方案》（以下简称《"十四五"方案》），按照竞争择优的原则，将提升粮食综合生产能力大、节水潜力大、当地积极性高、前期工作成熟、地方投资落实好等的 124 处灌区优先纳入《"十四五"方案》实施

范围，计划实施改造面积 8700 多万亩。在中型灌区改造方面，会同财政部印发《全国中型灌区续建配套与节水改造实施方案（2021—2022 年）》（以下简称《中型灌区方案》），以灌区渠首、输配水工程、骨干排水工程、渠（沟）系建筑物及配套设施改造、用水计量设施建设等为重点，支持461 处中型灌区实施续建配套与节水改造，项目实施后可新增恢复灌溉面积 480 多万亩，改善灌溉面积 1600 多万亩。在黄河流域，深入落实习近平总书记关于黄河流域生态保护和高质量发展的重要讲话批示指示精神，按照"四水四定"（以水定城、以水定地、以水定人、以水定产）要求，组织开展黄河流域大中型灌区深度节水控水研究，按照稳定控制灌溉面积、严格取水许可管理等原则，提出黄河流域大中型灌区改造重点和目标任务，支持流域内 90 余处大中型灌区率先实施现代化改造。

三、全力推进大中型灌区现代化改造项目

会同国家发展改革委、财政部等部门安排中央资金近 140 亿元，支持 89 处大型、423 处中型灌区续建配套与现代化改造。截至 2021 年 12 月底，第一批 75 处大型灌区中央资金完成率达到 90%，中型灌区中央资金完成率达到 96%。指导各地因地制宜加快灌区改造可行性研究、初步设计等审查审批前期工作，结合灌区改造推进节水灌区、数字灌区、生态灌区建设。一是进一步强化项目建设管理，组织开展多次督导调研，指导地方进一步落实管理职责，提高项目前期工作进度和质量，加强工程建设质量管控，确保项目效益发挥。二是依托灌区信息化管理平台，对启动实施的灌区现代化改造项目建立改造任务台账清单，加快项目建设进度，对进展较慢的省（自治区、直辖市）发送督办函。大中型灌区现代化改造总体达到进度要求。三是强化项目评估，将重点中型灌区项目评估纳入水利部监督检查考核计划，对 24 个省（自治区、直辖市）及新疆生产建设兵团 2019—2020 年重点中型灌区节水配套改造项目开展评估，组织 11 个单位、150 多人次，用时 100 多个工作日选取 39 处灌区进行现场评估，将评估结果与 2022 年度中型灌区改造水利发展资金分配挂钩。

四、深入推进灌区标准化规范化管理

以黄河流域和粮食主产区大型灌区为重点，组织开展大型灌区标准化规范化管理及骨干工程病险情况调研，对河南、山东等18省（自治区、直辖市）36处大型灌区开展现场督导调研，深入了解灌区标准化管理推进情况，分析存在的主要问题及原因，科学谋划对策措施。一是会同农业农村部出台《关于加强大中型灌区改造与高标准农田建设协同推进工作的通知》，指导各地加强项目前期工作的统筹协调，优先将大中型灌区灌溉面积打造成高标准农田。二是加强灌区标准化规范化管理指导，组织举办大中型灌区高质量发展及标准化管理培训班，加强经验交流，推动互学共进。三是商财政部制定印发《中型灌区续建配套与节水改造项目管理办法（试行）》，进一步规范中型灌区项目前期工作、建设管理及检查评估等工作，确保工程建设质量和投资效益。四是会同农业农村部督促指导各地排查灌溉井591.67万眼，处置存在安全隐患的灌溉井33.58万眼，指导建立农业灌溉井长效管理机制，筑牢农业灌溉井安全底线。

五、稳步推进灌区信息化建设

一是进一步完善全国大中型灌区管理信息系统，2021年6月实现大型灌区信息化管理平台试运行，对启动实施的项目进行台账清单管理，将2019年以来实施的中型灌区项目实施方案、批复及竣工验收文件等上传系统，指导纳入实施方案的124处大型灌区加大系统应用力度，收集整理已实施改造的1000余处中型灌区空间数据信息并导入信息系统，推进灌区数据入库、工程上图，逐步建立中型灌区"一张图"。二是建立大中型灌区名录进入退出机制，实施名录动态管理，组织6700多处灌区开展名录及基本信息复核，为推进灌区信息化管理奠定基础。三是组织指导淠史杭、都江堰、河套等灌区推进数字灌区建设，开展包括天气预测、作物需求、旱情监测、水源调度等功能的数字灌区系统前期设计，提升灌区管理水平，实现灌区管理和用水调度数字化、智能化和智慧化。

六、大力推进灌区节水控水

强化灌区节水设施建设，强化灌溉用水管理，2020年全国农田灌溉水有效利用系数达到0.565。组织开展第二批灌区区域水效领跑者引领行动，经各地申报、部门初评、现场复核、专家评审、结果复核等程序，遴选河南省郏县恒压灌区、甘肃省红崖山灌区等15处灌区为第二批区域灌区水效领跑者，全国累计遴选灌区水效领跑者23处。组织各地深入开展节水型灌区创建，印发《水利部办公厅关于深入开展节水型灌区创建工作的通知》，明确创建标准和工作要求，加大宣传力度，提高节水意识，大力推动农业节水走向深入，全面提升农业灌溉用水效率。全国已有142处灌区申报节水型灌区；新增3处世界灌溉工程遗产，我国世界灌溉工程遗产总计达到26处。

下一步，水利部将深入贯彻落实习近平总书记"节水优先、空间均衡、系统治理、两手发力"治水思路，锚定国家粮食安全和农业农村现代化发展目标任务，按照水利部党组智慧水利建设决策部署，以《"十四五"方案》《中型灌区方案》相关规划文件为依据，加快推进灌区改造，不断提升灌区供水服务能力和现代化水平。一是加快推进大中型灌区续建配套与现代化改造，指导督促地方加快完善项目前期工作，不断强化项目建设管理，持续完善骨干灌排工程体系，统筹灌区骨干和田间工程建设，推动优先将大中型灌区建成高标准农田。按照"以水定地""节水优先"要求，积极推动黄河流域大型灌区深度节水控水。二是按照"需求牵引、应用至上、数字赋能、提升能力"要求，以都江堰、淠史杭、河套等大型灌区为重点，结合"十四五"续建配套与现代化改造项目实施，有序推进数字灌区建设，提升灌区管理预报、预警、预演、预案能力。三是全面推进灌区标准化规范化管理，深化灌区管理体制机制改革，完善供水计量设施配套建设，强化农业用水管理，落实灌区"两费"，加强工程运行管护，提升灌区管理能力和服务水平，为保障国家粮食安全和推进乡村振兴作出更大贡献。

党　平　刘国军　龙海游　王　适　执笔

倪文进　审核

专栏五十

推动小水电转型升级绿色发展

水利部农村水利水电司

一、以示范创建引领小水电行业高质量发展，全国新增254座绿色小水电示范电站

2021年，水利部坚持把绿色小水电示范电站创建作为推动小水电转型升级和绿色发展的重要抓手加快推进。从严修订评价标准，年初修订完成SL/T 752—2020《绿色小水电评价标准》并发布实施，严格了水生生物保护、安全生产标准化等基本条件，提高了生态流量泄放和监测、技术现代化、管理规范化的要求，细化了景观协调性、民生保障等指标的评价方法。要求各地严格对照新标准新要求，做好电站创建申报、省级初验等工作。严格审核把关，组织有关单位开展部级技术审核，从电站合法合规性、生态流量监测、安全生产标准化、景观协调性等方面严格把关，特别对小（2）型及以上电站水库是否纳入水库管理、完成注册登记以及落实防汛"行政、技术、巡查"三个责任人等重点核查。评定委员会办公室对通过技术审核的电站开展线上全覆盖复核，最终确定推荐名单，提交评定委员会评审。此外，水利部加强典型示范引领，积极指导推动地方出台激励政策。吉林省和江西省上饶市、宜春市等部分县（区）出台政策，通过提高上网电价的方式，激励绿色小水电示范电站创建；湖北、湖南等省正在积极争取绿色小水电电价激励政策。2021年6月，经国家表彰奖励办公室批准，绿色小水电示范电站被纳入全国示范创建活动保留项目，其社会影响力进一步提升。经申报、初验、审核和公示，2021年12月底水利部正式印发通知公布2021年度绿色小水电示范电站名单，确定吉林省白山市大松树等254座水电站为2021年度绿色小水电示范电站。

二、典型案例

湖北省宜昌市古洞口电站位于香溪河支流古夫河上，水库总库容为1.48亿 m³，具有年调节性能，是一座以发电为主兼有防洪、供水、旅游等功能的混合式电站。电站于1999年9月建成并网发电，2018年进行增效扩容改造，2020年通过增效扩容改造工程完工验收，总装机容量达4.98万 kW，多年平均发电量达1.22亿 kW·h，2021年创建为绿色小水电示范电站。

古洞口电站2019年增设生态机组作为生态流量泄放设施，并安装监测设施，实时数据上传到兴山县水利局监控平台，保障生态流量的足额下泄。同时，在坝下修建3座生态堰坝，既保护和修复了河流生态系统又打造了新的生态景观，成为当地居民游玩纳凉的绝佳去处，在实现经济效益的同时兼顾了生态效益和民生改善。古夫河流域集控中心建于古洞口电站内，实现电站"无人值班"、古夫河流域梯级电站集中控制管理，充分发挥流域集控优势，推动绿色发展。此外，古洞口水库为饮用水水源地，电站通过采取库区河面清污等措施保障库区水质常年达到Ⅱ类水以上标准，保障县城供水安全。

邹体峰　苗起森　执笔

邢援越　审核

水库移民工作综述

水利部水库移民司

2021 年，水利部认真学习贯彻习近平新时代中国特色社会主义思想，深入贯彻落实习近平总书记"节水优先、空间均衡、系统治理、两手发力"治水思路和关于治水重要讲话指示批示精神，贯彻落实党中央、国务院部署要求，落实好推动新阶段水利高质量发展的部署要求，将"三对标、一规划"专项行动和党史学习教育成果作为推动水库移民工作的强大动力，扎实做好水库移民安置和后期扶持工作，移民群众生产生活水平不断提高，各项工作取得新成效。

一、扎实推进移民安置工作，切实保障重大水利工程顺利建设

（一）深入贯彻落实习近平总书记关于治水重要讲话指示批示精神

深入贯彻落实习近平总书记在黄河流域生态保护和高质量发展座谈会、推进南水北调后续工程高质量发展座谈会上的重要讲话精神，组织开展移民安置专题研讨会，凝聚共识、形成合力，推动移民安置高标准规划高质量实施；赴黄河古贤、黑山峡等重大水利工程库区进行实地调研，起草黄河流域重大水利工程移民安置规划调研报告，加强移民安置前期工作指导；组织"坚持经济合理，统筹工程投资和效益，加强多方案比选论证，尽可能减少征地移民数量"专题研究，在开展移民安置规划及大纲审查、移民安置验收工作时，严格把关。

（二）切实加强移民安置行业能力建设

组织研究在水利工程建设监理体系中新增移民工程监理专业相关工作，加强移民安置监督手段；组织编写《水库移民工作管理》培训教材，提高移民干部业务水平；组织开展移民安置第三方技术预验收，创新工作方式方法，提高工作效能；组织完成水利部全国党员干部现代远程教育专

题教材——《河南省出山店水库移民安置高质量安置的探索与实践》，弘扬移民奉献精神，宣传移民工作，提升行业形象，形成良好氛围，推动移民工作开展。

（三）积极组织开展移民安置前期工作

按照建设一批、开工一批、论证一批、储备一批的安排部署，深入库区进行实地调研，充分征求移民群众意愿，听取地方政府意见，组织对云南省南瓜坪、四川省青峪口等水利工程移民安置规划及大纲的审查审批，把好移民安置政策关，促进新开工陕西省引汉济渭二期、贵州省观音水库等22项重大水利工程。

（四）持续实施移民搬迁进度协调机制

针对33座在建水库工程实行移民搬迁进度季报制度，及时掌握移民搬迁进展，加强进度调度，加强对移民搬迁安置实施工作的指导督促，压实省级移民管理机构主体责任，保障移民搬迁与工程建设进度相匹配。33座水库涉及规划搬迁移民17.7万人、投资1020亿元，累计完成移民搬迁7.5万人、征地移民投资544亿元，对促进地方经济社会发展、实施乡村振兴战略发挥了重要作用。

（五）认真落实移民安置验收制度

积极协调完成嫩江尼尔基、南水北调中线丹江口大坝加高坝址、河南省出山店、贵州省夹岩等水利枢纽工程竣工和阶段性移民安置验收，加强对内蒙古自治区东台子、黑龙江省阁山等水库移民安置验收的行业指导，严把移民安置质量，保障移民较搬迁前生产生活水平有明显提升，实现建设一个工程、带动一方经济、改善一片环境、造福一批移民的良好局面。

二、深入实施水库移民后期扶持政策，促进库区和移民安置区经济社会稳定发展

（一）大力支持移民产业发展和美丽家园建设，提升移民群众生产生活水平

深入贯彻党中央国务院关于全面推进乡村振兴的决策部署，结合

移民增收致富和美丽家园建设，将"产业兴旺"作为着力点，鼓励地方开展"飞地经济""物业经济"等新产业新业态探索，支持各地因地制宜发展移民特色产业，促进库区和移民安置区第一、第二、第三产业融合发展，一批彰显库区特点、适应市场需求、增加移民收入的特色产业已经逐步成长起来。将"生态宜居"作为突破点，继续建设移民美丽家园，完善移民村基础设施和公共服务，为移民群众提供更优质更舒心的生产生活环境。将"生活富裕"作为落脚点，2021年落实中央水库移民扶持基金393亿元，推动全国2517万水库移民持续增收，库区和移民安置区逐步呈现生态宜居村庄美、兴业富民生活美、文明和谐乡风美的新面貌。

（二）加强水库移民后期扶持基金管理，提升资金使用效益

围绕中央乡村振兴战略，巩固移民脱贫攻坚成果，围绕国务院大中型水库移民后期扶持政策确定的中长期目标，对《中央水库移民后期扶持基金项目资金管理办法》进行修订，进一步明确部门职责、项目支出范围、项目支持重点等，督促各地加快资金使用进度，使资金使用进度由上年度的63%提升到74%。组织开展水库移民后期扶持资金绩效评价，安徽、四川等15省绩效评价结果达90分以上，资金使用效率进一步提升。

（三）加强安排部署和督促指导，着力提升水库移民工作管理水平

组织召开水库移民工作会议，总结"十三五"时期水库移民管理工作经验，分析新阶段水库移民面临的形势任务，部署"十四五"时期水库移民工作。组织完成3期培训班，指导技术单位开展培训，提高移民干部能力素质。分南北片召开水库移民后期扶持工作座谈会，推动后期扶持工作深入开展。编辑出版《水库移民后期扶持典型案例选编》，从水库移民产业扶持发展、美丽家园建设、培训就业3方面，总结归纳各地后期扶持成功经验、有效制度和创新模式，展示后期扶持政策实施成效，为各级移民管理机构提供参考。启动后期扶持政策实施15年阶段性评估工作及后续政策研究前期工作。

三、推进法规制度建设和信息管理，为新阶段水库移民工作提供制度保障和技术支持

（一）开展水库移民法规制度建设

稳步推进《大中型水利水电工程建设征地补偿和移民安置条例》修订前期研究，完成《移民条例执行情况后评估报告》和 11 项专题研究报告，提出修订草案征求意见稿。废止《水库移民后期扶持资金内部审计暂行办法》，完成修订《新增大中型水库农村移民人口核定登记办法》和《中央水库移民后期扶持基金项目资金管理办法》。进一步完善《水利水电工程建设征地移民安置规划设计规范》《水利工程建设征地移民安置规划设计规范》《农村移民安置规划设计规范》《水利水电工程建设征地移民实物调查规范》，推动标准早日出台。

（二）完善水库移民信息统计制度

印发《全国大中型水库移民管理信息系统运行管理暂行办法》，强化责任分工，确保信息系统安全、高效、稳定运行；完成系统安全等级备案，推动水库移民工作信息化提档升级。联合国家能源局完成《大中型水利枢纽和水电工程移民统计调查制度》修订，组织完成 2020 年度移民统计年报和 2021 年度统计快报。

四、持续开展水库移民监督检查，提高移民工作管理水平

（一）全面完成水库移民监督检查工作任务

组织 24 个监督检查组，对 18 个省（自治区、直辖市）水库移民后期扶持工作和 6 座水利工程移民搬迁安置工作进行监督检查及整改复核，以"一省一单"形式印发整改意见；委托第三方机构，对 8 个省（自治区、直辖市）16 个县（市、区）后期扶持政策实施情况进行监测评估，完成辽宁省猴山水库移民安置后评价。向有关省级移民管理机构印发整改意见 24 份，提出整改问题 311 个，对存在问题较多的 8 个省级移民管理机构进行约谈。

（二）落实省级移民管理机构主体责任

修订实施《水库移民工作监督检查办法（试行）问题清单（2021 年版)》，组织完成《水库移民监督检查工作手册》，统一问题评判标准和工作程序。依法依规组织开展水库移民监督检查工作，全面压实省级移民管理机构移民工作主体责任。建立问题整改台账，加大整改复核力度，对监督检查发现的问题动真碰硬、严肃处理。

宋向阳　执笔

卢胜芳　审核

水利援疆工作稳步推进

水利部规划计划司

2021年，水利部认真贯彻落实第三次中央新疆工作座谈会、中央民族工作会议以及第八次全国对口支援新疆工作会议精神，紧紧扭住新疆工作总目标，持续加大水利援疆工作力度，推动新疆水利工作取得新进展、迈上新台阶。

一是做好顶层设计。在充分与新疆方面对接、调查新疆水利发展需求和实际的基础上，紧紧抓住水这个"牛鼻子"，印发《水利部"十四五"援疆工作规划》，指导开展"十四五"水利援疆工作。二是狠抓工作部署。9月，在乌鲁木齐市组织召开2021年水利援疆工作会议，与新疆共商水安全保障大计，研究部署"十四五"水利援疆重点任务。三是工作成效显著。安排中央水利投资102.6亿元（其中，新疆维吾尔自治区67.0亿元、新疆生产建设兵团35.6亿元），支持加快补齐防洪减灾、供水灌溉等水利短板。加快推进重大水利工程前期工作，批复玉龙喀什、库尔干水利枢纽工程初步设计报告，推动工程全面开工建设。阿尔塔什、大石门等水利枢纽实现蓄水和发电目标，大石峡水利枢纽、奎屯河引水等在建重大水利工程有序推进。支持和田河、三屯河、玛纳斯河等5处大型灌区现代化改造。维修养护农村水利供水工程504处，服务人口168.1万人。治理水土流失面积315 km²。指导完成天然径流量1亿 m³ 以上的88条重要河流的水量分配工作，以县为单位细化2025年、2030年地下水管控指标，全面完成取水口核查登记，水资源集约节约利用不断强化。

下一步，水利部将完整准确贯彻新时代党的治疆方略，认真落实中央关于新疆工作的决策部署，进一步做好水利援疆工作，继续支持新疆水利工程建设、强化水资源管理、加快推进农村供水及农业节水等重点工作，为新疆的社会稳定和长治久安提供水安全保障。

丁蓬莱　王九大　执笔

乔建华　审核

专栏五十二

水利援藏工作有序开展

水利部水利工程建设司

2021年，水利部深入学习领会习近平总书记在考察西藏时重要讲话和中央民族工作会议、中央第七次西藏工作座谈会精神，全面落实新时代党的治藏方略和习近平总书记"节水优先、空间均衡、系统治理、两手发力"治水思路，紧密结合西藏水利实际，狠抓落实，全面推进，推动西藏水利改革发展取得重大进展。

一、经济援藏力度加大

推进经济援藏，补齐水利基础设施短板。在重大水利工程方面，拉洛水利枢纽及配套灌区全面发挥综合效益，湘河水利枢纽有序推进建设，帕孜水利枢纽开工建设。在农村供水方面，完成农村供水工程建设资金2.77亿元，工程建设481处，受益人口10万人。在农田水利方面，指导11处中型灌区改造，改造完成渠首工程20处，渠（沟）道168 km，渠系建筑物1854座。在防洪减灾方面，商财政部拨付西藏水利救灾资金540万元，用于支持开展水利工程设施水毁修复、安全度汛等水利救灾工作，基本完成年度山洪灾害防治项目非工程措施建设和重点山洪沟防洪治理项目建设，完成中小河流治理173.7 km。在水土保持方面，会同财政部安排西藏水土保持中央资金7560万元，实施了小流域水土流失综合治理工程，治理水土流失面积178 km^2。在水文及信息化建设方面，协助编制完成西藏自治区水文发展相关规划，开展水资源监测能力建设、大江大河水文监测系统建设工程等前期工作，指导做好水文站网、报汛设备等的维护管理，保证水文监测和报汛工作顺利进行。

二、技术援藏有序推进

加强技术援藏，强化水利行业管理。在规划设计方面，对西藏优先提供技术咨询，加快推进流域综合规划，积极推进帕孜、宗通卡等工程前期工作。在河湖管理方面，指导细化实化河长制湖长制相关工作，组织西藏与长江流域其他14个省（自治区、直辖市）建立长江流域省级河湖长联席会议机制，形成共抓长江大保护的河湖管理保护工作格局，指导深入推进河湖"清四乱"常态化规范化，河湖面貌持续改善。在水利工程监管方面，督促加强隐患排查治理和危险源辨识管控，强化安全生产监管，对湘河水利枢纽及配套灌区工程开展帮扶指导工作，提出工程质量安全监督帮扶指导建议。在科技研究方面，完成"十三五"国家重点研发计划"水资源高效开发利用"重点专项"高寒复杂条件混凝土坝建设与运行安全保障关键技术""复杂条件下特高土石坝建设与长期安全保障关键技术"等项目实施工作，以唐北地区为重点，针对农村供水工程冬季冻害问题开展寒冷地区农村供水工程防冻技术研究，积极参与第二次青藏高原综合科考。

三、人才援藏作用明显

推进人才援藏，增强自我发展能力。加大水利人才"组团式"帮扶力度。针对阿里、那曲、山南等地水利工程建设任务重、人才力量薄弱的实际情况，择优从部属单位选派了35名技术骨干，分3个团组赴阿里、那曲和雅江中游生态综合整治工程（索朗嘎咕至桑日河段），集中工作3个月，帮助当地解决水利管理和技术难题。协调接收米林县6名干部到部机关和部属单位跟班学习，助力西藏培养本土人才。将"送教上门开展西藏水利干部帮扶培训""开展西藏米林水利业务帮扶培训和专业技术人员跟班学习"分别列入部党组第二批、第四批"我为群众办实事"项目。举办援助西藏自治区水利管理能力提升、援助米林水利业务、水文援藏等培训班。同时，在面向重点帮扶地区举办的水利业务培训帮扶网上培训班中，加大对西藏干部的调训力度，共计培训160余人次。通过人才援藏，提高了西藏水利干部的技术能力，人才队伍不断扩大，培养了一批学得会、留得住、用得上的水利建设和管理人才。

四、对口援藏深化提升

深化对口援藏，保障援藏工作落实到位。水利部 16 个直属单位与西藏水利系统 24 个单位建立了对口援助关系，部机关各司局和部直属单位对口援藏明确了 103 项具体任务。各责任单位认真落实责任与分工，充分发挥资金、人才、技术优势，积极开展对口援藏工作，协助受援单位编制相关规划方案，开展人才双向交流和业务培训，各项任务进展顺利。

五、定点帮扶扎实开展

实施定点帮扶，夯实固边兴边强边基础。定点帮扶工作组相关司局负责同志带队赴米林县调研座谈，对接定点帮扶工作，加强对米林县资金倾斜支持力度，落实资金 4268.8 万元，完成农村供水维修养护工程 43 处，实施罗补绒曲中小河流治理、结果灌区续建配套与节水改造项目，以及开展山洪灾害补充调查评价、监测预警能力巩固提升等山洪灾害防御工作；会同财政部将米林县纳入中央财政支持的 2022 年水系连通及水美乡村试点范围。实施小流域水土流失治理工程，治理水土流失面积 5.3 万 km^2；结合米林定点帮扶，制定《水利科技组团式帮扶西藏三年行动计划（2021—2023 年)》。

下一步，水利援藏工作将按照第十次援藏会议精神，深入贯彻落实习近平总书记"节水优先、空间均衡、系统治理、两手发力"治水思路，丰富水利援藏内涵，健全水利援藏机制，创新水利援藏方式，拓宽水利援藏渠道，提高水利援藏实效，为新时代西藏实现跨越式发展、促进西藏长足发展和长治久安、筑牢国家生态安全屏障，提供有力的支撑和保障。

张振洲　执笔

赵　卫　审核

运 行 管 理 篇

大力加强水利工程运行管理

水利部运行管理司

2021 年，水利部坚决贯彻落实习近平总书记关于水库安全的重要指示批示精神，认真贯彻落实《国务院办公厅关于切实加强水库除险加固和运行管护工作的通知》（以下简称《通知》），认真落实"三对标、一规划"专项行动，科学谋划"十四五"水利工程运行管理工作，扎实推进水利工程运行管理信息化、标准化，全力保障水利工程运行安全和效益发挥，助力新阶段水利高质量发展。

一、2021 年重点工作开展情况

（一）加强水库除险加固和运行管护

一是强化顶层设计。认真贯彻落实国务院常务会和《通知》要求，制定工作方案，召开全国会议进行全面部署，督促各地压实属地责任。会同国家发展改革委、财政部联合印发《"十四五"水库除险加固实施方案》，要求各地加快病险水库除险加固，加强监测预警设施建设，以县域为单元深化小型水库管理体制改革，健全长效运行管护机制，保障水库安全运行和长期发挥效益。

二是落实地方责任。督促指导各地印发落实《通知》的实施意见，将水库除险加固和运行管护纳入河湖长制考核体系，构建省负总责、市县抓落实的水库除险加固和运行管护责任体系，协调落实地方资金，编制"十四五"实施方案，纳入区域发展总体规划。督促省级水利部门加强对市县政府和水利部门的监督检查，细化各项措施，扎实推进水库除险加固。

三是多渠道落实资金。制定 2021 年度病险水库除险加固实施计划，优先安排处置病险程度高、防洪任务重的水库。协调财政部安排中央水利发展资金 59.2 亿元、新增地方政府一般债券额度 124.6 亿元、地方财政计划安排 49.6 亿元, 开展小型水库除险加固和运行管护。

四是加快推进项目实施。在除险加固方面, 截至 2021 年年底, 4295 座小型病险水库除险加固项目中, 已完成初步设计批复 3993 座, 开工 3500 座, 主体工程完工 1830 座, 其中 2020 年提前安排的 1389 座已基本完工, 其他 2906 座中已完工 441 座。积极推进水库安全鉴定和降等报废工作, 2021 年完成 27316 座水库安全鉴定, 实施 1557 座水库降等报废, 超额完成 2021 年度目标任务。在监测设施建设方面, 截至 2021 年年底, 雨水情测报设施开工 5487 座、投入使用 2655 座, 大坝安全监测设施开工 2829 座、投入使用 902 座。指导各地结合实际, 积极探索务实管用措施, 提升信息化建设水平。

五是强化督促指导。制定印发《关于健全小型水库除险加固和运行管护机制的意见》, 研究制定《小型水库安全运行监督检查办法》《水库除险加固工作责任追究办法》, 加强对地方工作监督评价。将 1389 座小型病险水库除险加固建设任务纳入水利部党组"我为群众办实事"事项, 狠抓工作推进和按期完成。组织派出工作组, 对 2401 座水库开展了专项检查、督查指导, 督促各地对发现问题进行整改。

(二)落实水利工程安全度汛措施

2021 年我国部分地区持续遭遇强降雨, 发生严重洪涝灾害, 多个流域相继发生罕见秋汛, 水利工程安全度汛面临严峻挑战。水利部汛前全面落实全国 9.8 万座水库大坝安全责任人, 落实小型水库防汛"三个责任人" 16.5 万人, 实现培训全覆盖, 同时压紧压实各地堤防水闸工程安全管理责任。奔赴 20 省(自治区), 深入一线处置险情, 认真开展调查分析, 全面查漏补缺, 形成水库防汛查弱项补短板工作总结报告和重要堤防决口险情的分析报告, 研究制订防范小型水库溃坝险情快速应对机制方案及提升水利工程防洪能力的针对性措施。汛期督促各地全面排查水利工程安全状况, 组织开展对 8600 座水库防汛"三个责任人"履职、病险水库安全度汛措施落实、汛限水位控制等情况的监督检查。建立病险水库台账和大中型水闸、3 级以上堤防险工险段名录, 逐个工程落实限制运用措施。病险水库原则上主汛期一律空库运行, 有效应对严重洪涝灾害。强化巡查值守，做到险情早发现、早报送、早处置，提前转移危险区域人员，切实保障人民群众生命安全。

（三）推进运行管理规范化信息化标准化

夯实水库堤防水闸管理基础，深化水利工程管理体制改革，助力构建具有"四预"功能的智慧水利体系。进一步完善全国水库运行管理信息系统，实现与防汛会商等系统互联互通。完成水库数量核实，形成最新全国水库名录。建立病险水库及重大安全隐患水库数字化台账。拓展堤防水闸基础信息数据库数据分析和管理应用功能。开展堤防水闸基础信息数据集中复核，推动大中型水闸安全鉴定。持续开展水利工程划界工作。在全国范围内开展第二批深化小型水库管理体制改革样板县工作，确定并公布河北省信都区等 68 个样板县（市、区）名单，提炼并宣传改革经验。召开现场会议，全面推进水利工程运行管理标准化。

二、2022 年工作思路

（一）完成水库除险加固和运行管护年度任务

督促各地压实工作责任，加大地方财政投入和一般债券资金落实力度，强化工作措施，加快推进水库除险加固，健全长效运行管护机制。对于 2021 年度安排实施除险加固的 4295 座小型水库，加大工作力度，采取强有力措施，确保 2022 年汛前主体工程建设任务。对于 2022 年度安排除险加固的 3400 座小型水库，加快推进项目前期工作，尽快完成初步设计报告编制、审查和批复，协调落实资金，压茬推进招投标，确保汛后开工建设，2023 年汛前基本完成建设任务。加快推进 1.65 万座水库除险加固遗留问题处理，实施 1.8 万座水库雨水情测报设施和 1.6 万座大坝安全监测设施建设，督促省级水利部门加快建立完善监测平台。指导各地对分散管理的小型水库实施区域集中管护、政府购买服务、"以大带小"等专业化管护模式。

（二）全力加强工程安全管理

一是全面落实水库安全管理责任。督促各地切实落实水库大坝安全责任制和小型水库防汛"三个责任人";组织责任人开展线上、线下培训,实现责任人"有责""有能""有为"。加大监督检查力度,采取暗访检查、电话抽查等方式,督促责任人履职尽责,确保责任制落实到位。

二是严格落实水利工程度汛措施。督促各地汛前逐库落实安全度汛措施,按程序报批,并建立安全度汛台账,病险水库原则上执行主汛期一律空库运行。加强降雨预报、洪水预警,将预警信息直达一线、直达工程管理单位、直达病险水库"三个责任人"。制定完善水库、堤防和水闸工程度汛方案和应急预案,切实提高针对性和可操作性,确保安全度汛。加强汛期巡查值守,发现险情迅速组织抢护,保障安全。

三是加强安全隐患排查。吸取2021年和历年水库漫坝、溃坝以及堤防水闸等各类险情事故教训,针对防汛薄弱环节,督促各地对辖区内水库、堤防、水闸逐一组织开展汛前全面检查,紧盯关键区域、重要工程和重点部位,深入排查工程实体和运行管理中存在的安全隐患,建立问题台账,实行销号管理。指导做好大中型水闸安全鉴定年度工作任务的组织实施,对各地安全鉴定进展情况建立定期通报机制。

四是探索建立小型水库巡库员机制。开展政策研究,总结各地设立小型水库巡库员岗位的有效做法。加强与财政部门的协调,研究建立稳定的巡库员补助资金保障机制。研究制定小型水库巡库员机制的指导意见,明确巡库员的职责任务、工作要求,完善管理考核机制。

(三)推进水利工程运行管理信息化标准化

以全国水库运行管理信息系统为平台,建立完善水库信息档案,全面、精准、动态掌握全国水库基本情况和各项管理业务信息。加强对地方水利部门和水库管理单位信息填报审核工作的督促和指导,认真做好抽查复查,确保水库信息档案完整准确,促进与水利一张图、防汛会商等系统的信息共享、深度融合,为预报、预警、预演、预案措施提供支撑。持续优化堤防水闸基础信息数据库,不断拓展应用功能,动态准确反映工程管理和安全状况,满足精准管理要求。

制定印发推进水利工程标准化管理的指导意见,以保障工程安全和长效运行为目标,对工程运行管理的关键要素实施标准化管理,全面提升水利工程运行管理水平。2022 年年底前，指导省级水行政主管部门和流域管理机构建立起较完善的水利工程标准化管理制度和标准体系，全面启动标准化创建工作。督促各地做好国有水库、堤防和水闸管理与保护范围划定年度工作任务的组织实施，适时对划定工作进展情况进行通报，继续组织做好直管水利工程管理与保护范围划定工作，督促各地加快推进划界工作。

韩　涵　陈　鹏　执笔

刘宝军　审核

三峡工程管理工作综述

水利部三峡工程管理司

2021 年是"十四五"规划开局之年,是三峡工程通过整体竣工验收,转入正常运行期的第一年,三峡工程管理各项工作取得实效,为推动新阶段水利高质量发展作出了积极贡献。

一、2021 年工作进展与成效

(一)三峡工程管理持续加强,顶层设计不断完善

按照水利部党组统一部署,认真开展"三对标、一规划"专项行动,深入研究分析三峡工程管理工作面临的新形势、新任务、新要求,组织编制《三峡工程管理工作"十四五"规划》,研究提出"十四五"时期三峡工程管理工作的总体思路和目标任务,为三峡工程管理工作提供了规划依循,确保三峡工程发挥更大作用和效益;制定印发《加强三峡工程运行安全管理工作的指导意见》,提出坚持目标导向、系统观念、责权明晰、科学高效的基本原则和着眼大时空、统筹大系统、彰显大担当、确保大安全的总体目标,明确了今后一个时期三峡工程运行安全管理工作的重点任务。

(二)运行安全管理稳步提升,综合效益不断发挥

开展三峡水库运行安全监管行动,对长江中下游重点河段河势安全监测、观测和工程治理项目进行监督检查,持续开展三峡工程运行安全综合监测,编制《三峡工程公报》;对审计和历次检查发现的问题督促落实整改,有力促进三峡工程运行安全、持续发挥巨大综合效益。2021 年,三峡水库防洪形势平稳,顺利应对一次最大洪峰流量为 5.50 万 m^3/s 的编号洪水,为下游补水 138 天、221 亿 m^3,累计发电量 1036.49 亿 $kW \cdot h$,累计

通过货运量 1.46 亿 t。

（三）三峡后续工作有序推进，监督管理不断加强

持续推动三峡后续工作规划实施，2021 年度安排三峡后续工作专项资金 113 亿元；积极配合财政部修订《三峡后续工作专项资金使用管理办法》，进一步规范三峡后续工作专项资金使用管理。组织完成三峡后续工作 2022—2024 年度项目库编制，为有序推进按年度实施和合理安排年度项目资金、提高工作成效和预算执行率奠定基础。持续开展项目实施情况日常监测和绩效监控，强化成果运用，推动监测发现问题的解决。扎实开展三峡后续工作项目内部审计调查，不断加强和规范三峡后续工作绩效管理。

（四）三峡移民发展取得新成果，库区经济不断发展

三峡后续工作与库区经济社会发展密切结合，大力实施三峡库区城镇移民小区综合帮扶和农村移民安置区精准帮扶，库区移民群众生活设施不断完善，人居环境不断改善，城镇移民小区房屋完好率超过 92.0%，公共服务设施覆盖率达到 81.7%。就业能力和收入稳步提升，通过库区产业扶持累计促进约 30 万人就业。三峡库区各项经济指标得到较快增长，库区城镇化率已达到全国平均水平，库区移民群众人均可支配收入已接近或达到湖北省、重庆市同期居民平均收入水平；三峡外迁移民安置区通过实施项目帮扶、改善当地生产生活条件，促进了移民安置区产业升级、人居环境改善和三峡移民与当地居民的融合发展。

（五）扎实推动乡村振兴工作，定点帮扶不断用力

印发定点帮扶重庆市万州区 2021 年度工作计划，多次开展调研督导，帮助万州区解决巩固脱贫攻坚成果同乡村振兴有效衔接工作中遇到的实际困难和问题。组织开展 2021 年度一对一巩固拓展水利扶贫成果同乡村振兴水利保障有效衔接工作监督检查和"12314"农村饮水动态清零工作。积极开展党建促乡村振兴，三峡工程管理司党支部与溪口乡玉竹村党支部开展两次结对共建活动。加大三峡后续项目帮扶力度，助力万州区逐步实现由集中资源支持脱贫攻坚向全面推进乡村振兴平稳过渡。

（六）抓实为群众办实事活动，党群关系不断巩固

抓实抓细"我为群众办实事"工作，推动"支持三峡库区移民村重庆市涪陵区南沱镇睦和村解决饮水安全、住房安全和出行难问题"，督促各参建单位抓好落实，有效地改善了村容村貌、提升了村民的幸福指数。

此外，开展三峡工程宣传工作，协助三峡集团组织国企开放日活动，积极推进《新三峡》纪录片播出和 3D 电影上映，推进《中国三峡工程》丛书编纂出版。对三峡工程泥沙问题、三峡工程为核心的优化调度、三峡水运新通道相关前期工作开展研究，为工程发挥巨大综合效益提供技术支撑。

二、2022 年重点工作

一是持续强化三峡工程运行安全管理，大力推进数字孪生三峡建设。三峡水库的有效库容是在长江流域防洪关键时刻发挥重要作用的"杀手锏"。把保障三峡水库库容安全管理放在重要位置，坚守安全风险底线，强化安全监督管理，认真落实《加强三峡工程运行安全管理工作的指导意见》，坚决杜绝各种形式违规占用三峡水库有效库容的行为。积极协调和推进数字孪生三峡建设，着力构建三峡水库预报、预警、预演、预案"四预"体系。推进三峡水库管理法制化建设，规范管理行为，确保三峡工程长期安全运行，充分发挥巨大综合效益。

二是以高质量发展为引领，有序推进三峡后续工作规划实施。依据国务院批准的三峡后续工作及其优化完善意见，结合新形势新要求，修订完善三峡后续工作有关管理制度，围绕促进三峡移民安稳致富、生态环境保护、地质灾害防治、长江中下游相关影响处理、综合管理能力建设和综合效益拓展，进一步组织做好三峡后续工作 3 年滚动项目库建设和年度项目实施方案编制工作，夯实项目前期工作基础，以绩效目标管理为抓手，持续强化三峡后续工作监督管理，推进绩效评价成果应用，促进更好地发挥三峡后续工作成效。

三是持续促进三峡移民安稳致富，加强重大政策和技术问题研究。坚持问题导向、目标导向和结果导向，深入研究分析存在的问题和差距，着

力补短板、强弱项，不断加强三峡库区城镇移民小区综合帮扶、农村移民安置区精准帮扶、外迁移民安置区项目帮扶，进一步促进三峡移民与当地居民融合发展。围绕三峡工程安全运行、生态环境保护、综合效益拓展、三峡库区高质量发展等，组织开展相关政策和重大技术问题研究，推进深化三峡水运新通道前期论证，提出优化三峡工程运行管理的有关政策建议，为三峡工程持续发挥巨大综合效益提供支撑。

徐　浩　执笔

张云昌　审核

专栏五十三

三峡工程运行良好　综合效益持续发挥

水利部三峡工程管理司

2021年，水利部深入贯彻习近平总书记关于安全生产、长江经济带发展和三峡工程的重要讲话及指示批示精神，统筹发展和安全，着力强化三峡工程运行安全监督管理。三峡工程运行良好，大坝工作性态正常，电站机组运行安全稳定，船闸持续保持安全高效运行，升船机试通航运行安全有序，防洪、航运、发电、补水等综合效益持续发挥。

一是防洪效益显著。2021年三峡水库防洪形势总体平稳，汛期上游来水呈现主汛期偏枯、汛末又遇较大秋汛的特点，整个汛期共迎来5场流量超4万 m³/s 洪水过程，总拦蓄洪量超 246 亿 m³。入库最大洪峰流量5.50 万 m³/s 出现在9月6日，拦蓄后水库坝前下泄流量减至2.77 万 m³/s，削峰率达49.64%。9月10日启动三峡水库2021年蓄水过程，至10月31日连续第12年顺利实现175m水位满蓄目标。截至2021年年底，三峡水库已累计拦蓄洪水68次，总蓄洪量达2144亿 m³。

二是发电效益突出。2021年三峡水电站发电1036亿 kW·h，为历年发电量第二高。自2003年首台机组发电，已累计发电15028亿 kW·h。三峡水电站为优化我国能源结构、维护电网安全稳定运行、加快全国电网互联互通等发挥了重要作用。

三是航运效益凸显。2021年三峡水利枢纽航运通过量达1.51亿 t，同比增长9.29%，创历史新高。其中，船闸通过量1.46亿 t，同比增长6.96%，超过其设计通过能力的46.00%；升船机通过量414万 t，同比增长375.16%。自2003年以来，三峡船闸过闸货运量累计达16.84亿 t。三峡工程建设使长江成为名副其实的黄金水道，极大地促进了西南腹地与沿海地区的物资交流，有力地支持了长江经济带发展战略的实施。

四是水资源综合利用效益明显。三峡水库2020—2021年枯水期为下游补水138天、221亿 m³。自三峡水库蓄水以来，枯水期累计为下游补水2359天、3115亿 m³，为长江中下游沿江生产、生活、生态用水提供了重要保障。

　　五是生态环境保护效益良好。三峡水电站多年累计提供的清洁能源相当于节约标准煤4.73亿 t，减少二氧化碳排放12.86亿 t，为促进节能减排、减轻温室效应作出重要贡献。2021年，三峡水库共实施5次促进鱼类繁殖的生态调度试验，取得良好的生态效益。

徐　浩　执笔

张云昌　审核

加快建设"世界一流工程"
推进南水北调工程高质量发展

水利部南水北调工程管理司

2021 年在党和国家历史上、在水利和南水北调事业发展史上都是具有里程碑意义的一年，习近平总书记视察南水北调工程，亲自主持召开推进南水北调后续工程高质量发展座谈会并发表重要讲话，为南水北调事业发展谋篇布局、举旗定向。围绕习近平总书记关于南水北调重要讲话精神，水利部聚焦推进新阶段水利和南水北调工程高质量发展工作目标，奋力做好南水北调工作，确保了工程安全、运行安全、水质安全，综合效益持续发挥，人民群众获得感、幸福感和安全感不断增强，南水北调高质量发展的基础进一步巩固。

一、高质量强化工程安全管理，全力确保工程"三个安全"

确保工程安全、运行安全和水质安全是南水北调工程的生命线。一年来，围绕工程安全工作，始终坚持底线思维，聚焦工程运行中存在的弱项短板，不断强化工程监管，加紧补齐工程短板，工程安全水平和能力得到新的巩固和提高。

一是持续加强工程运行安全监管。通过推广并不断完善"视频飞检"等信息化监管方式，加强南水北调工程汛前、汛中、汛后全过程防汛安全监管，督促指导运管单位强化预报、预警、预演、预案措施，组织对东、中线一期工程累计开展各项检查 54 次，实现了全年三级管理机构监管全覆盖。针对监管发现的问题，印发整改通知，督促举一反三整改落实，全年累计检查发现各类问题 386 个，整改 355 个，扣除未到整改时限问题（7 个），整改率为 93.7%，为确保工程安全提供了保障。

二是成功应对"7·20"特大汛情。指导运管单位科学应对防汛险情，妥善处置外水入渠、郭家咀水库潜在溃坝威胁、沿线多处雨毁等不利状况，加快水损项目修复处理，保证工程处于良好状态，深入开展中线工程防汛查弱项补短板。

三是严格落实首都安全隐患处置有关工作。按照中共中央办公厅督查室有关要求，围绕首都供水安全，统筹考虑非传统安全风险隐患，谋划细化工作措施，不折不扣落实分工任务，全方位确保工程安全，保障首都供水。

四是督导推动南水北调工程年度安全评估。动态实施重要建筑物要害部位安全风险管控工作，确保工程始终健康在线；组织开展南水北调中线一期工程退水闸及退水通道运行管理情况专项核查，建立动态管理台账；组织开展《南水北调工程安全防范要求》落实情况专题核查，进一步提高工程应对突发风险事故、反恐怖袭击、防范化解重大风险的能力。持续跟进焦作段、长葛段沉降问题处置、惠南庄泵站停机隐患处置、冰期输水准备等工作。

五是加强穿跨邻接项目和保护范围管理。以《穿跨邻接南水北调中线干线工程项目管理和监督检查办法（试行）》为抓手，提升穿跨邻接项目日常备案管理水平。截至2021年年底，共办理穿跨邻接中线干线工程项目39项。重点加强燃气管线穿越项目管理，制定工作方案并扎实落实，推动隐患消除。

二、高质量推进水量调度管理，充分发挥工程综合效益

持续规范南水北调工程水量调度工作，强化逐月滚动精准调度、动态监管，建立生态补水长效机制，加强协调沟通，全面提升水量调度管理水平。东、中线一期工程运行安全平稳，水质稳定达标，全面超额完成水量调度计划，经济、社会和生态效益显著提升。

一是全力组织实施2020—2021年度水量调度工作。坚持和完善科学调度工作机制，加强精准调度管理，充分发挥工程调水能力。截至2021年12月31日，东、中线累计调水498.68亿m³（其中东线调水52.88亿m³，中线调水445.80亿m³），2020—2021年度累计调水97.28亿m³（其中东

线向山东省调水 6.74 亿 m³，中线调水 90.54 亿 m³，均已完成年度调水任务）。

二是持续发挥南水北调工程生态功能。研判丹江口水库水情，在保证正常供水的前提下，组织加强汛期优化调度，利用有利时机加大生态补水力度，助力滹沱河、大清河、白洋淀等一大批河湖重现生机；通过大宁调压池退水闸向永定河补水，助力永定河实现自 1996 年以来 865 km 河道全线通水。截至 2021 年 12 月 31 日，南水北调东、中线累计生态补水 76.02 亿 m³，其中利用中线工程向华北地区生态补水 45.92 亿 m³。2020—2021 年度实施生态补水 19.90 亿 m³，其中向华北地区生态补水 13.32 亿 m³，完成华北地区地下水超采综合治理年度生态补水任务的 230%。

三是圆满完成东线北延应急供水工作目标。协调组织各有关单位，根据沿线水情实际，按照水资源节约集约利用、经济就近等原则，科学制定东线北延应急供水工程 5 月供水实施方案并督促执行。2021 年 5 月 10—31 日共计 22 天，六五河节制闸累计输水超 3600 万 m³，天津市九宣闸累计收水 720 万 m³，各监测断面水质稳定在Ⅲ类水及以上，完成目标交水量。

三、高质量推进一期工程收尾，加快工程竣工验收进程

为尽快实现国务院明确的一期工程竣工验收工作目标和路线图，在做好工程管理和水量调度工作的同时，继续加快一期工程收尾工作进度，为竣工验收创造良好条件。

一是加快一期工程尾工建设。2021 年督促指导 5 项尾工项目建设任务。5 项尾工年度建设任务全部完成，完成投资 2.2 亿元，占年度投资计划的 99%。

二是完成北延应急供水工程建设和通水目标。东线一期工程北延应急供水主体工程已完工，累计完成投资 4.02 亿元，占批复总投资的 84.3%。5 月，工程首次向河北省、天津市等地供水。

三是做好雄安新区供水保障工作。加快推进雄安调蓄库开工和雄安干渠前期工作，利用南水北调中线供水的雄安新区起步区 1 号水厂已正式向容东片区供水。

四是推动南水北调工程科技创新。组织开展智慧南水北调交流活动，推动数字孪生南水北调建设工作，协调南水北调工程专家委员会开展重大技术问题咨询。

五是全力推进完工验收。按照验收节点安排，加大验收工作力度，细化验收工作措施，扎实推进验收工作。紧盯东湖水库扩容增效工程竣工验收与水库完工验收衔接问题，中线穿黄工程孤柏嘴控导桩受损、禹长段及焦作段沉降等问题，充分发挥验收领导小组组织优势，依托领导小组研究决策功能，加强各职能部门沟通协调。创新验收组织方式，严格履行基本建设程序，为克服新冠肺炎疫情影响，采用"线上+线下"相结合的方式开展验收，做到程序不减、标准不降、效率提升。2021年完成完工验收30个，超计划2个，累计完成146个，占总数155个的94%。

六是全面完成决算工作。2021年是完工决算收尾之年，全力推进剩余完工决算审计、核准工作。梳理制定2021年完工决算编报审计核准工作计划。督促推进合同收口和征地移民遗留问题处理，按期编报决算，指导做好在审决算审计整改和决算修订，依据审计结果及时办理具备核准条件的决算核准手续。2021年度30个决算已全部核准完成，累计核准全部完工决算177个。

七是协调推进竣工决算验收工作。在组织完工决算验收工作的同时，督促指导各单位做好竣工决算验收相关准备，组织研究竣工决算范本、致函财政部商请明确竣工决算有关事项、研究明确由集团公司组织编制竣工决算等。竣工验收方案待审定后征求国务院有关部门意见。

四、高质量推进工程品牌建设，持续打造世界一流工程

一是持续加强工程宣传工作。组织中央、地方权威媒体和水利系统内宣传载体开展线上线下相结合、有声有色的宣传，南水北调工程"国之大事""国之重器"的品牌形象更加深入人心。

二是深入组织总结凝练南水北调精神。组织课题组反复研究和总结凝练，形成了南水北调精神表述语，经报水利部党组同意后上报党中央，为打造共同精神家园、凝聚推进高质量发展的合力提供了新的载体。

三是不断强化工程管理法治建设。组织深入宣传贯彻《南水北调工程供用水管理条例》（以下简称《条例》），充分利用南水北调系统宣传平台和工程体系，进一步增强了对加强南水北调工程管理和保护工作的认同与支持；组织专题调研《条例》执行情况，积极协调推进《条例》修订工作取得重要进展。

四是深入组织研究工程管理权责边界。深化南水北调工程管理体制改革，进一步明晰工程管理政企职责边界，提出明确的职责划分清单，为充分发挥市场在资源配置中的决定性作用，更好地发挥政府作用，综合提升工程管理体系和管理能力现代化水平打好基础。

梁　祎　袁凯凯　执笔

袁其田　审核

南水北调中线工程年度调水量创历史新高

水利部南水北调工程管理司

南水北调中线一期工程2020—2021年度向沿线河南、河北、北京、天津4省（直辖市）调水达到90.54亿 m³，为水利部下达年度调水计划74.23亿 m³ 的121%，创历史新高，连续两年超过工程规划多年平均供水量，为沿线经济社会发展、生态文明建设，特别是为京津冀协同发展、雄安新区建设等国家重大战略实施提供了有力的水安全保障。

一、多措并举，确保工程安全平稳运行

安全是南水北调中线工程的"生命线"，是工程效益发挥的基础和保障。工程建成通水以来，始终把安全生产放在首位，全面落实人防、物防、技防等防范措施，着重加强重要建筑物、要害部位的安全风险管控。

2021年1月，我国北方多地出现罕见极寒天气，中线一期工程全线不连续冰盖总长达37 km，最厚处为15 cm。中线工程管理单位提前组织开展冰冻灾害突发事件应急演练，充分发挥冰情观测信息化平台作用，通过融冰、扰冰和拦冰等现场一系列应急措施，实现了关键时刻"拉得出、顶得上、抢得住"的应急目标，确保了冰期输水平稳安全。

2021年汛期，中线一期工程沿线共发生10次强降雨过程，降雨量和持续时间均超常年，尤其是河南省郑州市降水量突破历史极值，工程经历了建成通水以来降雨强度最大、影响范围最广、破坏力最强的特大暴雨洪水考验。面对多轮强降雨，加强中线一期工程工情水情监测和调度运行管理，强化责任落实和值班值守，保障信息畅通，确保各项指令迅速、及时执行到位，做到工程调度提前预判、快速反应、灵活应对、动态跟踪，及时发现险情并快速处置，确保工程安全度汛。

二、优化调度，充分发挥工程综合效益

达效是南水北调中线工程的规划目标，是工程效益发挥的体现和考量。2020—2021年度，按照南水北调后续工程高质量发展有关任务分工，结合工程运行调度实际，研究印发了《南水北调中线一期工程优化运用方案（试行）》；优化丹江口水库调度，运行水位动态调整，抓住汛期水库雨洪资源以及水库首次蓄水达到170 m的来水蓄水有利时机，充分发挥了水库综合效益；中线总干渠结合丹江口水库来水情况和沿线用水需求合理确定调水规模，制定年度调度计划，细化水量分配方案，精细化实施月调度，加强从水源到用户的全过程精准调度；在保证正常供水的前提下，优化汛期调度，强化水资源配置，利用有利时机加大生态补水力度，2020—2021年度，中线一期工程累计向沿线河湖生态补水达19.90亿 m³，其中向华北地区生态补水13.32亿 m³，完成年度华北地区补水任务5.80亿 m³ 的230%，并实现了滹沱河、大清河、永定河等河流全线通水。沿线地区特别是华北地区，干涸的洼、淀、河、渠、湿地重现生机，初步形成了河畅、水清、岸绿、景美的靓丽风景线。

中线一期工程调水量在2020—2021年度创历史新高，并连续两年超过多年平均供水目标，水质稳定达标，沿线累计受益人口达1.4亿人，已经成为北方40多座大中城市主力水源，经济发展格局也因调水得到优化。南水北调是国之大事、世纪工程、民心工程，科学推进后续工程高质量发展，将为全面建设社会主义现代化国家提供有力的水安全保障。

李　益　杨乐乐　执笔

袁其田　审核

丹江口水库首次实现170m满蓄目标

水利部水旱灾害防御司

2021年10月10日，丹江口水库水位蓄至170m正常蓄水位。这是水库大坝自2013年加高后第一次蓄满，标志着2021年汉江秋汛防御与汛后蓄水取得双胜利，为南水北调中线工程和汉江中下游供水打下了坚实的基础，也为丹江口枢纽工程整体竣工验收创造了有利条件。

一、提前谋划部署，确保具备170m蓄水条件

汛前，水利部及时组织编制并批复《丹江口水库优化调度方案（2021年度）》，为最大程度发挥丹江口水库防洪、供水等综合效益奠定了基础。水利部长江水利委员会（以下简称长江委）会同湖北省水利厅、河南省水利厅协调相关部门和地方政府完成丹江口水库库区清理和防洪安全管理工作，持续强化大坝安全监测与巡查值守、水库移民搬迁排查清理、库岸稳定安全管理，认真做好调洪运用和蓄水准备工作，确保具备正常蓄水位170m运用条件。

二、制定蓄水计划，强化蓄水支撑保障

根据实时雨水情及未来气候预测，为综合考虑汉江防洪和南水北调中线供水等水资源综合利用需求，水利部及时组织召开视频会商会，在统筹研判的基础上，长江委批复了丹江口水库2021年汛末提前蓄水计划。长江委组织制定《丹江口水库蓄水170米监测巡查工作方案》，落实蓄水巡查工作责任制，组织3800余人次每日开展大坝安全监测巡查、水质监测、库区巡查监测并每日进行安全评估，编报《丹江口水库安全监测巡查日报》，切实保障丹江口水库工程安全、库区安全和水质安全。

三、统筹防洪和蓄水，精细化调度保障防洪蓄水双胜利

国家防汛抗旱总指挥部副总指挥、水利部部长李国英多次主持会商，对汉江秋汛防御和丹江口水库蓄水工作作出安排部署。水利部坚持每日滚动会商，国庆期间取消假期，强化监测预报预警，及时启动水旱灾害防御Ⅲ级应急响应，派出 5 个工作组赴陕西省、湖北省、河南省协助指导防御工作。长江委加强应急值守和会商研判，派出多个工作组深入一线指导汉江秋汛防御和丹江口水库防洪蓄水工作。为统筹防洪、供水等兴利和蓄水需求，以避免汉江中下游水位超警和确保丹江口水库蓄至正常蓄水位 170 m 为目标，水利部组织长江委做好丹江口水库调洪运用和汛末承接前期调洪水位逐步蓄水工作，根据来水情况逐日动态优化调整调度工作，仅 2021 年 10 月 1—10 日就发出 11 道调度令，精准控制泄洪流量和蓄水进程，精细合理地控制库水位，确保了防洪安全和水库满蓄双目标的圆满实现。

骆进军　褚明华　闫永銮　执笔

尚全民　审核

山西省吕梁市：柏叶口水库
水利工程管理见实效

2021年9月，山西省柏叶口水库以考核综合得分933.2分通过了水利部创建国家级水利工程管理单位的验收，成为山西省水利工程管理水平的新突破、新标杆。

柏叶口水库是山西省"十一五"期间兴建的35项应急水源工程之一，位于吕梁市交城县文峪河干流上，是一座以城市生活和工业供水、防洪为主，兼顾提高现有灌溉保证率、发电等综合利用的大型水库。2015年完成了从建设管理转入运行管理，2020年又完成了从事业管理向企业运营的转变。2017年7月—2019年9月，完成了水利部安全生产标准化一级单位创建。

2019年4月启动国家级水利工程管理单位创建工作。为确保创建工作成效，柏叶口水库管理有限公司以深化水管体制改革为动力，凝心聚力，务实重行，推动工程管理规范化、制度化、标准化、现代化，全面提升水库工程运行管理水平。一是真抓实干，贯彻管理新要求。每周召开工作例会，通报进展情况，掌握创建动态，协调解决存在的问题。督查工程现场的整改和消缺工作，检查内业资料编制进度与质量。秉承"走出去、请进来"理念，积极引导职工转变观念，对标一流，组织职工前往安徽、天津、山东、浙江、江苏等省（直辖市）10余家先进水管单位考察学习；邀请国内知名专家以及省内专家现场指导和授课，组织各类教育培训130余次，提升职工业务水平和工作能力。二是以规范化管理为核心，规范管理行为。做到设备、人员、频次和时间"四固定"，监测项目齐全,监测频率和精度以及设备完好率均满足 SL 551—2012《土石坝安全监测技术规范》要求。严格执行巡查、检查制度,进行日常检查、年度检查、特别检查和闭环管理。联合地方公安部门,建立水政巡察队伍,设立警务室,做到依法依规管理,有效制止水事违法行为多起。三是以制度化管理为抓手,提升管理水平。四是以标准化管理为保障,打牢管理基础。五是以现代化管理为方向,创新管理手段。

魏永平　李　强　执笔

席　晶　李　攀　审核

乡村振兴水利保障篇

巩固拓展水利扶贫成果
同乡村振兴水利保障有效衔接

水利部水库移民司

2021年，水利部高度重视巩固拓展水利扶贫成果同乡村振兴水利保障有效衔接工作，深入学习贯彻习近平总书记关于巩固拓展脱贫攻坚成果同乡村振兴有效衔接重要讲话指示批示精神，全面贯彻落实党中央、国务院的决策部署，全力巩固拓展水利扶贫成果，接续推进乡村振兴水利保障工作。

一、全面部署巩固水利扶贫成果衔接推进乡村振兴工作

一是成立组织机构。调整成立水利部乡村振兴领导小组，由部党组书记、部长任领导小组组长，各位副部长任副组长，机关司局主要负责同志为成员，领导小组办公室主任由分管副部长兼任。二是加强研究部署。召开水利部乡村振兴领导小组会议、巩固拓展水利扶贫成果同乡村振兴水利保障有效衔接工作会议、定点帮扶工作座谈会，研究推动巩固拓展水利扶贫成果和推进乡村振兴水利保障工作。三是强化顶层设计。印发《水利部关于实现巩固拓展水利扶贫成果同乡村振兴水利保障有效衔接的指导意见》《水利部定点帮扶工作方案（2021—2022年）》《2021年巩固拓展水利扶贫成果同乡村振兴水利保障有效衔接工作要点》，全面部署有效衔接工作。编制印发《"十四五"巩固拓展水利扶贫成果同乡村振兴水利保障有效衔接规划》。

二、全力巩固拓展脱贫地区水利基础设施建设成果

一是守住农村饮水安全底线。持续开展农村饮水安全动态监测，巩固维护好已建农村供水工程成果，推进实施农村供水保障工程。中西部22个

脱贫省（自治区、直辖市）共完成农村供水工程建设投资 434 亿元，提升了 3302 万农村人口供水保障水平，农村自来水普及率提升至 84%；维修养护农村供水工程 9 万处，涉及农村人口 1.88 亿人。二是推进农田灌排工程建设。启动实施 23 处涉及脱贫地区的大型灌区续建配套与现代化改造，将 132 处位于脱贫县的中型灌区纳入《全国中型灌区续建配套与节水改造实施方案（2021—2022 年）》给予支持。三是推进水旱灾害防御工程建设。支持脱贫地区 32 座大中型水库除险加固和 30 座中型水库、74 座小型水库建设，支持地方开展山洪灾害非工程措施建设及运行维护和重点山洪沟治理，倾斜支持四川省、青海省、新疆维吾尔自治区等脱贫地区规划内水文测站、水文监测中心等方面建设，脱贫地区完成治理中小河流 2310.2 km。四是推进水土保持工程建设。在中西部 22 个脱贫省（自治区、直辖市）实施小流域综合治理、坡耕地综合整治、淤地坝建设和病险淤地坝除险加固等国家水土保持重点工程，治理水土流失面积 1.12 万 km²。五是推进重大水利工程建设。推进涉及脱贫地区的西藏自治区湘河水利枢纽及配套灌区、青海省引大济湟西干渠等工程建设。支持脱贫地区重大水利工程前期工作。六是实施乡村振兴重点帮扶。从水利项目、资金、人才、技术等方面，加大国家乡村振兴重点帮扶县水利支持力度。支持革命老区、民族地区、边疆地区巩固拓展水利扶贫成果，指导地方巩固拓展水库移民脱贫攻坚成果。

三、不断提升脱贫地区水利管理服务能力

一是加强水利项目资产管理和监督。研究制定加强水利扶贫项目资产后续管理的文件，督促指导地方落实水利扶贫项目资产管护主体，明确管护责任，摸清水利扶贫项目资产底数。二是加强农村河湖管护与水资源管理。督促指导脱贫地区全面强化河湖长制，提高水资源利用效益和效率，推进地下水超采治理和农业水价综合改革。三是强化水利工程运行管理。推进水库规范运行管理，深化农村水利工程产权制度与管理体制改革，指导地方积极推广区域集中管护、政府购买服务、"以大带小"等小型水库管护模式。四是积极推广以工代赈方式。督促指导各地在水利工程建设领

域积极谋划以工代赈项目，继续抓好水利工程建设与管护就业岗位优先吸纳脱贫人口和低收入人口就业工作。

四、持续加大脱贫地区人才技术支持力度

一是择优选派帮扶干部。新选派 9 名干部赴重庆市、湖北省等地挂职帮扶或担任驻村第一书记。对西藏自治区阿里地区、那曲市、山南市开展为期 3 个月的"组团式"集中帮扶。选派 3 名优秀博士到吉林省、山西省、宁夏回族自治区有关市县开展帮扶。二是开展教育培训帮扶。开展巩固拓展水利扶贫成果同乡村振兴水利保障有效衔接专题培训。继续面向脱贫地区等开展学历提升教育。利用共产党员网"民生水利"网络专栏面向农村基层广大党员进行水利知识宣传教育。三是助力培养本土人才。督促指导各地推进人才"订单式"培养，梳理推广湖南省、湖北省、广西壮族自治区、青海省等地开展人才"订单式"培养经验。与人力资源和社会保障部等 10 部门联合印发文件，组织开展第四轮高校毕业生"三支一扶"工作。四是抓好水利科技帮扶。支持重庆市、西藏自治区、新疆维吾尔自治区实施 8 项水利技术示范项目。开展"水利组团"科技援藏、援疆。组织水利科研院所继续支持四川省凉山州 9 个脱贫县巩固拓展水利脱贫攻坚成果。

蓝希龙　执笔

朱闽丰　审核

继续实行"组团帮扶、八大工程" 扎实做好定点帮扶工作

水利部水库移民司

2021 年，水利部认真贯彻落实党中央、国务院决策部署，把"巩固拓展水利扶贫成果，落实湖北省十堰市郧阳区和重庆市万州区、武隆区、城口县、丰都县、巫溪县等6县（区）后续帮扶措施"作为部党组直接组织和推动的党史学习教育"我为群众办实事"项目，坚持"四个不摘"要求，制定实施方案，继续实行"组团帮扶、八大工程"，切实加强组织领导，精心选派挂职干部，扎实做好定点帮扶各项工作。

一、加强组织领导

一是考察调研。部领导赴6县（区）调研指导8次，做到全覆盖，其中李国英部长于2021年4月带队赴万州区调研指导定点帮扶工作。部机关司局和直属单位共开展35次216人次调研检查。二是召开专题工作会。共召开相关会议20次，其中李国英部长于2021年6月主持召开水利部定点帮扶工作座谈会。三是制定工作计划。编制实施《水利部定点帮扶工作方案》和6县（区）年度工作计划。四是开展督促指导。组织开展8次专项督导，帮助发现问题，提出意见和建议，要求整改落实。五是选派挂职干部。新选派挂职干部9人，其中驻村第一书记2人；全年在岗挂职干部13人，其中驻村第一书记3人。

二、促进乡村振兴

一是助力产业振兴。加强水利设施建设，加大招商引资力度，帮助发

展特色产业，积极推广以工代赈，促进稳岗就业。二是助力人才振兴。组织开展技术帮扶 15 次，培训基层干部职工 2025 人次，培训脱贫群众 1431 人次。三是助力文化振兴。搭建文化交流平台，组织青年干部访贫问苦，提升文化品牌效应，助力发展特色产业。四是助力生态振兴。实施生活垃圾和污水治理项目，开展水美乡村试点建设，改善基础设施，美化人居环境，打造美丽乡村。五是助力组织振兴。开展党建促乡村振兴，与 15 个脱贫村党支部开展支部共建，组织捐款捐物，支持脱贫村党支部提升服务功能。

三、强化工作创新

一是实施"组团帮扶、八大工程"。组织 80 多个部机关司局和直属单位组成 6 个帮扶工作组，对口帮扶 6 县（区），保持帮扶力量不减。调整完善"八大工程"，重点实施水利行业倾斜、技术帮扶、人才培养、技能培训、党建引领、消费帮扶、以工代赈、内引外联的帮扶工程。二是巩固"两不愁、三保障"成果。开展农村饮水安全动态监测，实施农村供水保障工程，落实农村供水"三个责任"和"三项制度"，建立完善长效运行机制。三是发挥水利行业优势。加大资金、项目倾斜支持，对 6 县（区）当年中央水利投资 32 亿元，加快推进重大水利工程建设，建立水利技术帮扶机制，帮助完善水利建设管理制度。

甘　晓　执笔

朱闽丰　审核

水利部对口支援（协作）工作扎实开展

水利部水库移民司

2021 年，为深入贯彻落实《中共中央 国务院关于建立更加有效的区域协调发展新机制的意见》精神，水利部积极谋划、扎实工作，对口支援（协作）取得新进展。全国对口支援共为三峡库区引进资金 240.37 亿元（其中经济建设类项目资金 234.88 亿元、社会公益类项目资金 5.49 亿元），对口协作为丹江口库区及上游地区引入协作资金 8 亿元。对口支援（协作）有力地支持了库区经济社会的发展。

一、推动对口支援（协作）重要政策文件出台

水利部协助国家发展改革委编制的《关于推进丹江口库区及上游地区对口协作工作的通知》、水利部编制的《全国对口支援三峡库区合作规划（2021—2025 年）》（以下简称《规划》），经国务院同意，分别于 2021 年 6 月、12 月印发执行。这两个文件明确了"十四五"时期全国对口支援三峡库区合作工作的总体要求、主要目标、重点任务和保障措施，明确了丹江口库区及上游地区对口协作力度不减、政策延续、工作举措不变。

二、举办第十三届"支洽会""西洽会"等对口支援重大平台活动

与商务部、国务院国有资产监督管理委员会、中华全国归国华侨联合会、中国国际贸易促进委员会、重庆市人民政府联合举办第三届中国西部国际投资贸易洽谈会（简称"西洽会"），以"走进西部、洽谈未来"为主题，全方位立体展示西部地区开放合作新成效，加强区域产业合作，现场签约项目共 102 个，合同投资额 2285 亿元。与湖北省人民政府、重庆市

人民政府共同举办第十三届全国对口支援三峡库区经贸洽谈会（简称"支洽会"），期间召开全国对口支援三峡库区工作座谈会，举办长江经济带绿色发展研讨会、三峡文化旅游产业博览会和世界大河歌会，以丰富多彩的形式开展理论研讨、交流，宣传三峡库区，推动三峡库区对外交流合作，举办对口支援招商引资重大合作项目签约活动，签约项目 102 个，签约金额 1046.88 亿元。

三、督导援受双方落实规划衔接期各项政策措施

一是印发《水利部办公厅关于全国对口支援三峡库区 2021 年工作安排的意见》，进一步明确规划衔接期各项工作要求。协调支援（协作）省（直辖市）落实规划衔接期的无偿资金、援助项目、人才交流等政策措施，继续统筹推进对口支援（协作）工作。二是开展 3 次实地调研督导。赴浙江省、江苏省开展调研，指导对口支援省（直辖市）提前谋划《规划》实施方案，协调支援省增加年度无偿援助资金额度。赴重庆市 2 个县（区）、湖北省 4 个县（区）开展督导，督促受援县（区）主动与支援省（直辖市）加强对接，强化对口支援项目的精准谋划和全过程管理。三是组织召开三峡库区对口支援工作协调会，指导援受双方共同举办经贸交流活动，宣传贯彻《规划》精神并进行政策解读，研究 2022 年对口支援重大活动安排和对口支援三峡库区 30 周年宣传方案。

姜远驰　执笔

赵晓明　审核

继续支援三峡库区　实现更高质量发展

水利部水库移民司

2021 年，水利部、国家发展改革委联合印发《全国对口支援三峡库区合作规划（2021—2025 年）》（以下简称《规划》）。《规划》是指导今后 5 年全国对口支援三峡库区合作工作的重要依据。

一、《规划》重要意义

《规划》是落实习近平总书记在调研三峡工程时重要讲话精神和国家区域协调发展战略的重要举措。《规划》的实施有利于缩小库区与发达地区的差距，使库区人民共享现代化成果；有利于发挥区域比较优势，推动对口支援从单方受益为主向援受双方合作共赢转变，共同融入新发展格局；有利于加强库区生态环境保护，助力库区加快传统优势产业转型升级和绿色发展；有利于巩固拓展库区脱贫成果，有效衔接乡村振兴战略，保障和改善民生福祉。

二、《规划》主要内容

《规划》分 3 部分 8 个章节。第一部分客观分析发展现状和面临形势，并提出指导思想、工作原则、主要目标和规划范围等总体要求。第二部分是规划主体内容，明确 5 个方面重点任务和具体要求。第三部分为保障措施。

《规划》提出了"十四五"时期主要目标是库区脱贫攻坚成果进一步巩固拓展，生态优先、绿色发展取得显著成效，基本公共服务达到全国平均水平，居民生活水平明显提高，社会更加和谐稳定。

《规划》明确了 5 个方面的重点任务：一是加强生态保护和环境治理，

筑牢长江上游生态屏障，加强库区环境综合治理，推进生产生活方式绿色化；二是支持产业高质量发展，支持发展大旅游产业、特色生态现代农业、现代商贸物流业和绿色制造产业，支持提升创新驱动能力；三是提高基本公共服务和民生保障能力，促进教育均衡发展、提高医疗保障水平、繁荣文化体育事业、完善就业创业体系、提升社会治理能力；四是推进库区城乡区域协调发展，加强库区融合协调发展、推进新型城镇化建设、建设美丽宜居乡村、持续巩固拓展脱贫成果；五是提升库区对外开放合作水平，融入"一带一路"深化对外开放，提升库区在长江经济带中的战略功能。

三、《规划》主要创新

一是注重根据全国对口支援三峡库区的阶段性特征，以目标导向和问题导向谋划《规划》内容。"十四五"期间是三峡库区乘势而上推进社会主义现代化建设的关键时期，按照库区现代化建设的目标要求，从生态环境保护、高质量发展、社会民生、开放合作等领域系统谋划《规划》内容，提高《规划》现实需求的针对性、化解问题的精准性、支撑目标的有效性。

二是注重实现对口支援政策与重大国家战略的系统集成、协同发力，发挥其政策的叠加共振效应。将全国对口支援三峡库区工作定位为助力重大国家战略实施、库区绿色高质量发展、库区移民安稳致富，构建先富带后富、先富帮后富，携手向"共同富裕"奋力迈进。

三是注重全国对口支援三峡库区工作机制的合理继承和不断创新。明确巩固完善原有的结对帮扶、资金帮扶、高层对接、人才交流、项目协调、市场对接工作机制，建立科技扶持、信息通报、绩效评价3项新工作机制，形成对口支援三峡库区长效机制体系。

姜远驰　执笔

赵晓明　审核

水利部印发《巩固拓展水利扶贫成果同乡村振兴水利保障有效衔接规划》

水利部水库移民司

2021 年，水利部印发了《"十四五"巩固拓展水利扶贫成果同乡村振兴水利保障有效衔接规划》（以下简称《规划》)。在全面总结"十三五"时期水利扶贫成就，认真查找脱贫地区存在的水利短板弱项，系统分析脱贫地区水利发展现状及面临形势的基础上，研究提出了"十四五"时期巩固拓展水利扶贫成果同乡村振兴水利保障有效衔接的总体思路、目标任务、布局重点、建设管理任务和保障举措等。《规划》是指导脱贫地区"十四五"时期开展巩固拓展水利扶贫成果同乡村振兴水利保障有效衔接工作的重要依据，脱贫地区共涉及 22 个省级行政区、166 个地级行政区、832 个县级行政区，其中国家乡村振兴重点帮扶县 160 个。

《规划》强调，要以习近平新时代中国特色社会主义思想为指导，深入贯彻党的十九大和十九届历次全会精神，坚持人民至上，坚持稳中求进工作总基调，坚持共同富裕方向，立足新发展阶段，贯彻新发展理念，构建新发展格局，按照"产业兴旺、生态宜居、乡风文明、治理有效、生活富裕"的总体要求，遵循习近平总书记"节水优先、空间均衡、系统治理、两手发力"治水思路，围绕新阶段水利高质量发展，将巩固拓展水利扶贫成果放在突出位置，加大对脱贫地区尤其是国家乡村振兴重点帮扶县的倾斜支持力度，加快水利基础设施提档升级，强化水生态保护与修复治理，提升水利管理服务能力水平，为巩固拓展脱贫攻坚成果、推进乡村振兴提供水利支撑和保障。

《规划》提出，要坚持共同富裕、保障民生，坚持底线思维、巩固成果，坚持问题导向、科学谋划，坚持创新驱动、协同发力4条基本原则。到2025年，水利扶贫成果得到巩固拓展，农村供水标准及保障水平进一步提升，乡村振兴水利保障全面推进，水利基础设施体系不断完善，水资源保障能力明显增强，水旱灾害防御能力明显提升，河湖生态状况明显改善；到2035年，水利基础设施体系进一步完善，水利基本公共服务水平差距进一步缩小，河湖生态状况进一步改善，水安全保障能力与乡村振兴和高质量发展要求相适应。

《规划》结合东北地区等老工业基地振兴、中部崛起、西部大开发等战略，以及"十四五"水安全保障规划，从农村供水保障、水资源开发利用、灌排基础设施体系、防洪减灾能力、水生态保护与修复等方面进行合理安排，将脱贫地区分东北、华北、中南部、西南、西北5个地区进行布局。从水利基础设施建设、水生态保护与修复治理、水利管理服务能力提升3个方面明确了15项重点任务。并根据中央有关精神，专章明确国家乡村振兴重点帮扶县水利支持重点任务。同时，从加强组织领导、加大投入倾斜、强化政策支撑、发挥部门合力、开展监督评估5个方面，提出了确保规划落实落地的保障举措和工作要求。

蓝希龙　执笔

朱闽丰　审核

安徽省宣城市：治理小微水体
助力乡村振兴

安徽省宣城市宣州区水阳镇结合水环境整治、乡村生态振兴等项目建设，大力开展农村小微水体管护示范片区建设，不断提升镇域水生态治理保护水平，助力乡村振兴发展战略。

一是整合力量打通治水护水"最后一公里"。金宝圩为宣城市第一大圩，长 52.3 km 堤防环水阳全镇。圩内水系发达、河流众多，是远近闻名的江南鱼米水乡和中国幼蟹之乡。近年来，水阳镇坚持以河湖长制为抓手，按村（社区）分片分段建立河湖名录，整合社会力量，在全镇设立河长和社会监督员等，明确管护责任，构建长效管护机制。全镇共设置乡村（社区）两级河长 50 人、社会监督员 28 人、保洁员 385 人，为构建小微水体治理管护长效机制提供了队伍保障。

二是项目建设推动小微水体正本清源。结合乡村生态振兴项目建设，持续推进水环境治理和水生态修复。据不完全统计，水阳镇开展相关工程建设治理黑臭水体 73.95 hm^2，清淤 24.74 万 m^3；水系连通工程治理水面 13.20 hm^2；建成污水管网 33.6 km，城镇污水收集率大大提高，镇域环境效益明显提升。虽然乡村生态振兴项目只完成了 70% 的工程量，但效果已经初步显现。圩内 5 万亩水面水质得到明显改善，集镇臭水沟已经不复存在，沟渠水草茂密、野禽嬉水的景象随处可见。

三是以点带面示范引领小微水体治理。在小微水体治理修复过程中，坚持以点带面，注重发挥示范引领作用。水阳集镇（北门户）

小微水体治理工程位于水阳镇水阳大道北入口，沟塘区占地 19.30 hm²，水体治理前为劣 V 类水体，通过岸线美化、场地绿化、景观照明等系统治理后，达到 IV 类以上水体，成为水阳集镇北部重要的景观带，为居民茶余饭后步行健身、休闲娱乐提供了一处绝佳场所。该工程总投资 1162 万元，清淤 78000 m³，建造景观桥 3 座等。

朱自强　张　巧　孙　伟　执笔

席　晶　李　攀　审核

奋力推进农村供水高质量发展

水利部农村水利水电司

2021 年是"十四五"开局之年。水利部深入贯彻落实习近平总书记重要讲话指示批示精神，按照党中央、国务院决策部署，稳步提升农村供水标准和质量，积极推进农村饮水安全向农村供水保障转变，奋力推动农村供水高质量发展。

一、坚持抓实抓细，"十四五"农村供水实现良好开局

2021 年以来，各级水利部门深入开展脱贫人口饮水状况排查监测，保持问题动态清零，巩固维护好已建农村供水工程成果，为乡村振兴提供有力的供水支撑和保障。

（一）抓监测，全力巩固脱贫攻坚农村供水成果

2021 年，水利部办公厅先后印发《关于加强农村饮水安全动态监测的通知》《"十四五"巩固农村供水脱贫攻坚成果工作方案》，部署各地加强对脱贫地区、脱贫人口和供水条件薄弱地区农村人口饮水状况的全面排查和动态监测，按月调度，边查边改，确保问题动态清零。2021 年累计排查并推动解决 1600 多万农村人口供水不稳定问题，防止出现整村整乡饮水安全问题。云南省、广东省等地出现旱情，河南省等地发生洪涝灾害，云南省、青海省、四川省、甘肃省等地发生地震，对农村供水工程造成了不同程度的影响。水利部及时派出工作组赴现场指导，会同地方政府全力应对，坚决守住了农村饮水安全底线。

（二）抓规划，统筹谋划"十四五"农村供水发展

水利部 5 次召开全国视频工作推进会议，安排部署农村供水保障工作。李国英部长出席"十四五"农村供水保障工作推进视频会，为当前和今后

一个时期农村供水工作明确方向并谋篇布局。水利部、国家发展改革委、财政部、国家乡村振兴局等9个部门出台了《关于做好农村供水保障工作的指导意见》，水利部印发了《全国"十四五"农村供水保障规划》，指导28个省（自治区、直辖市）和新疆生产建设兵团编制了省级规划，明确了农村供水保障工作的工作思路、目标任务和工程举措。

（三）抓建设，扎实推进农村供水工程建设实施

指导督促脱贫地区将农村供水工程纳入巩固拓展脱贫攻坚成果和乡村振兴项目库。财政部安排乡村振兴衔接补助资金50亿元，重点用于乡村振兴重点帮扶县农村供水工程建设。水利部会同国家开发银行召开会议并印发通知，鼓励加强政银企合作，多渠道筹措资金，保障农村供水工程建设资金需求。2021年，各地完成农村供水工程建设资金525亿元，其中，省级政府及以下投资占比30%，地方债券占比33%，社会融资占比24%，银行信贷等其他投资占比13%，提升了4263万农村人口供水保障水平，使全国农村自来水普及率提升至84%。

（四）抓管护，全面开展农村供水工程维修养护

水利部会同财政部下达农村供水工程维修护中央补助资金28亿元（较2020年增加了11.6%）。各地加大资金投入，共完成维修养护资金37.03亿元，维修养护农村供水工程9.9万处，涉及农村人口2.04亿人。加大水费收缴力度，实现了农村集中供水工程全面收费的目标任务，促进工程长效运行。组织流域管理机构和相关单位对157个县、1232个行政村、694处农村集中供水工程的运行状况和5093个用水户饮水状况进行暗访督查，发现问题紧盯整改。电话问询2493户脱贫户、2520处集中供水工程责任人、2710个地方农村供水举报监督电话以及2256个县级水行政主管部门责任人，推动"三个责任"有名有实有效。

（五）抓实事，做实做细"我为群众办实事"活动

结合党史学习教育，将解决群众饮水的急难愁盼问题纳入"我为群众办实事"实践活动，扎实推进中西部地区农村供水工程维修养护，切实抓好重庆市、广西壮族自治区、西藏自治区、新疆维吾尔自治区等地典型农

村供水工程规范化建设和管理。印发了《关于建立农村供水问题动态清零机制的通知》，推动22个司局会同流域管理机构和相关直属单位，对各有关省（自治区、直辖市）农村供水工作开展"一对一"检查指导，共推动解决1247个群众饮水问题。在水利部示范推动下，30个省（自治区、直辖市）建立问题办理制度，17个省（自治区、直辖市）制定督办考核制度，一大批涉及群众切身利益的饮水问题得到及时解决，受到群众一致好评。

二、锚定目标任务，推动农村供水保障工作高质量发展

经过艰苦努力，我国农村供水状况得到了显著改善，但由于我国自然经济条件、水资源禀赋区域差异性大，对照农村经济社会发展和居民生活质量的要求，部分农村地区还存在供水保障程度不高等问题，与全面推进乡村振兴发展要求相比还有一定差距。下一步，将积极践行习近平总书记"节水优先、空间均衡、系统治理、两手发力"治水思路，按照2022年全国水利工作会议精神，突出年度性任务、针对性举措、实效性导向，锚定乡村振兴发展需求，推动农村供水高质量发展。

一是高质量巩固成果。以县为单元，以行政村为对象，开展农村饮水状况全覆盖排查，加大对脱贫地区和供水薄弱地区动态监测，用好水利部12314监督举报服务平台、暗访核查等渠道，及时发现和解决问题。通过强化工程维修养护和管理管护，巩固维护好已建农村供水工程成果。干旱等特殊情况下，通过应急调水、凿井取水、拉水送水等措施，守住农村供水安全底线。

二是高标准建设工程。按照"十四五"农村供水保障规划目标任务和农村供水新标准，督促地方多渠道筹措工程建设资金，优先利用骨干地表水源，因地制宜加强中小型水库等稳定水源工程建设，积极推进农村供水规模化建设及小型工程标准化改造，减少小型分散供水工程覆盖人口数量。鼓励有条件的地方积极推进城乡供水一体化。坚持标准化建设，严把工程建设质量关。到2022年年底，全国农村自来水普及率达到85%。

三是高水平管理管护。进一步落实农村供水管理"三个责任"，确保

有名有实有效。在有条件的地区，推进城乡供水区域统筹管理。以县为单元，以县级农村供水总站、自来水公司等为依托，推进农村供水工程统一运行管理，整体提升工程运行管理和技术服务水平。对规模化供水工程，推行企业化经营、专业化管理、自动化监管。对小型供水工程，落实管水员，加强技术培训，提升专业管护能力。

四是高品质保障水质。在大力推进规模化供水发展的基础上，配合生态环境部门加快推进千人以上工程水源保护区或保护范围的"划、立、治"工作。督促地方以千人以上供水工程为重点，加快配备农村集中供水工程净化消毒设施设备，做到"应配尽配"并规范运行。督促地方水利部门健全县级水质检测中心巡检和千吨万人水厂水质检测制度，扩大水质检测覆盖面。指导有条件的地区探索开展水质检测大比武。力争到"十四五"末农村集中供水水质和当地县城接近或相当。

五是高效率智慧供水。按照"需求牵引、应用至上、数字赋能、提升能力"的要求，以数字化、网络化、智能化为主线，健全完善农村供水信息化管理平台，推进规模化供水工程水量、水质、水压等关键参数的在线监测和水泵机组等设备的自动控制，改变人工现地管理的传统手段，构建农村供水管理"一张图"。以规模化供水工程为重点，加强全面感知、实时传输、数据分析和智慧应用系统建设，实现预报、预警、预演、预案功能。鼓励地方探索开展先行先试，打造智慧供水样板。

三、压紧压实责任，不断完善组织保障工作机制

2022 年，水利部将进一步指导督促各地按照批复的"十四五"农村供水保障规划或实施方案，细化分解年度目标任务。压紧压实地方主体责任，多渠道筹集资金，建立完善激励机制，确保如期完成既定目标任务。

一是落实地方主体责任。"十三五"期间农村供水取得了巨大成就，得益于中央将饮水安全纳入脱贫攻坚刚性约束，5 级书记一起抓。"十四五"期间，农村供水保障实行"省负总责、市县乡抓落实"的工作机制。为进一步压紧压实地方主体责任，水利部将农村供水保障作为水资源管理考核的重要赋分依据，推动将农村供水保障纳入巩固拓展脱贫攻坚成果后

评估、对市县党政领导班子和领导干部推进乡村振兴实绩的考核范围，调动地方党委和政府的积极性，促进全面履职尽责。

二是多渠道筹集资金。推动脱贫地区将符合条件的农村供水建设改造项目纳入巩固拓展脱贫攻坚成果和乡村振兴项目库，优先安排实施。加大政府资金投入，积极利用涉农财政整合资金、地方专项债券、银行信贷、土地出让收入资金投入农村供水工程建设。切实发挥好政府资金的引导作用，落实好用电、用地、税收等优惠政策，建立合理水价机制，强化水费收缴，引入社会资本参与规模化供水工程建设和管理。

三是突出典型引领和行业监管。每年组织暗访 150 个县，层层传导压力，紧盯问题整改，要求地方举一反三，建立常态化的监管机制。总结凝练宁夏回族自治区"互联网+城乡供水"模式、浙江省"数字供水"模式，推广区域供水信息化监管、规模化供水自动化监控、单村供水膜处理、高寒地区防冻等技术，强化示范引领。推动将农村供水工程建设纳入水利工程建设国务院督查激励范围，促进各地互相学习借鉴，营造良好的发展环境。

胡　孟　张贤瑜　何慧凝　于潘潘　执笔

张敦强　审核

《全国"十四五"农村供水保障规划》 印发实施

水利部农村水利水电司

为贯彻落实党中央、国务院关于巩固拓展脱贫攻坚成果同乡村振兴有效衔接的决策部署，指导和推动各地实施农村供水保障工程，水利部等9部门出台《关于做好农村供水保障工作的指导意见》，印发《全国"十四五"农村供水保障规划》（以下简称《规划》），对"十四五"时期农村供水保障工作进行系统部署和全面安排。

一、《规划》主要目标

按照全面推进乡村振兴战略的要求，适当提高农村供水标准，优化农村供水工程布局，完善农村供水设施，进一步提升农村供水保障水平。到2025年，全国农村自来水普及率达到88%，提高规模化供水工程服务农村人口比例；完善农村供水长效运行管理体制机制，健全水价形成和水费收缴机制，提升供水管理服务水平。强化水源保护，完善水质净化消毒设施设备，确保供水水质安全。到2035年，继续完善农村供水设施，提高运行管护水平，基本实现农村供水现代化。

二、《规划》重点任务

《规划》明确了"十四五"期间农村供水保障重点任务。一是采取改造、新建、联网、并网等措施，巩固拓展农村供水成果，加强对脱贫地区、脱贫人口和供水条件薄弱地区农村人口饮水状况的监测，及时发现和解决问题，保持动态清零，守住农村供水安全底线。二是实施农村供水保障工程建设。利用大中型水库和引调水工程作为农村饮用水水源，因地制宜加强中小型水库等稳定水源工程建设，实施规模化供水工程建设和小型工程标准化改造，减少小型分散供水工程和覆盖人口数量。强化农村供水工程维修养护，做到应修尽修。三是强化水质保障。强化水源保护，推进农村集中供水工程净化消毒设施设备应配尽配，健全完善水质检测制度，进一步提升农村供水标准和质量。四是创新农村供水工程管理体制机制。推进县级区域统筹管理，健全农村供水管理责任体系，落实管理责任主体、人员和经费，逐步建立专业人才队伍，确保工程长久发挥效益，不断提高信息化管理水平。

2021 年 10 月 14 日，水利部召开"十四五"农村供水保障工作推进视频会，李国英部长专门部署"十四五"农村供水保障工作。要求各地将"十四五"农村供水保障规划目标任务分年度、按市县进行分解细化。为推动《规划》顺利实施，水利部将把《规划》年度目标任务完成和农村供水保障情况作为水资源管理考核的赋分依据，推进纳入乡村振兴实绩考核范围，让农村居民在共建共享发展中有更多的获得感、幸福感和安全感。

胡　孟　曲钧浦　王海涛　华林杰　执笔

张敦强　审核

江西省景德镇市：全力推进
城乡供水一体化

2021年，江西省景德镇市坚持以人民为中心的发展思想，紧紧围绕全员全域全覆盖的"三全"目标，高标准、高质量、高效率推进城乡供水一体化，巩固拓展农村饮水安全脱贫攻坚成果同乡村振兴水利保障有效衔接，促进全市水利高质量跨越式发展。

景德镇市各县（市、区）均成立了以政府主要负责同志为组长的城乡供水一体化工作领导小组，并且以县为单位，依法依规与相关市场主体签订城乡供水一体化合作协议，确定了城乡供水一体化实施主体，明确了政府与实施主体的权责，确保实现全域全员全覆盖的目标。

景德镇市水利局以农村供水工程标准化建设为抓手，通过实施水利工程标准化管理制定一套标准、编制一本手册、修订一批制度、建立一个平台、落实一方责任的"五个一"措施，进一步压实农村供水工程管理单位的主体责任，理清管理事项、明确管理标准、规范管理程序，农村饮水工程安全性能明显增强，综合效益得到有效提升，形象面貌焕然一新。截至目前，景德镇市共有18处农村供水工程达标，其中乐平市浯口水厂被水利部确定为2020年度农村供水规范化水厂。同时，景德镇市加大水费收缴力度，截至2021年11月底，千人以上集中供水工程水费收缴率为99.50%，千人以下集中供水工程水费收缴率为96.51%。

2021年，乐平市、浮梁县建设城乡供水一体化工程各1处，总投资约1.75亿元。其中，乐平市投资7000万元（通过企业自筹、银行融资等方式筹措），实施共产主义水库至润泉水厂的新增源水管线铺设，使城区水厂供水规模由日供水5.0万t扩至10.0万t；实施礼林水厂扩建工程，使供水规模由日供水0.5万t扩至1.0万t；新建城区配水管网延伸工程及农村供水工程，有效地解决了城区高层住户水压偏低、用水高峰时无水可用等群众反映最突出的问题；进一步改善了农村供水工程及配套设施，受益人口达12.05万人。浮梁县投资1.02亿元（地方专项债5000万元、省水务集团公司融资5200万元），全面启动城乡供水连接项目，将现有农村自来水厂供水管网延伸改造至浮梁镇、王港乡、三龙镇、湘湖镇等乡镇，对峙滩镇、兴田乡、江村乡等乡镇部分小型农村饮水工程进行标准化改造，受益人口达5000人。

汪　涛　执笔

席　晶　李攀　审核

水 利 监 督 篇

水 利 监 督 工 作 综 述

水利部监督司

2021 年，水利监督工作以"完善体系、紧盯风险、凝聚共识"为重点，深化体制机制改革，强化行业指导，统筹抓好综合监督、专项监督、专业监督、日常监督，努力提高监督效能。

一、加强综合监督

强化顶层设计。水利部印发《加强水利行业监督工作的指导意见》，从完善体制机制制度以及成果运用等方面对监督工作进行规范和指引，同步研究提出贯彻指导意见的具体落实措施，分解任务、明确责任，推动意见落实落地。出台《水利工程责任单位责任人质量终身责任管理办法（试行)》，明确质量终身责任主体，约束水利建设市场主体违规行为，严格水利工程质量管控。研究制定《水利安全生产监督管理办法》，聚焦水利安全生产重点领域和关键环节，将目前行之有效的安全监管措施制度化，细化为水利生产经营单位的安全生产管理要求和水行政主管部门的监督管理要求。推进规范化建设，编制工程建设、安全生产、水利资金等 24 个专业领域监督检查工作指导手册。推动水利行业监督持续健康发展，开展水利行业监督生态、水利监督综合评价体系研究。

优化数据平台。利用云计算、移动互联等先进技术，实现信息综合查询和可视化展示、监督任务下发和计划制定、现场填报和签字确认、问题汇总统计和整改复核等功能，初步实现了"查、认、改、罚"4 个环节的有效衔接和运转，可满足水利工程建设与安全运行等多项监督检查业务开展现场工作。开展平台省级系统推广工作，采用平台试用、定制开发和本地部署等模式，进行宣传推广和试用支持，福建、江苏、江西等 14 省份已初步应用，支撑省级水利监督检查工作。

加强统筹协调。统筹、合并、优化监督检查事项，拟定 2021 年监督检查计划。强化计划执行统筹调度，实施检查分片负责制，逐月统筹调度各单位计划，对于性质相似、时间相近、地点相同的事项整合，提倡一组多能，避免重复扎堆检查。全年共对存在重复检查的 174 个县区任务进行了整合，其中 126 个县区由原计划 2~4 个检查组调整为 1 个检查组，48 个县区调整为联合组队开展。

做实行业指导。督促各地结合实际制定年度监督计划，有序开展监督工作；组织对各省部分市县水行政主管部门水利监督工作开展情况进行调研，指导推动各省将水利监督工作推向纵深、实现常态；派员支持地方培训授课，协调帮扶欠发达地区监督工作人员进组跟班学习，帮助指导现场监督人员有效开展监督工作，促进地方质量监督人员互相交流学习。

二、开展专项监督

开展重要指示批示贯彻落实情况核查回访。对本年度水利部办结的 12 项重要指示批示贯彻落实情况开展全面核查，对往年 4 项涉及河湖管理的重要指示批示贯彻落实情况开展专题回访。

组织防汛应急监督检查。面对 2021 年严重汛情，水利部派出工作组协助指导河南黄河秋汛防御工作，对黄河沿线的 57 处控导工程、25 处险工、6 处生产堤、5 处护滩工程、2 处滩地和 3 个防汛仓库巡查 272 次，反馈各类需重点关注的问题 162 条，督促问题立查立改、妥善处置。此外，还对部直管大型水库的安全运行管理情况、大江大河及其重要支流超标洪水防御预案编制情况以及水毁修复工程、堤防险工险段等开展防汛应急检查，为平稳安全度汛提供了监督支持。

开展重要举报（事故）调查。组织开展江西省九江城区应急水源建设工程举报核查和西沟水库漫坝、宁夏回族自治区中宁县喊叫水扬水工程马家塘中型灌区节水配套改造项目杨庄子蓄水池围坝溃决、内蒙古自治区永安水库和新发水库溃坝事故调查共 6 批次。详细调查事故原因，得出事故认定结论，并提出防范整改的措施建议。

三、做好专业监督

在安全生产监督方面，全力做好国务院对水利部2020年安全生产工作考核迎检和反馈意见整改落实工作，建立整改方案和整改联络员制度，严格推进完成2021年度整改任务。妥善处置西沟水库漫坝事故，严肃调查黑河黄藏寺水利枢纽工程连续发生事故和郑州"7·20"特大暴雨灾害情况，开展事故通报和警示教育，强化工程运行安全管理，维护水利安全生产形势持续稳定。扎实开展水利行业安全生产专项整治三年行动集中攻坚，推进学习近平总书记关于安全生产重要论述全覆盖，动态更新问题隐患和制度措施两个清单。开展水利工程安全隐患排查行动，派出39个组，对17个部直管项目、31个省（自治区、直辖市）和新疆生产建设兵团的179个项目等进行督导检查，发现问题733个，已整改659个。三年行动开展以来，排查出隐患325055个、整改323787个，隐患整改率99.6%，制定有关制度2550个，排查整治工作和制度建设得到有效推进。全面推进"安全监管+信息化"，对安全生产状况评价排名靠后的14个省份的水行政主管部门以及在建的面上项目开展巡查，发现问题1485个。2021年，流域、区域安全风险度均为低风险，省级区域安全风险度连续下降，行业整体安全风险可控。

质量监督方面，推进质量监督检查制度化规范化标准化，分三批次对14个省（自治区、直辖市）和新疆生产建设兵团的省、市、县三级水行政主管部门及其质量监督机构的履职情况进行巡查，并抽查其相应实施质量监督工程的质量监督工作开展情况，实现2年对全国省级水行政主管部门质量监督履职情况巡查全覆盖。巡查发现问题162个，指导并督促各级水行政主管部门切实履行政府质量监督职责，责成有关单位及时整改。

项目稽察方面，加大对流域防洪工程和国家水网重大工程监督检查力度，分7批次共派出73个稽察组，对29个省（自治区、直辖市）的42个重大水利工程和85个水库除险加固项目开展稽察。同步对2020年稽察的44个重大水利工程中的18个工程进行"回头看"，检查问题整改情况；对2020年稽察的61个面上水利工程发现问题的整改情况开展全覆盖回头看，促进水利工程建设质量持续向好。

四、落实日常监督

2021 年水利部监督检查共派出 2321 组次、10221 人次，开展了小型水库安全运行监督检查、水闸安全运行监督检查、水资源管理监督检查、南水北调工程监督检查、小水电清理整改与安全管理情况核查、农村饮水安全监督检查、水利资金监督检查等各领域日常监督检查，检查项目 21700 个，发现问题 28426 项，涉及全国 31 个省（自治区、直辖市）和新疆生产建设兵团。其中，采取"四不两直"方式的有 2071 组次、占比达 89.5%，其他采取明查与"四不两直"相结合的方式。

2021 年是巩固拓展脱贫攻坚成果、全面推进乡村振兴的关键一年。水利部聚焦农村饮水安全领域开展监督检查，确保农村饮水、供水安全得到保障。对全国 832 个已脱贫县及另外 18 个举报问题较多的重点县开展农村饮水安全监督检查，督促相关地区做好冬季和春节期间农村供水保障工作；重点核查了 157 个县（区、市）农村居民饮水安全状况、农村集中供水工程运行管理情况、农村饮水安全动态监测工作开展情况以及各渠道反馈问题的处理情况，选取农村饮水举报问题较多且比较典型的 4 个已脱贫县，对全部 50 个问题的处理情况逐一进行现场核实，督促地方切实解决群众诉求。

2022 年，水利监督工作将继续加强制度建设，修订《水利工程质量监督管理规定》《水利监督规定》，全面完善监督"2+N"制度；加强监督能力建设，推动流域管理机构日常监督的专职化和基层水利监督工作落实落地；突出加强对小型水库除险加固的监督和对水利安全生产的监督，以监督检查计划为抓手，明确各领域监督重点任务和重点目标，推动落实中央领导指示批示和国家重大决策部署、水利行业法定职责履行到位，以高质量监督保障新阶段水利高质量发展，以优异成绩迎接党的二十大胜利召开。

侯俊洁　执笔

满春玲　审核

2021 年度水资源管理监督
检查工作情况

水利部水资源管理司　水利部监督司

为全面贯彻落实习近平总书记"节水优先、空间均衡、系统治理、两手发力"治水思路，推动地方各级水行政主管部门依法履行法定职责，切实加强水资源管理，根据中央规范督查检查考核工作有关要求和水利部监督工作总体安排，水利部组织各流域管理机构开展了 2021 年度水资源管理监督检查工作。

一、2021 年工作情况

（一）总体情况

为做好此次监督检查工作，水利部编制印发了水资源管理监督检查方案和指导手册，组织有关单位完善监督检查 App，采用视频方式对 7 个流域管理机构检查人员展开专题培训，并在监督检查工作微信群实时解答检查有关疑问。过程中，高效统筹检查时间、项目和内容，建立月调度机制，定期调度各检查组，避免扎堆、重复检查，切实减轻基层负担。水利部派员下沉跟组，及时掌握基层情况。各流域管理机构高度重视，组成 90 个现场检查组，合计派出检查 570 人次，累计历时 393 天。

本次检查范围为全国 31 个省（自治区、直辖市）和新疆生产建设兵团，重点检查了区域取用水管控、取水项目取用水监管情况、地下水禁限采区管理、地下水超采治理等工作情况，共抽查县级行政区 180 个（其中 77 个县级行政区包含地下水超采区）、取水项目 3148 个和地下水禁限采区机井 550 眼。

（二）检查发现问题情况

根据各流域管理机构上报的检查数据，共汇总确认水资源管理问题

1085 个,其中有 608 个问题已纳入"取用水管理专项整治行动整改提升工作"问题整改台账。从问题数量、问题分布和问题类型三方面梳理分析,具体情况如下。

第一,从问题数量看,2021 年平均单个检查对象发现问题较 2020 年有所减少。2021 年监督检查与 2020 年监督检查选取的县级行政区数量大致相同,检查的取水项目数量约为 2020 年的 4 倍。2021 年平均单个检查对象发现问题 0.28 个,为 2020 年平均单个检查对象发现问题数量的一半。在区域取用水管控方面,有 72 个区县存在问题,占检查县区总数的 40.0%;在取用水监管方面,有 783 个取水项目存在问题,占检查取水项目总数的 24.9%。

总的来看,各地针对近两年水资源管理监督检查中发现的问题,持续强化整改落实,加快推动取用水管控,水资源管理的规范化程度有效提高,单个检查对象发现问题数明显少于上一年度,发现问题的取水项目数量占比不高,但区域取用水管控基础性工作依然需要持续加强和完善。

第二,从问题分布看,流域区域间分布不均衡。从流域管理机构负责检查的省区发现问题看,黄委平均每个省区发现问题 81.9 个,海委 48.5 个,珠江委 27 个,长江委 15.3 个,松辽委 10 个,淮委和太湖局分别为 9.7 个和 8 个。从区域层面看,省级行政区平均存在问题 33.9 个,内蒙古自治区、新疆维吾尔自治区、甘肃省均超过 100 个,共计达到 400 个,占全国检查发现问题的 36.9%;江苏、广东、浙江、安徽、重庆等 11 省(自治区、直辖市)存在问题数量均少于 10 个,合计发现问题总数占全国的 5.7%。

总的来看,最严格水资源管理制度考核先进的省份被检查发现的问题数量通常较少;黄委、海委检查发现的问题较多;松辽委、太湖局、淮委检查发现的问题较少。

第三,从问题类型看,部分问题依然较为集中。在区域取用水管控方面,共发现 132 个问题,涉及 72 个县级行政区,其中"用水统计与台账管理"检查事项发现问题 98 个,占此类问题总数的 74%。在取水项目取用水管理方面,共发现 941 个问题,涉及 783 个取水项目,其中"取水计量情况"和"取水合规情况"检查事项分别发现问题 528 个、354 个,占此类问题总数的 67%、45%。在地下水禁限采区管理方面,发现问题较少,仅 12 个问题。在问题严重程度方面,严重问题、较重问题和一般类问题分别占 4%、23% 和 73%,一般类问题较多。

总的来看,区域取用水管理不规范,用水统计调查制度尚未全面落实,取水项目计量监测设施覆盖不全,计量设施定期检定和校准尚未规范,与全面落实依法计量的要求仍有一定差距。

(三)产生问题的原因分析

通过本次检查发现,当前水资源管理不断规范,管理水平不断提高,但依然存在一些薄弱环节,主要问题成因包括:一是部分地区对加强水资源管理的认识有待提高,立足当地水资源条件,精打细算用好水资源、从严从细管好水资源的意识有待加强;二是取用水监管措施亟待强化,水资源管理制度执行不够严格,无证取水、超许可取水、无计量取水等问题依然存在;三是管理体制机制有待进一步理顺。部分地区取水许可证由审批局审批,与水行政主管部门协调不够,造成水资源日常管理缺位;四是取水户对水资源管理的重视不够,对水资源管理法规政策了解不深,违法处罚力度不够。

二、下一步工作思路

一是强化问题整改落实。针对检查发现的问题,建立问题台账,印发"一省一单",督促各地逐项整改,确保问题整改到位,对重点问题必要时开展"回头看"。对问题突出的省区,按照有关规定进行约谈通报,严肃问责。将监督检查相关结果纳入 2021 年最严格水资源管理制度考核,作为主要评分依据。

二是优化检查内容和方式。优化调整检查事项,突出重点领域,推动党中央、部党组决策部署落实落地。充分利用信息化手段,依托国家水资源信息管理系统、用水统计直报系统等管理平台,借助国家电力数据等信息共享,加大日常监督检查力度,提高检查的实效。

三是推进主要问题解决。针对此次检查发现的突出问题,认真梳理工作短板和薄弱环节，重点抓好规范取用水行为、完善取用水统计、加强取用水计量监管等工作，提升水资源管理监管能力和水平。

毕守海　王　华　李　青　执笔

杨得瑞　郭孟卓　曹纪文　审核

水利资金监督工作进展

水利部监督司　水利部财务司

2021 年，水利部持续开展水利资金监督工作，通过强化监督检查、实施动态监控、开展绩效评价、推进规范化标准化建设等措施，不断扩大监督范围，规范监督行为，提高监督效能，水利资金监督工作成效明显。

一、2021 年工作进展

（一）监督检查有力有序

依据《水利资金监督检查办法（试行）》和《2021 年水利行业监督工作计划》，按照"查、认、改、罚"等环节，通过明查结合暗访方式，开展了针对 4 类水利资金的监督检查：一是以资金流向为主线的综合检查；二是侧重使用中央财政水利发展资金的中小型项目资金专项检查；三是使用中央预算内投资、中央财政水利发展资金的重大水利工程建设、病险水库除险加固项目稽察；四是对部属单位资金管理与使用开展财务监督检查。

综合检查。2021 年 3—10 月，共派出 10 组次、24 人次，对北京、天津、吉林、上海、安徽、湖北、贵州、青海、宁夏 9 省（自治区、直辖市）和新疆生产建设兵团的中央预算内投资、水利发展资金、中央大中型水库移民后期扶持项目基金、水利救灾资金和地方资金的下达、到位、使用情况，以及水资源费收缴、管理与使用情况进行综合检查，共抽查 106 个项目（涉及水利资金 128.7 亿元），发现资金问题 650 个。根据责任追究标准，对 62 家责任单位直接实施或责成实施了约谈或通报批评。

专项检查。2021 年 6—9 月，共派出 3 组次、18 人次，对辽宁、浙江、甘肃 3 省开展水利发展资金专项检查，共抽查 23 个水系连通及水美乡村试点建设、水土保持工程建设、水利工程设施维修养护项目（涉及总投资

12.4亿元），发现资金问题76个。根据责任追究标准，对3家责任单位直接实施或责成实施了约谈。

项目稽察。2021年3—11月，共派出73组次、675人次，对除北京、上海以外的29个省（自治区、直辖市）以及水利部淮河水利委员会开展项目稽察工作，共稽察127个重大水利工程和病险水库除险加固项目（涉及总投资4646.6亿元），发现资金问题317个。结合建设质量、安全生产等其他方面发现的问题，根据责任追究标准，对56家责任单位直接实施或责成实施了约谈及以上责任追究。

财务监督检查。2021年，针对水利部部属单位资金管理与使用，重点围绕内部控制管理、财经纪律执行及以往年度审计、动态监控查出问题和内部巡视查出财务问题整改情况，以及对外委托业务费和会议费、项目验收等方面，开展财务监督检查。坚持以问题为导向，督促部属单位落实责任，扎实做好整改；举一反三，不断完善内部控制建设，防范资金风险，堵塞管理漏洞，建立健全"防未病"长效机制。

（二）动态监控更加完善

运用信息化手段，组织对水利部所有部属单位授权支付资金、部分单位实有资金开展动态监控，不断拓展部属单位实有资金动态监控范围，对监控和自查发现的问题，督促有关单位及时整改，有效防范资金风险。同时，深入开展监控指标体系论证，进一步细化完善国库资金和实有资金监控指标体系，升级资金动态监控信息系统，提高动态监控质量。

（三）绩效评价扎实开展

深入贯彻落实全面实施预算绩效管理理念，强化"花钱必问效、无效必问责"导向，进一步发挥绩效管理在资金监督工作中的协同作用，对各省2020年度水利发展资金管理与使用开展绩效评价。联合财政部通报2020年度水利发展资金绩效评价结果，督促地方采取有效措施，对绩效评价和相关资金专项检查暴露出来的突出问题，分类梳理、逐条整改，确保整改取得实效。同时，强化绩效评价结果运用，将绩效评价结果纳入2022年水利发展资金分配测算因素，与资金分配结果挂钩。

（四）标准化规范化程度不断提高

贯彻《加强水利行业监督工作的指导意见》，落实监督工作标准化规范化要求，依据《水利资金监督检查办法（试行）》及《水利资金监督检查办法（试行）问题清单》（2020 版），结合近年来水利资金监督检查发现的问题，编制完成《水利行业监督检查指导手册（水利资金监督检查分册）》，明确了水利资金监督检查的分工、对象、内容等要素，规范了监督检查各环节的规定动作和工作标准，区分了表征相似但性质不同的问题清单适用范围，为开展水利资金监督检查提供了有力保障。

（五）监督成效持续显现

通过持续开展水利资金监督工作，多层次、多方位的水利资金监管体系逐步构建，资金监管高压态势初步形成，监督成效持续显现。一是印发"一省一单"整改通知，督促有关责任单位纠正了 1000 多个资金管理与使用方面的问题，有效防范了资金风险，充分保障了资金安全，切实发挥了资金效益。二是创新责任追究形式，采取视频约谈省级水行政主管部门、邀请市县级水行政主管部门旁听的方式，就水利资金监督检查发现的问题开展责任追究，起到问责一家、警示一片，通报一地典型问题、督促各地自查自纠的作用，最大效力发挥部级监督检查的警示震慑作用。三是深化监督成果运用，系统分析监督检查发现的问题，总结提炼水利资金管理与使用中存在的风险点以及项目管理方面的薄弱环节，形成概念和判断，为完善政策措施及规章制度、指导改进行业管理水平、提升行业治理效能提供支撑。

二、存在的主要问题

从监督检查情况来看，有关单位基本能够坚持水利专项资金发展水利建设事业的属性，加强全过程管控，资金管理基本规范、使用总体安全，但也存在一些典型问题需要引起高度重视。一是部分财政困难地区拨付中央资金滞后，地方资金未落实或未足额落实现象较为突出，个别地区还存在统计报表数据造假现象。二是基层水利部门管理基础薄弱，普遍存在人员少、能力不足、责任心不强等问题，财务基础工作不专业、不规范比较普遍。三是财务内控机制不健全，结算支付审核把关不严，资金使用存在安全风险。四是部分项目立项仓促、前期工作不够深入，资金效益发挥不充分，后续难以可持续良性运行。

三、下一步工作重点

（一）不断强化水利资金监督检查

总结往年水利资金监督工作的经验做法，继续加强监督检查力度，科学运用监督检查方式，保持资金监管高压态势。重点围绕重大水利工程、病险水库除险加固、农村饮水安全等项目，紧盯资金管理与使用开展综合检查、专项检查和稽察，适时开展"回头看"复查，防范资金风险，保障资金安全。对于部属单位，紧盯财经纪律执行、往年年度审计、动态监控查出问题以及巡视查出财务问题整改情况等方面开展监督检查，督促指导有关单位在做好问题整改的基础上，有针对性地完善制度体系建设，建立健全"防未病"长效机制，增强风险防范能力。

（二）持续加强水利资金动态监控

充分发挥现代科技手段作用，推动监督方式和手段创新，不断加强对部属单位财政资金和实有资金的动态监控。对于财政资金，紧紧围绕年度预算执行管理重点工作，优化财政资金动态监控指标和规则设置，持续完善监控信息系统功能，及时发现问题并督促整改，进一步规范资金管理使用，筑牢资金安全底线。对于实有资金，在总结前期试点经验基础上，积极与相关开户银行沟通协调，进一步扩大实有资金动态监控范围，提升资金使用的安全性、规范性、有效性。

（三）继续推动监督成果纳入考评体系

强化监督成果运用，加大正向激励、反向惩戒力度，进一步推动监督检查成果纳入绩效考核和项目管理评价。对资金管得好、问题少、效益好的地区予以资金倾斜，对管得差、问题多、效益差的地区适当减少投资或预算安排并进行问责，做到奖优罚劣、奖惩并重，通过监督成果运用倒逼各地提高水利资金管理与使用水平。

下一步，水利部将聚焦 2022 年全国水利工作会议明确的重点工作任务，继续采取综合检查、专项检查、稽察、动态监控、绩效评价等方式开展水利资金监督工作，及时发现并解决水利资金管理与使用问题，筑牢资金安全底线，提高资金使用效益，为实现新阶段水利高质量发展提供坚实的水利资金监督保障。

鲍　军　何金义　宋秋龄　刘艺召　于冠雄　高　磊　执笔

曹纪文　付　涛　审核

南水北调工程安全运行
监督有序开展

水利部监督司

党中央、国务院高度重视南水北调工程，习近平总书记分别于 2020 年和 2021 年考察南水北调东、中线工程，并主持召开推进南水北调后续工程高质量发展座谈会，为扎实推进南水北调后续工程高质量发展指明了方向。水利部党组深入贯彻落实习近平总书记重要讲话精神，不断推动建立完善的安全风险防控体系和应急管理体系，扩展监督深度，保持严管态势，在 2021 年组织开展了工程建设及运行监督检查，覆盖东、中线 80 个现地管理处，持续跟踪问题整改，严肃实施责任追究，促进南水北调工程安全平稳运行。

一、坚持高压严管态势不变

贯通监督压力"传导链"，进一步加大工程建设、工程运行、消防设施、安全监测等重点领域的检查范围和力度，通过"四不两直"和清单式检查，着力发挥务实高效、规范有序、畅通便捷、警示震慑的安全运行监督保障作用。

完善南水北调安全运行监督力量布局，促进企业内部日常监督力量主动担当作为，构建良好的南水北调工程安全运行监督生态。组织召开过渡期南水北调东、中线一期工程安全运行监督工作座谈会，议定加强东、中线一期工程建设及运行安全监督工作、健全监督工作体系、建立沟通联系机制、完善问题整改机制、统筹部署整改工作等事项。

通过加强监督检查问题整改和责任追究力度，将督促整改与复核销号相结合，推动工程管理单位对简单问题立即改、严重问题马上改、台账督促限时改、普遍问题整体改、苗头问题指导改。紧抓典型问题严肃问责，对问题整改缓慢、新发现问题屡查屡犯的 2 家责任单位实施责任追究。

二、坚持风险防控目标不变

发挥水利监督"预警器"作用，开展消防、安全监测等预防预警领域专业监督检查，提升工程管理单位人防、物防、技防能力。整体排查东、中线一期工程消防安全薄弱环节，暗访覆盖东线一期全部现地管理处和中线干线全部二级管理单位，对照法律规范逐项查找消防管理制度、消防设施器材、应急预案演练、生产场所消防管理、人员管理等系统性问题，对照问题提出改进工作建议，有效促进提升消防安全整体水平。此外，组织开展中线安全监测监督检查，帮助工程管理单位进一步完善安全监测资料整编，深化安全监测数据分析，理顺监测设备设施维护管理机制，促进安全监测数据的真实性和预警作用的发挥，实现安全运行"关口前移"。

严肃查找影响质量安全和设备安全运行的典型问题，提升安全运行"韧性"。在南水北调东、中线全线和东线北延工程项目中，重点关注影响人员安全、工程质量、设备运行、供水安全类的情况，如施工现场不佩戴安全帽、生产场所安全防护设施不齐全、可燃易燃物品管理不规范等可能带来安全隐患的违规行为，挖掘问题背后的深层次原因，督促建立制度性整改措施，对问题整改不及时的实施责任追究。

三、坚持精准跟踪重点部位不变

发挥水利监督"指挥棒"作用，持续关注南水北调中线一期工程渠道水下衬砌板隆起、塌陷、错台等损坏情况，督促工程管理单位对问题部位进行排查、检测或鉴定。自南水北调工程通水以来，中线工程常年保持运行状态，水下工程损坏问题发现和整改存在困难，为此，水利部积极组织工程管理单位采取外观巡视巡查、安全监测数据分析、水下机器人复查、衬砌板水下修复相结合的方式，对现场检查发现的严重问题及时复核、及时报告，建立中线全线水下损坏重点监控部位清单和问题整改台账，及时编制切实可行的修复方案，同时收集整理水下衬砌板、逆止阀等破损部位的连续性基础资料，形成了对渠道水下部位发展趋势的基本判断，将可能影响运行安全的问题遏制在萌芽状态。

通过对安全运行的监督，全面排查突发事件暴露出的潜在风险隐患，推动自然灾害事故应急处置合理有序。河南郑州"7·20"特大暴雨灾害发生后，水利部第一时间派出专家组赴郑州等地核查中线干线工程水毁情况，分析问题产生的原因，评估对工程安全运行的影响范围，查找暴雨、洪涝对土建基础、交叉建筑物、衬砌面板等建筑物的破坏程度，评估工程安全运行风险，跟踪督促相关项目修复，达到了以监督手段督促风险隐患及时处置的目的。此外，对机电设备、输配电等系统的突发事件组织现场调查，提出安全运行保障建议并落实相关措施。

四、坚持聚焦重点任务不变

强化水利监督"安全阀"功能，聚焦关键时期、重点任务开展监督检查，为工程应对极端天气和实施生态补水提供保障。2021 年，南水北调工程东、中线一期工程历经极寒天气、新冠肺炎疫情反弹、强降雨洪涝灾害等多重考验，特别是丹江口水库加高工程，经受住了 170 m 设计最高蓄水水位运行和多次洪峰的检验，顺利完成了年度调水任务，工程运行状态整体良好。中线工程顺利完成向华北地区 10 条（个）河（湖）生态补水 5.8 亿 m^3 任务，持续发挥补水生态效益。东线北延应急供水工程顺利通过通水阶段验收并安全平稳完成向华北地区试通水工作，通过对现场生态补水信息核定和沿线河道清理整治等工作的跟踪督导，发挥监督检查预警效果，推动华北地区年度补水任务落实落地。

2022 年，南水北调工程安全运行监督检查围绕确保南水北调工程安全、供水安全、水质安全目标，聚焦防汛等重点安全风险的预报、预警、预演、预案防范能力建设，重点针对风险防控体系、应急管理体系和工程设施的监测、检查、巡查、维修、养护等工作，紧盯北京冬奥会、汛期等重点时期，东线安全监测和调度系统、中线金结机电和供配电等关键环节、中线水下损坏和水毁工程修复、中线左岸排水、深挖方、渡槽基础、倒虹吸管涵等外部风险点，中线引江补汉等建设项目，加强监督检查和问题整改，切实防范风险隐患。

李笑一　韩小虎　张　哲　毕　生　高　磊　李　垂　关　艳　执笔

曹纪文　审核

水旱灾害防御监督检查工作
助力实现"四不"目标

水利部监督司

2021年，水利部围绕防范化解水旱灾害风险，紧盯水库防洪调度、水毁修复、山洪灾害监测预警等重点工作，以"四不两直"方式开展了一系列监督检查，及时发现并督促消除了一批安全隐患，为"人员不伤亡、水库不垮坝、重要堤防不决口、重要基础设施不受冲击"防洪安全目标的实现提供了有力支撑。

一、防洪工程设施水毁修复监督检查

2021年3—6月，水利部以工程规模较大、风险较高的水毁修复项目为主要检查对象，开展了防洪工程设施水毁修复监督检查工作。3月印发工作实施方案，明确了任务分工和检查方式；3—6月，组织部督查办和各流域管理机构，分3批次开展现场检查工作，共计派出31个组次102人次，监督检查项目174项（规模以上未完工项目158项全覆盖，已完工项目抽查16项），范围涉及18个省份。针对监督检查发现的问题，及时下发"一省一单"，要求有关单位认真落实整改，限期反馈整改情况，有力促进了水毁修复项目建设，为及时恢复工程设施防洪能力提供保障。

二、水库防洪调度和汛限水位执行监督检查

2021年4月，水利部印发水库防洪调度和汛限水位执行监督检查工作实施方案，编制下发《水库调度运用监督检查工作手册》《汛限水位执行监督检查工作手册》，开展专项视频培训，培训各流域管理机构监督人员200余人。5—9月，组织部督查办、各流域管理机构开展了水库防洪调度和汛限水位执行监督检查工作，共派出177组次550人次，按期完成监督

检查任务，累计检查全国大中型水库 1057 座。针对监督检查发现的问题，及时下发"一省一单"，督促各相关单位加强整改。持续开展水库防洪调度和汛限水位执行监督检查，通过水利部与省级水行政主管部门共同发力，进一步压实了责任，减少了问题发生，促进了大中型水库调度管理水平的不断提高，充分发挥了水工程调度功能，保障了度汛安全。

三、山洪灾害监测预警监督检查

2021 年 4 月初，水利部印发了山洪灾害监测预警监督检查工作实施方案，明确了监督检查工作的形式、范围、时间、内容等；4 月底，制定完成 2021 年《山洪灾害防御监督检查工作手册》，并召开视频培训会，对 200 余名监督检查工作人员进行了培训。5—8 月，水利部组织各流域管理机构共派出 79 组次 244 人次，对山洪灾害多发、易发、存在强降雨情况的 224 个县开展监督检查，共检查县级监测预警平台 205 个（新检查 102 个、"回头看"复查 103 个）、自动监测站点 577 个、重点山洪沟 50 条，涉及 29 个省（自治区、直辖市）和新疆生产建设兵团。针对监督检查发现的问题，各流域管理机构及时下发"一省一单"，要求有关单位认真落实整改，对达到约谈及以上问责标准的，水利部对责任单位依规实施了责任追究。监督检查工作进一步提升了地方山洪灾害防御责任意识，保障了山洪灾害防治区的度汛安全。

四、超标洪水防御预案编制监督检查

2021 年 4 月，水利部印发超标洪水防御预案编制监督检查工作实施方案，明确任务分工，确定监督检查方式方法。5—6 月，水利部组织部督查办和各流域管理机构共计派出 18 组次 59 人次，完成了 7 条流域内大江大河、13 条跨省江河、26 条非跨省江河的超标洪水防御预案编制情况检查。针对监督检查发现的问题，及时下发"一省一单"，督促相关单位增强责任意识，加强问题整改，进一步提升风险意识，落实工作措施，为应对超标洪水提供有力保障。

2022 年，水利部将结合工作实际，计划重点从以下几方面做好水旱灾害防御监督检查工作：一是加强监督结果运用，加大问题整改督促力度，在后续检查中开展对整改结果的"再检查"，对以往检查发现问题进行"回头看"复查，核实整改措施和整改效果，对不整改或整改不到位的加大惩戒力度，切实做好"后半篇文章"，保证监督实效。二是继续加大部级层面水旱灾害防御监督检查力度，积极引导省级水行政主管部门开展水旱灾害防御监督检查，扩大检查覆盖面，最大限度发现和消除风险隐患。三是加强水旱灾害防御工作形势分析，有针对性地制定水旱灾害防御监督检查计划，突出检查重点，统筹组织开展好年度检查。

王　恺　执笔

钱宜伟　审核

专栏六十一

水利部出台《加强水利行业监督工作的指导意见》

水利部监督司

2021 年 7 月 21 日，水利部印发实施了《加强水利行业监督工作的指导意见》（以下简称《指导意见》），指导地方各级水行政主管部门开展水利监督工作。

一、《指导意见》编制过程

党的十九届四中全会把监督明确为政府部门、行业管理部门的基本职责。从客观情况看，在实际开展监督工作中仍然存在"上热中温下冷"的现象，部分水行政主管部门对监督工作认识不到位，存在队伍难组建、经费难保障、工作难推动等方面的问题。为完善水利监督的体制机制，部党组决定出台《指导意见》，从法制体制机制上规范水利监督工作，推动各级水行政主管部门依法依规履行监督职责，提高治水管水能力。

从水利监督实践看，综合监督、专业监督、专项监督、日常监督"四位一体"的监督体制符合水利监督工作的需要。综合监督负责统筹协调各项监督工作，坚持以问题为导向，围绕工作要点，确定监督需求，制订监督计划并组织实施。专业监督负责"三定"职责范围内的监督工作，制定专业监督检查办法，开展专项监督检查，督促问题整改，系统分析检查问题，制定相应措施，提升管理水平。专项监督负责开展对党中央国务院领导同志重要指示批示贯彻落实情况、"急难险重"重点难点事项的监督检查以及重要举报调查和对日常监督的再监督。日常监督负责年度监督工作计划的执行和开展，形成报告、指出问题，并将问题反馈给有关单位，督促其及时解决问题，消除隐患。

二、《指导意见》主要内容

《指导意见》共6个部分，第一部分"总体要求"，明确了开展行业监督工作应坚持的4个"基本原则"，提出了近期、中期、远期各阶段的"主要目标"。第二部分"建立监督制度体系"主要阐述建立完善监督工作的"2+N"制度体系，从3个方面提出建立制度体系，即"制定监督工作规定、制定专业监督检查办法、制定监督队伍管理办法"。第三部分"健全监督工作体制"提出了健全"综合监督、专业监督、专项监督和日常监督"四位一体的监督工作体制，明确了4种监督的内涵。第四部分"完善监督工作机制"提出并阐述了开展监督工作的5项工作机制，要统一协调、统一计划、统一要求、统一流程和统一平台。第五部分"强化监督成果运用"提出监督工作应坚持以问题为导向、以整改为目标、以问责为抓手，强化监督成果的运用，提出"落实问题整改、严肃责任追究、纳入考评内容、完善政策措施"4条要求措施。第六部分"落实监督组织保障"提出了做好监督工作中的组织、后勤、人才培养等要求。

全面构建水利监督工作体制机制是一个长期过程，《指导意见》印发后，部分省级水行政主管部门就贯彻落实《指导意见》出台了工作具体实施意见或相应的政策文件。下一步，水利部将通过开展宣传培训、调研指导等方式推动落实。一是加强宣传培训。通过培训解读、座谈交流等形式进行宣传贯彻，进一步统一思想、凝聚共识、形成合力。二是落实工作任务。根据《指导意见》的总体要求做好各项任务分解，抓好落实工作。三是开展专题调研。通过调研了解《指导意见》在各级水行政主管部门贯彻落实情况，对发现的问题及时提出改进建议。四是进行综合评价。把贯彻落实《指导意见》情况作为对各级水行政主管部门开展监督工作情况的重要评价指标。

陈玉辉　李　哲　执笔

祝瑞祥　审核

专栏六十二

水利行业安全生产专项整治三年行动深入推进

水利部监督司

2021 年，水利部认真贯彻落实习近平总书记关于安全生产的重要论述，持续深入推进安全生产专项整治三年行动集中攻坚，专项整治取得积极成效，全行业未发生重大及以上生产安全事故，水利安全生产形势总体平稳。

一是深入学习贯彻习近平总书记关于安全生产重要论述。水利部高度重视水利安全生产工作，部领导多次对安全生产工作作出指示批示、专题研究安全生产重大事项，部党组、党组理论学习中心组学习《生命重于泰山》电视专题片并进行深入交流研讨，各司局、部直属各单位组织开展了系统学习，主要负责同志及分管负责同志近 170 人撰写了学习体会。地方各级水行政主管部门组织开展多种形式的学习宣传，进一步推动人民至上、生命至上、安全发展理念入脑入心。

二是持续动态更新问题隐患和制度措施"两个清单"。强化对安全生产专项整治三年行动的组织领导，制定《水利部安全生产专项整治三年行动司局单位任务清单》，印发《水利部办公厅关于进一步做好水利行业安全生产专项整治三年行动的通知》，建立三年行动季度调度制度和联络员制度，持续动态更新问题隐患和制度措施两个清单。三年行动开展以来，水利行业共排查隐患 32 万余个，各单位已制定有关制度 2500 多个，隐患排查和制度建设工作正在稳步推进。

三是运用"安全监管+信息化"推进双重预防机制建设。依托水利安全生产监管信息系统，每季度开展流域、区域和部直属重点工程安全生产风险评价，从评价结果看，水利行业整体安全风险可控。在此基础上，将线上常态化监管与线下重点监管相结合，选取安全生产风险度高的地区和项目开展水利工程建设安全生产巡查，共对 14 个省份的 82 家水行政主管部门和 50 个水利建设项目进行检查，发现问题隐患 1000 余个，印发"一省一单"督促整改。大力开展水利工程建设、病险水库除险加固、运行管理和防汛安全等重点领域监督检查，特别是在湖北省十堰市燃气爆炸事故发生后，立即组织开展水利行业隐患排查整治和督导检查，全年共暗访检查项目 1.5 万余个，防范化解了安全风险。

四是强化安全生产基础建设。出台《水利安全生产监督管理办法（试行）》以及水利水电工程运行危险源辨识与风险评价导则、水利工程生产安全重大事故隐患判定标准等多项规范性文件和技术标准。全年评审公告安全生产标准化单位 131 家，组织制定水文监测、勘测设计、监理单位、后勤保障 4 类单位标准化评审标准，实施标准化动态管理。组织水利水电施工企业"三类人员"安全生产考核，全年考核发证 1.1 万余人。

王　甲　成鹿铭　执笔
钱宜伟　审核

水利建设工程质量监督和项目稽察持续推进

水利部监督司

2021年，水利建设工程质量监督和项目稽察工作持续深入推进，坚持问题零容忍、严格问题整改、严肃责任追究，狠抓工作标准化、规范化，为水利工程建设提供了坚实的监督保障，全力护航新阶段水利高质量发展。

一、提升质量监督成效

一是全面完成水利部质量监督任务。水利部对26个重大水利工程实施质量监督，其中对阿尔塔什、大藤峡等8个处于施工高峰期的工程派驻人员开展现场日常监督和质量安全巡查，对滇中引水、大藤峡等6个工程进行实体质量检测，为湖南涔天河、河南出山店等4个工程的竣工验收和引汉济渭、南水北调东线北延应急供水等7个工程的10次阶段验收出具质量监督报告。

二是加强地方质量监督工作。水利部派出14个巡查组，分3批次对13个省（自治区、直辖市）和新疆生产建设兵团的省、市、县3级水行政主管部门及其质量监督机构的质量监督履职情况进行巡查，查找问题不足，印发"一省一单"，督促地方落实整改要求，有效指导各级水行政主管部门严格履行质量监督职责。

三是做好行业质量监督顶层设计。水利部组织开展《水利工程质量监督管理规定》修订工作，形成行业征求意见稿并印发，启动行业内征求意见；编制《质量监督履职巡查作业指导书》，规范履职巡查工作；组织开展水利工程建设质量监督现状和对策分析，形成《水利工程建设质量监督现状和对策分析报告》。

二、有效开展项目稽察

一是强化"回头看"。水利部对 2020 年稽察的 44 个重大水利工程中 18 个工程和全部 61 个面上水利工程发现问题整改情况开展现场核查，针对"回头看"核实为问题整改不到位的印发"一省一单"，督促地方切实落实整改责任。

二是突出重点工程。水利部派出 73 个稽察组，分 7 批次对 29 个省（自治区、直辖市）的 42 个重大水利工程和 85 个水库除险加固项目开展稽察，印发"一省一单"和责任追究文件，着力防范化解风险隐患。

三是完善制度体系。印发《水利建设项目稽察常见问题清单（2021 年版）》；修订水利建设项目稽察发现问题责任追究标准、稽察发现典型问题通报标准和"回头看"应改未改问题责任追究标准，并在工作中试行；编制《稽察作业指导书》，同时着力推进稽察必查问题清单编制和《水利建设项目稽察办法》修订工作。

熊雁晖　执笔

祝瑞祥　审核

智慧水利篇

大力推进智慧水利建设

水利部信息中心

2021 年，水利部坚持"需求牵引、应用至上、数字赋能、提升能力"要求，出台指导智慧水利建设系列文件，推进智慧水利第一批先行先试，并在数字孪生流域建设等方面开展积极探索。

一、2021 年智慧水利建设取得积极进展

（一）高位推动，统筹谋划智慧水利

一是领导高度重视。水利部党组提出"智慧水利是新阶段水利高质量发展的显著标志"，并将智慧水利建设作为推动新阶段水利高质量发展六条实施路径之一，李国英部长亲自谋划、亲自部署，为智慧水利建设明确方向和路径。刘伟平副部长带队开展智慧水利专题调研。各地党政负责同志也高度重视智慧水利建设工作，专题听取工作汇报或对本省智慧水利建设作出指示批示。二是谋划顶层设计。印发《关于大力推进智慧水利建设的指导意见》《智慧水利建设顶层设计》《"十四五"智慧水利建设规划》《"十四五"期间推进智慧水利建设实施方案》等系列文件，明确了推进智慧水利建设的路线图、时间表、任务书、责任单，并在此基础上组织编制《数字孪生流域建设技术大纲》《数字孪生水利工程建设技术导则》《水利业务"四预"功能基本技术要求》等全局性技术文件，为下阶段大力推进智慧水利建设奠定基础。

（二）先行先试，探索数字孪生流域建设

一是圆满完成第一批先行先试。2020 年，水利部在 11 家单位实施 36 项智慧水利先行先试任务，其成果在 2021 年汉江、黄河秋汛洪水防御，浙江省"长梅"防御、新安江洪水防御，水利部黄河水利委员会、福建省督

查稽察以及广东省、苏州市河湖长制等工作中发挥了重要作用，应用成效明显，为智慧水利建设积累了宝贵经验。二是组织开展流域防洪"四预"应用试点。开发水工程联合调度模拟预演软件，初步构建长江上中游及汉江、黄河中下游、淮河上中游、嫩江、松花江、黑龙江、漳卫河等江河流域预演体系，探索验证技术路线。三是积极探索数字孪生技术。完成长江三峡区间、淮河王家坝以上、永定河河源等典型流域数据底板建设，指导四川锦屏一级水电站、北京官厅水库等开展 L3 级数据底板建设并共享接入 BIM 数据成果。

（三）聚焦"三算"，夯实数字孪生流域基础

一是算据方面。持续完善全国水利一张图，发布 2021 年度全国 2 m 分辨率正射影像，更新水库、河湖、引调水工程等基础数据，实时汇集监测数据，完善水库防汛"三个责任人"、除险加固安全度汛方案等管理数据，集成 5 条河流精细数字地形数据。二是算法方面。对集中式、分布式、参数率定方法共 33 个水文模型进行了改造升级，研发了水体、拦河坝、临河房屋、采砂场、网箱养殖等 9 类地物遥感智能识别模型。三是算力方面。水利云达到 164 个节点共 15424 核，总存储达到 7.5PB，国产化软硬件系统建设取得积极进展。

（四）强化管理，守牢网络安全底线

一是实战演练成绩突出。不断深化行业联防联控工作机制，组织行业开展协同防守，在攻防演习中确保系统未被攻破，取得优异成绩。二是开展水利关键信息基础设施保护。编制水利关键信息基础设施安全规划和指导意见，组织对已认定的关键信息基础设施进行风险评估，提升水利关键信息基础设施安全防御能力，开展水利关键信息基础设施创新研究。三是完成全年网络安全专项保障任务。组织水利行业在重要时期开展 7×24h 值班值守，确保全年未发生网络安全事件。

二、2022 年智慧水利建设重点任务

2022 年，智慧水利建设工作将坚持以习近平新时代中国特色社会主义思想为指导，全面落实习近平总书记关于网络强国的重要思想、习近平总书记"节

水优先、空间均衡、系统治理、两手发力"治水思路和关于治水重要讲话指示批示精神，深入学习领会 2022 年全国水利工作会议精神，紧密结合推动新阶段水利高质量发展需求，以数字孪生流域建设为核心，以数字孪生水利工程建设为切入点，加快推进智慧水利建设。

（一）开展先行先试

一是确定试点范围。选取小浪底、丹江口、岳城、尼尔基、三峡、南水北调、澧水（江垭皂市）、万家寨、南四湖二级坝、大藤峡、太浦闸等重点水利工程开展数字孪生工程先行先试；各流域管理机构至少选取一个重要河段开展数字孪生流域先行先试，各地方水利部门至少选取一条河流或一个水利工程开展数字孪生流域或数字孪生工程先行先试。二是强化监督管理。建立工作机制，对于入选先行先试的数字孪生流域和数字孪生水利工程实施台账管理，加强指导跟踪检查，开展评估，加大成果推广，确保先行先试取得实效。

（二）夯实数字孪生平台

一是打造数据底板。升级扩展全国水利一张图，协调增加优于 30 m 的全国数字地形和局部地区立体测图数据，更新水利工程基础数据，实时接入水利监测数据，扩展经济社会等跨行业数据。二是升级改造水利模型。构建耦合气象、水文、水动力学的网格化、分布式、精细化"降水—产流—汇流—演进"流域模型，开展洪水预报模型下垫面数据更新和参数率定，扩展河湖遥感智能识别模型库，开发重点河段和区域可视化预演模型。三是探索知识平台。构建通用水利知识图谱，探索对预案调度方案、业务规则、历史场景、专家经验等进行提取组织和挖掘处理，推动构建知识平台。四是整合共享先行先试数字孪生流域、数字孪生工程建设成果。

（三）强化"四预"措施

一是防洪业务率先开展"四预"应用。推进以流域为单元的"降雨—产流—汇流—演进"全链条水文集合预报和洪水风险预警，协同各流域管理机构按照"四预"支撑防汛会商。二是推进水资源管理与调配业务应用建设。对地下水超采通报、河湖"清四乱"、水资源刚性约束制度实施、华北河湖复苏等工作提供水资源监测评价数据服务。三是积极推动水利工程建设和运行管理、河湖长制及河湖管理、水土保持、农村水利水电等其他业务应用建设。

（四）加强网络安全防护

一是强化网络安全组织管理。完善水利关键信息基础设施安全保护制度，强化协同防守、联防联控防御体系，开展关键信息基础设施技术装备研究，强化网络安全人才培养。二是完善网络安全防护技术。构建统一、集约的基础安全服务，打造上下联动的水利网络安全态势感知平台，在数字孪生流域和数字孪生水利工程中同步开展网络安全防护体系建设。三是加强网络安全监督管理。强化网络安全监督检查，加强问题隐患排查，落实整改修复，并依法追究相关责任。四是加强数据安全工作。建立数据分类分级保护体系，加强数据安全保护制度建设，按时完成水利行业年度数据安全重点任务。

（五）完善制度标准体系

一是强化制度保障。制定数字孪生流域共建共享管理等相关办法，强化办法执行监督，推进数字孪生流域共建共享、集约利用，确保全国一盘棋。二是强化标准保障。补充完善数据底板、水利模型、"四预"功能等相关标准，尽快出台急用标准，规范和指导各地加快推进数字孪生流域建设。

陈雨潇　执笔

蔡　阳　审核

专栏六十四

水利部印发关于大力推进智慧水利建设的指导意见和实施方案

水利部信息中心

2021年，水利部加快推进智慧水利建设，印发《关于大力推进智慧水利建设的指导意见》（以下简称《指导意见》）和《"十四五"期间推进智慧水利建设实施方案》（以下简称《实施方案》），同步印发《智慧水利建设顶层设计》《"十四五"智慧水利建设规划》，明确了推进智慧水利建设的时间表、路线图、任务书、责任单。

《指导意见》作为推进智慧水利建设的政策性指导文件，明确了大力推进智慧水利建设的总体要求、重点任务和保障措施，指出要按照"需求牵引、应用至上、数字赋能、提升能力"要求，以数字化、网络化、智能化为主线，以数字化场景、智慧化模拟、精准化决策为路径，以构建数字孪生流域为核心，全面推进算据、算法、算力建设，加快构建具有预报、预警、预演、预案（以下简称"四预"）功能的智慧水利体系，为新阶段水利高质量发展提供有力支撑和强力驱动。

《指导意见》要求，到2025年，通过建设数字孪生流域、"2+N"水利智能业务应用体系、水利网络安全体系、智慧水利保障体系，推进水利工程智能化改造，建成七大江河数字孪生流域，在重点防洪地区实现"四预"，在跨流域重大引调水工程、跨省重点河湖基本实现水资源管理与调配"四预"，N项业务应用水平明显提升，建成智慧水利体系1.0版。到2030年，具有防洪任务的河湖全面建成数字孪生流域，水利业务应用的数字化、网络化、智能化水平全面提升，建成智慧水利体系2.0版。到2035年，各项水利治理管理活动全面实现数字化、网络化、智能化。

《实施方案》与《指导意见》相配套，将《指导意见》提出的重点任务进一步细化实化，从建设数字孪生流域、构建"2+N"水利智能业务应用体系、强化水利网络安全体系和优化智慧水利保障体系4方面提出25类共94项具体措施，并分别明确责任分工和完成时限，为各有关单位在"十四五"时期推动智慧水利建设提供重要指引和参考。

　　《指导意见》和《实施方案》均明确水利部网络安全与信息化领导小组负责指导全国智慧水利建设，统筹建设数字孪生流域、部本级流域防洪应用、水资源管理与调配应用以及N项业务应用，对全局性重大问题进行决策，对流域管理机构、省级水行政主管部门以及重大水利工程管理单位智慧水利建设工作进行评估考核，水利部网络安全与信息化领导小组办公室负责智慧水利建设的日常管理工作，同时提出加大投入、加强监督、建强队伍、完善标准规范等智慧水利保障体系建设要求和任务。

陈雨潇　执笔

蔡　阳　审核

第一批智慧水利先行先试取得积极成效

水利部信息中心

2020 年 3 月，水利部印发《水利部关于开展智慧水利先行先试工作的通知》，首次在水利部长江水利委员会（以下简称长江委）、水利部黄河水利委员会（以下简称黄委）、水利部太湖流域管理局 3 个流域管理机构，浙江省水利厅、福建省水利厅、广东省水利厅、贵州省水利厅、宁夏回族自治区水利厅 5 个省级水行政主管部门，深圳市水务局、宁波市水利局、苏州市水务局 3 个地市级水行政主管部门共 11 家单位，实施 36 项先行先试任务。2021 年 12 月，第一批智慧水利先行先试顺利通过水利部组织的验收，为下一步开展数字孪生流域先行先试积累了经验。

一、全面完成既定任务

36 项先行先试任务涉及水灾害、水资源、水工程、水监督、水政务等领域的重点、难点、痛点问题。水利部建立"网信部门统筹、业务部门指导、专家技术咨询"工作机制，成立智慧水利先行先试工作组。各先行先试单位高度重视，主要领导同志亲自挂帅，积极落实资金，高标准高要求推进，按期圆满完成既定任务，其中浙江省水利厅、广东省水利厅、长江委、宁夏回族自治区水利厅、深圳市水务局、福建省水利厅 6 家单位成效显著，被评为优秀。

二、先行先试成效明显

持续强化先行先试经验总结和成果凝练，形成了两批智慧水利优秀应用案例和典型解决方案，并以水利部办公厅文件正式印发，相关成果在近两年水旱灾害防御，特别是 2021 年汉江流域、黄河流域秋汛洪水防御，

2020 年长江流域、太湖流域、新安江流域洪水防御，以及黄委、福建省强监管督查稽察，广东省、苏州市河湖长制等工作中发挥了重要作用。

三、技术创新亮点纷呈

人工智能、大数据、物联网、视频识别、AR、BIM、5G 等新一代信息技术与水文监测、水库群联合调度、洪水风险预警、水政执法巡查、水利工程建设管理、河湖监管、采砂船在线监管、水利政务服务等业务工作深度融合，大大提高了水利业务工作能力和水平。

四、社会反响良好

先行先试相关工作先后受到有关省市的支持和肯定，人民日报、新华社、新华网等主流媒体积极宣传报道，吸引了清华大学、河海大学以及华为、阿里巴巴、腾讯、百度等一批高校和知名企业投入智慧水利建设，水利部还与华为技术有限公司达成战略合作意向。

五、掀起智慧水利建设热潮

在先行先试工作带动下，北京市、上海市、重庆市、浙江省、云南省、山东省、四川省、福建省、江苏省、辽宁省、贵州省、湖北省、广东省等省级地方政府以及广东省深圳市市政府发布的新基建或数字政府实施方案中都把智慧水利列为重点领域。辽宁省、江西省、河南省、四川省、甘肃省及北京市朝阳区、湖南省益阳市、云南省临沧市、江苏省宿迁市、重庆市石柱土家族自治县等地及陕西省引汉济渭工程管理局等纷纷申请加入先行先试行列。

王位鑫　执笔
钱　峰　审核

浙江省温州市：数字海塘
构筑滨海"智管线"

随着经济社会的发展，海塘防御体系中一些重建轻管的问题日益凸显。作为浙江省水利厅第一批数字化改革创新试点，温州市鹿城区第一时间交上了一份满意答卷。

一是立足需求打造数字孪生海塘。区域海塘防潮能力动态研判系统是鹿城区水利全域数字化建设项目之一，项目聚焦海塘防潮能力评价，全面采集涉及海塘安全运行的关键要素，建立海塘防御能力动态研判模型，及时预警海塘防护对象，实现闭环管控。针对项目实施过程中发现的管理短板，鹿城区制定了全国首个区级海塘管理办法，研发省级工程运管平台海塘管理模块，推动数字化改革成果在全省推广。

二是"一码通"打造健康体检中心。鹿城区全域数字化系统专门设置了海塘工程康评中心，通过红、黄、绿三色标识工程健康状态，绿色表示健康、黄色表示隐患、红色表示病险。工作人员通过"健康码"可查询工程健康状况，督促责任人在规定时间内排查黄码工程隐患，处置红码工程病险；在海塘工程管理各环节建立健康评价，对不达标或超警戒的指标项实时提示预警；警报中心通过收集工程实时监测数据、气象信息，对照预设报警阈值或者预置模型，向责任人发出报警，告知出现风险的工程，形成完整的警报安全责任体系，做到一事一警、一警一责、一责一管。日常对水利工程常规检查时，还可通过手机扫描工程二维码，登记发生的问题和时间，并转入闭环管控环节，督办水利工程责任人，最终达到解除警报的目的。

三是以点带面助力水利工程"一张图"。位于瓯江入海口的七都岛，每年都是直面风暴潮的第一站，而七都岛标准海塘是七都岛的生命线。由于年代久远，水利工程档案资料缺失严重。如今，随着全域数字化系统的应用，包括七都岛在内的各类水利工程数据资料都在不断完善，便于海塘工程运行管护过程中"随时随地可查可调可用"。与此同时，鹿城区农业农村局还在逐步推进海塘沉降位移、变形等水利工程重要指标的实时感知能力建设，通过自动预警，实现工程的智慧化管理，解决水利工程智能化分析不足、预警预报缺失等问题。

安全海塘，数字铺路。在温州市鹿城区，区域海塘防潮能力动态研判项目已初具成效，为滨海区域构筑了一条完整的"智管线"，未来它也将为守护更多海塘工程与城市安全筑牢防线。

樊弋滋　罗景月　执笔

席　晶　李　攀　审核

专栏六十六

水利部全面部署数字孪生流域建设

水利部信息中心

2021 年，水利部高位谋划、全面部署数字孪生流域建设，印发了智慧水利建设系列文件，各地水利部门也积极探索数字孪生流域建设，开展试点示范工作。

一、完成顶层设计谋划

水利部印发了智慧水利建设系列文件，《关于大力推进智慧水利建设的指导意见》提出要以数字孪生流域为核心构建智慧水利体系，《智慧水利建设顶层设计》提出了以数字孪生流域为核心和关键的智慧水利总体框架，《"十四五"期间推进智慧水利建设实施方案》谋划了七大江河数字孪生流域和重大水利工程数字孪生建设等重点工程，《"十四五"智慧水利建设规划》部署了"十四五"期间水利部数字孪生平台建设、七大江河数字孪生流域建设、重大水利工程数字孪生建设等重点任务。

二、召开行业推进会议

2021 年 12 月 23 日，水利部召开推进数字孪生流域建设工作会议。会议强调，推进数字孪生流域建设是贯彻落实习近平总书记重要讲话指示批示精神和党中央、国务院重大决策部署的明确要求，是适应现代信息技术发展形势的必然要求，是强化流域治理管理的迫切要求。各级水利部门特别是流域管理机构要把数字孪生流域建设列入重要议事日程，明确任务分工、时间节点，实行清单管理、挂图作战，加强督促检查和考核，确保各项任务按时保质完成。

三、开展积极探索与试点示范

水利部联合水利部长江水利委员会、水利部淮河水利委员会、水利部海河水利委员会等单位在长江三峡区间、淮河王家坝以上、永定河河源等典型流域开展数据底板建设，指导四川锦屏一级水电站、北京官厅水库等开展 L3 级数据底板建设，并共享接入 BIM 数据成果。各地水利部门也积极开展数字孪生建设试点，江苏太湖、江西峡江、山东小清河、河南贾鲁河、海南万泉河、广东北江、贵州清水江、甘肃舟曲、宁夏清水河、新疆塔河、陕西渭河等开展数字孪生流域建设试点。启动 11 个数字孪生水利工程建设试点，首个数字孪生水利工程——大藤峡数字孪生工程建设正式启动，数字孪生小浪底、数字孪生三峡工程等正在加快建设。

2022 年将继续推动落实推进数字孪生流域建设工作会议精神，按照智慧水利建设系列文件要求，推进标准规范体系建设，开展数字孪生流域、数字孪生水利工程先行先试，构建数字化场景，开展智慧化模拟，加快构建具有"四预"功能的智能业务应用体系。

成建国　丁昱凯　执笔

刘志雨　审核

广西壮族自治区桂平市：数字孪生技术助力"智慧大藤峡"建设

2021年12月21日，大藤峡数字孪生工程建设正式启动，来自水利部及各流域管理机构，重点水利工程管理单位及有关科研院所的代表齐聚一堂，见证全国水利行业首个数字孪生水利工程建设的历史性时刻。

"推进智慧水利建设，是提高水利信息化水平、实现数字转型和智能升级的重要抓手，是推动新阶段水利高质量发展、全面提升水安全保障能力的重要路径，是衡量水利高质量发展的显著标志。"水利部总经济师程殿龙深刻阐述智慧水利建设的重要性。

建设智慧水利，关键是要打造数字孪生流域、数字孪生水利工程。水利部明确提出到2025年建成七大江河数字孪生流域，建成11个重大水利工程数字孪生工程。大藤峡工程是珠江流域唯一一个入选的重大水利工程，也是唯一的在建工程。大藤峡数字孪生工程就是通过数字化方式创建大藤峡实体工程的"孪生双胞胎"——虚拟动态仿真，借助历史数据、实时数据以及算法模型等，模拟、验证、预测、控制大藤峡工程的全生命周期。

从接上第一根网线到构建起互联互通的物联网，大藤峡水利枢纽的智能化、信息化革命正在改变建设者的思维方式。广西大藤峡水利枢纽开发有限责任公司以"一台双赋三化四预"的大藤峡数字孪生工程建设为总体目标，其中"一台"是指建设一个数字孪生平台；"双赋"是指对工程建设管理与工程运营管理双向赋能；"三化"是指支撑公司标准化、专业化、精细化管理；"四预"是指基于大藤峡工程防洪、航运、发电、水资源配置、灌溉五大功能，开展预报、预警、预演、预案研究与应用，打造南方河流数字孪生示范工程。

"大藤峡数字孪生工程分三期建设。"大藤峡公司董事长吴小龙透露，一期建设计划于 2022 年汛前完成，构建模型服务平台，初步打造具有"四预"功能的防洪体系；二期建设计划于 2023 年年底前完成，基本建成大藤峡数字孪生工程，实现数字孪生场景下的工程安全管理和库区岸线管理；三期建设计划于 2025 年年底前完成，建成大藤峡数字孪生工程，实现智慧化运营和精细化决策支持。

覃菲茵　执笔

席　晶　李　攀　审核

专栏六十七

全国水利一张图更新与应用

水利部信息中心

根据智慧水利建设和数字孪生流域数字化场景建设要求，持续打造提升全国水利一张图，围绕功能提档升级、数据丰富扩充、服务优化完善等方面，不断深化智慧水利应用支撑服务保障。

一、功能提档升级，安全防护进一步强化

2021 版全国水利一张图成功实现全新软硬件环境业务化运行，为行业内外开展地理信息系统应用改造发挥引领示范作用，实现了数据、系统、用户、服务向新环境的无感迁移，在确保功能不丢失、性能不降低的前提下，提升了对业务应用的信息共享和业务协同支撑能力。充分利用水利部密码基础设施平台的加解密计算能力，基于国产数据库构建了数据层全量透明加密和应用层按需加密的双层协同机制，实现了对重要数据的加密存储和传输，数据安全防护能力进一步提升。按照公开地图内容表示要求，完成了新版全国水利一张图的地图审核，取得了地图审核批准书，地图服务的合规应用水平进一步提高。

二、数据不断丰富，数字孪生流域数据底板建设取得进展

着眼数字孪生流域数字化场景建设要求，按照满足整体形势分析、大区域情况研判以及分布式坡面产流、河网汇流模型等需求，不断整合扩充数据资源。为形成全国统一的时空基准，补充数字高程模型（DEM）数据、土地利用、植被覆盖、水土流失、坡度图等地理空间数据，新增规模以下水闸、淤地坝、取水口、调水工程等水利基础数据，接入地下水限采区和禁采区、地下水监测产品、取水设施、水土保持监测、汇水单元等业

务管理数据，更新年度全国陆域满覆盖水利遥感影像和自主卫星遥感即时在线服务等底图数据，加快了全国一级数据底板建设进程。积极推进重点河段重点区域的二级数据底板建设，完成黑龙江、永定河、滹沱河、漳卫河、淮河蒙洼蓄滞洪区、鄱阳湖等地区共计 17 万 km^2 的数字地表模型（DSM）产品生产，开展永定河源的无人机倾斜摄影和激光点云试点采集工作，共享接入贵州黔东南、桐梓和甘肃舟曲数字孪生数据，依托全国水利一张图初步实现了各级数据底板建设成果的汇聚。

三、按需提供服务，持续发挥支撑作用

以点带面深化新技术应用，强化服务支撑，升级扩展二三维一体化展示、多源数据汇聚治理融合、定制化空间分析计算、预演动态场景模拟等典型功能，为加快构建全国统一的数字孪生流域时空基准提供支撑。根据 2021 年度水旱灾害防御需求，补充开发洪水监测功能，加强降雨预报、洪水预警与水利一张图基础数据叠加分析和深度融合，有效提升了会商决策服务能力。持续为水资源管理与调配、河湖管理、地下水监测等其他十余个重要业务系统提供地图服务保障，有力支撑了河湖管理日常管理督查和专项行动、华北地区地下水超采综合治理河湖生态补水监测、全国水土流失动态监测和生产建设项目水土保持信息化监管等任务实施。

谢文君　执笔

钱　峰　审核

守牢水利网络安全底线

水利部信息中心

2021年，水利部深入贯彻落实习近平总书记关于网络强国的重要思想，坚持统筹发展和安全，以等级保护合规为基础，以关键信息基础设施保护为重点，以体系化建设、实战化演练、常态化运营为路径，加快构建组织管理、安全技术、监督检查三大体系，全面提升攻防对抗、监测预警、事件处置能力和水平，牢牢守住水利网络安全底线。

一、圆满完成庆祝中国共产党成立100周年网络安全专项保障任务

为做好庆祝中国共产党成立100周年网络安全保障工作，水利部专门制定保障工作方案，成立了以分管部领导任组长的保障工作领导小组，指导监督部机关司局及直属单位开展保障工作，通过落实保障工作责任、全面动员部署、建立联防联控机制、开展攻防演练、强化安全检查等多项措施，切实将保障工作落实到位，确保所有问题隐患"清零"。在重要时段，水利部组织行业开展实时监测和应急处置，落实7×24h值班制度，执行"每日零报告"，在103家单位的共同努力下，水利行业未发生网络安全事件。

二、全面启动关键信息基础设施安全保护工作

水利首批关键信息基础设施名录获批复，水利部严格落实行业保护工作部门职责，组织各运营者报送人员信息，梳理形成行业台账；加强网络安全顶层设计，制定《水利关键信息基础设施安全保护指导意见》《"十四五"水利关键信息基础设施安全规划》《水利网络安全保护技术规范》《水利网络安全联防联控工作指南》，提高水利关键信息基础设施整体安全保障能力；

采用线上、线下相结合的方式，对部分关键信息基础设施开展风险评估，摸清安全现状，查找风险隐患，指导运营者完成整改；针对行业面临的突出安全隐患，以应用研究带动基础研究，持续推进关键信息基础设施安全改造示范项目；成功申报国家关键信息基础设施（水利）网络安全技术人才创新团队，开展网络安全重大问题和先进实用技术研究与应用。

三、水利行业网络安全攻防实战能力不断提升

为提升水利行业网络安全实战化水平，水利部机关、7 个流域管理机构建成网络安全威胁感知平台，基本构建水利行业主动防御体系；同时，水利部建立了联防联控工作机制，并在 2021 年水利部网络安全攻防演练中首次采用"事先通知、限定攻击目标、不限攻击路径"的演练形式，通过实战检验联防联控机制效果，提升行业各单位实战防护能力；在全国范围的网络安全攻防实战演习中，水利部组织部机关、35 个部直属单位、32 个省级水行政主管部门开展协同防守，依托联防联控机制，实现行业情报共享、内外协同、上下联动，确保目标系统不失陷，实战演习成绩在国家部委中名列前茅，再次取得"优异"的最佳防守等次，并作为防守方代表在全国总结会上分享经验。

四、水利 IPv6 应用取得多项成果

聚焦重点领域、优先方向和瓶颈问题，以点促面加快推进水利行业 IPv6 规模部署和应用创新。已申请/24 行业专用 IPv6 地址池，在部委中率先编制水利行业 IPv6 地址规范标准。水利部网站等 IPv6 应用案例成功入选中央网信办 IPv6 规模部署和应用优秀案例。水利部信息中心、水利部黄河水利委员会、水利部海河水利委员会、水利部珠江水利委员会、山东省、青海省等项目成功申报中央网信办 IPv6 技术创新和融合应用试点。水利部信息中心成为"IPv6+创新推进组政府工作组首批成员单位"，受邀参加"2021 中国 IPv6 创新发展大会"并做交流发言。

杨　旭　执笔

付　静　审核

能 力 建 设 篇

加快提升水利科技创新能力

水利部国际合作与科技司

2021 年，水利科技工作聚焦推动新阶段水利高质量发展六条实施路径，以流域治理管理、国家水网、智慧水利等为重点，加强重大科技问题研究，深化水利科技体制改革，强化水利科技创新基地建设，加快水利科技成果推广与水利科学普及，水利科技创新能力加快提升，为推动新阶段水利高质量发展提供了有力支撑保障。

一、2021 年水利科技工作取得明显成效

（一）印发实施《"十四五"水利科技创新规划》

根据水利部党组"三对标、一规划"专项行动要求和"十四五"水安全保障规划编制工作总体部署，《"十四五"水利科技创新规划》于 2021年 12 月 31 日印发实施。规划历经调研分析、专题研究、征求意见、专家审查 4 个阶段，深入梳理分析制约水利高质量发展的关键技术问题，认真凝练重大科技需求，科学谋划"十四五"水利科技创新工作的总体思路、发展目标、重点攻关领域及任务、重点工作等，为"十四五"时期水利科技创新发展提供指导。

（二）水利重大科技问题研究深入推进

围绕水利各业务领域的重大关键技术问题，遴选启动 42 项水利重大关键技术研究。聚焦提高流域治理管理能力和水平，进一步解决流域水治理工作亟须研究的关键技术问题，启动实施 12 项流域水治理重大关键技术研究，组织完成第一批淮河、海河等 5 个流域重大科技问题研究项目实施并提交成果。深入实施长江、黄河水科学研究联合基金，组织完成 2021 年度项目指南发布、申报评审，初步确定 48 项立项实施，梳理

凝练 2022 年度项目指南建议，两项联合基金社会关注度及影响力进一步提升。推动设立水利部科技计划，组织编制《水利部科技计划管理办法》，调动各方优势资源和力量参与水利科技研发和成果推广。协调科技部积极争取国家科技计划支持，推动"长江黄河等重点流域水资源与水环境综合治理"等一批"十四五"国家重点研发计划涉水重点专项设立实施，9 项重点专项项目获批立项，争取国拨经费 2 亿余元。截至 2021 年年底，部属科研单位牵头承担的"十三五"国家重点研发计划涉水重点专项项目已有 22 项通过项目管理专业机构组织的综合绩效评价，取得了一批重要研究成果。

（三）科技体制改革与科技帮扶持续深化

推进落实中央科技改革精神，组织中国水利水电科学研究院、南京水利科学研究院完成章程制定，推动中国水利水电科学研究院、南京水利科学研究院、长江科学院、黄河水利科学研究院、珠江水利科学研究院 5 家部属科研单位围绕新阶段水利高质量发展的科技需求，进一步找准发展定位，优化调整内设科研机构及研究方向。推荐南京水利科学研究院参加 2021 年度中央级科研事业单位绩效评价，经科技部综合评价结果为"优秀"，在所有参评中央级科研事业单位中位于前列。制定加强和规范水利部部属社团涉科事务管理有关规定。评选第七届水利青年科技英才 10 名，组织开展宣传活动。制定印发水利科技组团式帮扶新疆和西藏三年行动计划，组织做好对四川省凉山州和乐山市 9 个县的水利科技帮扶工作。

（四）科技创新基地建设不断加强

围绕服务国家重大战略和水利中心工作，在大坝安全、水旱灾害防御、节水等领域加强布局，完成 10 家已建重点实验室的改革重组，部署筹建 2021 年度第一批 5 家部级重点实验室，启动筹建年度第二批部级重点实验室，积极推动与河南省政府筹划共同建设黄河实验室。成功推动内蒙古自治区阴山北麓草原生态水文野外科学观测研究站纳入国家野外科学观测研究站建设序列。加强现有 10 个部级重点实验室、13 个部级工程技术中心以及 6 个部级野外站建设管理，指导各依托单位围绕水利行业需求开展研究工作，首次发布水利部重点实验室年报。组织水利部 11 家单位顺利通过科技部 2021 年大型科研仪器开放共享评价考核，南京水利科学研究院、黄河水利科学研究院获得科技部后补助经费奖励。

（五）水利科技成果管理和推广转化取得积极进展

面向行业内外征集遴选技术成果，印发《2021 年度成熟适用水利科技成果推广清单》，采用多种形式推广运用 104 项成熟适用水利科技成果，并同步开展成效跟踪。组织实施水利技术示范项目 58 项，国拨资金 1483.86 万元，完成 55 项项目结题备案，组织完成 4 个示范园区项目结题备案前抽查工作。强化水利科技成果管理，优化升级水利科技成果信息平台，增补水利科技成果信息数据库至 3219 条。组织完成水利科技成果登记 504 项，成果评价 76 项。指导印发《2021 年度水利先进实用技术重点推广指导目录》。

（六）水利科普与科技奖励等工作加快推进

加强水利科普顶层设计，加入全国科普工作联席会议，与共青团中央、中国科协联合印发《关于加强水利科普工作的指导意见》，配套印发《关于水利科普重点工作分工实施方案》。结合"世界水日""中国水周"以及汛期等重要时间节点，组织做好经常性和应急性科普工作，积极打造水利科普品牌活动，首次举办 2021 年全国科普日水利主场活动，该活动与水利部推荐的其他 4 个活动获评全国科普日优秀活动，科技推广中心等 5 家单位获评全国科普日优秀组织单位。1 名个人和 1 个集体获评全民科学素质工作先进个人和先进集体。水利部提名推荐的 1 项技术获 2020 年度国家科学技术进步奖二等奖，1 项专利获第二十二届中国专利优秀奖。组织完成 2021 年度大禹水利科学技术奖评奖工作。

二、科学谋划 2022 年水利科技重点工作

2022 年，水利科技工作将牢牢把握推动新阶段水利高质量发展的新形势、新要求，不断强化水利战略科技力量，推动提升科技创新能力和科技攻关水平，以高水平科技自立自强支撑引领新阶段水利高质量发展。

（一）重点加强水利重大科技问题研究

围绕流域产汇流、泥沙、地下水、土壤侵蚀等通用模型的研制和升级，开展重大基础性问题研究。持续推进水利重大关键技术研究和流域水治理重大关键技术研究。深入实施长江、黄河水科学研究联合基金。积极推进水利部科技计划，发布水利部科技计划管理办法，引导行业内外优势资源围绕水利高质量发展需求开展攻关。密切跟踪"十四五"国家重点研发计划涉水专项进展，积极争取国家科技计划支持，做好已立项项目的研究实施工作。

（二）持续推进科技体制改革

优化水利科技投入机制、研发机制、应用机制、激励机制，形成贯通产学研用的水利科技创新链条。推动设立水利科技创新基金，多渠道筹集资金支持水利科技创新工作。完成部属科研院所内设机构及研究方向优化调整，推动科研院所实施章程管理，推动建立现代院所制度，进一步提升创新能力。深入实施《"十四五"水利科技创新规划》，做好宣贯工作。修订《水利青年科技英才选拔培养和管理办法》，进一步加强青年科技人才培养。

（三）不断强化科技创新平台建设

在智慧水利、国家水网建设、水生态环境保护等领域，筹建、新建一批部级重点实验室。强化重点实验室的监督管理和建设指导，加强研究内容引导，谋划制定评估指标，编印重点实验室等科技创新基地年报。制定印发加强水利野外科学观测研究站建设的指导意见，筹划新建一批部级野外站，优化完善野外站布局，积极申报国家野外科学观测研究站。进一步加强部级工程技术研究中心管理工作。

（四）统筹推动科技成果推广转化和水利科普等工作

研究出台《水利科技推广管理办法》《水利技术示范项目管理办法》，围绕水利高质量发展重点领域推广运用 100 项左右成熟适用的水利科技成果。推动成立水利科普工作领导小组和专家委员会，研究制定《水利科普基地管理办法》，组织申报一批水利科普基地。结合重要节点做好水利科普，持续加强水利科普活动品牌建设。进一步完善大禹水利科学技术奖奖励办法，做好 2022 年度大禹水利科学技术奖评审工作，统筹做好水利行业各类国家级奖项提名与申报。推动完成水利部科技委新组建工作，强化水利社团涉科事务管理。

田庆奇　汝　楠　执笔

刘志广　武文相　审核

高质量完成 2021 年度大禹水利科学技术奖评审工作

中国水利学会

2021年，大禹水利科学技术奖（以下简称大禹奖）奖励委员会共收到43个单位和5位专家提名的108项成果和团队的提名材料，按照公平、公开、公正的评审规则和科学的评价指标要求，严格规范推荐、评审和授奖程序，经形式审查、初评、会评、奖励委员会审定、水利部批准等环节，最终评选出37项成果和团队（见表1），获奖比例34.3%，保障了2021年度大禹奖的科学性、公正性和权威性，体现了奖励的质量和水平。其中，"长三角地区水安全保障技术研究与应用"成果获2021年度科技进步特等奖，"粤港澳大湾区高密度城市暴雨洪涝系统防治关键技术与装备"等9项成果获科技进步一等奖，"重大水闸工程安全诊断及性能提升关键技术与应用"等11项成果获科技进步二等奖，"华北平原冬小麦—夏玉米节水减氮增效关键技术及应用"等12项成果获科技进步三等奖；"复杂条件下土工多场多尺度测试关键技术及应用"成果获技术发明一等奖，"水利水电工程过鱼设施环境营造与生境调控技术"成果获技术发明二等奖；"《威水超人》澳门节水系列科普作品"获科学普及奖；"大连理工大学高土石坝等土工构筑物高性能分析软件研发创新团队"获创新团队奖。

表1   2021 年度大禹水利科学技术奖获奖名单

一、科技进步奖			
序号	成果名称	完成单位	获奖等级
1	长三角地区水安全保障技术研究与应用	水利部交通运输部国家能源局南京水利科学研究院、河海大学、南京大学、上海勘测设计研究院有限公司、太湖流域管理局水利发展研究中心、杭州水处理技术研究开发中心有限公司、生态环境部环境工程评估中心、浙江工业大学	特等奖
2	粤港澳大湾区高密度城市暴雨洪涝系统防治关键技术与装备	珠江水利委员会珠江水利科学研究院、北京师范大学、华南理工大学、华为技术有限公司、广东华南水电高新技术开发有限公司、广州市市政工程设计研究总院有限公司、中山大学	一等奖
3	长距离明渠调水工程多目标水力调控关键技术及应用	中国水利水电科学研究院、河北工程大学、山东省调水工程运行维护中心、南京南瑞水利水电科技有限公司	一等奖
4	降雨诱发的中小流域洪水与滑坡预报预警关键技术及平台应用	河海大学、国家气象中心、安徽省水文局、中国水利水电科学研究院	一等奖
5	寒区水质水量联合调控关键技术及应用	中国水利水电科学研究院、吉林省水利科学研究院、武汉大学、生态环境部松辽流域生态环境监督管理局、水利部松辽水利委员会	一等奖
6	长三角河湖水源地水质安全保障理论技术及应用	水利部交通运输部国家能源局南京水利科学研究院、河海大学、江苏世邦生物工程科技有限公司	一等奖
7	黄土高原植被梯田变化对流域产沙的驱动机制与效应	黄河水利委员会黄河水利科学研究院、黄河水利委员会黄河上中游管理局、北京师范大学、黄河水文水资源科学研究院	一等奖
8	调水输入影响下湖泊流域水资源多尺度演变与安全调控关键技术	水利部交通运输部国家能源局南京水利科学研究院、河海大学、合肥工业大学、水发规划设计有限公司、济宁市水文中心、连云港市水利规划设计院有限公司	一等奖

序号	成果名称	完 成 单 位	获奖等级
9	黄河流域水沙产输机理与调控关键技术	武汉大学、清华大学、大连理工大学、华北水利水电大学、中国科学院地理科学与资源研究所、黄河水利委员会黄河水利科学研究院、西安理工大学	一等奖
10	高拱坝导截流风险控制和生态流量保障技术与实践	长江勘测规划设计研究有限责任公司、中国三峡建工（集团）有限公司、长江水利委员会长江科学院、长江三峡勘测研究院有限公司（武汉）	一等奖
11	重大水闸工程安全诊断及性能提升关键技术与应用	黄河水利委员会黄河水利科学研究院、水利部交通运输部国家能源局南京水利科学研究院、长江水利委员会长江科学院、河海大学、华北水利水电大学、重庆大学	二等奖
12	水工混凝土高耐候防护修复材料与成套技术	长江水利委员会长江科学院、武汉长江科创科技发展有限公司	二等奖
13	蒸散遥感关键技术及应用	中国科学院空天信息创新研究院、中国科学院遗传与发育生物学研究所农业资源研究中心	二等奖
14	水库群三维推演防洪决策关键技术与应用	长江空间信息技术工程有限公司（武汉）、长江勘测规划设计研究有限责任公司	二等奖
15	半干旱区水文循环与生态安全理论与实践	中国水利水电科学研究院、沈阳农业大学、内蒙古农业大学、西北大学	二等奖
16	超高水头船闸（40 m 级）输水关键技术研究与应用	长江水利委员会长江科学院、长江勘测规划设计研究有限责任公司、中水东北勘测设计研究有限责任公司、广西大藤峡水利枢纽开发有限责任公司、长江三峡通航管理局	二等奖
17	湖泊蓝藻颗粒团聚过程与消除关键技术研究	中国科学院南京地理与湖泊研究所、江苏省水文水资源勘测局、水利部交通运输部国家能源局南京水利科学研究院	二等奖
18	长距离输水隧洞复杂渗流特性与渗控技术	河海大学、浙江省水利水电勘测设计院、杭州市千岛湖原水股份有限公司、黄河勘测规划设计研究院有限公司	二等奖
19	促进重要鱼类自然繁殖的长江上游梯级水库生态调度研究与应用	水利部中国科学院水工程生态研究所、中国长江三峡集团有限公司中华鲟研究所、长江水利委员会水文局、长江科学院	二等奖

续表

序号	成 果 名 称	完 成 单 位	获奖等级
20	西北典型沙漠区地下水源勘察与生态开采关键技术	黄河勘测规划设计研究院有限公司、中国地质大学（北京）、鄂尔多斯市水利局	二等奖
21	窄河谷高坝天然水垫消能技术	长江勘测规划设计研究有限责任公司、长江水利委员会长江科学院	二等奖
22	华北平原冬小麦—夏玉米节水减氮增效关键技术及应用	水利部农田灌溉研究所、河北农业大学、东方智感（浙江）科技有限公司	三等奖
23	堤防土石结合部病险探测监测及除险加固成套技术	黄河水利委员会黄河水利科学研究院、河海大学、河南黄河河务局新乡黄河河务局、郑州大学	三等奖
24	汶川震区山洪灾害风险评估与预警模型构建关键技术	长江水利委员会长江科学院、中国科学院、水利部成都山地灾害与环境研究所、四川大学、河海大学	三等奖
25	水利水电工程设计施工一体化精益建造关键技术及应用	中水北方勘测设计研究有限责任公司、天津大学	三等奖
26	河床深厚砂卵石层多尺度岩土力学分析理论、关键技术及工程应用	中国电建集团西北勘测设计研究院有限公司、河海大学、大成科创基础建设股份有限公司、中国水电基础局有限公司	三等奖
27	红旗渠安全评价关键技术研究与实践	水利部交通运输部国家能源局南京水利科学研究院、河海大学、水利部大坝安全管理中心、林州市红旗渠灌区管理处	三等奖
28	江苏沿海风暴潮灾高分辨预报模型	河海大学、江苏省水利厅	三等奖
29	面向小型水库安全运行的"水库管家"新方法新技术及其应用	武汉大学、长江水利委员会水文局、长江水利委员会长江科学院、北京太比雅科技股份有限公司、广东省水利水电科学研究院	三等奖
30	城市洪涝模拟与智能决策平台关键技术	中国水利水电科学研究院、深圳市广汇源环境水务有限公司	三等奖
31	天空地多维水土流失动态监测技术集成研发与应用	江西省水利科学院	三等奖

续表

序号	成果名称	完 成 单 位	获奖等级
32	微喷灌高效水肥调控关键产品研发与应用	水利部农田灌溉研究所	三等奖
33	河流连续体多维生态系统修复关键技术研究及应用	中国电建集团华东勘测设计研究院有限公司、中国水利水电科学研究院	三等奖
二、技术发明奖			
序号	成果名称	完成人所在单位	获奖等级
34	复杂条件下土工多场多尺度测试关键技术及应用	水利部交通运输部国家能源局南京水利科学研究院	一等奖
35	水利水电工程过鱼设施环境营造与生境调控技术	中国长江三峡集团有限公司、中国水利水电科学研究院、三峡大学、河海大学	二等奖
三、科学普及奖			
序号	作品名称	主要完成单位	获奖等级
36	《威水超人》澳门节水系列科普作品	澳门特别行政区海事及水务局、珠江水利委员会珠江水利科学研究院	科学普及奖
四、创新团队奖			
序号	团队名称	支持单位	获奖等级
37	大连理工大学高土石坝等土工构筑物高性能分析软件研发创新团队	大连理工大学	创新团队奖

淡智慧　执笔

鲁胜力　审核

深入推进水利标准化建设

水利部国际合作与科技司

2021 年，水利标准化工作深入贯彻习近平总书记"节水优先、空间均衡、系统治理、两手发力"治水思路和关于治水重要讲话指示批示精神，把握发展机遇，加快构建与新阶段水利高质量发展要求相适应的标准体系，推动水利标准化与科技创新、国际交流互动发展，标准的"指挥棒"作用进一步凸显，充分发挥标准化在推动新阶段水利高质量发展中的基础性、引领性作用。

一、2021 年水利标准化工作成效显著

（一）水利标准化改革不断深化

加强标准化制度体系建设，修订发布《水利技术标准复审细则》，规范水利技术标准复审工作。优化调整部标准化工作领导小组专家委员会，强化专家委员会在标准化工作中的咨询评议作用。向社会免费公开全部水利行业标准外文译本，为广大标准用户查询使用提供便利。组织召开 2021 年水利团体标准管理工作研讨会，建立水利团体标准工作协调机制，进一步加强对水利团体标准工作的指导和监督。

（二）标准组织管理不断强化

优化完善水利技术标准体系，修订发布《水利技术标准体系表》，全年发布 34 项水利技术标准（国家标准 5 项、行业标准 29 项），142 项在编标准有序推进。聚焦新阶段水利高质量发展，梳理生态流量、中小型病险水库除险加固等重要领域标准需求，积极推进生态流量相关标准制修订工作。组织申报国家标准委农业标准化区域服务与推广平台项目，"国家灌排农业标准化区域服务与推广平台"项目成功获批立项。实施水利技术标

准编制情况月度统计，强化标准编制进度监督管理。举办水利标准化管理培训班，推动水利标准化工作提质升级。

（三）标准实施与监督全面加强

围绕支撑服务国家重大战略和新阶段水利高质量发展，完成规划、勘测、设计、信息化等领域 142 项水利技术标准专项评估。组织研发并上线运行标准公开系统公众意见反馈平台，进一步建立健全标准实施效果评估长效机制。根据《水利技术标准复审细则》，全面完成标准年度复审工作。加强标准化示范区管理，配合市场监管总局完成国家节水灌溉标准化示范区工作检查，组织完成第十批国家农业标准化示范区项目年度绩效考核工作。发布《2020 年度水利标准化年报》，系统总结 2020 年及"十三五"时期水利标准化工作，为宏观决策管理提供参考。

（四）标准国际化取得积极进展

组织召开水利标准国际化研讨会，完善标准国际化工作协调机制。持续推动小水电国际标准制定，《小水电技术导则　第 3 部分：设计原则与要求》获 ISO（国际标准化组织）发布。推动 ISO/TC 113/SC 5（水文仪器设备和数据管理分委会）秘书处成功落地我国。组织筹划成立 ISO 小水电技术委员会，并顺利通过第一轮成员国投票。累计完成 40 项水利技术标准英文翻译出版，积极推进 36 项标准翻译。依托国际工程项目，推动水利技术标准在缅甸、柬埔寨、巴基斯坦、秘鲁等国家广泛应用。以援外培训项目为依托，大力宣传推介中国水利技术标准体系，为我国水利技术标准"走出去"奠定坚实基础。

（五）计量与资质认定工作稳步推进

完成 46 家水利检验检测机构资质认定评审，组织 94 家取得国家级资质认定的检验检测机构完成资质认定专项监督检查自查、能力验证、年度检验检测服务业统计和年度报告工作。研究制定水土保持监测设备计量管理工作措施。成功研制 2 项国家二级标准物质，并获市场监管总局审批。成立中国水利学会检验检测专业委员会，组织举办水利行业检验检测机构资质认定培训班，以中国水利学会 2021 年度学术年会为契机召开检验检测分会场会议，搭建水利行业检验检测业务交流平台。不断推进认证认可工作，组织完成400余家企业节水产品认证。

二、扎实推动2022年水利标准化工作实现新跨越

（一）健全支撑新阶段水利高质量发展的技术标准体系

对应推动新阶段水利高质量发展六条实施路径，提出完善水利技术标准体系的对策和建议，组织开展流域水利技术标准体系和管理体制机制分析研究。加快生态流量、中小型病险水库除险加固、智慧水利、国家水网建设、水旱灾害防御等水利重点领域标准制修订，深入推进强制性标准编制，全年发布30项左右水利技术标准。

（二）持续强化标准管理与实施监督

完善标准制修订审查程序，充分发挥水利部标准化工作领导小组专家委员会作用，建立重大和重要标准规范发布前第三方评估工作机制。落实主持机构标准实施主体责任，加强对相关专业领域标准实施监督和成效管理。进一步研究强化水利标准化工作平台建设和人才培养，积极申报国家技术标准创新基地。不断完善水利团体标准协调机制，推进对团体标准"双随机、一公开"监督检查。

（三）不断加强标准国际化力度

持续推进标准国际化研究，开展中外水利标准比对与跟踪分析。发挥流域管理机构标准国际化资源优势，搭建水利标准国际化信息平台。推动构建外文版水利标准体系，完善水利标准翻译项目库，完成3~5项水利标准外文翻译出版，推动水利标准制修订和翻译同步开展，加快推进小水电、水文、筑坝、泥沙等优势领域技术标准国际化。全力推动在我国成立ISO小水电技术委员会秘书处。

（四）加快推进计量与资质认定工作

完善计量管理制度体系，修订《水利部计量工作管理办法（暂行）》，制订《水利行业管理的计量器具和标准物质目录》。完善取用水计量管理政策，建立计量技术标准体系。完善水利计量监督检查机制，充分发挥全

国能源资源技术委员会水资源分委会作用，进一步推进国家水文水资源计量站建设。强化资质认定评审管理，完善检验检测机构资质认定评审监督机制。持续开展节水产品认证工作。

王　伟　米双姣　蒋雨彤　执笔

刘志广　倪　莉　审核

水利部发布 2021 年版
《水利技术标准体系表》

水利部国际合作与科技司

为深入贯彻习近平总书记"节水优先、空间均衡、系统治理、两手发力"治水思路和关于治水重要讲话指示批示精神，认真落实《中华人民共和国国民经济和社会发展第十四个五年规划和 2035 年远景目标纲要》和国家有关标准化工作的部署要求，充分发挥标准的"指挥棒"作用，以标准化推动新阶段水利高质量发展，2021 年 2 月水利部正式发布 2021 年版《水利技术标准体系表》（以下简称《体系表》），为当前和今后一个时期水利行业标准化工作提供了重要依据。

水利部于 1988 年、1994 年、2001 年、2008 年和 2014 年先后发布实施了 5 版《体系表》。近年来，国家标准化改革深入推进，水利行业发展面临新形势、新任务，对水利标准化工作提出了一系列新的要求。特别是 2018 年国务院机构改革后，迫切需要开展《体系表》修订，以适应国家标准化改革和新阶段水利高质量发展的要求。

2021 年版《体系表》是在 2014 年版的基础上，按照"坚持确有需要，管用实用；紧扣部门职能，坚持问题导向；落实改革要求，注重协调发展；合理控制规模，注重标准质量"的原则修订完成，先后经历了前期准备、标准实施效果评估、全面优化与咨询论证、广泛征求意见、专家评审、标准化工作领导小组会议审议 6 个阶段。修订后的 2021 年版《体系表》共收录水利技术标准 504 项，含 2014 年版《体系表》标准 417 项，新增 87 项，在专业门类、功能序列、附表等方面加以调整，对原有标准进行了优化整合，重点删除了 2014 年版《体系表》中老旧且不适应水利发展新形势、新要求的标准，新增了水利高质量发展亟须制定的标准，并将 21 项原国务院南水北调办批准发布的南水北调工程专项标准、13 项计量检定规程、112 项标准物质以附件形式列入《体系表》，供相关技术工作参考。

下一步，水利部将对《体系表》实行动态管理，原则上每 5 年修订一次，每年结合实际工作需要，以及标准复审和标准年度绩效评估情况等，对不适应新形势、新要求的标准予以备注，及时组织开展有迫切编制需求的标准制修订工作。紧密对接水利行业发展需求，加快构建与新阶段水利高质量发展相适应的水利技术标准体系，充分发挥标准的基础性、引领性作用，助力科技创新成果转化，促进高水平对外开放，全面支撑引领新阶段水利高质量发展。

王 伟 米双姣 蒋雨彤 执笔

倪 莉 审核

持续深化水利国际合作

水利部国际合作与科技司

2021年，水利国际合作工作深入学习贯彻习近平外交思想，积极践行习近平总书记"节水优先、空间均衡、系统治理、两手发力"治水思路和关于治水重要讲话指示批示精神，围绕"一带一路"建设等国家重大战略和水利重点工作任务，积极探索适应疫情防控常态化的工作模式，统筹开展水利多双边交流合作，实施高质量"引进来"和高水平"走出去"，为新阶段水利高质量发展提供服务与支撑，讲好中国水故事，打造周边命运共同体和全球水伙伴关系，为全球水治理提供中国智慧、中国经验、中国方案。

一、2021年水利国际交流合作取得积极进展

（一）中国水利国际影响力明显增强

水利国际交流合作工作克服疫情影响，不断创新工作模式。通过出席联合国落实可持续发展水目标高级别会议等10余次高级别多双边交流活动，积极对外宣讲中国治水理念和成功经验。举办线上多双边交流活动30余场，参加涉水国际组织机制性会议50余场。成功举办中欧水资源交流平台第八次年度高层对话会，先后举办部长级会议、科技合作研讨会和商务交流会等活动，深化中欧水资源领域合作。支持中国专家成功当选国际水资源学会主席、联合国教科文组织政府间水文计划理事会主席、国际水利与环境工程学会主席、全球水博物馆联盟副主席等。

（二）"一带一路"建设水利合作稳步推进

加强顶层谋划，完成"一带一路"建设水利合作重点实施计划的滚动更新。开展境外项目风险排查，督促各单位统筹疫情防控与建设生产，强

化项目实施全过程风险管控。累计推动 13 个项目列为国家"一带一路"重点项目。加强对外援助项目管理,指导做好 10 余个援外培训项目实施。持续招收发展中国家人员参加水利部与教育部联合设立的中国政府奖学金"一带一路"水利高层次人才培养项目、"澜湄合作"水资源高层次人才计划,目前已有亚非拉地区 200 余名学员参加培训。支持水利部服务"一带一路"人才培养基地面向水利系统组织处级干部专题研修。

(三)国际合作服务水利高质量发展走深走实

持续巩固与发展全球水伙伴关系,与丹麦环境部续签合作谅解备忘录。以水旱灾害防御、水资源节约集约利用、河湖生态保护与修复、现代化农田水利建设等水利重点任务为议题,主动引导设计国际会议、国际学术交流活动及双边固定交流机制会议,了解国际先进治水经验与水科学前沿研究成果,对外宣传中国治水理念和成效,深入开展合作需求对接。持续开展国际科技合作项目,组织做好中荷、中芬、中丹、中法、中瑞、中葡合作项目的实施,加大国际先进经验、有效做法和适用技术的引进力度。统筹利用世界银行、亚洲开发银行、全球环境基金等国际金融组织渠道实施国际合作项目,支撑服务国家区域发展战略和水利重点任务落实。

(四)跨界河流互利共赢务实合作水平进一步提升

一是跨界河流务实合作持续深化。落实澜湄合作第三次领导人会议成果,成功举办第二届澜湄水资源合作论坛,论坛发布《第二届澜湄水资源合作论坛北京倡议》,将澜湄水资源合作推向新高度。组织相关单位举行中哈、中俄、中印、澜湄等跨界河流各层级机制性会议 20 余轮次。持续稳步推进跨界河流务实友好合作,为构建周边命运共同体作出积极贡献。

二是跨界河流涉外管理不断加强。举行跨界河流涉外管理工作座谈会,进一步提升跨界河流涉外管理工作水平。配合外交部和部内主管司局开展《河道采砂条例》(草案)和《中华人民共和国陆地国界法》配套法规等相关文件起草和修订工作。主动协调并争取有关部委支持,有力推动相关省区利用跨界河流水资源重大水利工程前期工作。加强与俄罗斯在黑龙江汛期水情和重大工程调度信息共享,加强协同协作,携手成功应对 2021 年黑龙江大洪水。

三是跨界河流国际传播能力有效提升。成功举办 2021 年"澜湄周"水资源领域活动，邀请湄公河国家驻华使节参访澜沧江水电站，推动增信释疑，加强沟通理解。在澜湄合作第六次外长会和第二届澜湄水资源合作论坛期间组织澜湄水资源合作五周年成果展，作为中老建交 60 周年系列庆祝活动之一，在老挝举办"澜湄国家小流域综合治理示范（二期）"开工仪式。通过系列活动，讲好中国跨界河流水故事，宣介中国治水理念，增进与周边国家民心相通和传统友谊，彰显守信重诺的负责任大国形象。

（五）外事管理深入推进

水利外事工作顶层设计不断加强。深入贯彻落实部党组"三对标、一规划"专项行动部署，编制实施"十四五"水利外事工作安排，通过提交书面材料、调研座谈、征求意见等方式，广泛收集意见建议，梳理凝练"十四五"水利外事工作需求。进一步健全外事管理体系，出台加强因公出国（境）监督管理工作的制度文件，报请部务会审定年度国际会议计划。

二、全力推动 2022 年水利国际交流合作再上新台阶

（一）创新手段扎实做好国际交流合作

积极配合国家总体外交，通过"云会议""云磋商""云签约"等创新工作手段，持续巩固与深化水利国际交流合作关系。将推动新阶段水利高质量发展六条实施路径列为重要合作交流议题，开展与国际组织最新涉水战略的对比研究，深化涉水政策对话、技术交流和经验共享，积极发展全球伙伴关系，高水平向世界贡献中国治水智慧和中国治水方案，不断提升中国水利国际影响力。持续推进水利外事管理体制机制建设与外事队伍能力建设，不断加强重要涉水国际组织领导职务竞选竞聘及后备人才培养。

（二）深入推进"一带一路"建设水利合作

抓好水利"一带一路"规划落实，指导有关单位在"走出去"的过程中形成合力。充分利用好援外、两优贷款等资金渠道，打造一批小而美且

具备绿色竞争优势的项目。鼓励有实力、有条件的单位积极发挥对外设计咨询在对外承包工程价值链上的引领带动作用。着手搭建"一带一路"建设水利合作信息平台，数字化赋能"一带一路"建设水利合作高质量发展。加强国际合作项目的统筹谋划和管理指导，推动科技开放合作，积极融入全球创新网络。

（三）全面深化跨界河流务实合作和涉外管理

在周边外交大局和双边关系下统筹推动跨界河流机制性合作。持续深化澜湄水资源合作，打造更紧密的澜湄国家命运共同体，推动中俄防洪合作再上新台阶。积极推动跨界河流互利共赢务实合作，继续做好跨界河流水文报汛及重大水情灾情信息共享合作，彰显负责任大国形象。以《中华人民共和国陆地国界法》颁布为契机，结合跨界河流涉外管理实际需求，配合做好相关配套管理规范性文件制订，有序推进跨界河流涉外管理。

王晋苏　池欣阳　王洪明　执笔

刘志广　李　戈　钟　勇　审核

第二届澜湄水资源合作论坛成功举行

水利部国际合作与科技司

2021年12月7—8日，以"携手应对挑战，促进共同繁荣"为主题的第二届澜湄水资源合作论坛通过视频方式成功举办。本届论坛是落实澜湄合作第三次领导人会议共识的重要行动，也是澜湄合作启动五周年系列庆祝活动之一。论坛由水利部主办，包括开幕式、主旨报告、6个分论坛以及闭幕式等环节。

水利部部长李国英与柬埔寨水资源与气象部大臣林建河、老挝自然资源与环境部部长本坎·沃拉吉、缅甸交通与通讯部部长丁昂山、泰国国家水资源办公室主任基迪蒙顿·苏拉斯里、越南自然资源与环境部部长陈红河，以及联合国副秘书长刘振民共同出席开幕式并致辞。田学斌副部长主持开幕式。

李国英部长对进一步加强澜湄水资源合作提出四点建议：一是坚守合作初心，推动实现区域绿色和可持续发展。统筹处理好经济发展与生态保护的关系，实施更多水利惠民项目，给澜湄各国民众带来实实在在的福祉。二是弘扬澜湄精神，共同构建更为紧密的命运共同体。始终坚持有事商量着办的原则，照顾彼此重大关切，努力寻求最大公约数、画出最大同心圆。三是聚焦共同愿景，合力推动澜湄水资源合作提质升级。充分发挥部长级会议作用，在联合工作组框架下加强协调协作，努力打造具有国际影响力的合作交流平台。四是打造智慧流域，高质量共建澜湄水资源合作信息和知识共享平台。共同设计平台建设内容，携手开展平台后续建设，共同打造澜湄流域的智慧水利体系。

柬埔寨、老挝、缅甸、泰国、越南水利主管部门部长高度评价中方克服疫情影响举办论坛的举措，感谢中方提供的有关水文信息以及实施的民生合作项目，认为中方有关举措对下游国家防洪减灾及水资源管理发挥了重要作用，愿与中方携手进一步深化澜湄水资源合作。联合国副秘书长刘振民认为澜湄水资源合作是区域水资源合作的典范。

论坛期间，来自澜湄六国政府部门、民间社会组织、科技学术团体、企业、高校以及相关国际机构的代表，围绕水资源保护与绿色发展、水资源综合管理与应对气候变化、农村地区水利与民生改善、水电可持续发展与能源安全、跨界河流合作与信息共享和澜湄国家水治理与青年使命等议题充分沟通交流，全面分享经验。

闭幕式上，中方发布了《第二届澜湄水资源合作论坛北京倡议》，各方同意在充分考虑各国国情水情，充分尊重各国合理开发利用水资源的正当权益基础上，采取联合行动，共同把澜沧江-湄公河打造为友谊之河、合作之河、繁荣之河。

王洪明　翟晓娟　王小敏　执笔

钟　勇　审核

专栏七十二

中国专家当选重要涉水国际组织领导职务

水利部国际合作与科技司

随着我国水利国际地位的提高和水利人才队伍的壮大，水利专家在越来越多的涉水国际组织中担任重要职务。2021年李原园、余钟波、李行伟、陈永明4位中国水利专家先后成功当选国际水资源学会、联合国教科文组织政府间水文计划、国际水利与环境工程学会、全球水博物馆联盟等重要涉水国际组织领导职务。

一、有关背景情况

国际水资源学会成立于1971年，是全球水资源领域最具影响力的学术团体之一。我国专家长期积极参加学会活动，会员数量不断增加。水利部水利水电规划设计总院副院长李原园2016年起担任学会执行理事会副主席，2021年作为唯一候选人成功当选国际水资源学会执行理事会主席。

联合国教科文组织政府间水文计划成立于1975年，宗旨是提高各国政府、科研人员和公众对水科学的认识，应对国家、区域和全球水挑战。我国于1979年成立联合国教科文组织政府间水文计划中国国家委员会。河海大学余钟波教授2019年当选联合国教科文组织政府间水文计划理事会副主席、亚太区主席，2021年成功当选理事会主席，这也是中国专家首次当选该职务。

国际水利与环境工程学会成立于1935年，宗旨是促进水利、水电、水运及环境等领域水利学科知识传播、学术交流和人才培养。澳门科技大学校长李行伟于2019年当选学会主席，就任期间积极谋划学会活动，极大地提高了学会的凝聚力和影响力。李行伟校长于2021年成功连任。

全球水博物馆联盟成立于2019年，宗旨是建立全球水文化和水科普交流协作平台，鼓励展现和传承各国水文化、水遗产、水知识。中国水利博物馆自联盟成立便积极参与其发展壮大，成功当选第一届理事会副主席单位，馆长陈永明于 2021 年成功当选联盟副主席。

二、经验与成效

随着我国经济社会的快速发展，水利国际合作呈现多元化和全方位快速发展势头，合作方式、途径及领域不断拓展。我国和诸多国家、地区建立了水利交流与合作关系，在积极引进发达国家先进水利技术、设备和管理经验的同时，也积累了大量引以为傲的水利工程建设和治水经验，在世界涉水领域扮演越来越重要的角色，实现了从"跟跑"到"领跑"的转变。我国治水理念、技术、人才逐渐走近国际舞台中央，为中国专家在涉水国际组织担任领导职务、掌握话语权提供了契机，创造了有利条件。

4 位中国水利专家成功当选涉水国际组织领导职务离不开中国水利在多边国际水事合作中的积极进取。水利部近年来通过出席各类国际组织重要高级别涉水会议、积极承办大型国际水事活动和国际组织机制性会议、向重点国际组织提供捐赠用于开展各类项目和交流活动等方式，持续加强了与涉水国际组织的交流与合作。

与此同时，中国水利专家长期深入参与涉水国际组织工作，一方面积极为国际组织发展改革建言献策，利用自身国际声望帮助国际组织扩大国际影响；另一方面积极推动中国水利机构与涉水国际组织开展人员交流、科研创新等领域的深入合作，推动设立国际奖项，在涉水国际组织及其会员中获得了普遍认可和高度好评。

下一步，我国将牢牢把握中国水利专家担任国际组织领导人职务的有利时机，持续推动多边水合作，积极宣传中国治水理念和成效，深度参与国际水规则制定，为全球水资源利用保护以及水治理改革提供中国方案，作出积极贡献。水利部水利水电规划设计总院将成立国际水资源学会工作专班支持学会主席履职，并积极办好第 18 届世界水资源大会；联合国教科文组织政府间水文计划中国国家委员会将系统研究并深度参与政府间水文计划第九阶段战略规划实施工作，引领全球水文水资源领域的交流与合作；国际水利与环境工程学会北京办公室将积极深化学会与中国水利机构的合作，推动务实交流；中国水利博物馆将积极做好水文化传播工作，推动国际水遗产保护、水文化传承发扬，讲好中国水文化故事。

池欣阳　高雅祺　执笔

李　戈　审核

加强水利干部人才队伍建设

水利部人事司

2021 年，水利部深入贯彻习近平总书记关于新时代人才工作的新理念新战略新举措和中央人才工作会议精神，紧紧围绕水利中心工作、重点任务，紧抓干部、人才两支队伍建设，努力为新阶段水利高质量发展提供坚实的组织保障和干部人才支撑。

一、激励担当作为，建设高素质专业化干部队伍

（一）选优配强各级领导班子

落实新时期好干部标准，坚持把政治标准摆在第一位，紧紧围绕新阶段水利高质量发展任务选干部、配班子、建队伍，不断加强对部管班子的综合分析研判，坚持事业为上、因事择人、人岗相适，不断拓宽选人用人视野和渠道。2021 年，共调整配备部管干部 186 人次（其中提拔 71 人，进一步使用 5 人），对直属机关党委、小浪底、太湖局等 17 个部管领导班子主要负责人和长江委、黄委等 50 个部管领导班子进行了补充调整，努力形成搭配合理、优势互补的专业结构，能力互补、气质相容的性格结构，不断增强班子的整体功能。

（二）加大年轻干部选拔使用力度

深入贯彻落实《2019—2023 年全国党的领导班子建设规划纲要》精神，积极拓展年轻干部成长空间，坚持将年轻干部选拔融入部管领导班子日常调整，注重选拔政治立场坚定、综合素质好、业务能力强、发展潜力大的年轻干部。2021 年，提前退出领导岗位 20 人，新提拔"70 后"正司局级干部 3 名，"75 后"副司局级干部 18 名，进一步优化了领导班子年龄结构。

（三）加强干部交流和实践锻炼

把干部交流融入部管领导班子日常调整补充中，注重从部机关选拔年轻干部到直属单位交流任职，机关司局班子成员注重从有基层或一线领导工作经历的干部中选拔，注重将基层一线锻炼作为培养干部的重要平台和途径，强化实践锻炼，丰富经验阅历。2021年，组织完成了第十批援疆、第九批援藏、第四批援青共25人的期中集中考核工作，以及重庆、湖北、滇桂黔石漠化片区共25名挂职帮扶干部期满考核工作，新选派10名干部到地方挂职锻炼。推动机关司局和部属单位、部属单位干部之间的交流轮岗，交流任职部管干部共53人次。同时，加大对交流任职和挂职干部的关心关爱，指导帮助协调解决工作和生活困难。

二、坚持创新引领，打造一流水利人才队伍

（一）完善工作领导机制，健全党管人才工作格局

对表对标党中央要求，水利部党组坚持党管人才，进一步调整充实了水利人才工作领导小组力量，进一步推动构建完善党委（党组）统一领导，人事部门牵头抓总，相关部门密切配合，有关院校、企事业单位、社会组织广泛参与的人才工作格局。

（二）强化顶层设计，持续优化人才发展布局

一是召开水利人才工作会议。深入学习贯彻中央人才工作会议精神，召开水利人才工作会议，李国英部长发表讲话，对当前和今后一个时期的水利人才工作作出了全面系统部署，强调要全方位培养、引进、用好水利人才，让水利事业激励水利人才、让水利人才成就水利事业。中组部、教育部、科技部、人社部相关司局负责同志出席会议并讲话。会议为水利部高层次人才、人才创新团队、人才培养基地代表颁发了证书或牌匾。会议在行业内外引起较大反响。

二是高质量编制《"十四五"水利人才队伍建设规划》。结合水利部党组部署开展的"三对标、一规划"专项行动，在深入学习习近平总书记关于人才工作的重要论述，深入查找分析人才队伍和人才工作问题的基础

上，聚焦为水利高质量发展提供更加坚实的人才支撑和智力保障，编制印发《"十四五"水利人才队伍建设规划》，明确了"十四五"水利人才队伍建设的总体要求、6项主要任务、6项重点工程、5项保障措施等，为加快推进水利人才队伍建设提供了科学依据。

（三）加强选拔培养，加快提升人才队伍素质

一是全面实施水利人才发展创新行动。选拔水利领军人才20名，水利青年科技英才10名，水利青年拔尖人才100名，水利人才创新团队10个，水利人才培养基地10个。贯彻中央关于建立人才多元化投入机制有关要求，推动成立了水利人才发展基金。与国家留学基金委续签国际化人才合作培养协议，选派人才到东部和南部非洲共同市场、亚洲水理事会交流工作。

二是加强高层次人才推荐选拔。坚持严格把关，确保推荐质量，全年组织开展14批、167人次高层次人才选拔推荐。其中1人入选中国工程院院士，2人入选全国工程勘察设计大师，11人次入选其他国家重点人才工程，1家获评创新人才培养示范基地，1家单位被评为全国专业技术人员先进单位，创近年最好成绩。组织开展第三批水利部水文首席预报员、水利部专业技术二级岗位选聘工作，选拔30名全国水利行业首席技师。

三是加强教育培训促提能力水平。克服疫情影响，采取线上线下相结合方式，聚焦关键岗位、重点对象、水利重点任务，全年组织实施培训班72期，共培训9974人次，培训班评估平均优秀率为97.6%。举办水利部部管干部能力提升培训班、处级干部能力提升培训班、水利涉外干部服务"一带一路"专题研修班、水利高层次人才研修班等班次，不断提升干部人才两支队伍支撑水利高质量发展的能力。依托水利部党校，采取点名调训的方式开展优秀年轻干部集中培训，继续举办年轻干部理想信念培训班，强化年轻干部理想信念，推动青年干部健康成长进步。深入学习贯彻《中国共产党组织工作条例》（以下简称《条例》），举办《条例》宣贯培训班、部属单位人事局（处）长培训班等，推动提升水利人事干部的综合素质和工作能力水平。

（四）巩固脱贫攻坚成果，加强基层人才队伍建设帮扶

一是持续开展人才帮扶。针对西藏水利建设任务重、有项目缺人才的实际情况，应西藏自治区请求，持续开展"组团式"技术人才帮扶，统筹从16家部属单位优选35名技术骨干，分赴阿里、那曲、山南等地水利一线集中工作3个月，帮助当地解决水利"卡脖子"问题。择优选派3名优秀博士到吉林省、山西省、宁夏回族自治区开展帮扶。

二是加强业务培训帮扶。将"重点地区水利业务培训帮扶"纳入部党组直接组织和推动的"我为群众办实事"项目，在深入调研、精准对接需求的基础上，面向有关重点地区，组织举办水利业务帮扶培训班15期，培训重点地区基层水利干部1615人。根据有关地区人才培养需要，协调接收6名基层干部到部机关和部属单位跟班学习。

三是加大人才培养帮扶。组织开展水利人才"订单式"培养调研工作，被中办列入2021年调研类政务信息选题。印发《关于进一步推进水利人才"订单式"培养工作的通知》，推动15个省（自治区、直辖市）因地制宜开展基层水利人才"订单式"培养。加强与人力资源和社会保障部等部门的沟通协调，共同对第四轮高校毕业生"三支一扶"工作做出部署。

2022年，水利干部人才工作将继续坚持党管干部原则和好干部标准，把政治标准放在第一位，突出实干实绩、群众公认、基层一线导向，大力选拔在贯彻习近平总书记"节水优先、空间均衡、系统治理、两手发力"治水思路和推动水利高质量发展中担当作为、干事创业的干部。同时，深入贯彻落实中央人才工作会议和水利人才工作会议精神，全面实施人才强国战略，坚持党对人才工作的全面领导，准确把握新阶段新形势新要求，不断加强和改进水利人才工作，为水利高质量发展提供更加有力的人才保障和智力支持。

唐晓虎　陈业平　牛成业　加依娜　执笔

侯京民　审核

2021年新入选水利高层次人才、人才创新团队、人才培养基地名单

水利部人事司

表1　　　　　　　　2021年新入选水利高层次人才名单

序号	项　目	姓名	单　位
1	中国工程院院士	胡亚安	水利部交通运输部国家能源局南京水利科学研究院
2	全国工程勘察设计大师	刘志明	水利部水利水电规划设计总院
3		李清波	黄河勘测规划设计研究院有限公司
4	全国杰出专业技术人才	李原园	水利部水利水电规划设计总院
5	中青年科技创新领军人才	刘晓波	中国水利水电科学研究院
6		鲍振鑫	水利部交通运输部国家能源局南京水利科学研究院
7	水利领军人才	王玉杰	中国水利水电科学研究院
8		王国庆	水利部交通运输部国家能源局南京水利科学研究院
9		王建华	中国水利水电科学研究院
10		司富安	水利部水利水电规划设计总院
11		刘　毅	中国水利水电科学研究院
12		刘志雨	水利部信息中心
13		江恩慧	黄河水利委员会黄河水利科学研究院
14		严登华	中国水利水电科学研究院
15		李　江	新疆水利水电规划设计管理局
16		李原园	水利部水利水电规划设计总院
17		杨文俊	长江水利委员会长江科学院
18		吴文勇	中国水利水电科学研究院
19		汪小刚	中国水利水电科学研究院
20		张金良	黄河勘测规划设计研究院有限公司
21		陆　俊	水利部交通运输部国家能源局南京水利科学研究院

续表

序号	项目	姓名	单位
22		陈求稳	水利部交通运输部国家能源局南京水利科学研究院
23		陈茂山	水利部发展研究中心
24	水利领军人才	贾金生	中国大坝工程学会
25		彭文启	中国水利水电科学研究院
26		蒋云钟	中国水利水电科学研究院
27		王远见	黄河水利委员会黄河水利科学研究院
28		王宗志	水利部交通运输部国家能源局南京水利科学研究院
29		王 凯	淮河水利委员会水文局
30		安瑞冬	四川大学
31	水利青年科技英才	杨 芳	珠江水利委员会珠江水利科学研究院
32		陈小娟	水利部中国科学院水工程生态研究所
33		陈晓楠	南水北调中线干线工程建设管理局
34		赵 勇	中国水利水电科学研究院
35		程 磊	武汉大学
36		戴明龙	长江水利委员会水文局

表 2 2021 年人才创新团队名单

序号	创新团队	负责人	单位
1	多沙水库多目标优化调控创新团队	王远见	黄河水利委员会黄河水利科学研究院
2	国家关键信息基础设施（水利）网络安全技术创新团队	付 静	水利部信息中心
3	现代灌区高效用水与数字孪生创新团队	张宝忠	中国水利水电科学研究院
4	国家水网工程布局与关键技术创新团队	赵 勇	中国水利水电科学研究院
5	长江中下游河湖保护与治理研究创新团队	姚仕明	长江水利委员会长江科学院
6	水沙冰模拟与北方河流治理创新团队	郭新蕾	中国水利水电科学研究院
7	水库大坝安全与管理创新团队	盛金保	水利部交通运输部国家能源局南京水利科学研究院
8	生态海堤研究创新团队	曾 剑	浙江省水利河口研究院
9	水工程安全保障创新团队	温续余	水利部水利水电规划设计总院
10	气候变化下流域水资源与生态安全创新团队	鲍振鑫	水利部交通运输部国家能源局南京水利科学研究院

表3　　　　　　　　　2021年水利人才培养基地名单

序号	水利人才培养基地	依托单位
1	长江水利人才培养基地	长江水利委员会长江科学院
2	黄河流域水利高质量发展人才培养基地	黄河水利委员会黄河水利科学研究院
3	水利科技成果转化人才培养基地	水利部科技推广中心
4	智慧水利人才培养基地	水利部信息中心
5	水利科技创新人才培养基地	中国水利水电科学研究院
6	水利政策法制人才培养基地	水利部发展研究中心
7	绿色水电国际人才培养基地	水利部农村电气化研究所
8	水利技术技能人才培养基地	浙江同济科技职业学院
9	安徽水利人才培养基地	安徽水利水电职业技术学院
10	广西少数民族地区水利人才培养基地	广西水利电力职业技术学院

唐晓虎　加依娜　执笔

侯京民　审核

做好顶层设计　提升水文监测能力

水利部水文司

2021 年，水文工作立足新阶段水利高质量发展要求，科学谋划，做好水文顶层设计，加快推进水文现代化，大力提升水文测报与服务能力，为水利工作和经济社会发展提供有力支撑。

一、强化水文顶层设计

国家"十四五"规划和 2035 年远景目标纲要明确要求"构建智慧水利体系，以流域为单元提升水情测报和智能调度能力"，李国英部长强调"水文监测网络建设是水利现代化最重要的基础支撑""水文现代化是新阶段水利高质量发展的基础性、先行性工作"，对做好水文顶层设计提出明确要求。

（一）确定工作思路

坚持以习近平新时代中国特色社会主义思想为指导，全面贯彻党的十九大和十九届历次全会精神，完整、准确、全面贯彻新发展理念，积极践行习近平总书记"节水优先、空间均衡、系统治理、两手发力"治水思路，紧密围绕加快构建新发展格局和推动高质量发展的战略要求，以建设高质量现代化国家水文站网为主线，以完善国家水文站网布局、提升自动监测水平和强化"四预"措施为抓手，以强化水文科技创新为支撑，以加强水文管理能力为保障，以优质的水文服务为推动新阶段水利高质量发展提供可靠支撑。

（二）提出发展目标

总体目标：建立覆盖全面、精准高效、智能先进的高质量现代化国家水文站网，打造"空天地"一体化水文监测体系；实现水文全要素、全量程自动监测，水文数据测验、归集、存储、处理、预测预报和分析评价全流程自动化、智能化和精准化，建立智能高效的水文信息服务体系；引领水文化建设，传承和彰显优秀水文文化；改革创新管理体制和运行机制，强化科技支撑和人才队伍保障，建立稳定高效可持续的建设运行管理体系，2035 年实现水文现代化。

具体目标包括：完善国家水文站网，实现对有监测需求的大江大河及其主要支流、流域面积 200~3000 km² 有防洪需求的中小河流、沿海地区流域面积 1000 km² 以上入海河流等主要对象的水文监测全覆盖；省、市级行政管理边界水文监测覆盖率达到 100%；中小型水库水文监测预报预警设施全覆盖；地下水监测基本覆盖县级行政区。补齐水文测报手段落后、现代化水平低的短板，国家基本水文站推动全要素自动监测、视频监控；实现地级行政区巡测基地全覆盖，巡测比例提升至 90%。建成覆盖水文数据测验、归集、存储、处理、在线整编以及分析评价、预报预警预演等业务全流程、服务全领域的水文业务系统，完善"四预"功能。

（三）明确重点任务

建设布局合理的国家水文站网体系，构建技术先进水文监测体系，建立智能高效水文信息服务体系，健全科学系统水文管理体系，传承发展优秀水文文化。

（四）完成两个规划

水利部、国家发展改革委印发《全国水文基础设施建设"十四五"规划》，水利部印发《水文现代化建设规划》，作为当前和今后一段时期全国水文现代化建设的重要依据。组织编制印发《水文现代化建设典型设计》，指导水文现代化建设。

二、担当作为、强化支撑，助力水利高质量发展

（一）全力做好水文测报工作

2021 年我国水旱灾害多发重发，黑龙江上游发生特大洪水，海河流域卫河上游发生特大洪水，松花江发生流域性较大洪水，长江上游和汉江、

黄河中下游、海河南系等多个流域发生罕见秋汛。面对复杂严峻的汛情，全国水文部门认真贯彻党中央国务院领导指示批示精神和水利部党组要求，周密部署，扎实做好备汛工作，精心监测，密切监视雨情水情，强化"四预"，支撑防洪减灾。汛期共采集雨水情信息 27.2 亿条，抢测洪水 8490 场次，发布洪水预报 44.2 万站次，全力支撑防洪减灾，为打赢洪水防御攻坚战提供有力支撑。成功抵御长江、黄河、漳卫河、嫩江、松花江、太湖等大江大河大湖 12 次编号洪水、571 条河流超警以上洪水，有效应对黑龙江上游、卫河上游特大洪水以及松花江流域性较大洪水，有效应对超强台风"烟花"登陆北上形成的大范围长历时强降雨洪水。

（二）强化水文行业管理

水文部门立足推动新阶段水利高质量发展对水文提出的任务要求，强化针对性措施，全面加强水文行业管理。

一是规范和加强水文站网管理。组织编制完成《国际河流水文测站名录》，开展《水文站网规划技术导则》修编工作，进一步规范水文站网分级分类，强化国家水文站网管理。印发《百年水文站认定办法》，组织开展百年水文站认定工作，加强长期观测水文站及其监测资料保护。

二是强化水文法规体系建设。学习贯彻《中华人民共和国长江保护法》《地下水管理条例》。贯彻落实《水文监测资料汇交管理办法》，部署开展水文监测资料汇交工作。组织编制《水文信息发布管理办法》。

三是加强水文项目管理。组织做好"十四五"水文项目实施安排，加快推进规划内项目前期工作，组织实施年度水文项目建设，完善水文监测站网，提升水文测报能力。加大投资计划执行力度，组织修订《水文设施工程验收管理办法》，加快推进水文项目验收。

四是强化专题调研和监督检查。围绕汛前准备、新技术应用、水文数据安全管理等开展专题调研。组织完成水文监测监督检查，现场检查 26 个省份（含兵团）32 个分局、64 处水文站和 208 处地下水监测站，采取"一省一单"方式反馈整改要求，跟踪督促落实整改。

（三）加强水文监测分析评价

水文部门围绕推动新阶段水利高质量发展六条实施路径，组织做好各项重点工作，为全面提升国家水安全保障能力和科学治水管水能力提供有力支撑。

一是组织做好水文水资源监测分析。印发《河湖生态流量监测预警技术指南》，规范生态流量监测预警工作。加强生态流量监测分析，编制《全国重点河湖生态流量保障目标控制断面监测信息通报》，推动建立监测预警机制。组织做好省界和重要控制断面水资源监测分析，编制《全国省界和重要控制断面水文水资源监测信息通报》，有力支撑水资源管理。开展陕西省铜川市、宁夏回族自治区中卫市水资源承载能力监测分析试点。

二是加强生态补水监测分析。组织开展华北地区地下水超采综合治理22个补水河湖监测分析，对补水河段水量水质水生态等实施全要素全过程监测，对补水河长和水面面积等开展遥感解译。开展2021年夏季滹沱河、大清河（白洋淀）生态补水水文监测分析。编制多期华北地区地下水超采综合治理河湖生态补水水文监测简报、卫星遥感解译简报以及夏季补水日报专报等，为生态补水实时调度与效果评估等提供了有力支撑。

三是做好水质水生态监测评价。组织对全国93个饮用水水源地开展水质摸底监测和监督监测。实施江河湖库和地下水水质监测，加强数据成果分析与应用，与财政部、自然资源部、生态环境部等部门共享水质监测信息成果。组织在长江口、黄河河口三角洲湿地等248个水域开展浮游植物、底栖动物等水生态监测与分析评估。首次与市场监管总局等5部门开展2021年度检验检测机构跨部门联合监督抽查。

四是加强地下水监测与分析评价工作。加强国家地下水监测工程运行维护监督管理，推进监测资料日清月结，提升工程运行维护管理水平。加强重点地区地下水分析评价，组织对华北和西辽河等重点区域地下水水位变化进行动态监测分析，完成华北地区地下水超采现状评价报告和地下水水位变化预警简报。

五是加强水文水资源信息发布。组织编制发布《2020年全国水文统计年报》《2020年中国河流泥沙公报》和《地下水动态月报》，编制完成《中国地表水资源质量年报》《全国地下水水质状况分析评价报告》等。

三、加强管理、提升能力，着力做好 2022 年重点工作

2022 年是"十四五"时期的关键之年。水文部门将做好以下重点工作。

一是全力做好防汛抗旱水文测报工作。抓好汛前准备工作，加强应急演练；强化监测值守，强化"四预"措施，提高洪水预测预报预警水平。

二是加快推进水文能力现代化提升。全面推动《水文现代化建设规划》等规划实施，推动国家地下水监测工程（二期）等重点项目前期工作，加大水文测报现代技术装备研发和推广应用力度；举办第七届全国水文勘测技能大赛。

三是加强水质水生态监测预警。围绕复苏河湖生态环境和生态保护治理，强化重点河湖生态流量管控断面水文监测分析，推动建立生态流量监测预警机制；进一步推进水生态监测工作，继续加强饮用水水源地水质水生态监测。

四是加强地下水监测与分析评价。深入贯彻落实《地下水管理条例》，加强地下水监测与分析评价工作；组织开展华北平原、三江平原等重点区域地下水动态评价。

五是组织做好水文水资源分析评价。强化跨省江河流域省界和重要控制断面、地下水超采综合治理补水河湖、西辽河流域"量水而行"水文监测和分析评价等，编制监测信息通报；完成试点区域水资源承载能力监测分析；组织编制发布《中国水文年报》。

六是进一步完善水文法规和制度体系建设。编制《水文信息发布管理办法》；修编完成《水文站网规划技术导则》；继续做好水文监测资料汇交工作；组织完成首批百年水文站认定工作。

吴梦莹　执笔

李兴学　审核

水利舆论引导能力建设进展

水利部办公厅　水利部宣传教育中心　中国水利报社

2021 年，水利宣传工作紧密服务水利改革发展大局，创新宣传形式，拓展传播渠道，主动策划，精心组织，扎实做好水利舆论引导，为推动新阶段水利高质量发展营造了良好的舆论氛围。

一是推动习近平新时代中国特色社会主义思想宣传入脑入心。把学习宣传贯彻习近平新时代中国特色社会主义思想作为首要政治任务，深入宣传贯彻落实党的十九届六中全会精神，协调央视《新闻联播》播出水利部学习全会精神报道，在全系统掀起学习宣传热潮。先后制定实施《李国英部长在"三对标、一规划"专项行动总结大会上的重要讲话宣传方案》《南水北调后续工程高质量发展专项宣传方案》《学习贯彻习近平总书记在深入推动黄河流域生态保护和高质量发展座谈会上的重要讲话精神宣传方案》《强化流域治理管理工作会议宣传报道方案》等重点宣传方案，对水利系统落实习近平总书记关于治水重要讲话指示批示精神、推动新阶段水利高质量发展进行持续宣传。

二是紧扣建党百年宣传教育主线。制定实施《水利部庆祝中国共产党成立 100 周年宣传报道方案》，高标准高质量组织开展中国共产党成立 100 周年重大主题宣传。在部机关举办"治水百年路，牢记为民心——走进中国共产党历史展览馆中的水利"主题展览，1200 多名党员干部共同回顾党带领人民走过的治水兴水光辉历程，激发了水利干部职工奋斗"十四五"、奋进新征程的精神力量。

三是做好水利信息权威发布。协调《人民日报》刊发李国英部长关于"世界水日·中国水周"、推进南水北调后续工程高质量发展、全面推行河湖长制五周年的 3 篇署名文章，《求是》杂志刊发部党组理论文章《为实现全面建成小康社会提供水利支撑》。李国英部长出席国务院新闻办新闻发布会，权威介绍水利支撑全面建成小康社会情况。魏山忠副部长、刘伟平副部长及相关司局负责同志围绕水旱灾害防御、病险水库除险加固、《地下水管理条例》解读、河湖"清四乱"、全面推行河湖长制五周年等重大主题，举行7场新闻发布活动。全年共有《人民日报》、新华社、中央广电总台、澎湃新闻、凤凰卫视、法新社等境内外媒体记者251人次参加水利新闻发布活动，形成了集中报道声势。

四是积极协调中央主流媒体进行宣传。协调中央主流媒体和重要网络新媒体将水利作为重点报道方向，推出一大批有高度、有深度的水利报道。接受中央主流媒体采访254次；编发水利部新闻通稿244期，中央主流媒体和网络新媒体采用超1200篇；《人民日报》累计采写刊发水利稿件140余篇，央视《新闻联播》播发水利报道30条，充分扩大水利行业影响力。

五是行业融媒体集群联动发力。印发部党组关于加快推进水利媒体深度融合发展的意见，水利媒体融合有序推进，传播力与影响力持续增强。坚持移动优先，充分依托报、刊、网、新媒体等融媒集群，大力推进整合传播，全年累计发稿2.4万余篇。"节水中国、你我同行"主题宣传联合行动，抖音平台参与话题的短视频25万个，总播放量近16亿次。官方微信"中国水利"粉丝数增至180万人，年发布稿件1000余篇，点击量超1000万次；官方微博"水利部发布"粉丝数超14万人，发布稿件1100余条，点击量超3900万次，单条阅读量最高突破2260万次。

六是舆情监测服务能力不断增强。不断拓展网络、视频、大数据挖掘等方面的监测立体网络，进一步增强水利舆情信息收集、信息归槽、分析研判能力，提升舆情监测靶向性。坚持24h全网舆情监测，日均监测筛查涉水舆情约4000条。在全国水利工作会议、全国"两会"等重要时间节点加强值守，滚动加密舆情监测。针对重点工作编发专题舆情信息报告及智库报告，强化深度分析，增强舆情信息参考性。

李 洁 胡 邈 执笔

李晓琳 周文凤 唐 瑾 审核

专栏七十四

中国水利融媒体智慧平台建设进展

水利部办公厅　中国水利报社

2021年，水利部党组专题研究加快推进水利媒体深度融合发展并印发指导意见。

水利融媒体工作充分研究国内外媒体新技术应用，借鉴国内融媒体转型成功经验，进一步结合中国水利发展特色和宣传需求，计划着力建设"中国水利融媒体智慧平台——水事云"（以下简称"水事云"）项目。该项目旨在能够全面、长期地借助人工智能技术更好地赋能内容生产和传播、更好地连接内容信息和用户、更好地助力内容体验与运营，从而向全国水利新闻用户提供形式更加多样、内容更加丰富的阅读体验，为行业主流舆论阵地建设提供空间更加延展、安全更加可控的新型平台。

参照中宣部对融媒体建设的有关要求和规范，"水事云"将组建"一中心、一平台、一体系、一模式"。

"一中心"即中国水利智媒生产传播中心。通过建设水利新闻智媒内容生产管理平台和智能媒资系统、智媒移动客户端平台、智媒生产传播枢纽平台等，全面提升水利行业新型主流媒体融合生产传播能力，打造移动优先、视频优先的主流舆论阵地，汇聚官方水利信息及全网采集的涉水信息。

"一平台"即中国水利智慧决策服务平台。通过建设水利传播大数据资源库，构建大数据服务中台，整合智库资源，对接各级水利数据中心，提供具有水利行业特性的大数据分析服务和智慧决策支撑。

"一体系"即具有中国水利特色的"新闻+政务+服务+智库+商务"运营生态体系。以新闻资讯服务为切口，以用户需求为导向，建设水利公共服务和政务服务的智能前端服务入口，构建满足涉水多元需求的水利服务一站式平台和生态体系。

"一模式"即中国水利智媒拓展服务合作模式。基于项目建设的统一生产平台、主流发布平台、智数决策平台等能力，形成行业标杆效应，面向中央、各省市水利单位开放赋能，打造融合发展的合作新模式。

根据建设方案，"水事云"项目计划采用三期建设实施，第一期将建设统一的智媒生产发布中心，实现智能化升级；第二期强化平台数据服务能力，盘活水利数字资产，挖掘数据价值，实现行业赋能，深入探索"新闻+政务+服务+智库+商务"融合发展的新模式；第三期实现平台面向省市级开放赋能，打造全国水利一张网、一盘棋。

目前，平台建设已写入智慧水利"十四五"规划，平台建设方案已报送国家文化产业发展项目库。

杨文杰　布方坤　执笔

李晓琳　唐　瑾　审核

流域管理篇

牢牢扛起长江"代言人"使命
奋力开创流域治理管理工作新局面
——2021年长江流域重点工作进展与成效

水利部长江水利委员会

2021年，水利部长江水利委员会（以下简称长江委）深入贯彻习近平新时代中国特色社会主义思想，在水利部坚强领导下，经受住了罕见秋汛的考验、经济发展的考验、新冠疫情的考验，扎实推进各项工作，圆满实现"十四五"开局之年的各项目标。

一、水旱灾害防御成效显著

面对2021年长江流域多轮强降雨洪水和罕见秋汛，长江委认真落实习近平总书记关于防灾减灾的重要指示批示精神，坚持防住为王、"预"字当先，锚定"人员不伤亡、水库不垮坝、重要堤防不决口、重要基础设施不受冲击"的目标，全力投入大战大考。加强"四预"措施，组织会商156次，下发调度指令93个，成功防御长江1号洪水、嘉陵江3次编号洪水、汉江7次洪水过程和两湖水系洪水，有效应对台风"烟花"影响。特别是在应对汉江罕见秋汛过程中，通过精细调度，丹江口水库累计拦蓄洪水98.6亿 m^3，最大削峰率71%。长江流域水工程联合调度从"有"向"强"不断迈进，纳入联合调度的水工程达到107座，三峡水库连续12年蓄至175m，丹江口水库首次实现170m满蓄目标，有力保障防洪安全、供水安全。

二、流域规划体系日趋完善

持续巩固"三对标、一规划"专项行动成果，科学编制《长江流域

（片）"十四五"水安全保障规划》，全力做好治江顶层设计。孔雀河、岷江流域综合规划，长江中下游干流河道采砂管理规划（2021—2025年）获批，《长江三角洲区域一体化发展水安全保障规划》印发实施。编制完成安澜长江建设方案，第三次长江流域（片）水资源调查评价完成成果核定，长江流域防洪规划（修编）、长江口综合整治开发规划等制修订工作有序开展。持续抓好三峡后续工作项目管理，协调洞庭湖四口水系综合整治湖南、湖北两省达成共识。深化南水北调后续工程规划和建设方案比选论证，加大引江补汉前期工作力度，助力加快构建国家水网主骨架和大动脉。

三、水资源管控持续强化

坚持量水而行、节水为重，不断强化水资源集约节约利用，优化水资源配置。牵头建立全流域水资源调度协调机制，湘江等14条跨省河流水量分配方案报水利部审核。扎实推进重点河流和重要水工程水量调度，有效实施德泽水库应急供水调度，保障昆明市城市供水安全。加强南水北调中线水量调度，陶岔渠2021年度供水90.5亿 m^3。加强落实水资源刚性约束制度，流域水资源动态管控继续强化，断面监测数量增加至265个。完成241个委管规模以上取水项目取水实时在线监测，推进水资源监测与用水统计。深入实施国家节水行动，高质量完成77个县（区）节水型社会达标建设复核，全委新增节水机关（单位）33家。

四、水生态保护修复精准发力

紧紧围绕人民群众对优美生态环境的需求，坚决维护河湖健康生命。狠抓长江经济带涉水生态环境突出问题整改，《2021年长江经济带生态环境警示片》中涉及水利的50个问题，已督促完成整改49个。科学制定重要河湖生态流量目标，强化日常监管，实现86条重点河湖135个控制断面生态流量动态管控全覆盖。连续11年开展生态调度试验，长江宜都江段产漂流性卵鱼类产卵规模创历年之最，连续4年开展丹江口水库鱼类增殖放流，鱼苗年放流数量首次达到325万尾的设计规模。协调指导流域水土流失防治，组织召开长江上游水土保持委员会第十八次会议，全年流域水土流失面积减少 5400 km²。

五、河湖管护水平加快提升

加强河湖长制制度建设，着力健全流域河湖长制制度体系，建立"长江委+省级河长制办公室"协作机制，出台长江流域（片）河湖长制信息共享实施细则和跨省河湖联防联控指导意见。积极推进丹江口"守好一库碧水"专项整治行动，持续开展河湖管理"清四乱"监督检查，检查河段（湖片）1322 个，督促地方累计清理整治"四乱"问题 1.5 万个。加快长江干流岸线利用项目清理整治扫尾工作，涉嫌违法违规的 2441 个项目全部完成整改。完成 9 省份 108 个非法矮围清理取缔工作，拆除围堤约 131 km。完成 38 个河湖岸线保护与利用规划复核，开展长江中游约 955 km 河道查勘，不断加强洲滩民垸保护与治理，河湖面貌得到持续改善。

六、工程建设运行管理和行业监管扎实推进

坚持建管并重，一批重大工程实现重要节点目标，行业监管有力有效。丹江口大坝加高工程和中线水源供水调度运行管理专项两个设计单元通过水利部完工验收，南水北调中线水源工程全面进入运行管理阶段。贵州省夹岩水利枢纽下闸蓄水，西藏自治区拉洛水利枢纽灌区完成通水阶段验收。督导检查江西等 9 省（自治区、直辖市）197 个在建和运行管理项目，督促整改问题 164 个。委管水库全年安全运行，皂市水利枢纽工程荣获 2019—2020 年度中国水利工程优质（大禹）奖。扎实推进小型水库安全运行、小水电清理整改、农村饮水安全等重大水利督查检查专项工作 24 项，派出督查组 489 组次、1646 人次，发现问题 3864 个，采取"一省一单"方式印发督促整改通知 26 份。

七、依法治江管水全面加强

全面推进《中华人民共和国长江保护法》贯彻实施，加强水行政执法和监督检查，流域水事秩序持续向好。开展国家工作人员宪法宣誓工作，

印发实施《水利部长江水利委员会生态流量监督管理办法》。开展水事纠纷集中排查化解，推动湘桂边界和平隧洞引水工程水事矛盾所在地县（区）正式签署协议。联合五部门开展长江采砂综合整治和涉砂船舶专项治理行动。累计暗访巡江 2.7 万 km，组织开展联合执法 64 次，始终保持省际边界重点河段非法采砂高压严打态势。推进三峡、陆水水库清淤砂综合利用，综合利用航道疏浚砂 881 万 t。深化战略合作，与 7 家政府、企事业单位、高校签署战略合作协议，战略合作伙伴增加至 18 家，共抓长江大保护合力不断增强。

八、智慧水利建设稳步推进

按照"需求牵引、应用至上、数字赋能、提升能力"要求，加快构建数字孪生长江体系。修编长江委水利网信"十四五"建设实施方案，确立数字孪生长江、智慧长江两步走路线图。强抓基础体系建设，初步形成综合监测站网、中心数据库，精心打造"一张图"，初步建成数字孪生长江算据基础。启动丹江口、江垭、皂市等工程，汉江、澧水等流域以及三峡库区、城陵矶附近地区等河段的数字孪生长江试点建设。推动水文在线整编、水库群联合调度、智能采砂监管等智慧水利先行先试工作。完成长江委网络安全在线系统定级，持续开展网络安全攻防演练，长江委网络安全保障能力进一步提升。

九、科技支撑能力显著提升

将科技创新摆在治江兴委的突出位置，全委科技创新能力持续提升。制定印发《2020—2035 年"四个长江"建设规划纲要》，发布《2021 年长江治理与保护报告》。强化科技创新，7 项牵头成果荣获 2021 年度大禹水利科学技术奖，成功举办首届长江科学技术奖评选活动。获批国家及省部级科技计划项目 45 项，2 项科技成果亮相国家"十三五"科技创新成就展。加强科技平台建设，获批筹建水利部长江治理与保护重点实验室，启动湖北长江实验室建设，成立水利电力规划设计（塞内加尔）国际技术转移离岸中心。加强科技合作与交流，成功举办长江治理与保护科技创新高端论坛。稳步推进亚洲合作资金项目申报与实施，澜湄水资源合作不断加强。

十、全面从严治党迈出新步伐

扎实开展党史学习教育，做到学党史与悟思想融会贯通、办实事与开新局同向发力。隆重庆祝中国共产党成立100周年，推动"我为群众办实事"见实效。深入开展"三对标、一规划"专项行动，狠抓59项具体任务整改落实。加强基层组织建设，全面加强对"一把手"和领导班子监督。强化党风廉政建设，开展制度执行情况自查自纠，积极配合水利部巡视组驻点巡视，配合国家审计署驻点审计，加强对委属单位巡察，实现委属党组织第二轮巡察全覆盖。加强意识形态主阵地建设，大力宣传郑守仁同志先进事迹，组成报告团在长江委及长江流域7省（直辖市）宣讲，为推动新阶段流域水利高质量发展凝聚奋进力量。

2022年，长江委将按照2022年全国水利工作会议部署要求，加强流域统一规划、统一治理、统一调度、统一管理，统筹治江兴委各项重点工作，为新阶段长江流域水利高质量发展奠定坚实基础。一是全力做好水旱灾害防御；二是加快推进规划和水利前期工作；三是全面落实最严格水资源管理；四是深入推进水生态环境保护修复；五是持续强化河湖岸线管护；六是加强水利工程建设与运行管理；七是严格依法治江管水；八是加快推进数字孪生长江建设；九是全面推进创新驱动发展；十是统筹推进长江委高质量发展；十一是扎实推进全面从严治党。

邓涌涌　张兆松　王　凡　执笔

戴润泉　审核

专栏七十五

践行长江大保护　助力河湖焕新颜

水利部长江水利委员会

2021 年是"十四五"开局之年，水利部长江水利委员会（以下简称长江委）把高质量推进河湖管理保护作为贯彻新发展理念的重要举措，真抓实干、狠抓落实，流域河湖管理工作取得阶段性成效，河湖面貌持续大幅改观，人民群众的获得感、幸福感、安全感明显增强。

一、聚焦深度融合，联合共治长效管护

全面推行河湖长制，是党中央立足解决我国复杂水问题、保障国家水安全，从生态文明建设和经济社会发展全局出发作出的重大决策部署。2021 年，长江委继续抓好"一个关键"——河湖长制，进一步完善河湖长制工作机制，充分发挥流域管理机构在河湖长制中的协调、指导、监督、监测等作用，强化流域统筹和区域协作，推进流域管理与河湖长制工作深度融合。

长江委会同流域 19 省（自治区、直辖市）建立长江流域（片）河湖长制协作机制，召开第一次工作会议，搭建跨区域议事协商和协调协作平台，凝聚形成流域统筹、区域协同、部门联动的河湖管理保护新格局，逐步完善河湖管理保护长效机制。

二、坚持问题导向，专项整治抓细抓准

河湖"清四乱"是推动河湖长制从"有名有责"向"有能有效"转变的重要抓手。长江委继续聚焦河湖水域岸线，强化监管，持续开展河湖"四乱"问题、岸线利用问题等清理整治。全年共派出 24 个工作小组，赴西藏、四川、江西等 7 省（自治区）开展暗访检查，共检查河段（湖片）

1322 个，印发"一省一单"7 份，督促地方累计完成 1.5 万个河湖"四乱"问题的整改。同时加快长江干流岸线利用项目清理整治扫尾，指导督促地方加大整改力度，涉嫌违法违规的 2441 个项目全部完成整改，标志着长江干流岸线保护和利用专项检查行动全面完成。加强统筹协调和现场督导，指导督促 9 省份完成 108 个非法矮围清理取缔，拆除围堤约 131 km，河湖水系进一步畅通。

三、推进数字赋能，智慧河湖提档升级

为满足新阶段水利高质量发展和长江大保护要求，长江委着力推进"智慧河湖"建设，重点打造长江流域河湖综合管理信息系统，推进河湖管理基础信息数字化，同时加快管理平台体系建设，组织开发河湖督查、岸线管理、河湖划界等专题，并将河湖管理基础数据与地理信息数据进行互通及融合，运用卫星遥感、无人机、移动端 App 等信息手段，加强河湖水域岸线动态监控，推进智能应用，提高工作效能。

卞俊杰　岳鹏宇　执笔

金兴平　审核

踔厉奋发 笃行不怠
奋力谱写新阶段黄河流域
水利高质量发展新篇章
——2021 年黄河流域重点工作进展与成效

水利部黄河水利委员会

2021 年，水利部黄河水利委员会（以下简称黄委）深入学习贯彻习近平总书记关于黄河保护治理重要讲话指示批示精神，沿着习近平总书记指引的方向，全力推动黄河流域生态保护和高质量发展，全面推动新阶段黄河流域水利高质量发展，各项工作稳中求进，实现"十四五"良好开局。

一、全面加强党的建设

深入学习习近平新时代中国特色社会主义思想，围绕习近平总书记在庆祝中国共产党成立 100 周年大会上的重要讲话精神、党的十九届六中全会精神、习近平总书记在深入推动黄河流域生态保护和高质量发展座谈会上的重要讲话精神等开展黄委党组中心组学习 54 次，不断增强忠诚意识，坚定拥护"两个确立"，坚决做到"两个维护"。把党史学习教育作为重大政治任务，黄委党组带头深入学习，各级党组织运用红色故事大赛、河边坝头讲党史等方式，推进党史学习教育入脑入心、活化深化，办好 343 件民生实事，切实做到学党史、悟思想、办实事、开新局。黄委党组签领中央巡视水利部党组反馈问题和水利部党组巡视反馈意见，全部按序时进度完成年度目标任务。完成黄委党组第七轮巡察，督促整改落实清仓见底。完成新一轮审计全覆盖，纳入审计台账的问题 90% 完成整改。加强对"一把手"和领导班子的考核监督，基本建成黄河水利基层党建示范带，将全面从严治党贯通到"最后一公里"。加强专项整治、风险防控和警示教育，强化监督执纪问责，一体推进不敢腐、不能腐、不想腐。

二、细化实化重大国家战略实施路径

扎实开展"三对标、一规划"专项行动，各级领导班子认真开展不同阶段学习研讨，完善了黄河流域"十四五"水利改革发展规划体系。不断延伸拓展专项行动成果，科学编制《黄河流域生态保护和高质量发展水安全保障规划》，提出流域水安全保障总体思路、主要目标及重大措施。制定《推动新阶段黄河流域水利高质量发展"十四五"行动方案》，确定"八大行动"，提出重大工程、重大项目、重大政策清单，进一步明确了落实重大国家战略的时间表、任务书、路线图。

三、坚决打赢罕见秋汛洪水防御硬仗

面对新中国成立以来黄河流域最严重秋汛洪水，超常规开展洪水预报943站次，密集开展防汛会商预演75次，4次果断启动防汛应急响应。实施大范围高精度水库群联合调度，在调度范围上，突出大空间尺度，大小水库能用尽用，同时利用三盛公、南水北调东线等工程增加洪水出路；在调度精度上，下足"绣花"功夫，将花园口站流量控制在4800 m^3/s 左右，艾山站流量控制在5200 m^3/s 以下，小浪底水库水位控制在274 m以下，充分运用了水库拦蓄洪功能，发挥了河道排洪能力。1870名干部下沉一线，5000多名职工全线压上，专业和群防队伍3.3万人奋战在抗洪一线。预置设备、物料和队伍，确保抢早抢小抢住，避免下游滩区140万人转移和399万亩耕地受淹。

四、有效提升水资源集约节约利用水平

全年黄河干流累计供水280亿 m^3 ，为国家粮食生产"十八连丰"和流域经济社会发展作出了"黄河贡献"，实现黄河连续22年不断流。强化黑河水量统一调度，向额济纳绿洲输送生态水量6.17亿 m^3 ，黑河东居延海连续17年不干涸。建立水资源最大刚性约束重点任务台账，抓实水资源消耗总量和强度双控措施，暂停流域6省（自治区）13个地市和62个县水

资源超载地区新增取水许可审批，指导地方开展超载治理。开展取用水管理专项整治行动整改提升，推动解决了一批久拖未决的违规取用水问题。制订《黄河流域深度节水控水行动实施方案》，召开黄河流域（片）节约用水工作座谈会，联合各省份打好深度节水控水攻坚战。完成 6 省（自治区）60 个县域的节水型社会达标建设复核，解决用水项目 16 个。全河新建节水型单位 39 个，黄委机关获得"公共机构水效领跑者"称号。

五、持续改善流域生态环境

实施全河生态调度，黄河干流和 6 条重点支流主要控制断面生态流量全部达标，确定了第三批重点河流生态流量保障目标。累计向河道外重要湖泊湿地生态补水 54.7 亿 m^3，为乌梁素海、白洋淀等生态脆弱区保护修复注入新活力，黄河三角洲自然保护区首次实现 13 个取水口同时过水，有力促进了华北地区地下水超采综合治理和生态环境改善。科学实施调水调沙，三门峡、小浪底水库分别排沙 2617 万 t、6374 万 t。2021 年黄河流域水土保持中央预算投资创历史新高。编制黄河流域水土流失综合防治规划、推进黄河流域水土保持高质量发展的指导意见、黄河流域淤地坝建设和坡耕地水土流失综合治理"十四五"实施方案等，着力构建水土流失综合防治新格局。完成黄河流域生产建设项目水土保持专项整治，推动违法违规项目全部整改销号。建立全国首个流域省级河湖长联席会议机制，完成黄河岸线利用项目专项整治，清理整治违法违规项目 1639 个，完成滩岸复绿约 1100 万 m^2。整治"四乱"问题 1252 个，严厉查处非法采砂行为。推进黄河流域生态环境突出问题水利整改工作，迅速核查处置陕西省韩城市龙门段河道被非法侵占问题，督促整改落实见行见效。研究制定重大突发水污染事件水利报告办法和应对工作规定，开展新一轮地下水超采区划定。

六、不断加大工程建设与管理力度

南水北调后续工程高质量发展 7 项专题通过水利部审议；修改完善古贤水利枢纽可研及环评报告；黑山峡河段开发重大专题论证进入全面

收尾阶段。黄河下游涵闸改建工程可研获得国家发展改革委批复，下游"十四五"防洪工程可研、下游防洪工程安全监控系统可研上报国家发展改革委，贯孟堤扩建工程可研通过水利部审查，温孟滩防护堤加固工程初步方案编制完成。黄河下游防洪工程全面完工，禹潼段工程开工建设并完成年度任务，东平湖蓄滞洪区防洪工程和沁河下游防洪治理工程通过竣工验收，渠村分洪闸除险加固工程、南水北调中线沁河倒虹吸工程荣获中国水利工程优质（大禹）奖。黑河黄藏寺水利工程在重重困难中取得新进展。及时开展郑州"7·20"特大暴雨水毁修复，大力推进黄委直管水利工程标准化管理，50%的水管单位编制完成"三册一表一台账"，3家单位完成国家级水管单位创建，2家单位通过复核，创建黄委示范工程32处。

七、夯实打牢黄河保护治理基础支撑

黄河保护法立法工作取得突破性进展，组建工作专班，黄委200多人参与，黄河保护法（草案）进入全国人大常委会审议程序。加强与公检法司配合，发挥黄河派出所作用，河南省人民检察院派驻河南河务局检察室正式挂牌，累计设立黄河环境资源巡回法庭31处、司法修复基地22处、检察工作室10处，全年处置违法行为1624起，立案269件，结案率达97%，行政与司法衔接、流域与区域联动的态势进一步稳固。全年受理水行政许可项目148个，按时办结率和申请人满意度均达100%。全面启动"八五"普法，1人入选2021年度全国十大法治人物。全面启动数字孪生黄河建设，举全河之力搭建建设框架，基本完成建设规划编制，龙门水文站等6站完成水文映射试点。4项国家重点研发计划项目课题获科技部立项，6项黄河水科学研究联合基金重点项目获批，9项重大科技研究获水利部立项，7项成果获省部级科技奖励。省部共建的黄河实验室等一批科研创新平台落户黄委，首批27个创新团队组建完成。深入开展安全生产专项整治三年行动集中攻坚，排查生产安全事故隐患2065个，整改2022个。制定黄委"十四五"人才队伍建设规划，提出五支人才队伍建设目标任务。黄委机关连续5年获得河南省平安建设先进单位，4家委属单位荣获全国水利文明单位。聚焦重大国家战略落实开展全方位宣传，守好意识形态阵地，大力保护传承弘扬黄河文化。

白　波　李　萌　执笔

苏茂林　审核

专栏七十六

众志成城战胜新中国成立以来最严重黄河秋汛洪水

水利部黄河水利委员会

2021 年 8—10 月，黄河发生新中国成立以来最严重秋汛，水利部黄河水利委员会（以下简称黄委）全面贯彻习近平总书记关于防汛救灾工作重要指示精神，在水利部坚强领导下，团结流域各方、克服重重困难，夺取了秋汛洪水防御的全面胜利。

坚持"预"字当先。汛前及时完善各类防汛方案预案，排查并完成 8900 余项问题隐患整改；结合汛前腾库迎洪开展调水调沙，检验并维持中水河槽过流能力；组织开展 50 余次、近 6000 人参加的防汛抢险演练。打好洪水防御的"前哨战"，秋汛洪水到来前，全面完成 8000 余处雨毁工程修复任务。秋汛洪水发生后，锚定"不伤亡、不漫滩、不跑坝"防御目标不动摇，及时启动防御大洪水工作机制，4 次启动防汛应急响应，响应持续 53 天。合理布置测次，滚动分析研判雨情、水情、工情，跟踪监测洪水演进，超常规开展洪水预报 943 站次，密集召开防汛会商 75 次，预警预报和应对措施建议直达一线，牢牢把落实"四预"措施挺在前面。

坚持依法科学精细调度。在调度范围上，突出大空间尺度，干支流大小水库能用尽用，同时严格控制东平湖、金堤河、天然文岩渠入黄水量不超标，利用三盛公、南水北调东线等工程为洪水寻找分泄出路。在调度精度上，下足"绣花"功夫，用好洪水演进的时间差和空间差，在确保水库安全和滩区不漫滩的前提下，极限运用水库拦蓄洪功能，极致发挥了河道排洪能力。两次将花园口站超 $10000\,\mathrm{m^3/s}$ 的天然洪峰流量削减至 $4800\,\mathrm{m^3/s}$ 左右，控制艾山站流量不超过 $5200\,\mathrm{m^3/s}$，控制小浪底水库水位不超过 274 m。

在确保防洪安全前提下，三门峡水库三次敞泄运用，库区累积冲刷泥沙
0.62 亿 t，小浪底水库结合防洪运用实施异重流排沙，进一步减轻了水库
和河道淤积，干支流 10 座大型水库完成蓄水 367.3 亿 m³，实现了多目标
统筹调度。

坚持"防住为王"。紧急动员 16 个机关部门、8 个委属单位 1870 名干
部下沉一线，5000 多名职工全线压上，在黄委和各级河务部门统筹推动与
精准对接下，地方水利、应急、公安、交通、电力、通信等部门和企事业
单位、民兵组织、消防救援队伍等扛起主体责任、属地责任和社会责任，
专业和群防队伍 3.3 万人奋战在抗洪一线，专群结合、群防群治力量得到
充分展现。把隐患当险情对待、把小险当大险处置、把可能当发生应对，
科学实施工程预加固，提前预置防汛力量，对控导工程、靠溜坝岸、坝
裆、偎水堤防进行不间断巡查，形成了由点到线、连线成面、到边到底的
全线防御态势，确保险情第一时间发现，抢早抢小抢住。退水期留足防御
力量、坚持严防死守，避免了下游滩区 140 万人转移和 399 万亩耕地受淹，
续写了黄河岁岁安澜的新时代华章。

白　波　只茂伟　执笔

苏茂林　审核

围绕水利高质量发展主题　强化党建引领
淮河保护治理取得新成效

——2021年淮河流域重点工作进展与成效

水利部淮河水利委员会

2021年，在水利部党组的正确领导下，水利部淮河水利委员会（以下简称淮委）围绕推动新阶段水利高质量发展主题，强化责任担当，积极履职尽责，推动淮河保护治理和淮委改革发展迈出有力步伐，实现了"十四五"良好开局。

一、一以贯之，纵深推进，党的建设呈现新气象

一是深入开展"三对标、一规划"专项行动。按照水利部党组安排部署，组织干部职工参加各类专题辅导9200余人次、研讨交流6300余人次，实现全面覆盖、全员参与。充分运用各阶段、各层级专题研讨成果，编制完成2项规划和38项具体工作计划。对标推动新阶段水利高质量发展的六条实施路径和需要提升的四种能力，淮委召开10余次委务会议和主任专题办公会议，分6个专题谋划思路举措，为确保部党组各项决策部署落地生根奠定了基础。

二是扎实开展党史学习教育。认真学习党史、新中国史、改革开放史和社会主义发展史，及时跟进学习习近平总书记"七一"重要讲话精神和党的十九届六中全会精神，持续推进学习走深走实。扎实开展"我为群众办实事"实践活动，按期完成委党组研究确定的8项实事、各基层党组织提出的54项实事。通过党史学习教育，广大党员干部职工增强了坚定拥护"两个确立"、坚决做到"两个维护"的思想自觉、政治自觉、行动自觉，做到学史明理、学史增信、学史崇德、学史力行。

三是举办建党百年庆祝活动。组织收看庆祝中国共产党成立 100 周年大会，召开淮委庆祝中国共产党成立 100 周年"两优一先"表彰大会、"光荣在党 50 年"老党员老干部座谈会，举办"庆建党百年"读书朗诵、歌咏比赛、演讲比赛等系列活动，激励引导广大党员干部感悟思想伟力，争做先锋力量。

四是坚定不移推动全面从严治党。坚决扛起管党治党政治责任，制定印发《贯彻落实〈加强对"一把手"和领导班子监督的意见〉重点任务清单》，开展党风廉政建设警示教育、集体廉政谈话。组织开展机关"保留车辆"加油卡专项检查等专项行动，持续整治形式主义、官僚主义。对照签领的中央巡视整改 18 个共性问题，组织制定和推动落实 48 项具体整改措施。完成第八轮、第九轮对 9 家直属单位党组织巡察。组织开展淮委第一届"水利先锋党支部"评选，完成 15 个基层党组织标准化考核验收。

五是强化党对干部和人才队伍建设的领导。加大年轻干部选拔培养力度，不断优化干部队伍结构，淮委党组选拔任用 17 名处级领导干部，岗位交流 10 名处级干部，基本配齐机关各处室领导班子，提高了干部干事创业的积极性。强化人才培养，引导激励青年干部职工成长成才，淮委 1 人入选水利青年科技英才，2 人入选水利青年拔尖人才，1 人入选第三批全国水利行业首席技师，1 人荣获全国水利技术能手。

二、强化"四预"，科学调度，水旱灾害防御取得新胜利

一是全力推进数字孪生淮河建设。编制完成《数字孪生淮河总体规划》，分区、分段、分期推动数字孪生淮河建设，积极谋划先期实施南四湖二级坝和淮河干流蚌浮段数字孪生工程。完成淮河干流王家坝至正阳关河段智慧防洪"四预"试点建设，自主研发洪水预报调度一体化系统，基本实现"四预"全链条在线协同、动态交互、适时融合和仿真模拟。

二是全力做好水旱灾害防御工作。2021 年汛期，淮河流域降雨偏多 3 成，共出现 8 次强降雨过程，52 条河流发生超警以上洪水。汛前，淮委组织修编淮河及主要支流超标洪水防御预案和"作战图"，开展水旱灾害防御"四预"演练。汛期，组织防汛会商 161 次，启动水旱灾害防御应急响

应 9 次，督促流域内 100 余座病险水库空库运行。发出调度指令 171 份，有效调度周口闸、阜阳闸等敞泄行洪，调度昭平台水库、燕山水库等拦洪削峰，调度洪泽湖及沂沭泗重要闸坝分泄洪水，成功防御了沙颍河上游暴雨洪水，有效应对了台风"烟花"影响。汛末，指导地方做好蓄水工作，流域大型水库和主要湖泊蓄水量较汛初增加 24%。

三是深入开展防汛查弱项补短板。认真落实李国英部长关于防汛查弱项补短板工作部署，组织流域各省开展重要江河行洪能力梳理复核，研提解决措施与工作建议，形成《淮河流域防汛查弱项补短板工作情况报告》，为加快补齐流域防汛短板奠定了坚实基础。

三、积极谋划，加快推进，水利工程体系建设再掀新高潮

一是深入谋划新阶段淮河保护治理高质量发展。认真贯彻习近平总书记视察淮河时的重要指示精神，编制完成《新阶段淮河治理方案》《淮河流域"十四五"水安全保障规划》，全面启动流域防洪规划修编，积极推进流域水利基础设施空间布局规划、国家水网工程规划编制。深入贯彻习近平总书记在推进南水北调后续工程高质量发展座谈会上的重要讲话精神，按期完成 3 个重大专题论证报告、东中线组合方案比选论证及概念设计，及时修订东线二期工程规划报告。

二是加快推进重大水利工程建设。编制完成淮河干流浮山以下段可研、沂沭泗河洪水东调南下提标工程规划。推动袁湾水库 4 项重大水利工程开工建设，加快推进引江济淮、淮河干流王临段等在建工程。完成引江济淮淠河总干渠渡槽等 10 项工程阶段验收，完成出山店水库等 8 项重大水利工程竣工验收，重大水利工程单项验收数量占全国的 40%。西淝河泵站、蔺家坝泵站等 9 项水利工程荣获中国水利工程优质（大禹）奖，占获奖项目总数的五分之一。

四、持续发力，创新推动，工程运行管理得到新加强

一是深入开展直管工程标准化建设。认真总结沂沭泗水系一管理 40 年经验，推进沂沭泗局基层局改革，提升直管河湖管理效能。制定印发直

管堤防工程管理标准等 7 项标准、制度，基本建成"2+N"标准化管理体系。上级湖水利管理局成功创建国家级水管单位，江风口分洪闸管理局率先通过标准化管理验收，直管水闸安全鉴定实现存量全部销号。

二是全面强化工程运行管理。指导完成大中型病险水库除险加固 9 座、小型病险水库除险加固 464 座。全覆盖检查南水北调东线一期工程 38 家现场运行管理单位。组织开展南水北调东线一期工程省际段水量、流量、水质等各类监测 660 余次，2021 年度向山东调水 6.74 亿 m^3，8 年累计调水 52.88 亿 m^3，各监测断面水质稳定在Ⅲ类及以上。

五、合理分水，依法管水，水资源集约节约利用得到新提升

一是持续做好水资源管理。全面完成淮河区第三次水资源调查评价。积极推进第四批 5 条跨省河湖水量分配，其中竹竿河、浉河水量分配方案获得水利部批复。有序推进 4 条跨省河流水资源统一调度。积极落实水资源刚性约束制度，严格水资源论证和取水许可审批，对不符合取用水管控要求的 8 个项目不予或暂停许可，对超许可水量较大的取用水户依法进行行政处罚。扎实推进取用水管理专项整治行动。积极参与最严格水资源管理制度考核，江苏、山东、安徽 3 省"十三五"时期实行最严格水资源管理制度被国务院办公厅通报表扬为"优秀"等级。

二是大力推进水资源节约保护。全面完成 91 个县域节水型社会达标建设复核。完成流域农业用水定额评估，开展豫皖两省重点用水户用水定额执行情况抽查。开展流域地下水管控指标复核，完善黄淮地区重点区域地下水超采治理与保护方案。完成 57 个重要饮用水水源地安全达标建设检查和评估，完成 20 个饮用水水源地建设管理抽查。

六、立足保护，系统治理，河湖健康生命维护取得新进展

一是加大重点河湖保护与综合治理力度。流域重要河道岸线保护与利用规划、采砂管理规划印发实施。建立淮河干流省界段采砂联防联控机制，组织编制南四湖、高邮湖"一湖一策"。开展淮干岸线、直管河湖、京杭大运河"四乱"问题清理整治，发现"四乱"问题 857 个，督促整改

完成 804 个。开展"蓝盾·七一""蓝盾·国庆"等 8 次采砂监管检查。组织完成 16 条流域级幸福河湖建设。

二是持续加强生态流量保障监管。制定第三批 6 河 2 湖生态流量保障目标，印发第一、二批 7 河 2 湖生态流量保障实施方案。密切关注淮河干流、沙颍河等主要控制断面生态流量保障情况，积极沟通，及时预警，第一、二批重点跨省河湖生态流量目标满足率平均为 99.88%。

三是科学推进水土流失综合治理。协同开展水土流失动态监测与水土保持监管，推进南水北调东线水源区水源涵养及水土保持建设，强化流域内生产建设项目水土保持事中事后监管，完成流域 4 个国家级重点防治区 49 个县 7.86 万 km² 水土流失动态监测任务。

七、强化监督，精准发力，流域综合管理再上新台阶

一是强化常态化监督检查。完成 14 项综合监督任务和 8 项专业监督任务，累计派出检查组 250 余组次、1300 余人次，发现反馈问题 3200 余个，印发"一省一单" 14 份，及时督促问题整改，有效防范化解水利风险。扎实开展安全生产专项整治三年行动集中攻坚，开展安全生产状况评价 4 次，动态辨识管控危险源 5000 余处，排查治理隐患 500 余项，淮委安全生产形势持续稳定向好。

二是巩固拓展水利扶贫成果同乡村振兴水利保障有效衔接。用力用情做好援疆、援藏工作。扎实做好湖北省十堰市郧阳区、安徽省阜阳市阜南县水利帮扶工作。持续加强农村饮水安全动态监测，规范农村供水工程设施运行管理，妥善解决群众"急难愁盼"饮水问题，高质量做好农村供水保障。淮委 2 个集体荣获"全国水利扶贫先进集体"称号，4 人荣获"全国水利扶贫先进个人"称号，2 人荣获"安徽省脱贫攻坚先进个人"称号。

三是提升依法治水管水能力。深入学习贯彻习近平法治思想，加强决策和文件的合法合规性审查。深化"放管服"改革，规范做好政务公开和行政许可工作，进一步加强许可事项事中事后监管，完成 270 余份取水许可证电子化转换，实现取水许可审批服务"一网通办"。加强水行政执法，

开展执法监督检查，依法处置水事违法案件，行政执法结案率提升到95.83%。扎实开展水事矛盾纠纷排查化解，调处皖苏边界三龙支河等3起水事纠纷。

郑朝纲　执笔

刘冬顺　审核

专栏七十七

推动数字孪生淮河建设
为强化淮河流域治理管理提供支撑与保障

水利部淮河水利委员会

数字孪生流域建设是新时代水利事业的一场数字革命，是适应现代信息技术发展形势的必然要求，是强化流域治理管理的迫切需要，是推动新阶段水利高质量发展的显著标志。2021年，李国英部长指示水利部淮河水利委员会（以下简称淮委）要率先开展智慧防洪"四预"试点建设。淮委党组迅速部署、高位推动，举全委之力研究开展试点工作，以点带面稳步推进数字孪生淮河建设。

一、完善算据，构建数据底板

强化空天地一体化监测，采用直升机加载激光雷达技术等，获得了淮河干流5处行蓄洪区共742 km²、1 m分辨率的高精度地形数据，淮河干流相关河段130 km、50 m间隔河道断面数据，以及淮河流域（片）33万km²、10 m分辨率的高精度数字高程数据，融合集成多源多尺度数据约1T，初步搭建了淮河正阳关以上数字流场；完善淮河水利一张图成果，补充河道岸线保护与利用规划成果数据、"四乱"问题专项整治成果等，汇入水利部病险水库信息。

二、优化算法，完善水利专业模型

研发了短时段精细化洪水预报模型，精细考虑暴雨时空分布，进一步提高了洪水预报精度。研发了时空变源分布式水文模型，基于最新高精度DEM数据，将正阳关以上流域8.86万km²划分为5157个小流域，实现了流域"降雨—产流—汇流—演进"全过程精细化数学模拟；利用高精度 DEM 数据地形，制作了相对误差 5 cm 的重点工程实景三维数据模型及 BIM 模型，实现了王家坝闸数字化；构建了基于 GPU 加速技术的一、二维水动力学洪水模拟计算模型，实现了正阳关以上流域洪水快速精细化模拟。

三、提升算力，扩展计算资源

购置 3 台高性能服务器，完成了"一朵云"288 核 CPU、512 GB 内存、6TB 存储容量淮委计算存储资源池扩容；采用"一横（计算单元并行）一纵（产汇流过程并行）一硬（GPU/CPU 并行）一软（读写并行）"分布式并行调度算法，大幅提升计算效率，每个蓄滞洪区洪水演进全过程计算均可在 50 s 内完成，基本实现了正阳关以上流域洪水实时预报和快速精细化演示。

四、强化应用，推进"四预"覆盖

率先完成了淮河干流王家坝至正阳关试点流域防洪"四预"系统建设，初步实现了洪水"四预"的全链条在线协同、动态交互、实时融合和仿真模拟。洪水预报结果实现了 2 h 自动更新，全天候实时滚动预报，预报时效性和频次得到显著增强，有效提升了洪水预报实战水平。经实践检验，淮河干流控制站最大流量相对误差基本在 10% 以下，洪水预报预见期基本能够达到 2~4 天，"四预"系统在多场关键洪水预报中发挥了重要作用。

五、加强防护，守住安全底线

加快实施淮委网络安全能力提升工程，率先开展信息系统密码应用改造，实现与水利部安全态势感知平台的威胁情报共享，增强了主动监测预警、纵深防御和应急响应的能力，网络信息系统全天候安全稳定运行，在 2020 年、2021 年水利部和公安部的网络安全攻防演练中连续两年创造信息资产"零失陷"的优异成绩，获得水利部通报表扬。

邓映之　王　凯　执笔

刘冬顺　审核

聚焦六条路径　强化"四个统一"
全力推动海河流域水利高质量发展

——2021年海河流域重点工作进展与成效

水利部海河水利委员会

2021年，水利部海河水利委员会（以下简称海委）全面贯彻党的十九大和十九届历次全会精神，积极践行习近平总书记"节水优先、空间均衡、系统治理、两手发力"治水思路（以下简称"十六字"治水思路），聚焦六条实施路径，攻坚克难完成了既定年度重点目标任务，成功战胜了海河流域历史罕见的夏秋连汛，为流域经济社会高质量发展提供了坚实的水安全保障。

一、扎实推进流域水利事业取得新成效

全面打赢夏秋连汛攻坚战。2021年海河流域发生历史罕见夏秋连汛，全流域发生15次强降雨过程，产生3个编号洪水。海委认真贯彻落实习近平总书记关于防汛救灾工作的重要指示精神和李克强总理等国务院领导同志批示要求，按照水利部统一部署，充分发挥流域管理机构作用，锚定"人员不伤亡、水库不垮坝、重要堤防不决口、重要基础设施不受冲击"目标，坚持流域单元，组织协调流域上下游、左右岸、干支流，协同发力、团结抗洪，滚动预测预报，科学会商研判，累计召开防汛会商会议116次，首次启动Ⅰ级应急响应，组织群防队伍和技术人员6万余人，预置专业抢险队伍约8000人，全力抓好巡堤查险和应急抢护。精准调度岳城、潘家口、大黑汀等骨干水库，充分拦洪削峰，取得了防汛攻坚战的最后胜利。

服务保障国家重大战略能力不断提高。海委持续助力雄安新区水安全

保障，签订《雄安新区水安全保障合作框架协议》，完成 2021 年雄安新区起步区安全度汛方案。制定落实北京冬奥会水资源保障实施方案，全面保障赛事用水安全。会同有关单位完成南水北调总体规划东线部分评估报告等论证报告，完成南水北调重要受水城市供水安全保障重大专题研究。推进华北地区地下水超采综合治理取得显著成效，编制完成《"十四五"京津冀重点区域地下水超采治理与保护方案》，推动向滹沱河等 22 个河湖生态补水 85 亿 m³，补水河湖周边 10 km 范围内浅层地下水水位平均同比回升 2.9 m。推动实施永定河平原南段等应急疏挖工程，优化多水源统一调度，累计向永定河生态补水 2.9 亿 m³，断流 26 年的永定河实现首次全线通水。

水利基础设施建设加快推进。海委启动防洪规划修编重大问题论证，聚焦防洪体系短板，明确"十四五"建设重点。汛后第一时间专题研究卫河管理有关工作，复核卫河干流治理方案，系统谋划漳卫河"21·7"洪水灾后重建工作。推动实施河道堤防达标建设和河道整治，推进流域 18 处蓄滞洪区工程与安全建设。全面加快委属工程建设，列入国家 150 项重大水利工程的卫河干流治理和海河防潮闸除险加固工程顺利开工，四女寺北闸除险加固工程通过竣工验收。海委网信基础建设"六大工程"全面建成并正式上线，海委网络安全能力提升和 IPv6 改造、华北地区地下水超采综合治理信息管理系统等信息化建设任务圆满完成，永定河水资源实时监控与调度系统建设项目检测体系基本建成。

水资源配置和生态修复成效显著。圆满完成南水北调东线北延应急供水工程，南水北调东中线工程年度调水 68 亿 m³。严格取水许可审批，不予许可、核减和注销不合理取水申请 14.3 亿 m³。推进取用水管理专项整治行动整改提升，完成 273 个取水口问题整改。开展京津冀晋 2021 年度水资源管理监督检查和地下水管控指标复核。津冀晋 66 个县域节水型社会达标建设复核全面完成。启动海河流域新一轮地下水超采区划定工作，开展 2020 年地下水超采评价。完成夏季滹沱河、大清河（白洋淀）生态补水，627 km 河道全线贯通，补水 2.21 亿 m³。印发《永定河、滦河生态水量保障实施方案》，编制潮白河、南运河生态水量（水位）保障实施方案，逐月对白洋淀等 19 个河湖生态水位（水量）保障情况跟踪评估。完成 14 个重要饮用水水源地安全保障达标评估，加强岳城水库、潘家口—大黑汀水库水源保护，潘家口—大黑汀水库水质稳定向好。

二、筑牢流域水利高质量发展基础

不断完善流域水利改革发展顶层设计。以全面提升流域水安全保障能力为主线，以服务京津冀协同发展，高标准、高质量推进雄安新区建设和北京城市副中心建设等国家重大战略为重点，紧紧围绕流域新老水问题，科学谋划流域发展，编制完成以《海河流域"十四五"水安全保障规划》为核心的各类规划 13 个、工作计划 24 个，印发《海委贯彻落实"三对标、一规划"专项行动总结大会精神、推动"十四五"流域水利高质量发展重点工作实施方案》，形成"十四五"流域水利发展规划框架体系，为新阶段海河流域水利改革发展明确了路线图、任务书、时间表。

持续强化依法治水管水。深化水利"放管服"改革，全面做好行政审批监管平台和行政审批服务窗口管理工作，依法高效完成 192 项水行政许可事项，推动"互联网+监管"系统应用。召开河湖长制联席会议，组织京津冀省级河长办开展联合巡河，督导清理树障 79 万棵，拆除违建约 9.4 万 m^2。强化水行政执法与监督，组织京津冀 3 省（直辖市）对永定河官厅水库等开展联合执法巡查检查，立案查处水事违法案件 4 件。成功调处北京周边和漳河上游水事纠纷 2 件。

统筹提升行业监管能力。统筹实施对小型水库、水闸工程和堤防险工险段安全运行，河湖"清四乱"，农村饮水安全等的监督检查工作，累计派出 74 个组 290 余人次，对 800 余个项目开展监督检查。创新组成 43 个联合督查组开展联合督查，大力提升了监督检查工作效能。高度关注南水北调工程运行安全，对流域南水北调中线工程实施了 9 轮监督检查。完成京津冀晋 109 个县、454 段（片）河湖督查。强化流域水土保持监管，实现对 68 个项目督查全覆盖。

三、纵深推进全面从严治党

深入开展党史学习教育。围绕习近平总书记"七一"重要讲话等专题开展集体学习 24 次、研讨 10 次；海委党组成员讲授专题党课，并带动各级党组织书记讲授专题党课共 190 余次。召开海委庆祝中国共产党成立 100 周年表彰大会。扎实开展"我为群众办实事"实践活动，召开 2 次专题会推进委党组直接组织的 7 件实事和各部门单位确定的 93 件实事取得实效。举办知识竞赛、演讲比赛、革命遗址遗迹参观学习等活动，通过多种形式巩固提升学习效果。

高质量完成"三对标、一规划"专项行动。紧跟水利部党组工作步伐，坚持对表对标、学思践悟，坚持以上率下、周密部署，摸索形成"全面系统学、深入思考学、线上线下学、班子带头学、青年突出学和全员研讨实践"的"5+1"工作模式。以抽查暗访等方式压实基层工作责任，切实做到全委步调一致、质量不减。海委开展"三对标、一规划"专项行动总评成绩在水利部名列前茅，得到了水利部党组的充分肯定。

全面从严治党工作深入推进。海委党组充分发挥落实全面从严治党的领导作用，召开委系统党风廉政建设工作会，将落实全面从严治党要求与水利业务同部署、同落实、同检查、同考核。印发《中共海委党组落实全面从严治党主体责任 2021 年任务安排》，拧紧"清单+监管+问责"链条，层层压紧压实政治责任。委党组成员认真履行"一岗双责"，认真抓好分管部门单位全面从严治党工作。认真落实海委党组与纪检组定期沟通协调机制，召开 2 次沟通协调会，共同推动全面从严治党工作，实现主体责任和监督责任同向发力、同频共振。

2022 年，海委将深入贯彻习近平总书记"十六字"治水思路和关于治水重要讲话指示批示精神，聚焦提升四种能力，落实六条实施路径，强化"四个统一"，细化实化具体措施，奋力推动新阶段海河流域水利高质量发展。一是全面完善流域防洪工程体系建设，全面抓好卫河干流综合治理工程等流域重大防洪工程建设，加快推进漳卫河"21·7"洪水灾后重建工作。二是立足流域整体和水资源空间均衡配置，加快建设国家水网流域骨干工程，配合做好南水北调后续工程高质量发展各项工作，不断提升水资源优化配置能力。三是继续推进华北地区地下水超采综合治理，持续推进永定河综合治理与生态修复，强化白洋淀等重点河湖生态流量保障和水源保护，着力复苏流域河湖生态环境。四是加快数字孪生海河建设，加快构建数字孪生海河平台，推进数字孪生永定河、数字孪生岳城水库先行先试，加快推进"2+N"水利业务应用系统建设，为流域水治理现代化赋能。五是建立健全节水制度政策，推进节水型社会建设，完善流域水资源刚性约束制度，坚决落实以水定城、以水定地、以水定人、以水定产，全面强化节水控水。六是完善水治理体制机制，强化流域统一治理管理，加强省际水事矛盾纠纷调处，推动建立流域横向水生态补偿机制，以体制机制创新推动流域治理管理工作实现新突破。

韩雪成　执笔

王文生　审核

专栏七十八

精准调度 科学应对
成功战胜海河流域 2021 年夏秋连汛

水利部海河水利委员会

2021 年，海河流域遭遇历史罕见夏秋连汛，先后发生 15 次强降水，产生 3 个编号洪水，7 座大型水库超历史最高水位，11 个蓄滞洪区相继启用。面对严峻汛情，李国英部长密集连线水利部海河水利委员会（以下简称海委）作出部署，并赶赴子牙河、漳卫河检查指导。海委认真贯彻习近平总书记关于防汛救灾工作的重要指示批示精神，落实李克强总理等国务院领导同志批示要求，按照水利部统一部署，锚定"四不"目标，下足"绣花"功夫，做好"四预"文章，取得防汛抗洪攻坚战的最后胜利。

提高政治站位，全面压实责任。坚持人民至上、生命至上，海委各级领导和干部职工全员取消休假，坚守岗位、团结协作、密切配合，广泛凝聚起防汛抗洪的强大合力。全体党员及青年干部职工充分发挥先锋模范和青年突击队作用，积极投身防汛一线，参与巡查防守和险情抢护，始终让党旗在防汛一线高高飘扬。

强化"四预"措施，把握防汛主动。密切监视雨水情，滚动预测预报，科学会商研判，汛期累计召开 116 次防汛会商。强化雨水情分析及预警，形成预报成果 152 期、水文信息专报 117 期。先后启动 13 次应急响应，首次启用 I 级应急响应。及时发布洪水蓝色、黄色预警。强化信息报送，累计完成水旱灾害防御信息 110 期、防汛工作提示 30 份，为防汛决策提供基础支撑。

科学精准调度，发挥工程效益。科学、精细、精准调度漳河、卫河上游骨干水库群，全力拦洪削峰错峰。及时协调地方启用漳卫河、子牙河系蓄滞洪区，采取河道分泄措施，确保中下游河道和沿河重要城镇、重要基础设施安全。多次连线河北、山西、河南、山东等省，统筹上下游、左右岸，合理安排上游水库蓄水与下游河道泄流关系，在确保岳城水库安全的前提下，连续实施预泄、控泄、缓泄等精细化调度，力求做到"流量控制到 $1\,m^3/s$、水位控制到 $1cm$"，最大程度减轻了下游河道防守压力，确保了工程安全、人员安全。

强化检查巡查，确保防洪安全。加强督导检查，派出 46 个工作组赴防汛一线检查指导，提供专业技术支撑。汛期超 6 万名群防队伍和技术人员坚守一线巡堤查险，8000 余人专业抢险队伍随时投入应急抢护，有效处置了卫河左堤彭村漫溢决口等 120 余处险情。督促地方加大巡查防护，做好巡堤查险、险情防护、险情报送等工作，杜绝安全隐患，确保工程绝对安全。

坚持流域单元，加快灾后重建。全面复盘漳卫河"21·7"暴雨洪水，系统谋划灾后水利建设，用最短时间完成灾后重建实施方案。组织复核卫河干流治理工程初设，优化工程布局，完善治理方案。及时完成蓄滞洪区运用补偿核查，完成防汛查弱项补短板工作。

韩雪成　执笔

王文生　审核

全面提升水安全保障能力
推动新阶段珠江水利高质量发展

——2021 年珠江流域重点工作进展与成效

水利部珠江水利委员会

2021 年，水利部珠江水利委员会（以下简称珠江委）全面贯彻落实水利部党组决策部署，认真履行流域管理职责，科学谋划新阶段流域发展蓝图，不断提升流域水安全保障能力，各项工作取得积极进展和成效。

一、"三对标、一规划"专项行动成效显著

坚持党建引领，以"三对标、一规划"专项行动为主线，推动党建与业务深度融合。编印珠江委贯彻落实水利部重要部署学习材料汇编等，将学习研讨推向深入。高质量编制完成《珠江"十四五"水安全保障规划》，提出落实《中华人民共和国国民经济和社会发展第十四个五年规划和 2035 年远景目标纲要》的 200 条具体工作计划，将学习成果转化为推动高质量发展的务实举措。

二、水旱灾害防御工作取得新胜利

2021 年，珠江流域汛情总体平稳，共有 30 场强降雨、89 条河流超警、7 个台风登陆或影响珠江，但主要江河来水偏少，东江流域、韩江流域遭遇 60 年来最严重旱情。面对严峻的水旱灾害防御形势，按照水利部统一部署，珠江委强化"四预"措施，切实做好水旱灾害防御工作。一是扎实做好防汛工作。科学调度大中型水库 656 座次，拦蓄洪水 119.43 亿 m^3，减淹城镇 315 个、耕地 202.42 万亩，避免转移人员 130 万余人，流域防汛取得全面胜利。二是全力做好抗旱保供水。及时启动抗旱Ⅳ级应急响应，实

施珠江、韩江枯水期水量统一调度，加强对东江水量调度指导，督促地方做实做细抗旱保供水措施，构筑当地、近地、远地供水保障"三道防线"，有力保障澳门、珠海等粤港澳大湾区城市及粤东地区供水、生态安全。

三、流域水利规划体系不断完善

立足流域整体，健全以综合规划和专业专项规划为支撑的流域规划体系。编制完成《珠江河口综合治理规划（2021—2035年)》，提出珠江河口治理保护总体布局。珠江水网规划布局研究形成阶段成果。启动珠江流域防洪规划修编，开展重大问题论证。联合广东省水利厅对深圳市防洪潮排涝规划进行审查，首次履行流域重要城市防洪规划的审查职能。韩江流域综合规划、珠江中下游河道治导线规划等4项规划获水利部批复。

四、粤港澳大湾区水安全保障有力推进

一是大力推进《粤港澳大湾区水安全保障规划》重点工程实施，推进大湾区思贤滘生态控导工程总体方案编制、澳门内港挡潮闸工程、澳门珠海水资源保障工程等前期工作。二是圆满完成2020—2021年珠江枯水期水量调度，向澳门和珠海供水1.41亿 m^3，连续17年保障澳门、珠海等地供水安全。提前谋划，组织实施2021—2022年度珠江枯水期水量调度，全力保障供水安全。三是完成珠江河口治理与大湾区水安全保障战略研究，提出大湾区水安全保障的战略目标、总体布局和对策措施。四是创新建立粤港澳大湾区国家级重点监控用水单位监控预警核查通报机制，对40家重点监控用水户全覆盖监控，推动节水监管从"宽松软"逐步走向"严实硬"。

五、大藤峡等重大工程建设扎实推进

聚焦服务粤港澳大湾区等国家区域战略实施，大力推进大藤峡、环北部湾水资源配置等重大工程建设和前期论证，流域水网布局不断完善。大藤峡右岸工程建设加快推进，左岸工程全面发挥效益，年发电量35亿 kW·h，过闸船舶2.2万艘次，首次参与珠江枯水期水量调度，累计向下游补水2.4亿 m^3，对压制珠江河口咸潮，保障澳门、珠海供水安全发挥了重要

作用。

六、水资源集约节约利用全面加强

西江等12条跨省河流水量分配方案已全部获批，率先完成跨省河流水量分配。东江等18条重要河湖生态流量目标获水利部批复。开展韩江等6条跨省河流水量统一调度，确保主要断面生态流量及流域用水安全。深入开展取用水管理专项整治行动，切实规范取用水行为。完成流域5省（自治区）66个县域节水型社会达标建设复核。珠江委荣获"公共机构水效领跑者"称号，发挥节水引领标杆示范作用。

七、河湖生态保护治理力度不断加大

充分发挥河湖长制作用，建立"珠江委+流域片省级河长办"协作机制，推进实施韩江流域省际河流河长协作机制，开展联合巡河行动，在重大涉水问题监管上形成合力。联合最高检等多部门开展万峰湖库区水行政执法专项行动，督促拆除东莞海腾违建码头约3300 m^2，河湖面貌持续向好。对流域50个部批生产建设项目实施水土保持全覆盖监管。率先完成流域相关省区地下水管控指标确定成果复核。

八、水利行业监督管理持续发力

编制珠江委"十四五"水利监督工作规划，出台《珠江委督查工作规则》，保障各项督查工作高标准、高质量、高效率开展。聚焦水法律法规的贯彻执行和水利部门法定职责履行情况，开展农村饮水安全、小型水库安全运行、山洪灾害防御、河湖管理等35项监督检查，累计派出344个督查组，督查各类水利工程2531处，检查县（区）335个，发现各类问题4513项。强化安全生产责任落实，推进珠江委委属单位安全生产标准化创建，珠江委安全生产形势持续稳定向好。

九、数字孪生流域建设加快推进

以水旱灾害防御为突破口，先行先试，建成抗旱"四预"平台并投入使用，防汛"四预"平台计划于2022年汛前投入使用，为科学精细实施珠江枯水期水量调度提供指挥决策依据。启动大藤峡数字孪生工程建设，提出"一台双赋三化四预"（"一台"指建设一个数字孪生平台；"双赋"指对工程建设管理及工程运营管理双向赋能；"三化"指支撑公司标准化、专业化、精细化管理；"四预"指基于大藤峡工程防洪、航运、发电、水资源配置、灌溉等五大功能，开展预报、预警、预演、预案研究与应用）的建设总体目标，明确"完善水利信息基础设施、搭建数字孪生平台、提升智能化应用水平、保障网络安全、强化系统集成"5项重点建设任务，这是全国水利行业首个正式开工建设的数字孪生水利工程。

十、全面从严治党向纵深发展

扎实开展党史学习教育，深入学习贯彻习近平总书记"七一"重要讲话精神、党的十九大和十九届历次全会精神，举办专题读书班，讲好专题党课。全力推进"我为群众办实事"实践活动，珠江委党组直接组织和推动办好的5件实事和委属单位12件实事全部完成，其中，督导责任片4省在建小型水库除险加固项目遗留问题整改完成率91%，超额完成70%的年度目标任务。落实好巡视巡察整改工作，持之以恒正风肃纪，不断提升基层党建工作质量，珠江委机关被评为水利部创建模范机关先进单位，2人1集体荣获广东省直机关工委"两优一先"表彰。

2022年，珠江委将坚决贯彻落实部党组决策部署，紧紧围绕推动新阶段水利高质量发展这一主题，深入贯彻落实习近平总书记"节水优先、空间均衡、系统治理、两手发力"治水思路，抓好六条实施路径，强化流域统一规划、统一治理、统一调度、统一管理，全面提升流域水安全保障水平。一是坚决守住水旱灾害防御底线。强化"四预"措施，科学精细实施流域水量统一调度，筑牢抗旱保供水"三道防线"，同时扎实开展防汛备汛，全力保障人民群众生命财产安全。二是大力推进水利基础设施建设。加快推进大藤峡工程建设，如期实现右岸首台机组发电，左岸工程发挥好初期运行综合效益；加强对环北部湾水资源配置、澳门珠海水资源保障等流域重要水利工程全链条指导监督，加强流域统一规划，统筹工程布局，统筹项目实施。三是强化河湖统一管理。充分发挥河湖长制作用，完善"珠江委+流域片省级河长办"协作机制，开展西江、北江等主干河道妨碍行洪突出问题重点核查，统筹推进岸线利用、河湖"清四乱"、水土保持等各项工作。四是加快建设数字孪生流域和数字孪生工程。落实好数字孪生流域建设重点任务，完善流域抗旱"四预"平台，加快防汛"四预"平台建设，争取2022年汛前投入使用；加快推进大藤峡数字孪生工程建设，确保2022年初见成效。五是强化水资源统一管理。深入实施国家节水行动，加强取用水监管，逐步建立南方水资源刚性约束制度，加强韩江等跨省河流水量统一调度，保障河湖生态流量。六是强化体制机制法治管理。积极探索建立符合本地实际的流域治理管理体制机制，加快珠江水量调度条例、韩江水量调度管理办法等立法进程，加大水行政执法力度，不断提升流域治理管理能力和水平。

袁建国　吴怡蓉　执笔

王宝恩　审核

专栏七十九

创新建立粤港澳大湾区国家级重点监控
用水单位监控预警核查通报机制

水利部珠江水利委员会

重点监控用水单位是水资源取用和消耗大户，加强重点监控用水单位监督管理对于坚持"节水优先"，促进水资源集约节约利用具有重要意义。粤港澳大湾区国家级重点监控用水单位共40家，占广东省国家级重点监控用水单位总数的85.1%。2021年，水利部珠江水利委员会（以下简称珠江委）创新建立粤港澳大湾区国家级重点监控用水单位监控预警核查通报机制，通过发挥制度、机制、科技的支点和杠杆作用，强化节水监督管理，推动节水监管从"宽松软"逐步走向"严实硬"。

"一个机制"形成监管合力。珠江委与广东省水利厅联合签署《粤港澳大湾区国家级重点监控用水单位联合监管工作机制》，就信息共享、联合监管、结果通报等方面强化交流合作。

"一项制度"规范节水行为。珠江委与广东省水利厅联合出台《加强粤港澳大湾区重点监控用水单位监督管理的指导意见》，进一步规范监管行为，逐步实现从流域管理向流域、省、市三级管理层层推进，推动节水监管向治本抓常拓展。

"三项创新"提升监管效能。一是创新建立粤港澳大湾区智慧监管信息系统。建立珠江委粤港澳大湾区国家级重点监控用水单位在线监控预警系统，整合水利部、珠江委、广东省平台数据，接收取用水监测数据40万余条，快速掌握行业用水变化，精准研判企业用水变化趋势。二是创新研发工业用水计量快速校准技术。经权威检测机构检测准确率达99.4%，破解用水计量设备在线校准难、计量失真等难题，为监管核查提供了有力的

"硬指标"。三是创新应用移动端监管平台。依托"粤节水"手机微信小程序，实现信息"一站式查询"、问题"线上—线下互通"，有效提升监管效能。

"四个模式"打造标准流程。一是建立"监控—预警—提醒"模式。实现全面实时监控、分级分类预警，自动触发提醒，发出超计划提醒警示62家次，推动节水监督由被动管理转变为主动防控。二是建立"检查+抽查+校准"模式。以用水计量快速校准技术为手段，实现可视化、实时、定量核查和校准。延伸至广东省内21地市45个县（区），完成111个重点监控用水单位监督检查，涵盖取水许可、计划用水、用水定额等7大类22项核查事项。三是建立"反馈—发函—警示—通报"模式。督促企业落实主体责任，推动问题整改落实。联合广东省水利厅印发监督检查通报，以"一户一单""一市一单"形式，提出66项整改要求和124条节约用水工作改进建议。四是建立"正面示范+反面促改"模式。以3个节水企业为示范典型，搭建多层级、多行业、跨港澳的节水示范推广平台，推进节水经验交流。针对东莞市2家用水单位使用淘汰燃料问题，严厉禁止（限制）取水，强化警示约束作用。

通过建立"线上监控、线下核查"的监控—预警—核查—通报机制，实施粤港澳大湾区40家国家级重点监控用水单位全覆盖监控，开展100%用水单位监督核查通报，不断推动高标准节水要求在粤港澳大湾区逐步落地落实。从监管、核查情况来看，40家粤港澳大湾区国家级重点监控用水单位节水水平总体较好，100%执行了计划用水和用水定额管理，一级计量率达100%，工业用水计量设施校准率提高到92.6%，80.0%开展了水平衡测试，47.5%完成节水型企业创建，33.0%进行节水技改，35.0%达到用水定额先进标准，12.5%达到用水定额领跑标准，2家企业获得"重点用水企业水效领跑者"称号。

袁建国　吴怡蓉　执笔

王宝恩　审核

落实六条实施路径　强化流域治理管理
奋力推动松辽流域水利高质量
发展再上新台阶

——2021年松辽流域重点工作进展与成效

水利部松辽水利委员会

2021年是党和国家历史上具有里程碑意义的一年。水利部松辽水利委员会（以下简称松辽委）深入贯彻水利部党组各项决策部署，积极践行习近平总书记"节水优先、空间均衡、系统治理、两手发力"治水思路（以下简称"十六字"治水思路），对表对标"十四五"规划蓝图，全面落实六条实施路径，切实强化流域治理管理，为流域水利高质量发展提供了坚实的水安全保障。

一、水旱灾害防御取得新胜利

一是"四预"措施落地落实。精细实施水雨情预报5000余次，关键场次预报精度达90%以上。提前发布洪水预警43次、编号洪水4次。联合省区开展重要水工程防洪调度演练，完善松花江超标洪水防御等4项方案预案，编制蓄滞洪区启用准备和控制运用方案，抓牢洪水防御先机。

二是水库调度科学精准。把握流域洪水发生和演进规律，科学调度尼尔基等4座直调水库，下达调度令31个，尼尔基、察尔森分别拦蓄洪水47.7亿 m^3、4.8亿 m^3，有效应对了嫩江和松花江流域洪水，避免了黑龙江省两线作战，在应对诺敏河洪水时，调度尼尔基水库零出流，最大程度保障了人民群众生命财产安全。

三是监管责任压紧压实。聚焦流域管理机构职能作用发挥，召开各级水旱灾害防御会议，进一步统一思想、部署工作，针对关键部位开展监督检查，发现的 266 个问题全部及时整改到位。防汛关键期，先后派出 22 个工作组、80 余人次赴一线指导地方开展防御工作。汛后，系统开展洪水复盘，查找出 22 个短板弱项问题，制定整改措施，持续提升洪水防御能力。

二、水网等工程体系加快构建

一是流域规划引领作用有效发挥。完成流域"十四五"水安全保障规划编制、第三次水资源调查评价，诺敏河、绰尔河、拉林河等河流综合规划获水利部批复，有序推进水利基础设施空间布局规划、防洪规划修编等专业专项规划，启动东北振兴粮食安全水资源保障规划前期工作，"十四五"期间，各类规划中谋划了大中型引调水工程 11 项、蓄水工程 55 项。

二是重点水利工程建设加快推进。积极推动流域重大水利工程前期工作，严把哈尔滨道外区防洪墙改造等 9 项工程以及 44 个界河治理项目技术审查关，加强引绰济辽等在建工程监管，强化引嫩扩建等 4 项进度滞后的重大水利工程以及中小河流治理、小型水库除险加固项目的督导检查。大力推进尼尔基水利枢纽通过竣工验收。

三是水利工程运行监管扎实有效。紧盯水利工程运行管理风险点，统筹开展 660 个项目监督检查，督促问题及时整改。推动 5 个市县成为小型水库管理体制改革样板县。督查 59 个县农村供水设备冻损问题处理情况。分 3 批次对 7 个水利工程建设项目开展稽察。严格尼尔基、察尔森水库工程管理考核，为创建国家级水利工程管理单位夯实基础。

三、水生态保护治理深入推进

一是河湖生态保护与治理切实加强。围绕河湖"四乱"问题，暗访抽查 866 个河段（湖片），发现的 232 个问题督促整改 218 个，推进流域采砂、岸线规划的编制实施。开展 12 条跨省江河生态流量监测评估和 15 条河流保障状况后评估。实施引察济向生态补水 0.79 亿 m³。严格西辽河"量水而行"水量统一调度和用水监管，干涸了 20 多年的莫力庙水库首次实现蓄水。

二是地下水超采综合治理深入推进。抓好三大平原区地下水超采治理和保护方案的编制实施，开展地下水位动态评估和预警分析，复核并指导地方确定地下水取用水总量、水位等控制指标，推动黑龙江省管控指标印发实施，严格明确地下水开发利用上限。

三是黑土区水土流失防治水平持续增强。启动黑土区侵蚀沟专项调查，编制印发侵蚀沟治理技术指南。开展国家水土保持重点工程督查，实现对 48 个部管生产建设项目水土保持情况检查全覆盖，对流域内 89 万 km^2 国家级重点防治区实施动态监测，持续推动水土流失防治。

四、智慧水利体系加快建设

一是切实强化智慧水利顶层设计。通过多轮调研，梳理形成基础设施、数据资源等 6 方面需求分析成果，编制完成流域智慧水利总体方案，确定了构建监测感知自动化、综合管理智能化、决策支持精准化、公共服务多级化的建设目标。

二是统筹抓好智慧水利重点任务。通过推动松花江重点河段智慧流域建设、尼尔基水库数字孪生工程先行先试，带动流域智慧水利整体推进。及时利用河道地形测量、水文水资源监测、水工程监管等工作成果更新"一张图"。

三是扎实做好智慧水利基础工作。围绕提升信息感知能力，推动饶河等 12 处水文站前期工作和建设实施，开展嫩江、松花江河道地形测量。围绕提升智慧化模拟能力，组织开展水文预报、洪水预警、水工程调度等方面的技术研究与模型设计，推动防指二期、国控能力建设二期等项目完成验收。

五、水资源刚性约束切实加强

一是流域初始水权分配基础不断夯实。完成洮儿河流域水量分配、嫩江等 16 条河流生态流量保障实施方案。截至 2021 年年底，流域 18 条主要跨省江河生态流量保障方案全部印发实施，其中 16 条水量分配方案编制完成。

二是流域取用水监管持续发力。全年审批取水许可 6 项，新换发证 19

套, 对 3 个超定额取水项目核减水量 1665 万 m³, 对西辽河 1 个项目不予取水许可。完成 15 个县级水行政主管部门、483 个用水户监督检查, 做好洮儿河等 6 条江河水量调度, 印发实施 12 条河流调度方案, 水资源统一调度范围不断扩大。

三是流域节约用水工作深入推进。调查督导国家节水行动方案落实情况, 完成 83 个县域节水型社会达标建设复核。严格计划用水、节水评价等管理, 开展流域内 3 省份用水定额执行情况评估。聚焦农业节水管理体制机制改革, 赴流域 7 个市县开展调研, 推动建立农业节水示范区。

六、体制机制法治管理不断强化

一是依法行政成效更加显著。深化"放管服"改革, 审批水行政许可 31 项, 按时办结率 100%, 好评率 100%。落实水行政执法"三项制度", 出动执法人员 510 人次, 巡查河道 5326 km, 现场制止违法行为 8 次, 完成 1 起违法案件查处工作。开展 119 条省际边界河流水事矛盾纠纷排查化解, 派出 4 个工作组 37 人次开展水行政执法监督检查。

二是体制机制作用有效发挥。协调提出流域省级河湖长联席会议机制方案, 建立了与省级河长办的协作机制。充分发挥流域防汛抗旱、水利监督等体制机制作用, 共享雨水情信息 9400 余万份, 反馈监督发现问题 1800 个。与中国科学院东北地理与农业生态研究所签订合作框架协议, 联合科研院所开展技术攻关 12 个, 联合申报的寒区水质水量联合调控关键技术及应用课题获 2021 年度大禹水利科学技术奖科技进步一等奖。

三是自身建设有力有效。加强安全生产监管, 截至 2021 年年底, 尼尔基和察尔森水库分别实现连续安全发电生产 5234 天和 11692 天。严格网络安全管理, 在历次攻防演练中未发生网络安全失陷事件。完成黑龙江中游水文巡测基地生产业务用房及附属设施建设。充分利用松辽委技术优势和管理经验, 开拓思路、创新方法, 圆满完成水利援疆、援藏年度工作任务。

七、全面从严治党主体责任深入落实

一是政治思想建设持续深化。组织松辽委党组理论中心组集体学习 34

次，高标准开展党史学习教育和"三对标、一规划"专项行动，专题学习研讨 550 余次，为群众办好 169 件实事，推动 34 项中央巡视整改问题销号，年度整改任务全部完成。

二是基层党组织建设全面加强。认真落实"三会一课"制度，规范组织民主生活会、组织生活会，完成松辽委直属机关党委第五届委员会换届选举，积极推进党支部标准体系建设，通过开展创先争优活动表彰先进，严格落实党建工作考评检查，进一步强化基层党建规范化管理。

三是党风廉政建设抓严抓实。深入贯彻十九届中央纪委五次全会精神，组织廉政集体约谈 6 次。深入贯彻中央八项规定精神，严格"三公"经费管理。持续强化形式主义官僚主义整治，以案为戒预防非职务违法犯罪。组织开展第三轮政治巡察，将管党治党向基层延伸。

王子佳　汪洪泽　执笔

廉茂庆　审核

推进数字孪生建设
为松辽流域水利高质量发展提供有力支撑

水利部松辽水利委员会

2021 年，水利部松辽水利委员会（以下简称松辽委）聚焦水旱灾害防御等核心业务，科学谋划流域智慧水利顶层设计，全面启动松辽流域智慧水利暨数字孪生流域建设工作，从质量、效率、动力上驱动水利高质量发展。

一、统筹部署，科学谋划顶层设计

为加快推进智慧流域、数字孪生流域建设工作，松辽委明确了抓住一个顶层设计、谋划一项重点工程、推进两个先行先试项目的工作思路，以优化基础设施空间布局为基础，以数字化场景、智慧化模拟、精准化决策为路径，对松辽委信息化建设进行全面谋篇布局，编制完成《松辽流域智慧水利总体方案》，规划构建具有预报、预警、预演、预案功能的智慧水利体系，成为当前和今后一个时期推进流域信息化发展的纲领性文件。

二、突出重点，系统推进数字孪生流域建设

在整体推动数字孪生松辽项目的基础上，考虑松花江流域水旱灾害频发且用水矛盾突出、东北黑土区水土流失严重等区域问题，推进松花江重点河段数字孪生工程和"保卫粮仓"东北典型黑土区水土保持智慧监管工程两个先行先试项目，并以尼尔基水库为试点开展数字孪生工程建设。目前，已完成重点项目可行性研究报告初稿以及数字孪生尼尔基建设方案的编写工作。

三、强化算据，夯实数据基础

积极推进资源整合工作，完成中心数据库建设，实现29个对象类入库（共计约24.8万个对象名录和25.1万个对象基础属性），发布28个对象类37个地图服务。拟定"松辽委一数一源责任清单"，明确各类数据资源的管理责任主体。完成新版本松辽委"一张图"建设及试运行工作，建设了综合管理、监督管理、水旱灾害防御、水资源管理和流域规划5个业务专题，初步实现赋能业务应用。陆续开展松花江干流、嫩江干流等重要江河河道地形测量工作，为数字孪生流域底板建设提供数据基础。

四、需求牵引，加强防洪"四预"能力提升

修订完成《松辽流域水工程防灾联合调度系统建设可行性研究报告》，重点推进预报调度一体化和风险实时动态评估建设；开展松辽流域防洪调度系统升级改造，完成了水文预报、洪水预警、水工程调度、洪水风险等方面的技术研究与模型设计；在数字孪生流域"四预"建设上开展先行先试，完成松辽委水文业务系统规划方案编写，基本建成松辽委水文测站在线管理系统。

五、筑牢底线，加强网络安全防护保障

加强制度建设，切实落实网络安全管理责任，完成网络安全能力提升与IPv6网络改造、松辽委电子政务工程等项目，有效提升了网络安全管控水平；制定《松辽委关键基础设施保障工作方案》，加固高危安全漏洞，利用态势感知平台进行全方位监控。推进网络安全联防联控，构筑坚实的网络安全防线，2021年攻防演练实现了零失分，获得水利部通报表扬。

六、强化支撑，夯实信息化发展基础

初步搭建了由一个高质量的顶层设计方案、一支职责明晰的信息化队伍、一个支撑能力强的信息化基础支撑平台、一套完整的信息化制度体系和一项有效的信息化运维机制组成的支撑松辽委信息化发展的基本框架。

其中，构建的由"一个门户""一个认证系统""一张图""一个管理展示平台""一个支撑平台""一朵云""一个数据中心库"组成的信息化基础支撑平台，将为后续智慧水利建设提供坚实的基础支撑。

廖晓玉　刘艳艳　种立博　执笔

廉茂庆　审核

全力保障"四水"安全
扎实推动新阶段太湖流域
水利高质量发展

——2021年太湖流域重点工作进展与成效

水利部太湖流域管理局

2021年,水利部太湖流域管理局(以下简称太湖局)深入贯彻习近平总书记"节水优先、空间均衡、系统治理、两手发力"治水思路(以下简称"十六字"治水思路)和关于治水重要讲话指示批示精神,认真落实水利部党组各项决策部署,奋力推动各项工作取得新成效。

一、深入开展"三对标、一规划"专项行动,科学谋划新阶段太湖流域水利高质量发展

按照水利部党组统一部署,太湖局坚持聚焦目标不偏离、紧扣主题不放松,将学习研讨、思路完善、规划编制有机结合、统筹推进,全局300多名干部职工齐心参与,形成上下联动、一体推进的工作格局。围绕各阶段主题,严格对表对标,组织开展党组理论中心组学习会、"十四五"规划体系座谈会等专题研讨10余次,坚持从全局着眼谋划流域水利工作,找准落实习近平总书记"十六字"治水思路和关于治水重要讲话指示批示精神的思路举措,明确推动新阶段太湖流域水利高质量发展的方向路径,最终形成以《太湖流域"十四五"水安全保障规划》为核心、20余项专项规划和事业发展规划为支撑的流域"十四五"水利发展规划体系,为推动新阶段流域水利高质量发展奠定良好基础。

二、推动建立太湖流域统筹调度协调机制，深化太湖流域治理与调度工作

按照习近平总书记等中央领导同志关于太湖治理的重要批示精神，深入落实李国英部长调研太湖治理的相关指示要求，太湖局抽调业务骨干组建专班，研究提出《完善太湖治理协调机制工作方案》，并正式报批印发。在推动长三角一体化发展领导小组、太湖流域水环境综合治理省部际联席会议框架下，成立由李国英部长担任组长的太湖流域调度协调组。先后组织召开调度协调组第一次全体会议和办公室第一次全体会议，部署落实各项重点任务，太湖流域治理与调度迎来新的历史起点。

三、深入落实"四预"措施，夺取水旱灾害防御重大胜利

2021年太湖流域先后遭遇梅汛、台风"烟花"、盛夏连阴雨，发生编号洪水。太湖局始终把保障人民群众生命财产安全放在第一位，会同流域各地密切配合、有力应对。在防御"烟花"台风期间，严格落实"四预"措施，滚动开展水位预报，精准预报平望站突破历史最高水位，扎实开展防汛预演，及时发布预警提示，滚动修订防御应急预案。依法精细调度，面对风暴潮洪"四碰头"的极端不利局面，督促沿江、沿海、沿杭州湾等口门提前预泄、全力排水，充分利用太湖拦蓄上游洪水，有效缓解下游防洪压力，实现了"人员不伤亡、水库不垮坝、重要堤防不决口、重要基础设施不受冲击"的目标。

四、夯实水利基础支撑，有力支撑长三角一体化发展战略

完善长三角一体化发展水利顶层设计，牵头编制完成《长江三角洲区域一体化发展水安全保障规划》，经推动长三角一体化发展领导小组第三次全体会议审议通过并正式印发。进一步修改完善长三角生态绿色一体化发展示范区水利规划，规划成果通过水利部审核。积极助推示范区重点水利工程建设，指导优化项目涉水方案，推进淀山湖堤防达标及岸线生态修复、太浦河共保联治江苏先行工程等一批项目集中开工建设。持续深化长

三角太湖流域水环境治理信息共享，拓展数据共享范围和应用。强化省际边界地区水葫芦联防联控，开展"清剿水葫芦，美化水环境"专项行动，为进博会营造优美水环境。

五、探索推动数字孪生太湖建设，提升流域水利智慧化水平

深入研究完善长三角一体化数字太湖工程可行性研究报告，制定数字孪生太湖建设工作方案。完善省际边界水体、重要河湖空天地一体化监测体系，共享流域省市各类水利信息近5000处，基本实现流域雨水情监测全覆盖。完善流域"一张图"，充实小型病险水库等信息，基本实现水利关键要素信息上图、监测上图、业务上图。持续优化太湖流域水量水质一体化模型，开发太浦河突发水污染模拟模型、蓝藻预测模型、流域风暴潮模型等，打造预报调度一体化平台。初步构建太浦闸工程BIM模型，荣获2021年度"智水杯"全国水工程BIM应用大赛金奖。探索建立网络安全攻防长效工作机制，坚守网络安全底线。

六、深入实施太湖流域水环境综合治理，持续改善河湖生态环境

在全面总结评估近年来治理成效的基础上，配合国家发展改革委、水利部编制完成《太湖流域水环境综合治理总体方案（2021—2035年）》，推动召开省部际联席会议第七次会议，启动新一轮水环境综合治理。实施4次引江济太调水，累计引长江水13亿 m^3、入湖6.8亿 m^3，首度实现全年Ⅱ类水入湖目标。加强饮用水水源地、蓝藻水华监测预警，建立太浦河、东太湖2-MIB联合预防预警机制，3次实施太浦河闸泵调度，确保太湖安全度夏和重要水源地供水安全。太湖连续14年实现了"两个确保"目标，太浦河水源地连续4年未发生锑浓度异常。

七、协调推动流域骨干水利工程建设，推动完善流域水网工程体系

全力推动太浦河后续工程前期工作，协调苏浙沪就太浦河后续工程方

案达成一致，水利部已正式印发审查意见，历经十余年技术论证和省市协调后取得重大突破。指导江苏省完善吴淞江（江苏段）工程可研并通过水利部审查。督促指导上海市深化苏州河西闸工程技术论证，协调江苏省、上海市就吴淞江（上海段）苏州河西闸工程建设达成共识，即将开工建设。新孟河延伸拓浚工程全面建成，环湖大堤后续等在建工程进展顺利。着力完善流域引排得当的水网格局，指导推动地方建设一批蓄引调水工程。

八、切实加强水资源管理，提升流域水资源集约节约利用水平

积极落实国家节水行动方案，助推江苏省、浙江省、上海市提前4年完成县域节水型社会建设目标，太湖局系统提前全面完成水利行业节水型单位建设。印发交溪、建溪、淀山湖、元荡生态流量（水位）保障实施方案，首次启动建溪生态流量应急响应并有效应对。交溪、建溪流域水量分配方案正式获批。指导示范区推行"水资源论证区域评估+取水许可告知承诺制"，指导嘉兴等地开展用水权市场化交易改革试点工作。

九、持续完善河湖长制工作体系，维护良好水域岸线秩序

深化完善并持续发挥太湖淀山湖湖长协作机制作用，建立"流域管理机构+省级河长制办公室"协作机制，构建完善流域片省级河湖长联席会议机制。加强涉河建设项目监管，调整完善许可审核权限。流域重点河湖岸线规划通过水利部审查。开展重要河湖"四乱"问题专项监督检查，跟踪督促地方整改销号。高质量完成水利部部署的小型水库除险加固、农村饮水安全等督查检查。推进平原河网地区生态清洁小流域建设取得新成效。

十、强化水利科技支撑保障，着力提升流域治理管理能力和水平

联合南京水利科学研究院、无锡市人民政府共同筹建太湖流域水治理重点实验室，持续发挥太湖流域水科学研究院平台作用，成立上海幸福太

湖水研究发展基金会，编制完成流域水治理战略研究报告。严格落实《中华人民共和国长江保护法》《太湖流域管理条例》（以下简称《条例》）要求，扎实做好《条例》修订前期准备，高质量推进法治机关建设。组建太湖水文化馆建设管理委员会，建成太湖治理展示馆，完成太湖水利同知署更新改造。坚持不懈加强政治理论武装，认真开展党史学习教育，实施2批14件"我为群众办实事"项目，纵深推进全面从严治党，为流域治理管理提供坚实的政治保障。

邵潮鑫　执笔

林泽新　审核

强化多目标统筹协调调度
全力保障太湖流域"四水"安全

水利部太湖流域管理局

2021 年，水利部太湖流域管理局（以下简称太湖局）深入贯彻习近平总书记等中央领导同志关于太湖治理的重要指示批示精神，建立健全太湖流域统筹调度协调机制，强化多目标综合调度，全力保障流域水灾害、水资源、水生态、水环境"四水"安全。

一、推动建立太湖流域调度协调机制，深化太湖流域治理与调度工作

在水利部大力指导下，太湖局组建工作专班，研究制定《完善太湖治理协调机制工作方案》，经推动长三角一体化发展领导小组审议通过，按程序报批后于 2021 年 6 月正式印发。在太湖流域水环境综合治理省部际联席会议框架下，成立了由李国英部长任组长，生态环境部、苏浙沪两省一市政府分管领导任副组长的太湖流域调度协调组，流域治理与调度迎来新的历史起点。9 月，调度协调组第一次全体会议在北京召开，审议通过工作规则和近期工作要点；10 月，召开办公室会议，部署落实各项重点任务，推动调度协调机制有序运作。

二、全面落实"四预"措施，切实保障流域"四水"安全

2021 年流域先后遭遇梅雨、"烟花"台风、盛夏连阴雨，太湖局始终把保障人民群众生命财产安全放在第一位，坚持以流域为单元，周密部署、科学应对。在"烟花"台风防御期间，落细落实"四预"措施，滚动

开展重要调度站水位预报，提前精准预报平望站历史最高水位，扎实开展防汛预演，累计 14 次向各地发出工作提醒；及早修订预案方案，台风来临前迅速制定防御方案并根据雨水情变化滚动修订。依法科学精细调度，面对风、暴、潮、洪"四碰头"的极端不利局面，充分挖潜，全力预降太湖及河网水位，督促沿长江、沿杭州湾持续排水，充分利用太湖拦蓄上游洪水，有效缓解下游防洪压力，在各地的密切配合下，实现了"人员不伤亡、水库不垮坝、重要堤防不决口、重要基础设施不受冲击"的目标。同时，科学实施引江济太调水，精细调度太浦河闸泵，确保太湖安全度汛和重要水源地供水安全。

三、筑牢基础支撑保障，持续提升调度智慧化精细化水平

充分运用智慧水利先行先试和"智慧太湖"建设成果，完善预测预报模型模拟精度，开发超标洪水防御作战图信息化模块，实现流域超警超保预报范围变化及可能发生的淹涝范围变化过程动态预演，提升支撑"四预"和科学调度的能力和水平。构建太浦闸工程 BIM 模型，实现了工程精细化、智能化运行，在实际调度运用中发挥了重要作用。夯实基础工作，科学谋划流域新一轮治理工程布局，复核修订流域水利工程图，提升工程调控支撑能力。广泛听取地方关于多目标统筹协调调度的需求和建议，深入开展不同时段太湖预期调度目标水位优化研究，为进一步强化流域多目标统筹调度筑牢基础。

邵潮鑫　执笔

林泽新　审核

水文化建设与水情教育篇

水文化建设扎实推进

水利部办公厅　水利部宣传教育中心

2021 年，水利部深入贯彻习近平总书记关于文化建设的系列讲话精神，有力推动水文化建设工作，在顶层设计、遗产认定、传承弘扬等方面取得了重要进展。

一、积累较为丰富的水文化理论研究成果

2021 年，水利系统围绕先进水文化、水利遗产认定、水文化立法等主题开展了一系列研究项目，取得了较丰富的成果。完成《黄河文化保护传承弘扬专题研究报告》及法律条款建议与说明，深化黄河保护法中黄河文化部分的立法建议论证，为黄河保护法立法提供有力支撑；开展幸福河的水文化内涵及价值研究、长江文化时代价值研究、大运河文化资料整编和遗产调查等工作。深入研究党领导人民治水的历史经验，水利部党组发布系列署名文章《党领导新中国水利事业的历史经验与启示》《党在新中国成立后领导长江治理的历史经验与启示》《中国共产党领导人民治理黄河的经验与启示》《党在新中国成立后领导淮河治理的历史经验与启示》。水利部宣传教育中心与全国水利经济研究会联合编写完成全国首个水文化工作团体标准《国家水利遗产申报书编制导则（试行）》并正式颁布，为开展国家水利遗产认定工作奠定了坚实的制度依据和法理基础。中国水利职工思想政治工作研究会组织完成《水文化建设与打造幸福河的探索分析》项目。

二、初步搭建水文化建设顶层设计框架

2021 年 2 月，水利部办公厅印发了《2021—2022 年水文化工作重点任务清单》；2021 年 10 月，印发《水利部关于加快推进水文化建设的指导意

见》，进一步明确了新阶段我国水文化建设的战略安排，统一了思想，回答了"什么是水文化""如何建设水文化"的问题，水利行业对"建设什么样的水文化"达成一致共识。在水利部颁布的《"十四五"水安全保障规划》中，将"推进水文化建设"列为重要内容，强调要"以保护、传承、利用和弘扬中华水文化为主线，加强水文化建设，繁荣发展先进水文化"。各地因地制宜出台了一系列顶层设计文件。如水利部长江水利委员会启动长江水文化中心建设，组织编制长江水文化建设规划和文化塑委规划；浙江省编制印发《浙江省"十四五"水文化建设规划》，提出了打造"浙水安澜"核心品牌的总体目标。

三、积极推进水文化遗产调查与认定工作

2021 年，水利部组织完成陕西、河南、江西等省的红色水文化遗产调研工作，撰写完成《关于红色水文化保护现状及问题的调研报告》，查摆出红色水文化资源面临的深入挖掘不够、保护力度不够、展示弘扬不够、保障力量不够等诸多困境。宁夏回族自治区组织对渠道、堤防、灌区以及因水衍生的工程等进行全面梳理，整理出 500 多个重要水利遗产。水利部海河水利委员会（以下简称海委）围绕以河渠、堤坝、闸涵、渡口、泉池、古井、供水设施、涉水古城、镇水器物及涉水碑刻等物质文化遗产，以及以传统治水方法、施工工艺、涉水神话传说、治水人物故事为代表的非物质文化遗产，进行了系统梳理。水利部完成世界灌溉工程遗产遴选推荐工作，3 个项目成功列入第八批世界灌溉工程遗产名录。组织开展国家水利遗产认定工作，截至 2021 年年底，已组织完成对首批 33 个项目的专家评审，20 个项目最终入围复核阶段。

四、加强水文化宣传与传播工作

通过加强宣传平台建设及丰富传播手段等方式，加大水文化传承与弘扬力度。一是不断加强水文化馆、博物馆等重要水文化传播平台建设。如海委充分发挥船闸、水闸的水文化科普宣传作用，先后建设完成杨柳青水文站"百年历史展室"、独流减河防潮闸水闸文化展示馆、四女寺枢纽文

物陈列展示馆；安徽省完成长江局杨湾闸管理所水文化展厅建设。二是通过举办独具特色的水文化活动，扩大文化影响力。如青海省玉树市持续举办"三江源冰沙嘛呢文化艺术节""雅砻江和阿尼湖传统祭湖"等活动。三是新媒体与传统媒体建设载体不断加强。如海委开设"文化强委"新媒体平台；《中国水文化》杂志取得公开发行刊号，并更名为《水文化》；《江西水文化》全年出版发行 4 期 12000 册，"江西水文化走基层系列丛书"第二本《担当》出版发行。四是结合党史学习教育，积极打造富有特色的精品展陈。水利部党组"我为群众办实事"项目——支持江西省对中华苏维埃临时中央政府山林水利局旧址陈列馆提升改造工作圆满完成；水利部淮河水利委员会完成《淮河安澜 水韵华章——新中国治淮成就展》《百年峥嵘 实干兴水》《治水百年路 牢记为民心——走进中国共产党历史展览馆中的水利活动》等展览；海南省充分利用丰富的红色资源和水务行业"松涛印记"、万宁水库等独特文化优势，开展多种形式的主题教育。

下一步，水利部将继续深入推进水文化建设工作。一是要加强水文化体制机制建设，逐步完善水文化制度框架体系。二是要强化水利遗产管理，逐步完善国家水利遗产认定的政策管理和监督管理体系。三是要推进水文化传承和利用，推动已建水利工程与文化融合发展，提升新建水利工程文化品味。四是要拓宽水文化宣传教育渠道，加大宣传教育力度，多途径、多手段推动水文化创新发展。五是要注重水文化能力建设，深入开展教育培训，加大水利系统水文化保护、建设、管理、传播领域人才培养力度。

王浩宇　刘登伟　执笔

李晓琳　唐晓虎　审核

专栏八十二

首批国家水利遗产认定工作启动

水利部宣传教育中心

国家水利遗产是指具有重大国际国内影响力，或具有显著除害兴利功能价值，或对特定历史时期具有重大影响或突出社会贡献，以物质形态或非物质形态存在的水文化系统遗存。首批国家水利遗产认定对象是以水利工程为主体的物质遗产，要求其建成或传承历史文化不少于100年；反映中国共产党带领人民治水、具有突出革命文化属性的水利遗产认定年限不少于50年。

国家水利遗产申报主要以遗产所在地的县及县级以上人民政府为主体进行。若申报水利遗产地域涉及跨市、县级行政区域的，可由涉及市、县级人民政府联合申报，也可由上一级人民政府申报或实施统一管理的水利工程管理单位申报。省级水行政主管部门对照申报要求进行筛选推报。水利部成立专家评审组，通过现场核查等方式对各地推报项目进行综合评审，确定候选项目名单并进行公示。最终入选项目将被认定为国家水利遗产并授予相关标识。

为贯彻落实习近平总书记关于文化遗产保护重要论述精神及黄河、长江、大运河文化遗产的重要指示批示精神，推动水利遗产的保护与利用，2021年10月20日，水利部办公厅印发《关于开展国家水利遗产认定申报工作的通知》，启动国家水利遗产认定工作，明确从2021年起，每两年在全国范围开展一次国家水利遗产认定工作，"十四五"期间认定30个以上国家水利遗产，初步建立较为完善的水利遗产保护和认定管理体系。2021年12月18—19日，水利部在京组织召开首批国家水利遗产专家评审会，23个省（自治区、直辖市）推报了包括都江堰、芍陂、红旗渠、东深供水工程等在内的33个水利遗产项目。专家分组依据申报书编写导则，从遗产特征、遗产功能评估、保护与发展措施等方面审阅了各地提交的申报材料，观看了申报项目视频，听取了申报单位负责人的线上陈述，就遗产保护利用、文化挖掘等进行了重点核查，对照国家水利遗产评分标准，逐项目打分，一批水利遗产进入复核评审阶段。

刘登伟　执笔

李国隆　审核

专栏八十三

我国 3 处灌溉工程入选第八批世界
灌溉工程遗产名录

水利部农村水利水电司

2021 年 11 月 26 日，在摩洛哥马拉喀什召开的国际灌排委员会第 72 届执行理事会上，我国江苏省里运河—高邮灌区、江西省潦河灌区、西藏自治区萨迦古代蓄水灌溉系统 3 个古灌溉工程成功入选第八批世界灌溉工程遗产名录。至此，我国的世界灌溉工程遗产已达 26 项，是拥有遗产工程类型最丰富、分布范围最广泛、灌溉效益最突出的国家。

里运河—高邮灌区位于江苏省高邮市，肇始于春秋时期的邗沟，通过闸、洞、关、坝等水工设施，连通了高邮湖和高邮灌区，实现了水在"高邮湖—里运河—高邮灌区"之间的调配，兼顾了灌溉和漕运两大功能。工程通过闸、洞、关、坝等水工设施实现水系连通，促进了区域生物多样性，诠释了"天人合一"、人水和谐的可持续发展理念。

潦河灌区位于江西省西北部，灌区工程最早始建于唐太和年间，古人在北潦河南支下游修筑蒲陂，开渠导水，灌溉农田千余亩，其后，又陆续于明成化十二年、清乾隆十六年在中游、上游依次兴建乌石潭陂、香陂，是江南丘陵地区典型的古代引水灌溉的系统工程。3 座古陂均选址于河道折弯处，蕴含了丰富的科技价值，坝体为非正交堰形式，尤其是乌石潭陂，充分利用河中"巨石"拦河筑坝，并在河堤上植树成林，护陂固圳，至今古樟群保存完好，是古人因地制宜、人水和谐相处的典范。

萨迦古代蓄水灌溉系统位于西藏自治区日喀则市，地处高原温带半干旱季风气候区，平均海拔在 4000 m 以上。从宋元时期开始，当地先民克服高海拔、高寒冷等困难，顺势而为，逐步在冲曲河沿线建立起蓄水灌溉系统。历经几个世纪的修建，到明清时期，灌溉系统的利用和管理体系已趋完善。至今，由于这套完善的蓄水灌溉系统，日喀则市已经发展成了"世界青稞之乡"。据不完全统计，仍然在使用的蓄水池还有 400 多座，惠及人口达 30 多万，约占西藏自治区总人口的 10%。时至今日，萨迦古代蓄水灌溉系统仍然沿用着古代的工程型式和管理方式，做到了真正意义上的活态传承。

党　平　龙海游　执笔

倪文进　审核

水情教育成效显著

水利部办公厅　水利部宣传教育中心

水利部深入贯彻落实习近平总书记关于要大力宣传节水和洁水观念、依托大型水利枢纽设施开展国情和水情教育的重要指示精神，强化顶层设计，打造系列品牌活动，创新拓展水情教育社会阵地，推动地方开展水情教育，着力扩大社会覆盖面和影响力。

一、水利部等六部门联合印发《"十四五"全国水情教育规划》

为进一步谋划好"十四五"水情教育工作，启动"十四五"全国水情教育规划编制工作，按照科学、务实的编制思路，经过深入调研，广泛听取行业内外专家意见，历时10个月，编制完成《"十四五"全国水情教育规划》，并由水利部、中宣部、教育部、文化和旅游部、共青团中央、中国科协6部门联合印发。《"十四五"全国水情教育规划》提出了"十四五"时期我国水情教育工作的指导思想、基本原则、主要目标，明确了重点内容、重点任务和保障措施，是"十四五"时期全国水情教育工作的重要依据和指导。

二、组织系列重大水情教育活动

坚持以青少年为重点教育对象，联合宋庆龄基金会、生态环境部、未来网等单位，开展"第二届全国节约用水知识大赛""长江保护法知识大赛""全国水利科普讲解大赛""全国中小学生水科技发明比赛""践行节约用水　争做节水先锋"主题宣传教育活动等，其中"全国节约用水知识大赛"参与答题2482万人次，创历年新高。丰富多彩的水情教育活动，形成特色鲜明的水情教育品牌，社会影响力不断提升。

三、创新拓展水情教育社会阵地

以扩大社会覆盖面和影响力为目标，不断向社会拓展水情教育阵地，协调国家级展馆中国科技馆，在"地球家园"展厅增加水利科普常设内容，通过图文展板、视频、多媒体等多种形式介绍展示我国有限的水资源状况、1998 年抗洪和舟曲泥石流灾害以及防洪减灾科普知识、我国水土流失状况与治理成效知识等，引导广大青少年增强节约水资源、保护水生态的思想意识和行动自觉；在"科创百年——建党 100 周年科技成就科普展"中，展示南水北调工程；在全国科普日北京主场活动展览中，推出"智慧灌溉"节水科普展，通过仿真模拟沙盘、图文展板和《让节水插上科技翅膀》视频，向社会公众特别是青少年介绍节水现代技术和成效。

四、策划组织"走进重大水利工程"主题宣传报道

在中国共产党成立 100 周年之际，为大力宣传党领导人民治水兴水特别是新中国成立以来我国水利事业取得的辉煌成就，组织策划"走进重大水利工程"主题宣传报道活动，重点选择新中国成立以来建设的防洪、供水、灌溉、生态等不同类型，具有标志性意义或发挥特殊重要作用的三峡、南水北调、密云水库等 13 个重大水利工程，以图文并茂的形式，分别在中宣部所属的《时事报告》杂志（中学生版）推出增刊，并配发习近平总书记关于治水重要论述以及中国水情、水利常识等，发行总量约 60 万份；在《科普时报》推出专栏，连续刊发；在共青团中央所属未来网，制作专题集中展示。

五、策划推出节约用水主题宣传报道

组织拍摄《每天节约一滴水》公益广告，"世界水日""中国水周"期间在央视和部分地方电视台、网络和新媒体广泛播放，形成聚集效应。在《时事报告》杂志（小学版）第 3 期征稿启事栏目，以"节水光荣"为主题，面向全国小学生征集"书（画）+小作文"稿件；在《时事报告》杂志（初中版）第 4 期"考考自己"栏目，设置节水问题，普及节水

知识；在《时事画刊》（小学生版）策划推出"节水用水　你我同行"增刊，重点介绍中国水资源状况、实施国家节水行动方案主要内容和中国推进节水工作成效、国外节水经验、水知识问答，以及地方农业、工业、生活、校园节水做法等内容，发行总量约 60 万份。

六、各地水情教育取得新进展

出台管理办法。江苏省水利厅、省委宣传部、省财政厅、团省委、省科协联合编制《江苏省水情教育基地设立及管理办法》；陕西省水利厅编印出台《陕西省水情教育管理办法》，通过省司法厅规范性文件审查备案，已在全省施行。

评选省级水情教育基地。湖北省设立第五批省级水情教育基地，新增武汉江滩等 10 家，累计达到 19 家；河南省设立第四批省级水情教育基地，新增 5 家，累计达到 25 家；江苏省和重庆市首次开展省级水情教育基地设立，扬州中国大运河博物馆等 13 个场所成为江苏省首批省级基地，重庆水利电力职业技术学院水情教育基地、重庆三峡移民纪念馆成为重庆市首批水情教育基地。

各地多种形式开展水情教育。如江苏省策划出版了全省首个水情教育挂图，策划制作水情教育科普宣传片、主题歌曲和科普动漫等；浙江省编辑出版《浙江水情知识读本（小学版）——关于水的探索之旅》，开展"节水大使"评选活动；北京市推出节水直播系列课程，启动 2021 北京节水知识挑战赛，近 2 万人次通过微信平台参与答题。

王浩宇　王　栋　执笔

李晓琳　周文凤　审核

专栏八十四

水情教育活动丰富多彩

水利部办公厅　水利部宣传教育中心

一、第二届"全国节约用水知识大赛"

第二届"全国节约用水知识大赛"由水利部、宋庆龄基金会指导，全国节约用水办公室主办，活动时间为 2021 年 3 月 22 日—5 月 22 日。本次大赛除港澳台外，全国 31 个省（自治区、直辖市）均有参加，累计参与答题人数 2482 万人次，创历史新高。通过大赛活动，向公众宣传普及了节约用水知识，增强了公众节约用水意识。

二、"践行节约用水　争做节水先锋"主题宣传教育活动

联合未来网，开展"践行节约用水　争做节水先锋"主题宣传教育活动。设计、开发、制作"2021 年度全国青少年节水知识挑战赛"答题 H5，受到中小学生的欢迎，参与答题人数共计 517 万人次。

三、第二届"全国水利科普讲解大赛"

2021 年 5 月 11 日，第二届"全国水利科普讲解大赛"在郑州举行。来自水利部直属单位、各省（自治区、直辖市）水利（水务）厅（局）及国家水情教育基地等的 72 名选手参赛，参赛选手人数较上一年增加一倍。经过激烈角逐，最终选出一等奖 3 名、二等奖 6 名、三等奖 10 名、优秀奖 30 名。

四、长江保护法知识大赛

为贯彻《中华人民共和国长江保护法》，2021 年 3 月 1—31 日组织开

展长江保护法知识大赛。本次活动参赛单位 2.78 万家，参与答题人数 37.55 万人次，创水利部历年法治类大赛新高。

五、第十九届"全国中小学生水科技发明比赛"活动

第十九届"全国中小学生水科技发明比赛"共收到全国十余个省（自治区、直辖市）中小学校的 200 多个项目，为进一步扩大活动影响，选出科技发明类 15 个项目进入决赛。2021 年 5 月 29 日，近 90 万观众通过网络直播观看决赛。

六、国家水情教育基地开展特色活动

各地国家水情教育基地积极发挥自身优势，开展了系列各具特色的水情教育活动。如陕西水利博物馆围绕"全民科普　水利先行"活动主题，采用线上与线下宣传相结合的方式，普及水科学知识。重庆白鹤梁水下博物馆成功举办"月涌大江流·长江文化"主题研学活动。

王浩宇　王　栋　执笔

李晓琳　周文凤　审核

浙江省德清县：
水利绽放"文化"之花

浙江省德清县高度重视水文化建设工作，把水文化建设融入水利工程建设等各项工作中，深入发掘与保护水利遗产，加强水文化传播，取得了很好的成效。

一、发掘保护水利遗产

德清县加强对水利文物、史料的整理和保护，科学有序开发利用水利遗产。德清自唐为县治以来，两岸民居店肆林立，用武康石砌成的驳岸十分规整和精美，各种河埠独特精妙。2011年，德清县重点对德清大闸防洪配套工程进行加固修整和保护，把施工中挖掘出来的"阜安桥"主要构件桥额梁板和镇桥兽存放于水文化馆。

2004年新德清大闸建成投入运行后，原计划要将建于1959年的老闸全部拆除。但为了纪念这座40多年来为杭嘉湖防洪安全作出重大贡献的工程，德清县仅对老闸上部结构进行了拆除，主体结构全部保留了下来，并在老闸原址建成了大闸纪念公园，传承弘扬水利人艰苦奋斗、无私奉献的精神。

在全国中小河流治理重点县项目建设中，德清县对建于明清的大成堰进行了全面的除险加固和环境提升，恢复了防洪、灌溉等功能；对钟管镇蠡山村西施河中已垮塌的西施画桥进行原地原貌重建，整理了周边环境并建造了观桥亭，让存世很少的西施景物得以保护与传承。

二、写好水文化与水工程结合文章

德清县充分运用现代景观理念，以及现代艺术、环境艺术设计思路和手段，实现工程与园林、工程与艺术的有机结合，提升水利工程的文化品位。2019—2020年，德清县投资1900万元建成德清水情馆、水情园和德清水土保持科普馆，展示德清深厚的治水历史和丰硕的治水成果。德清县的水文化工作深度融入各项水利建设工程中，在鑫山漾、万鸟园、水梦苕溪、洛舍漾、苎溪漾、杭嘉湖扩大南排河道等浙江省美丽河湖创建中起到重要作用，也有力助推了德清县历史文化名村和美丽乡村的建设。

三、做好水文化的传播者

德清县加强传播平台建设和内外学习交流，充分利用传媒资源深化社会各界人士对水的认识，营造爱水、护水、节水的社会氛围。2012年撰写编印《德清水利60年》，将新中国成立以来德清水利事业的发展进行了深入全面的记录，成为继《德清县水利志》后又一部重要历史文献。2018年，德清县水利局编著出版了《德清水利文化图记》，以图文并茂的形式传播水文化。

赵洪亮　金效杰　施伟强　执笔

席　晶李攀　审核

党 的 建 设 篇

以机关党建引领推动
新阶段水利高质量发展

水利部直属机关党委

2021年，在中央和国家机关工委、水利部党组的坚强领导下，水利部直属机关各级党组织坚持以习近平新时代中国特色社会主义思想为指导，深入学习贯彻党的十九届六中全会精神和习近平总书记"七一"重要讲话、在中央和国家机关党的建设工作会议上的重要讲话精神，认真落实中央和国家机关工委和部党组部署要求，突出庆祝中国共产党成立100周年，扎实抓好党史学习教育、中央巡视反馈意见整改、巡视整改"三对标、一规划"专项行动等大事要事，推动机关党的建设取得新成效，为全面提升水安全保障能力、推动新阶段水利高质量发展提供了坚强保证。

一、认真落实中央巡视整改要求，推动践行"两个维护"更加坚定自觉

一是全员开展巡视整改"三对标、一规划"专项行动。用4个多月时间，协助部党组开展"政治对标、思路对标、任务对标，科学编制'十四五'水利发展规划体系"巡视整改专项行动，组织机关司局和单位全体党员干部与习近平总书记关于学习贯彻党的十九届五中全会精神的重要讲话精神进行政治对标，与习近平总书记"节水优先、空间均衡、系统治理、两手发力"治水思路（以下简称"十六字"治水思路）和关于治水重要讲话指示批示精神进行思路对标，与《中共中央关于制定国民经济和社会发展第十四个五年规划和二〇三五年远景目标的建议》和《中华人民共和国国民经济和社会发展第十四个五年规划和2035年远景目标纲要》进行任务对标，举办6场专题辅导讲座、3次集体学习研讨，开展4次成效评估，近30万人次参与，在全方位对表对标基础上形成推动新阶段水利高质

量发展的目标任务和实施路径，形成了以 69 项水利专业规划为主体的定位准确、边界清晰、功能互补、统一衔接的"十四五"水利发展规划体系，确保水利事业发展始终沿着总书记指引的方向前进。

二是高标准推进中央巡视反馈意见整改。协助部党组召开巡视整改动员部署会议，制定印发整改工作方案，按照"基本+"工作思路，指导部属所有司局和单位建立问题、任务、责任三个清单，组织机关司局、直属单位主要负责同志签领整改任务。落实整改周（月）调度机制、对账销号机制、工作专报机制，召开 13 次调度会，组织 3 次集中验收，356 项整改措施已完成 311 项，其余 45 项正按序时进度推进。水利部在中央纪委国家监委对中央部委巡视整改审核评估中位于第一序列。

三是聚焦落实中央决策部署开展政治监督。围绕学习贯彻习近平总书记在深入推动黄河流域生态保护和高质量发展座谈会上的重要讲话精神和考察黄河入海口时的重要指示精神、关于推进南水北调后续工程高质量发展重要讲话精神、关于防汛救灾和安全生产的重要指示批示精神开展政治监督；通过向直属单位党组织发送纪律检查建议书等方式，督促抓好中央巡视整改落实。开展 2 轮政治巡视，安排 6 个巡视组对 8 个直属单位党组织开展常规巡视，组织对 5 个直属单位党组织进行巡视整改后评估。

二、扎实开展党史学习教育，推动理论武装走深走心走实

一是强化示范带动。水利部党组深入学习贯彻党的十九届六中全会精神、习近平总书记"七一"重要讲话和在党史学习教育动员大会上的重要讲话精神，部党组理论学习中心组集体学习 16 次，组织辅导讲座 5 次，赴李大钊烈士陵园、香山革命纪念馆、中国共产党历史展览馆等地接受教育。召开领导小组会议和办公室会议 14 次，组建 4 个巡回指导组 3 轮次对 55 家司局单位进行全覆盖督导。

二是抓实学习研讨。举办学习习近平总书记"七一"重要讲话精神专题读书班、学习党的十九届六中全会精神专题读书班和 3 期司局级干部党史学习教育专题培训班，组织 10 场宣讲会。举办"治水百年路　牢记为民心"主题展览，1700 人次参观了展览。开展弘扬红旗渠精神"一报告、

两展览"专题活动和东深供水工程建设者群体事迹展览。在全系统开展学习党的十九届六中全会精神网络答题活动，4.5万余人参与答题。组织青年党史学习教育"六个一"活动，召开青年干部学习交流会、专题培训班，开展主题联学，举办青年干部学习"七一"重要讲话精神演讲比赛等。

三是全力为民办实事。2021年水利部党组分4批直接组织和推动42项办实事项目，示范带动司局单位实施380项办实事项目，建立台账管理、动态监控、每月调度、验收评估工作机制。水利部领导均深入一线指导推动办实事项目，司局级干部187人次下沉一线推动解决问题。目前，水利部党组确定的办实事项目已完成36项，各司局单位确定的办实事项目已完成377项。受益群众通过写感谢信等方式表达对党和政府的感激。

三、深化"水利先锋党支部"创建，进一步打牢基层组织建设基础

一是抓规范强基础。推进党支部标准化规范化建设，完成水利部直属机关第十三次党代会换届选举，建立基层党组织按期换届提醒督促机制，指导45个党组织按期换届。印发基层党组织分类指导意见、党员领导干部讲党课制度，举办基层党组织书记示范培训班，继续做好发展党员和党费收缴、使用和管理工作。

二是抓融合强功能。持续深化政治机关意识教育，深入开展庆祝中国共产党成立100周年系列活动，组织机关干部职工思想状况问卷调研，积极推进"党建进工地"工作。注重在防洪、抢险、抗疫等急难险重工作中发挥基层党组织战斗堡垒作用。支持帮助10个部直属系统党支部建立阅读角，组织开展困难职工慰问、劳动技能竞赛、文化学习活动等，推动党建与水利业务深度融合。

三是抓典型强导向。评选表彰19个创建模范机关先进单位、54个"水利先锋党支部"和118名优秀共产党员、优秀党务工作者、30个先进基层党组织，评选三八红旗手（集体）等先进典型，确定76家第九届全国水利文明单位，推出10名第三届"最美水利人"，提振党员干部干事

创业的精气神。

四、组织开展专项清理整治，推动全面从严治党向纵深发展

一是压实主体责任。召开党的工作会议、党风廉政建设工作会议，印发"两要点三计划两清单"，对 19 家直属单位落实全面从严治党主体责任情况开展专项检查，列席旁听 27 家直属单位党委（党组）理论学习中心组学习，修订党组织书记抓党建工作述职评议考核办法，制定加强对"一把手"和领导班子监督的任务措施，建立重大水利工程项目建设特约廉洁选聘制度和项目建设参与方签署廉洁协议制度，推动党员干部知责、明责、履责、尽责。

二是组织开展清理整治。对整治形式主义官僚主义突出问题若干措施落实情况进行专项检查，开展干部职工非职务违法犯罪专项整治、政策执行中"一刀切"、层层加码问题和移动互联网应用程序全面清查，贯彻执行中央八项规定精神专项检查，制定部属企业负责人履职待遇和业务支出管理办法并督促落实。

三是强化监督执纪问责。印发贯彻落实《关于加强中央和国家机关部门机关纪委建设的意见》（以下简称《意见》）任务清单，开展"学重要讲话 抓《意见》落实 改突出问题 强作用发挥"活动，组织直属单位纪委监督执纪工作专项检查。依规依纪对小浪底西沟水库漫坝事故 38 名涉责人员严肃追责问责，并召开警示教育大会。2021 年，直属机关纪委收到信访举报件 25 件，处置问题线索 11 件，部党组给予 13 人党纪处分。

2022 年，水利部直属机关党的建设将继续坚持以习近平新时代中国特色社会主义思想为指导，深入学习贯彻党的十九届六中全会精神和习近平总书记"七一"重要讲话、在中央和国家机关党的建设工作会议上的重要讲话精神，深入贯彻习近平总书记"十六字"治水思路和关于治水重要讲话指示批示精神，全面落实党中央决策部署、中央和国家机关工委要求，坚持稳中求进工作总基调，以推动机关党的建设高质量发展为主题，以党的政治建设为统领，突出抓好二十大精神的学习宣传贯彻、深化党史学习

教育、加强模范机关创建、推进党支部标准化规范化建设、推进全面从严治党向纵深发展等重点工作，全面加强直属机关党的建设，以优异成绩迎接党的二十大胜利召开。

何仕伟　执笔

王卫国　审核

专栏八十五

认真落实中央巡视整改要求

水利部直属机关党委

一、深入学习贯彻习近平总书记关于巡视工作重要论述精神，增强做好巡视整改的思想自觉、政治自觉和行动自觉

水利部党组深入学习贯彻习近平总书记在听取中央巡视综合情况汇报时的重要讲话精神、全国巡视工作会议精神和中央单位巡视工作调研座谈会精神等，严格执行《中国共产党巡视工作条例》，及时将中央巡视工作领导小组关于巡视整改要求、中央第九巡视组反馈意见印发部机关各司局、部直属各单位认真学习贯彻。召开中央巡视反馈意见整改工作动员部署会和中央巡视整改专题民主生活会，全面领会中央巡视反馈意见要求，进一步统一思想、深化认识、明确任务。

二、坚决扛起整改主体责任，多措并举推动整改落地见效

水利部党组先后召开 11 次会议，研究部署中央巡视整改工作。成立整改领导小组，组织召开 4 次全体会议，研究重要问题、推进重点工作、督办重要线索。认真梳理中央巡视反馈意见提出的问题，制定《中央第九巡视组巡视反馈意见整改方案》《落实中央纪委国家监委中央巡视整改审核评估意见的问题清单、任务清单、责任清单》等 5 份整改方案或工作清单，提出整改措施 356 项。按照"基本+"整改思路，开展全员整改，部党组主要负责同志带头签领部党组整改责任清单，部机关各司局、部直属各单位主动认领问题，形成"一单位（部门）一清单"共 54 份。强化政治引领，坚持以重点突破带动全局发展，集中开展"三对标、一规划"巡视整改专项行动。按照中央有关要求向中央纪委国家监委、中央组织部、

中央巡视办报送水利部党组落实中央巡视整改情况报告和主要负责同志组织落实情况报告，向党内和社会公开整改进展情况。截至2021年年底，完成整改措施311项，其他整改措施均已取得阶段性成果，正按计划推进。

三、健全整改督促保障工作机制，确保"事事有回音、件件有结果"

制作水利部党组落实中央巡视反馈意见整改进度图，倒排工期，逐条逐项督办推进，不留盲区、不留死角。建立中央巡视整改周（月）调度工作机制，按照全体调度和分专题调度相结合的方式开展调度13次。建立中央巡视整改对账销号工作机制，明确组织领导、工作流程、销号要求等。建立中央巡视整改专报机制，向中央纪委国家监委报送重要事件、重要举措专报8期。切实加强对整改工作的日常督办检查，汇总整改任务进展情况，及时向驻部纪检监察组通报。

闫大壮　执笔

王卫国　审核

专栏八十六

全员开展"三对标、一规划"专项行动

水利部直属机关党委

一、高位推进，水利部党组发挥示范带动作用

2021年2月下旬开始，水利部党组在部机关和直属单位全体党员干部职工中开展"政治对标、思路对标、任务对标，科学编制'十四五'水利发展规划体系"专项行动（以下简称"三对标、一规划"专项行动）。李国英部长亲自审定专项行动方案、工作成效评估方案，先后开展3次党组理论学习中心组学习会，党组成员撰写学习体会并作交流发言，其他部领导、总师、各司局单位主要负责同志全覆盖作交流发言。水利部党组高度重视、有力带动，充分发挥了领学促学作用，确保专项行动取得实实在在的效果。

二、稳扎稳打，全覆盖开展学习抓好宣传

"三对标、一规划"专项行动学习内容涵盖习近平总书记关于学习贯彻党的十九届五中全会精神的重要讲话精神、习近平总书记"节水优先、空间均衡、系统治理、两手发力"治水思路（以下简称"十六字"治水思路）和关于治水重要讲话指示批示精神、《中共中央关于制定国民经济和社会发展第十四个五年规划和二〇三五年远景目标的建议》《中华人民共和国国民经济和社会发展第十四个五年规划和2035年远景目标纲要》。围绕对表对标内容，水利部机关先后举办6场专题辅导讲座，超过20万人次参加；印发学习材料5本、15万余字，汇编研讨交流材料3本、80余万字。编发《工作提醒》10期、《党建通讯·"三对标、一规划"专项行动专刊》24期，同时通过网页专题等形式及时跟进进度、开展宣传、抓好解读。

三、保证质量，将成效评估贯穿行动始终

分政治对标、思路对标、任务对标 3 个阶段组织开展 3 次学习成效评估，在活动最后阶段开展规划质量评估。采取"四不两直"方式，分 3 次对各司局单位进行全覆盖阶段成效抽查；对 15 家在京直属单位党委（党组）理论学习中心组开展专项行动集体学习研讨列席旁听。通过成效评估层层压实责任，狠抓落实落地，确保专项行动高标准高质量开展。

四、精心编制，专项行动形成丰硕成果

"三对标、一规划"专项行动先后历时 4 个多月，水利系统上下集中精力、步调一致、齐心协力推动专项行动深入开展。53 家司局和直属单位组织全体干部职工深入学习研讨，严格对表对标，以务实的态度和扎实的作风完成了各阶段工作任务。在学思践悟、对表对标的基础上，水利部党组研究提出了新阶段水利高质量发展的主题、目标任务、实施路径，形成了以 69 项水利专业规划为主体的定位准确、边界清晰、功能互补、统一衔接的"十四五"水利发展规划体系，为深入贯彻落实习近平总书记重要讲话指示批示精神、推动新阶段水利高质量发展奠定了坚实基础。

林辛锴　执笔

王卫国　审核

专栏八十七

与时俱进深化政治巡视

水利部直属机关党委

一、深学细悟中央巡视工作部署要求，落实落细巡视工作主体责任

水利部党组坚决落实巡视工作主体责任，跟进学习研讨习近平总书记关于巡视工作重要论述，认真贯彻落实全国巡视工作会议和中央单位巡视工作调研座谈会精神，将巡视工作纳入年度工作要点和全面从严治党年度任务安排，听取巡视综合情况汇报，研究并决定巡视成果运用。扎实开展巡视工作专项检查反馈意见整改，制定整改方案并认真组织实施，截至2021年年底，制定的28项整改措施全部完成，为全面提升巡视工作质量奠定了坚实基础。

二、坚持有形覆盖与有效覆盖相统一，与时俱进深化政治巡视

2021年全年开展2轮常规巡视，对8个部直属单位党组织进行巡视监督。精准落实政治巡视要求，始终把督促增强"四个意识"、坚定"四个自信"、做到"两个维护"作为根本任务，突出推动贯彻落实习近平总书记"节水优先、空间均衡、系统治理、两手发力"治水思路和关于治水重要讲话指示批示精神，紧密结合新时代水利工作职责使命细化监督重点。制定《关于被巡视党组织配合巡视工作的意见》《关于提高巡视报告质量的工作机制》《关于建立健全驻部纪检监察组与部党组巡视机构协作配合机制的意见》《关于建立健全部党组巡视办与人事司协作配合机制的意见》，修订驻点工作配套制度，完善工作流程，编制工作手册，进一步提高规范化水平，保障巡视监督质量。

三、统筹巡视整改和成果运用，做深做实"后半篇文章"

压实被巡视党组织整改主体责任，督促认真落实"四个融入"要求，推动解决各类问题。组织巡视整改指导督促和成果运用，促进综合施治、标本兼治。开展第七轮巡视整改后评估，压茬实施第八、九轮巡视整改材料评审，督促改进整改工作。领导小组有关成员单位切实履行日常监督责任，以"监督常在"促进巡视整改常态化长效化。

四、深化完善工作格局，推动巡视巡察上下联动

健全巡视巡察上下联动报告报备、会议传导、指导督导、考核问责等工作机制。建立部直属单位党组（党委）书记听取巡察汇报情况报备制度，对党组织书记听取巡察工作情况汇报进行规范；召开巡视巡察工作座谈会，对贯彻落实《关于加强巡视巡察上下联动的意见》进行部署；将巡察工作情况纳入部党组巡视监督重点，督促提高巡察工作质量；将巡视巡察有关情况纳入水利部年度考核。

五、着力加强自身建设，打造高素质专业化巡视巡察干部队伍

坚持把政治建设摆在首位，结合党史学习教育，引导巡视巡察干部深刻理解党百年奋斗的重大成就和历史经验，深刻理解"两个确立"的决定性意义，勇于负责、敢于斗争，把学习成果转化为推动工作的实际成效。更新巡视人才库，充实骨干力量，紧扣实践需求改进业务培训，举办内部巡视工作培训班，对 50 名巡视巡察干部进行集中培训。选调 6 名党委书记、6 名纪委书记担任巡视组组长、副组长，实施对巡察干部的"以干代训"，全年累计 32 人次。选派人员参加中央单位巡视骨干培训班和中央巡视"以干代训"。

王　茵　执笔

王卫国　审核

深入推进党风廉政建设及反腐败工作

水利部直属机关党委

一、强化政治担当，压紧压实全面从严治党主体责任

2021年，水利部召开党的工作会议、水利党风廉政建设工作会议，印发水利部党组2021年工作要点，对部属系统全面从严治党和党风廉政建设工作进行安排部署。制定印发部党组落实全面从严治党主体责任2021年度任务安排、领导班子成员落实"一岗双责"重点任务清单。水利部党组带头落实领导干部双重组织生活、谈心谈话等制度，带头坚持民主集中制、带头遵守执行党内法规制度。水利部党组主要负责同志认真履行全面从严治党第一责任人职责，部领导认真落实"一岗双责"，深入党支部工作联系点调研基层党建工作，指导督促分管司局和联系单位抓好全面从严治党和党风廉政建设工作。组织对19家直属单位党组织落实全面从严治党主体责任情况开展专项检查。开展干部职工非职务违法犯罪专项整治。

二、推动党内监督与其他监督贯通融合，提高监督治理整体效能

围绕学习贯彻习近平总书记在深入推动黄河流域生态保护和高质量发展座谈会上的重要讲话和考察黄河入海口时的重要指示、关于推进南水北调后续工程高质量发展重要讲话、关于防汛救灾和安全生产的重要指示批示精神开展政治监督。印发《中共水利部党组贯彻落实〈中共中央关于加强对"一把手"和领导班子监督的意见〉重点任务清单》。对55家部机关司局和直属单位领导班子民主生活会进行督导检查，对27家直属单位党委（党组）理论学习中心组学习情况进行列席旁听。建立完善水利部机关处

级及以下干部廉政档案 337 人。研究制定贯彻落实《中共中央办公厅关于加强中央和国家机关部门机关纪委建设的意见》任务清单。印发《关于进一步加强专责监督有效发挥监督作用的通知》，对 19 家直属单位纪委监督执纪工作开展专项检查，推动监督执纪规范化制度化建设。制定印发《国家重大水利工程项目建设特约廉洁监督员选聘与管理办法（试行）》《国家重大水利工程项目建设参与方签署廉洁协议办法（试行）》。

三、纠治"四风"，严肃查处违纪违规行为

印发《关于进一步解决形式主义问题做好 2021 年为基层减负工作主要措施及任务分工》，组织开展政策执行中"一刀切"、层层加码问题和移动互联网应用程序全面清查，切实为基层松绑减负。印发《水利部所属企业负责人履职待遇和业务支出管理办法（试行）》。以制度建设和制度执行为重点，开展贯彻执行中央八项规定精神情况专项检查。依规依纪对小浪底西沟水库漫坝事故 38 名涉责人员严肃追责问责，13 人受到党纪处分。

陈栋斌　执笔

王卫国　审核

扎实推进水利精神文明建设

水利部直属机关党委

一、以庆祝中国共产党成立 100 周年为主线，开展主题宣传教育

组织干部职工收看庆祝中国共产党成立 100 周年大会现场直播，举行"光荣在党 50 年"纪念章颁发仪式，"七一"前夕走访慰问老党员老干部。评选表彰一批直属机关优秀共产党员、优秀党务工作者和先进基层党组织，集中宣传"水利先锋党支部"、创建"模范机关"先进单位。组织机关和在京单位 700 名党员干部赴中国共产党历史展览馆参观学习。举办"治水百年路 牢记为民心"主题展览，1700 余名干部参观实体展览，线上展览参观近 3 万人次。组织"百题百天迎百年"健步走、广播操云比赛等群众性文化体育活动，营造了浓厚庆祝氛围。

二、以学习宣传水利先进典型为载体，推进社会主义核心价值观教育

举办"红旗渠精神及其价值启示"辅导报告、学习弘扬红旗渠精神线上线下展览，开展向"时代楷模"东深供水工程建设者群体学习活动。持续开展"践行核心价值观 争做最美水利人"主题实践活动，推选出第三届"最美水利人"5 人、提名奖 5 人。推广宣传"历史治水名人讲堂""历史治水名人有声故事"，确定第三届水工程与水文化有机融合典型案例。通过一系列学习宣传活动，凝聚了推动新阶段水利高质量发展的强大精神力量。

三、以提升水利系统文明创建水平为根本，深化群众性精神文明创建

召开水利系统文明办主任会议，举办水利系统文明单位党组织书记培训班。修订印发《全国水利文明单位创建管理办法》《全国水利文明单位测评体系（2021 年版）》，建立全国水利精神文明创建管理平台。开展第九届全国水利文明单位申报推荐工作，确定 76 家第九届全国水利文明单位。通过报刊、网络、书籍、展览等方式对水利系统第六届全国文明单位进行集中宣传。开展水利系统全国青年文明号推荐和星级认定工作，14 个水利系统青年集体被评为第 20 届全国青年文明号集体。

四、以培育涵养水利行业新风正气为目标，实施文明风尚行动

深入贯彻落实习近平总书记关于"大力开展健康知识普及，倡导文明健康、绿色环保的生活方式"的重要指示精神，印发工作方案，广泛开展倡导文明健康、绿色环保生活方式活动。开展节约用水行为规范主题实践活动，10 部门联合发布《公民节约用水行为规范》，在全社会开展节水惜水爱水护水活动。在大运河沿线 28 个城市同时开展"关爱山川河流·保护大运河"全线联动志愿服务活动，为保护大运河、传承大运河文化贡献力量。

林辛锴　执笔

王卫国　审核